小針　誠

〈お受験〉の社会史

都市新中間層と私立小学校

世織書房

僕のおじいさんも、お父さんも、お母さんも、お姉さんも、みんな見てきた欅。幼稚舎を見守ってきた欅。僕は入学してから、どうして校庭の真中に、こんな大木があるのか、とても不思議だった。

（慶應義塾幼稚舎舎内誌『仔馬』より）

〈お受験〉の社会史——目次

第2部　私立小学校の入学選抜メカニズム

凡　例

1　雑誌・文献等の史・資料からの引用は原文通りだが、漢字については常用漢字（簡易字体）を用い、仮名遣いや送り仮名は原文に従った。

2　引用文の中には不適切と思われる表現も含まれているが、歴史的史料であることを鑑みて、当該箇所に（ママ）を付して引用した。

3　書誌名は原則として『　』、論文・宣言文・稿本などの表題は「　」で表した。

4　人名は原則として当用漢字を用いた。主要な人物については生存期間を示している。

5　表の割合（％）は原則として小数点第二位を四捨五入して合計を算出している。

〈お受験〉の社会史

序論

1　問題の所在

国立・私立小学校志向あるいは有名幼稚園志向などの幼児受験は、昨今の「お受験」ブームに見られるように、入試・受験の低年齢化の問題として非常に注目されている。しかしながら、マスコミなどの興味本位の報道や俗説の多さに比べ、その実態を学問的に明らかにした研究は思いの外少ないのが実情ではないだろうか。中学受験についてはそれでも教育社会学を中心に若干の研究の蓄積があるものの、小学校受験となると「お受験」などと揶揄・非難され、社会的な関心や注目を集めている割には、その実態を、歴史的に溯ることも含めて明らかにした社会学的研究は、管見する限り、ほとんど見かけることはない。これまで印象論で語られることの多かった幼児受験（特に私立小学校の入学志向と入学選抜考査）の問題について、特に歴史的な問題関心から、私立小学校が特定の社会階層の間において一定規模で普及した要因、つまり特定の社会階層出身の子どもたちが一定規模で入学・在学した要因について、歴史的な諸資料（文書資料やインタビュー調査など）から実証的に明らかにすることが本書の最も大きな課題である。

東京の私立小学校のなかには、大正期や昭和戦前期など比較的早い時期に、入学定員を上回る入学希望者を集め、そのなかから合格者／入学者を選び出す、いわゆる「入学選抜考査」を導入していた。たとえば、成蹊小学校が一九一七（大正六）年、慶應義塾幼稚舎が一九二〇（大正九）年に初めて入学選抜考査を導入している。この二校以外にも、東洋英和女学院小学科が一九二五（大正一四）年、成城小学校が一九二九（昭和四）年にそれぞれ入学選抜考査を導入したのをはじめ、各学校の沿革史等の史資料によると、日本女子大学校附属豊明小学校が一九三〇（昭和五）年に、自由学園初等部が一九三五（昭和一〇）年に、聖心女子学院初等科が一九四三（昭和一八）年にはすでに入学選抜考査を導入していたことが明らかになっている。

本書は、そうした史実を踏まえて、一九二〇年代から一九五〇年代の東京・私立小学校の「入学者」の問題をテーマに、主として家族の入学志向と学校の入学選抜考査に焦点を当てて、教育社会学における学歴研究や選抜研究、あるいは歴史社会学などの社会学的な関心から捉える。私立小学校の「入学者」を明らかにするうえで、家族側の「入学志向」（どのような家族がいかなる理由で私立小学校の入学を志向したのか）とそれを誘発する学校の特質とともに、他方で学校側の「選抜機能」（私立小学校がどのような子どもをどのような観点に基づいて評価し、どのような根拠をもって合否判定を行ったのか）とをあわせて検討する。

家族の入学志向については、学校の教育実践・教育制度と家族の教育要求がほぼ一致していた事実を明らかにする。進歩主義的・個性主義的・児童中心主義的な私立小学校のカリキュラムと家族の教育意識としての童心主義、上級学校の併設による一貫教育の制度化と家族の教育要求としての学歴主義――それぞれの対応関係は家族の私立小学校志向を誘発するものであったと考えられる。他方、公平・公正であるといわれる学校が入学選抜を通じてある特定の社会階層（新中間層）の子どもを有利に処遇していた可能性を、入学選抜考査の課題内容や評価の方法から説明する。

そして、特定の社会階層に属する保護者の社会的背景を踏まえて、わが子を私立小学校に入学することを希望した動機や理由に関して、家族の教育価値と私立小学校の教育理念や実践とを関連づけて明らかにする。これまで私立小学校研究は大正新教育（自由教育）運動(1)及び新学校に位置づけられ、主として教育思想史ないしは実践史の視点から分析されてきた。本書はそれとは異なる視点、つまり社会移動や選抜・配分といった社会学的な問題として捉えなおす。しかし、これまでの教育思想史や実践史研究の成果を完全に捨象して議論するわけではない。むしろ社会移動や選抜・配分をめぐる社会学の理論や分析視角を通じて、先行研究の理論的・実証的な限界とともに、私立小学校の教育実践それ自体の思想的・実践上の限界を明らかにする。つまり、「私立小学校における大正新教育（自由）運動の実践が教育・社会で注目されるほど高いレベルの成果・実践を収めることができたのはなぜか」という研究上の問いを入学志向と入学選抜との関連で明らかにすることが本書の目的である。ひとまずこの段階で仮説を立てるならば、私立小学校が自由教育の実践に対応できる子どもを入学試験によって意図的に選抜していたからである、ということになるだろう。

このような問題関心をもつ本書は、近代日本の公教育の歴史上、比較的早い時期に初等教育（私立小学校）を自覚的に選択した層をテーマに、小学校段階の家族の側の学校選択（入学志向）の実態と学校の側の入学選抜のメカニズムの両面に注目して、それを理論的・実証的に明らかにする試みである。

2　本書の研究対象

1　研究対象としての私立小学校

本書の対象となる「私立小学校」とは、一九三七（昭和一二）年当時の定義に従えば、「私立学校」すなわち「私人又は私法人が設立及び経営の主体をなす学校」のうち、特に「日本国民として必要なる一般的基礎的な教育を施す初等教育の学校」（尋常小学校）をさす（城戸幡太郎編・一九三七：一二三七頁および一二七六頁）。戦後（一九四七年以降）における「私立小学校」とは、教育基本法第六条に基づいて学校法人が設置する、都道府県知事の所管に属する

（学校教育法・第三四条）六年の修学年限をもつ初等普通教育機関（小学校）である。

戦前期の私立学校については、「私立学校令は広く一般の私立学校に適用せらるるものになることは勿論であるが、私立学校の中でも他の学校令、即ち中学校令、高等女学校令、実業学校令等に依て設立せらるる私立学校は主として其れ其れの学校令の規定に支配せられるのであつて、唯其等の学校令に規定なき部分に就てのみ補充的に私立学校令が適用せられるのである」（教育史編纂会・一九三八＝一九九七：六五八頁）とあるように、戦前の私立小学校の規定の大部分は、小学校令および国民学校令に、そして規定のない部分については補完的に私立学校令が適用された。

以下、一八七二（明治五）年の学制以降の諸規定を解読していくことで、私立（小）学校の制度的な位置について確認しよう(2)。

近代日本において初めて学校教育制度に関して布告された省令である学制では、「公立学校」「私立学校」という概念そのものは十分には成立していなかった。学制では学校種別の分類において「官立私立ノ学校」「公私学」「公学私学」という表現を用いていたに過ぎなかった。翌年の「学制追記」では、当時「民費」と呼ばれた地域共同体の積金、民衆の協議による拠出金、保護者の授業料負担によって設立維持される学校を「私学」、文部省から府県を通じて配布される「委託金」（国費）を受ける学校に限って「公学」と呼ばれるようになった。したがって、当時の初等教育機関の多くは「私学」であった、ということになる。この分類は翌一八七四年に変更される。つまり、「当省（文部省）定額金ヲ以テ設立シ直チニ管轄スルモノ」を官立学校、「地方学区ノ民費ヲ以テ設立保護スル者又ハ当省小学委託金ノ類ヲ以テ学資の幾分ヲ扶助スルモノ等」を公立学校、「壱人或ハ幾人ノ私財ヲ以テ設立スルモノ」を私立学校と称することが定められた。つまり、今日の私たちがイメージする官立学校（国立）、公立学校、私立学校の分類の誕生を見たのである。

一八八六（明治一九）年の「小学校令」（第一次小学校令）は、日本の初等教育史上初めて公教育としての小学校を位置付けた（学制では特に私立小学校に限定した規定はなかった）。さらに、一八九九（明治三二）年発令の私立学校令によって、私立学校および私立小学校に関する規定や教育制度上の位置が明確にされた。
まず、第一次小学校令では、①小学校を尋常・高等に分け、②尋常小学校の四年間を義務教育としたこと（第三条）、③小学校の学政は府県知事の権限を強化、④教科書は文部大臣による検定制、⑤尋常・高等小学校ともに受益者負担であることが定められた。私立小学校については、その第一四条「私立学校ニ於テ小学校ト均シキ普通教育ヲ児童ニ施サントスルモノハ、予メ府県知事県令ノ認可ヲ経ヘシ」以外には規定はない。しかし、それまでの教育令に見られた教育に対する国家の不干渉主義や規制緩和（自由化）とは打って変わって、同令第一四条は、私立小学校の設置・認可をめぐって府県知県令の許可が必要であることを明文化した点で、文部省や地方官の監督権限が強化されたことを意味する。とはいえ、私立小学校の廃止や教則（教育課程など）についての言及は一切見られないなど、その点に限っては無規制の状態でもあった。また、この小学校令はそれまで以上に小学校の普及と就学率の向上をめざすものであったが、それはあくまで公立小学校の普及とセットに構想されており、全面的に私立学校に委ねる意図は見出せない（倉沢・一九六五、竹村・一九八九）。

続く一八九〇（明治二三）年の第二次小学校令では、同年に下付（下賜）された教育勅語の内容を受けて、天皇制公教育体制における初等教育のあり方を再定義するものであった。小学校令は、第一次小学校令の全一六条から、全九六条へと条文が増えた。それは学校制度を細微にわたって整備したうえで、「小学校ハ児童身体ノ発達ニ留意シテ道徳教育及国民教育ノ基礎並生活ニ必須ナル普通ノ知識技能ヲ授クルヲ以テ本旨トス」と明記し、初等教育の基本的性格を確定した。そしてこの規定自体はその後一九四一（昭和一六）年公布の国民学校令まで存続することとなる。第二次小学校令においては「一人若クハ数人ノ費用ヲ以テ設置スルモノヲ私立小学校」（第二条）とし、学齢児童をもつ保護者については、「市町村立小学校又ハ之ニ代用スル私立小学校ニ出席セシムルヘシ若シ家庭又ハ其他ニ於テ尋常小学校ノ教科ヲ修メシメントスルトキハ其市町村町ノ許可ヲ受クベシ」（第二二条）と規定された。つまり、学齢児童の教育は、市町村立のいわゆる公立小学校のほかに、家庭やその他の教育機関も含まれるとしたのである。その他の教育機関とは「市町村立小学校ニ代用セサル私立小学校へ就学セシムルノ外尚親族朋友ニ依頼シテ尋常小学校ノ教科ヲ修メシメントスル場合ヲモ包含」するという内容で、家庭のほかにも、私立代用小学校の就学が認められるなど、教育を受ける機会はかなり広範に及んだ（土方・一九九八）。翌九一（明治二四）年には、小学校令第三五条に基づき「私立小学校代用規則」が定められ、児童が就学すべき小学校は原則として公立小学校か、公立小学校を代用する私立小学校に限定され、それ以外の私立小学校に通学する場合には市町村長の許可が必要とされた。

なお、私立小学校の開設に当たっては、第一次小学校令と同様に府県知事の認可が必要になった。しかし、廃校については第一次小学校令では「上申」のみで済んだのに対して、代用私立小学校は市部では府県知事、町村部では郡長の指示を仰ぐ必要があった。

また、この間に私立学校令（一八九九年）が発令された。同令は私立小学校への通学について「私立学校ニ於テハ学齢児童ニシテ未タ就学ノ義務ヲ了ラサル者ヲ入学セシムルコトヲ得ス」（第八条）を原則とした。つまり、義務教育（小学校）に就学すべき学齢児童が私立学校に入学することは原則不可能と明記したのである。しかし、その但し書に「家庭其ノ他」で義務教育を受けることもできた。つまり市町村長の許可を受ければ、「其ノ他」に含まれる私立小学校の入学も認められるようになった。戦前においては、この但し書を例外規定として適用し、私立小学校に入学することができた。また、同令においては必ずしも私立学校の設置者を限定せず、自然人でも法人でもその設置者は差し支えなかった。ところが、民法施行（一八九八年）直後に発令された文部省令第一九号で、私立学校の設置者である法人（民法三四条）が問題になり、民法施行法第一九条により私学設置者の社団法人または財団法人は許認可を受けるものとなった。それにより、大学（大学令六条）、高等学校（高等学校令四条）、中学校、専門学校については「財団法人」が経営するものでなければならなくなった。しかし、小学校は高等女学校、実業学校、幼稚園、各種学校とともに、法人設置についての規定はなかった。後で考察するように、私立小学校の多くは中・高等教育機関を併設するケースが少なくなかったから、その場合は社団法人もしくは財団法人において運営されていたと考えるべきであろう。

一九〇〇（明治三三）年の第三次小学校令では、①例外的に設けられていた三年制の小学簡易科が廃止されたことに伴って四年制の尋常小学校の完全実施、②就学免除・就学義務の徹底化・明確化、③公立尋常小学校における授業料の廃止、④教則・教科書の国定化などが規定された。また当時の就学率（九六%）とあわせて、均質的な公教育制度が国家の管理によって運営されるという「国民教育」が制度的に整備された（佐藤学・一九九五）(3)。私立小学校については、その第八章において「代用私立小学校」の一項を設け、全九条からなる細目を定めている。

一九〇七（明治四〇）年には、勅令第五二号による小学校令の改正を受けて、尋常小学校は六年制初等教育機関になった以外にも、代用私立小学校が廃止され（第三六条）、原則として私立小学校に学齢児童の入学禁止が明文化された。しかし、これまでと同様に、第一次小学校令の内容を引き継いで、市町村長の許可を得ることができれば、私立小学校の入学も認められた（船越・一九三五）。

小学校令と私立学校令で長い間規定されてきた私立小学校は、戦時下の国家総動員体制期に発令された国民学校令（一九四一年）によって、これまで以上に大きな危機に直面した。国民学校令では、そもそも小学校に相当する私立の国民学校は認められなかったからである。そのため、当時の私立小学校は国民学校令一一条によって「国民学校ノ課程ト同等以上」と位置付けられたものの、「国民学校」という名称を用いることは基本的に許されなかった（昭和十六年三月一四日発普七九号地方長官アテ普通学務局長通諜「国民学校令第一一条ノ規定ニ依ル認定ニ関スル件」）。そのため、私立小学校は「＊＊学園初等部」や「初等学校」という名称において存続することになった。就学についても、同令の付則において「本令施行ノ際現ニ学齢児童ガ前項ノ学校ニシテ其ノ課程ニ付第十一条ノ規定ニ依ル認定ナキモノニ就学スルトキハ第八条ニ規定スル保護者ノ義務ノ履行ニ関シテハ其ノ期間国民学校ニ就学スルモノト看做ス」（第五二条）とされ、それを以て、私立小学校に在学する場合は保護者の就学義務を果たしているものと見なされた。

また、国民学校令に先立って一九三九（昭和一四）年一二月二日発普一三一号、東京・神奈川・愛知・兵庫・広島五府県への普通学務局通牒「私立小学校ノ監督ニ関スル件」において、「私立小学校ノ監督ニ関シテハ平素十分御留意ノコトト存ズルモ外国人又ハ外国人ノ経営ノ援助ヲ受クル財団法人等ノ経営スル小学校ノ教育ニ付テハ特ニ注意ヲ要スルモノアリト認メラルルヲ以テ此ノ際是等学校ノ視察ヲ行ヒ其ノ監督ヲ一層周密ニシ」と記されていた。それ以前の改正私立学校令（一九一一年）においては「私立ニ対シテモ相当ノ範囲ニ於テ教育事業ヲ営ムノ自由ヲ与フルモノ」（松浦・一九一二：四〇七―八頁）とあるように、私学における教育の自由を認める主張が見られたのに対し、戦時期になると、特に外国人の設置・経営する私立（小）学校は国家の強い管理・統制のもとに置かれるようになった。特に国民教育の基礎をなすとされた国民学校は、その他の学校段階と比較して、厳しい統制下に置かれので、私立小学校の管理・統制は一層厳しいものとなった。

敗戦そして戦後学制改革（一九四七年以降）における「私立小学校」とは、教育基本法および学校教育法第一七条～第三四条によって規定された、都道府県知事の所管に属し、六年の修学年限をもつ初等普通教育機関（小学校）である。その一方で、私立小学校は、私立学校の自主性・公共性を高めその健全な発達を理念として、一九四七（昭和二二）年に制定された私立学校法によってその運営が規定された。すなわち、小学校以上の私立学校は、役員として理事（長）と監事、そして評議員会を置く学校法人において設置・運営されるものとされた（第三条）。

2　対象時期

本書の対象時期（一九二〇年代～一九五〇年代）についても、その論拠を明らかにしておこう。

一九二〇年代～五〇年代の約四〇年は戦間期・戦時期・敗戦期のほぼ三つの時代区分を含むものである。

起点の一九二〇年代は、一九一四年より開戦した第一次世界大戦が終戦を迎えた翌年一九一九年からアジア・太平洋戦争開戦（一九四一年）までの「戦間期」（inter-war period）の端緒として位置付けられる。

第一次世界大戦（一九一四～一八年）の最中、西欧の列強が軍需に追われて、民間需要の手当が疎かになるなか、日本は、輸出を増やし、国際収支を好転させていった。綿業を中心とする軽工業や重化学工業の発展により好景気を迎え、さらには金融緩和策も手伝って、日本は「バブル経済」を謳歌した。一九二〇年代の度重なる恐慌に対して、企業の集中が促進された結果、財閥が黄金時代を迎え、続く三〇年代に入ると重化学工業が全面的に発展し、さらに新興財閥の企業が成長していくこととなった。

しかしながら、戦間期は、「二重構造」（中村+尾高・一九八九）という言葉に代表されるように、一九二〇年代には大企業と中小企業、都市部と農村部、熟練労働者と非熟練労働者との間に大きな経済的な格差が生じ、三〇年代に入るとそれがさらに拡大した時期である。また、大戦中に膨張しつつあった都市部が近代都市の様相を見せ始めた。本書の対象である東京においても知事・後藤新平（一八五七〜一九二九）は強力なリーダーシップを発揮し、関東大震災以前から「東京市政要綱」を発表した。それを受けて都市計画が推進され、私鉄の開通や郊外住宅地の開発など今日の近代都市・東京の原型がつくられていった。

その一方、そこに居住する市民にも大きな変化が生じた。まず、都市において、教員や会社員、官公吏などのホワイトカラー職に就く所謂「新中間層」が一九二〇年代には総人口の七〜八％に達し、その後、継続的に増加した（南博+社会心理研究所・一九六五）。そして、これら新中間層が新しい都市生活のスタイルを模索・定着させ、これに旧中間層（商工業者）、工場労働者、都市下層住民が追従していくという傾向が生まれつつあった。

家計支出では、明治・大正・昭和を通じて、飲食物費（エンゲル係数）が低下し、代わりに雑費と被服費が増加していく。それに対応するように、当時の都市生活を営む家族の主婦たちのマニュアルのひとつであった雑誌『主婦之友』の生活記事構成が多様化する。この点を仔細に分析した中川（一九八五）によれば、一九一七〜一八（大正六〜七）年頃には家計節約・貯蓄、内職・副業などに関する記事が主流であったのに対し、一九二一（大正一〇）年以降は手芸・家具、余暇、美容などに関する記事も含まれるようになったという。

「新中間層」という新たな社会階層の出現と新たなライフスタイルの確立は、日本における大衆消費社会の誕生を意味する。一九二〇年代の『中央公論』や『改造』の刊行に続いて、都市新中間層を対象とした『文藝春秋』、そして大衆娯楽雑誌『キング』などが相次いで発刊され、発行部数を増やしていった。また、都市の盛り場には映画館が相次いで建設され、ラジオ受信が一般化し、レコードも大量生産されるなど、「大衆文化」の出現を初めて見た時期である(吉見・一九九四)。

そして、この一九二〇年代は東京の初等教育(小学校)の歴史においてもひとつの転換期として位置付けることができる。

まず、二〇世紀を前後して、東京・初等教育機関における学校数・在学者・入学者数のいずれをとっても、公立小学校が私立小学校を上回るようになった。つまり、一九〇〇年以降は、近世の寺子屋の流れを汲む私立小学校が相次いで姿を消す一方、国民教育制度の拡充によって公立小学校が急増した時期である。しかし、その後一九一〇年代から二〇年代にかけて、公立小学校の拡充の一方で、既存の公教育のあり方や教師中心の教え込みの教育方法などに反旗を翻す形で、児童中心主義・進歩主義・自由主義などの理念を標榜し、子どもの個性や自発性を尊重し、学習即生活を目的に画一的な教育の排除を主張・実践しようとする大正新教育運動(大正自由教育運動)が都市部の師範学校付属学校や私立学校を中心に展開し、その理念を実践する私立小学校が東京など都市部を中心に相次いで創設された。

たとえば、成蹊小学校(一九一五年)、成城小学校(一九一七年)、自由学園(一九二一年/初等部は一九二八年併設)、池袋児童の村小学校(一九二四年)、明星学園小学校(一九二五年)、玉川学園小学校(一九二九年)、初等教育機関を併設しなかったものの文化学院(一九二一年創立)などに代表される個性的な「新学校」が大正末期から昭和初期にかけて誕生していった。師範学校附属学校や私立の新学校を中心に展開した大正新教育運動は、大正デモクラシーの高揚と相俟って、一九二一(大正一〇)年八月に東京高等師範学校付属小学校講堂で開催された八大教育主張講演会をもって頂点を迎えた。

一九二〇年代は、中等学校への入学難が社会問題として顕在化し、学歴主義の問題が初等教育段階の教育活動に悪影響を及ぼすと認識され始めた時期である。一九二〇年代後半から三〇年代にかけて、東京をはじめとする大都市では、理念的・制度的には同等であるはずの公立小学校が「中等学校進学」という価値や進学実績に基づいて、序列化されていった。たとえば、中学校・高等女学校に多数の入学者を送り込む「公立有名小学校」が出現するとともに、その種の有名小学校への越境入学や学習塾が登場するなど、小学生の「学び」が上級学校の入学試験に従属していく時期として位置付けられる（木村編・一九九九）。

他方、研究時期の終点を一九五〇年代（昭和二〇年代）と設定した論拠についても明らかにしておきたい。教育史を含めたこれまでの歴史研究においては、一九四五年八月の「敗戦」をターニングポイントに、戦前（〜一九四五年）と戦後（一九四五年〜）とを異なる時代として分析・考察するというスタイルが主流であった。こうした歴史記述の方法やパラダイムは教育研究においても未だに大きな影響力をもっている。すなわち、「戦後の教育」とは、日本国憲法下における教育理念・制度の刷新、すなわち日本国憲法とその理念を受けた教育二法の成立、これら社会理念・教育理念の転換を受けた六・三・三・四制、男女共学の普及以降の教育システムをさしている。このような認識に拠った歴史記述は、「悪しき戦前」における天皇制国家と、進歩的で民主主義的な教育制度を生み出した「良き戦後」という歴史認識に基づいたものになりがちである。

しかし、大内（一九九九）はこうした歴史観を〈断絶史観〉と呼び、近代教育システム自体が生み出している今日の教育状況や教育問題の把握を困難にしていると批判する。大内によれば、敗戦を迎えた一九四五年という一時点によって、教育や子どもを含めた社会状況は必ずしも一変したわけではない。むしろ実際のところは、戦前期との制度的な連続性を維持しながら、教育を含めた社会システムが存在したと考えられるというのである(4)。

森田伸子（一九九七）もまた、この〈断絶史観〉ではなく、一九五〇年代半ばを「人々の戦前／戦後」のターニングポイントであり、子ども観の転換期でもあると喝破する。教育政策等に見る国家の子ども観は、一九五〇年代から六〇年代にかけて、戦前以来の「政治国家の主体」から「産業社会の主体」へと大きく転換した。また、幼稚園から大学に至る就学（就園）率や進学率の急上昇は、学歴や学校教育の有用性が大衆規模で広範に認められるようになったことを示すものである。いわば、一九五〇年代半ばあたりから提唱され、六〇年代に隆盛を極めた国家および産業界による教育拡大策や人的資本論は、それまでの〈子ども＝政治的主体〉などの諸論や〈戦後民主主義教育〉なる議論を封印し、以降の「拡大と発展の時代」における新しい教育－経済政策の中心的な理論として注目されるようになった（藤田・一九九二）。そして、この「拡大の発展の時代」こそ、「大衆教育社会」（苅谷・一九九五）の誕生とほぼ一致する。苅谷剛彦は、この「大衆教育社会」を、①大衆的規模での教育拡大とその大衆的基盤、②メリトクラシーの大衆化状況、③「学歴エリート」の誕生による大衆社会型支配の三点をもって特徴づけられる教育社会として定義する。「大衆教育社会」の萌芽が見られる一九五〇年代半ばは、いわゆる「五五年体制」の成立、高度経済成長、大衆消費社会などが誕生した時期と対応している。これは、一九五六年二月号に『文芸春秋』誌上に登場した、「もはや戦後ではない」という中野好夫によるキャッチコピー（この文句は『経済白書』にも採用され、それ以降人口に膾炙された）とも対応している。戦後の「大衆教育社会」は、一九五〇年代半ばから一九六〇年代半ばの高度経済成長期に誕生と確立を見るのであった。

なお、私立小学校の入学志向や入学選抜の問題について注目しても、本書の対象とする一九二〇年代から一九五〇年代は「小学校入試・受験の創成期」（第一期）(5)に当たる。

まず、一九二〇～三〇年代に、一部の私立小学校では、入学志願者の増加を受けて、入学選抜考査が導入されるようになった。一九二〇年代から一九五〇年代はそれぞれの家庭や幼稚園において入学考査対策を行っていたが、一九六〇年になると、小学校入学考査にもひとつの変化が訪れる。

一九六二年一二月一六日号の『朝日ジャーナル』誌が「現代の異風景②予備校幼稚園」という特集を組んで報じているように、この頃から「ＩＱママ」なる言葉の誕生と小学校受験のために幼児受験教室に通わせる親子の姿が頻繁に取り上げられている。同誌によれば、「ＩＱママ」とは、子どもの知能指数を上げようと、子どもの手を引いて各地の教育相談所をまわる母親のことをいう。それは同時に有名幼稚園や有名小学校に入れるために、幼児期の子どもにIQテストの訓練を受けさせる母親たちを相手にする幼児受験産業が誕生しつつあったことを意味する。また、この時期の東京都内では有名小学校の受験のための予備校として、「桐花会」「愛児教育研究所」「愛育指導研究会」などが誕生した。あわせて「有名小学校入試問題集」も当時の隠れたベストセラーになっていったという（桜井・一九八五）。

3　先行研究の検討と本研究の分析視角

1　教育研究における私立小学校

本書の対象とする「私立小学校」は、一部を除いてこれまでの教育研究においてあまり取り上げられることはなかった。この傾向は日本教育史研究においてもそのまま当てはまる。それは、私立学校が戦前または戦後を問わず教育制度上の「傍系」に位置付けられること、しかも、初等教育段階の私立学校は、他の教育段階の学校と比べて、学校数・児童数ともに、その割合が最も低いという事情にも拠っているようにおもわれる(6)。

日本教育史における初等教育研究の動向を紐解いていくと、その研究の歴史は、教育制度・政策を軸にした公立小学校の歴史、すなわち「正系」の制度史・政策史であった。そのなかで「傍系」としての私立小学校への注目は、「ある一時期」を除いて、ほとんどなかったといってよい。それを明らかにするうえで、試みに、「日本教育史」と題するテキストや専門書のいくつかを通読するとよいだろう。「私立小学校」という用語は、ほとんどの場合、大正新教育運動（大正自由教育運動）との関連で、私立新学校の誕生・発展とその後の終焉・限界に関する記述に止まっている。

また、戦前の学校史全体についての研究成果は、私立小学校史に関する業績を含めて、明治期と大正期とでアプローチの仕方が大きく異なっている点でも特徴的である。佐藤秀夫（一九七二）が「モザイク性」という言葉を用いて批判的に述べているように、近代日本教育史の研究スタイルを時代別に見ていくと、明治期―制度政策史中心、大正・昭和初期―新教育運動中心、昭和戦前期―抵抗の教育運動中心、戦時期―政策制度史中心、戦後期―理念と運動中心というひとつのパターンが見られるという。この批判から約四〇年を経た現在においても、この傾向はこれまでの日本教育史研究、そして私立（小）学校に対する歴史認識や歴史記述にもそのまま当てはまるようにおもわれる。

本書と関わりが深い一九二〇・三〇年代に誕生・発展した私立小学校についても、その契機となった大正新教育運動の文脈のなかで研究されてきたものが圧倒的に多い。しかも、その多くが大正新教育運動に関わった学校創設者や教師など実践者たちの教育理念・思想や教育実践（教育方法・教育課程などを含む）に関する研究がほとんどを占めている。

他方、一九八〇年代以降、大正新教育運動研究の領域においても従来の思想史・実践史とは異なる、新たな研究領域が誕生している。それは、一九六〇年代・七〇年代以降に欧米諸国で誕生・進展しつつあった社会史研究の影響と歴史社会学の理論的・方法的発展の影響の双方を受けて、私立小学校を含めた新学校の入学者の背景に注目し、社会階層の視点から、その多くが都市新中間層であることを計量的に実証した一連の研究群がある。

代表的な労作としては、門脇厚司（一九八一）や中内敏夫ら民間教育史料研究会（一九八四）の池袋児童の村小学校に関する研究、成城小学校に関する北村久美子（一九八七）ならびに門脇・北村（一九九〇）の業績があげられる。これらの先行研究は、主として当時の学籍簿をデータソースに用い、私立小学校の入・在学者の社会的特性を明らかにし、都市新中間層を中心とするいわゆる「教育家族」が私立小学校への入学を志向した理由などを考察している。また、大正新教育運動のなかで誕生した私立新学校の様子とそれらの学校へ入学を志向する新中間層家族の様子は、中内（一九八五）、高橋準（一九九二）、広田照幸（一九九九b）などに詳しく描かれている(7)。

ところが、これら思想史・制度史・歴史社会学・社会史などいずれの研究領域においても、大正新教育運動の流れで誕生した「新学校」が研究対象になる傾向が強く、洋学系私塾の流れを汲む私立小学校、ミッション・スクールとしての私立小学校(8)あるいは女子教育の系譜にある私立小学校が分析・考察の対象になることはほとんどなかった。以上の「私立小学校の研究史」を前提に、本書の問題関心を明らかにしよう。

2　私立小学校の入学志向と存廃条件

一八七〇年代から一九三〇年代にかけて、私立小学校が東京を中心に相次いで創立された。このうち明治初期から存在していた洋学系私塾やミッション・スクールの一部の初等教育機関は、小学校令や私立学校令などの規定の定めるところに従って、改めて「私立小学校」としての認可を受け、公教育機関として再発足している。その後の一九一〇年代から一九三〇年代には、児童中心主義や個性主義など教育における進歩主義を謳った大正新教育運動の潮流のなかで、私立小学校（新学校）が誕生している。

しかしながら、戦前期に誕生した私立小学校は、絶えずその運営面で様々な困難に直面し、そのうちの幾つかの学校が廃校に追い込まれていった。その原因については、これまでの教育史研究の領域において以下のように論及されてきた。

第一に、戦前期における私学政策や一九三〇年代半ば以降に本格化する国家主義に原因を求めるものである。戦前期の私学政策の特徴は、脆弱な私立学校の財政基盤に対する十分な補助や支援のなかった点があげられる。また、国家主義の問題との関連でいえば、一九三〇年代半ば以降に本格化する皇国民教育体制下で、自由主義的な教育運動（さらにその一部には社会主義的な要素も含まれる教育運動や活動などもあった）や進歩主義的な教育活動を展開する私立学校に対する国家統制、さらにはそれが究極的な形で現れる一九四一（昭和一六）年の国民学校令に廃校の原因を求めようとする議論がある（たとえば片山・一九八四、または長峰・一九八五など）。しかし、それは国家主義の台頭による一方的な統制・介入の問題ではなく、大正新教育運動の性格に内在する問題でもあるという。たとえば石田雄（一九八九）は、大正「自由教育」の特質を、権力と自由、個人と国家という政治的な関係を、理性主義的・道徳主義的・教養主義的な次元に昇華させることで、実体としての政治と距離を置くものと捉えた。それゆえに、権力への抵抗や政治的圧迫のなかで生き延びる発想が生まれなかったという。坂元忠芳（一九八二）や徳久恭子（二〇〇八）もまた、このような自由教育の脱政治化された観念的な特徴ゆえに、国家統制や教育の軍国主義化に対して抗う術をもたず、結果として自由教育「運動」そのものが下火になっていったと指摘する。

第二に、私立学校が支持者の教育意識・教育要求に十分に対応できなかったがゆえに、廃校に追い込まれたとする議論である。私立小学校の主な支持層は、一九〇〇年代以降、台頭著しい都市新中間層であった。教育熱心な新中間層は、私立小学校に対して、子どもの個性的で純真無垢な状態を尊重する「童心主義」と、教育をつけることで無知な状態から脱却させる「学歴主義」という、相反する要求を突きつけたという。淘汰された私立小学校の多くは、童心主義に対して各学校独自の進歩主義的・自由主義的なカリキュラムで対応したものの、学歴主義の要求に対しては十分な関心を払うことはなかった（できなかった）のである（中内・一九八五、沢山・一九九〇など）。

前記二つのいずれにしても、同時代にありながら存続（自己保存）した私立小学校がある一方で廃校に至った小学校があるのはなぜか、その要因や社会的背景については明らかではない。また、先述したとおり、既存の先行研究は、大正新教育運動の系譜のなかで誕生した私立「新学校」のみを論じるに止まり、ミッション・スクールや洋学系私塾を起源とする様々な私立小学校を研究対象に含めてこなかった。さらにいえば、東京の私立小学校のうち、戦前から戦後の過程のなかで、どれだけの数の学校が存続（自己保存）したのか、あるいは、廃校に至ったのかを俯瞰的に明示し、そのうえで存廃の要因について実証した先行研究についても、管見の限り、確認されてはいない(9)。

本書は、この問題を解明する鍵として、戦前・戦後を問わず、東京の私立小学校の多くが中等・高等教育機関を併設している点に着目する。私学における併設校の意図は、戦前期の私立学校が脆弱な財政基盤を補ううえで、初等教育から中・高等教育までの学校・大学を運営することで、基本収入を増額しようとする戦略であった（天野・一九七二)。

併設上級学校の有無の観点から、東京の私立小学校の存廃状況を確認すると、戦間期のある年度(一九三四年)に三九校あった私立小学校(10)のうち、戦後(一九五一年)まで二三校(五九・〇%)が存続している。その存続した二三校のうち八二・六%に当たる一九校は中等・高等教育の上級学校を併設する私立小学校であった。これに対して、併設上級学校をもたない一七校の私立小学校のうち、一三校(七六・五%)は廃校に至っている(教育週報社・一九三四、および日本私学団体総連合会・一九五二)。ここから併設上級学校の有無と私立小学校の存廃との間には関連が認められる。

以上の議論から東京の私立小学校の存続(自己保存)・発展を可能にした要因・背景について、以下の仮説を設定することができるだろう。すなわち、存続した私立小学校の大多数が戦前期より併設上級学校を有していたことに着目し、学歴社会の成立を背景にして発展した私立中等・高等教育機関が下位段階の小学校の入・在学者数の増加や併設上級学校への継続進学率の上昇につながる、すなわち「私学一貫校」としての制度化が特定の社会階層の私立小学校の入学志向を誘発し、私立小学校自体の存続(自己保存)が可能になったとする。私立小学校は中等・高等教育機関を併設することによって、保護者の要求する「学歴主義」にも対応することができたのではないだろうか。

しかし、史資料の制約もあり、存続した一九校すべての小学校について議論することは不可能である。各私立学校にはそれぞれの学校運営の歴史的経緯があり、併設上級学校の存在があれば、すべての小学校の存続したわけではないこと、つまり併設上級学校の存在は飽くまで私立小学校の存廃を決定した一要因・一特性に過ぎないことをあらかじめ注記しておきたい。

戦前から上級学校を併設することのなかった私立小学校が今日においても現存・発展していることからも明らかなように、そこには卒業生・篤志家・関連団体(企業や宗教団体)などによる財政的な支援や土地開発・出版事業を通じた学校財源の増収、カリスマともいうべき学校創立者の教育理念や実践なども また私立小学校の存続や発展に貢献していたのである（日本教育科学研究所・一九七二）。

3　私立小学校と学歴研究

学歴研究は日本の教育社会学研究における中心的な研究領域のひとつであり、旧くから様々な視点から研究され、数多くの優れた研究業績を産み出してきた。学歴研究の諸動向については、日本教育社会学会の学会誌である『教育社会学研究』誌において、山崎・島田・浦田・藤村・菊井（一九八三）や菊池城司（一九九二）によるレヴューがある。また、同誌における教育の歴史社会学研究に関するレヴューでは広田（一九九〇b）、伊藤彰浩（一九九五）、高橋一郎（一九九七）がある。とりわけ歴史社会学研究のレヴューにおいては、いずれも学歴研究が主要な研究領域のひとつにあげられて議論されていることからもわかるように、歴史社会学における学歴研究は、これまで長い間、教育社会学者の強い関心を集め続け、発展を遂げてきた領域のひとつである。

ところが、その業績の多くは、中等教育または高等教育段階を対象にした学歴研究であり、その大半が学歴獲得の過程（選抜）と結果（配分）に関する研究で占められてきた。代表的な研究をあげると、高等教育段階の研究については、天野郁夫（一九八二、一九八三、一九八九、一九九二など）、麻生誠（一九六七、一九七〇、一九九一など）、伊藤（一九九九）、キンモンス（Kinmonth, E. H., 1981＝一九九五訳）、竹内洋（一九七八、一九八一、一九八八、一九九一a）などが、中等教育段階の研究については深谷昌志（一九六九）、天野編（一九九一）、斉藤利彦（一九九五a、一九九五b）、広田編（二〇〇一）、菊池城司（二〇〇三）などがあげられる。また、一九八〇年代以降、ジェンダーへの関心の高まりや女性史研究の隆盛とともに、女性にとっての中等もしくは高等学歴を取得することの意味とその社会的背景（教育政策のあり方や入・在学者の出身階層など）を考察した業績が数多く生まれている。主要な業績として、女子専門学校（女専）など女子高等教育については天野正子編（一九八六）、佐々木啓子（二〇〇二）、湯川次義（二〇〇三）などが、高等女学校など女子中等教育については、深谷（一九六六）や高等女学校研究会編（一九九四）などがあげられる。

このほか、教育社会学においては、広田照幸（一九九七）による陸軍将校の研究、文芸エリートに注目した山内乾史（一九九五）など個別領域を対象にした学歴の歴史社会学的研究も見られ、歴史社会学における学歴研究はまさに百花繚乱ともいうべき状況であるといってよいだろう。

しかし、戦前期における学歴主義は中等・高等教育のみに限定された問題ではなかった。主として戦間期の都市部において生じた学歴主義の汎化は、初等教育段階の尋常小学校を含めた学校教育システム全体を巻き込んだ学歴社会を構築しつつあった。

それにも拘わらず、初等教育（小学校）と学歴主義・学歴社会とを結び付けた研究は、管見の限り、それほど多くはない。戦前以来の初等教育（小学校）と子どもの歴史をめぐる研究動向をレヴューした大門正克（二〇〇〇）によると、その研究史は①教育勅語体制論、②児童＝「子ども」の発見、③近代家族論による子ども論、④児童生活史の四領域にまとめられるという。なかでも近代学校と子どもに関する研究領域は、国家の近代化と国民教育制度の成立の過程における就学率の問題など、子どもたちが（近代）学校に通学することの意味を問いなおすことに主眼が置かれてきた。たとえば、ウェステージ（wastage：教育損失・教育浪費）の視点から初等義務教育が制度化していくプロセスを考察した天野郁夫の研究（一九六七＝一九九七）、『文部省年報』から全国の就学の普及を検討し、一九〇〇年代に入っても未就学・中途退学などにより相当数の不就学者がいたことを統計的に明らかにした土方苑子の研究（一九八七）、壮丁教育調査などの資料をもとに、公教育とリテラシーの普及過程について地域的・時期的な偏差を明らかにした清川郁子による一連の研究（清川・一九九一、一九九二、一九九三、二〇〇七）が代表的な労作としてあげられる。

その一方で、一九三〇～四〇年代の中等学校の入学試験の動向と小学校（国民学校）教育の変容について、受験・入試や学歴主義の側面から明らかにしたものには、木村元による一連の研究がある（木村・一九九三、二〇〇〇、木村編・一九九九など)。また、個別事例に関しては、東京における中等・高等教育段階の受験競争の激化と受験名門校としての公立有名小学校(本郷区誠之尋常小学校)の誕生とそれに伴う越境入学者の登場、そしてその社会的背景を明らかにした所沢潤・木村元(一九八八)や誠之学友会編・寺﨑昌男監修(一九八八)、さらに、官立師範学校附属(付属)小学校の出身階層と保護者の教育戦略については、奈良女子高等師範学校付属小学校を明らかにした木村元・吉村敏之(一九九九)や大阪池田師範学校付属小学校を明らかにした高橋一郎(二〇〇一、二〇〇二)があるにとどまる。

しかし、戦前期の私立小学校と学歴主義の問題とを積極的に関連付けて考察した研究は、ほとんど見当たらないのが実情である。本研究において、学歴問題や学歴主義との関連で私立小学校に注目する理由は以下の通りである。

先にも述べたように、私立小学校に併設する中等・高等教育機関の存在は、私立小学校が上級学校への進学機会(学歴)の保証を意図していたのではないか——当たり前のようだが、この仮説に基づくものである。

中等教育もしくは高等教育の学校や大学を併設する私立小学校は、小学校卒業時点において、それら上級学校への内部入・進学の機会を保証し、それを明文化していた。たとえば、慶應義塾幼稚舎は「幼稚舎規則」(一八九八年)において「幼稚舎を卒業したる者は、第一学期に限り無試験にて本塾普通部第一学年に編入せらるべし」と規定している(慶應義塾・一九五八:二九三頁)。成蹊小学校でも同様に「私立成蹊小学校設立趣意」(一九一五年)において「男児は小学卒業後は成蹊中学校に無試験入学の特権がありますゆゑ、中学への入学の心配はありません」と謳っている(成蹊小学校の教育編集委員会・一九七六)。女子のみを教育の対象とした東洋英和女学校小学科においても、その学則において「卒業生ハ其ノ成績ニヨリ無考査ニテ東洋英和女学校高等女学科ニ入学ノ特典ヲ有ス」(東洋英和女学校小学科・一九三七)と明記されていた。

つまり、一部の私立小学校は、自由主義・個性主義による児童中心主義的な教育を実践するのみならず、併設上級学校を設置し、小学校(初等教育)から中等・高等教育機関までの連絡関係を構築・強化することによって、在学者・卒業生の学歴主義の要求にも対応した学校経営を行っていたと考えられる。しかも、注目すべき点は、併設上級学校への進学は、優先的に（多くの場合は無試験で）認められていたということである。その結果、多くの私立小学校は、中・高等教育機関を併設することで、小学校段階における「童心主義」と「学歴主義」の対立・矛盾を「克服」することに成功していたのであり、その対立や矛盾に廃校の原因を求めた先行研究は、一部の私立小学校にしか当てはまらない問題や事例を論じたに過ぎなかったのではないだろうか。

また、このような併設上級学校への優先的な入学・進学のシステム――今日でいうところの「私学一貫教育」や「内部進学制度」――は、戦前期における上級学校の受験・進学に付随するイメージである立身出世主義とは大きく異なるものであるともいえる。すなわち、戦前期における立身出世主義とは、立身出世の手段として上級学校への進学をめざし、そのために厳しい受験競争に耐え、刻苦勉励する受験生のイメージである（竹内・一九九一）。私学一貫校における内部進学のシステムは、立身出世主義に代表されるネガティヴなイメージとは対極にある。つまり、このような学校システムは、子どもを純真無垢のままに育てようとする教育意識である「童心主義」と、子どもに高い学力と学歴をつけさせたいとする「学歴主義」の矛盾を解消する制度になっていたのではないだろうか。

本書は、これらの問題関心に基づき、私立小学校の教育実践とその併設上級学校への内部入学・進学制度ならびに保護者の教育要求（教育観・教育方針）に注目し、私立小学校の存続・廃校に至ったそれぞれの要因と家族の入学志向の背景を明らかにする。

4　入学選抜考査と社会階層

前述の通り、明治末期から大正期にかけて学校段階のアーティキュレーション（接続・連絡関係）が整備され、学歴社会が誕生するに至り、学歴取得をめぐる戦略は高等教育部門に止まらず、トップ・ダウン式に下位段階の学校にも影響を与えた。頂点の高等教育学歴の取得については中等教育段階の学校選択が重視され、さらに中等教育段階の学歴については初等教育（小学校）が各家庭の私的な選択の対象になることもあった。

るかであった。

それを顕著に示すのが、進学に有利な受験名門校である「公立有名小学校」に越境入学するか（所澤＋木村・一九八八）、あるいは、無試験などで優先的に併設の上級学校に内部入・進学できる一貫校型の私立小学校を選択・入学するかであった。

戦前期の私立小学校は絶えず存廃の危機に直面していたものの、そのなかには、比較的安定した学校経営を展開し、戦後にいたるまで存続した私立小学校が存在した。さらには入学定員を上回る多数の入学希望者を集め、結果的に入学選抜考査を導入する小学校も現れた(11)。

入学選抜考査を導入した結果、入学希望者全員が必ずしも希望の私立小学校に入学できるわけではなくなった。つまり、各私立小学校の設定する入学（合格）基準を満たした子どものみが新一年生として入学を認められ、「不合格」の烙印を押された子どもの入学は認められなくなってしまったのである。

これまでの入・在学者の社会階層を計量的に実証してきた先行諸研究においては、新学校を志向する家族の出身階層（都市新中間層）やその入学動機を考察するに止まり、私立小学校の入学に「選抜考査」が介在していた史実とその意義についてはまったく明らかにされてこなかった。

つまり、先行諸研究は入学者の入学志向のみを明らかにしたに過ぎず、私立小学校が行ってきた入学者決定に関わるプロセスとしての「入学選抜」（十分条件）の問題を十分に明らかにしてきたわけではなかった。学校における「選抜」という社会的機能は、出身階層による入学志向という「予備的選抜」と、学校による「入学選抜」の二つを注目しなければならないのである。

入学選抜考査とは、学校側が入学者としての理想像である「選抜基準」をあらかじめ設定し、それに基づいて入学希望者を評価し、「合格者」（入学候補者）を選抜する一連の過程を意味する。私立小学校は、入学選抜の過程において、被教育者として望ましい子どもを選抜し、入学させたいという積極的な意図があったのかもしれない。他方、選抜される家族の側は学校側の設定する選抜基準に見合おうとする意志（たとえば入学準備教育）があったのかもしれない。いずれにしても、これまでの先行研究では、入・在学者の入学意志という必要条件を提示してきたが、学校側の「選抜」という十分条件を明らかにしていない。つまり、本書で新たに含める入学選抜に関する視点は先行研究に共通して希薄な問題関心であった。本書はこの点を補いつつ、私立小学校の入学者を決定付ける二つの要素（家族の側の入学志向および学校側の行った入学選抜メカニズム）を明らかにする。

また、これまで教育社会学等において入学選抜をテーマにしてきた諸研究は、中・高等教育機関のそれを主たる対象としてきたこともあり、入学選抜考査の研究といえば、文字や数字といったリテラシーを用いた「学力」検査による入学選抜の問題を前提としてきた。しかしながら、幼児を対象とする私立小学校の入学選抜考査では、対象となる子どもたちは基本的に文字や数字といったリテラシーに対しては無知であることが暗黙の前提となっていた。そのため、各私立小学校では、保護者面接や身体検査のほか、幼児用に開発されたメンタルテスト（知能テスト）、行動観察、リトミック、遊戯などを課して、その評価結果をもとに入学希望者を選抜していた。

こうした課題や評価については、イギリスの教育社会学者バーンスティン（Bernstein Basil, 1924～2000）が既に「目に見えない教育方法」（Invisible Pedagogy）という概念を提起し、理論的に考察してきた（Bernstein, B., 1975＝一九八〇訳、1977＝一九八五訳）。彼は、「目に見えない教育方法」の特徴について、教育知識の編成・伝達のレベルで分類が希薄であり、教師と被教育者との相互作用のレベルで統制や枠付けが弱く、被教育者の学習過程や結果の評価が多様かつ拡散的で、きわめて形式的・暗示的評価に陥り易いことを指摘した。さらにその教育方法や評価のあり方は新中間層《ニューミドルクラス》家族の社会化価値に親和的であるという。しかし、「目に見えない教育方法」に関する一連の議論は、子どものどのような能力が試され、評価されているのか、その能力をどのようにして獲得（身体化）しているのか、その評価や能力の問題が社会階層・階級とどのように関連するのかといった諸問題について、推論的な見解を論じるに止まり、具体的に実証されてきたわけではない。本書では、この概念を、幼児に対する入学選抜考査における内容・方法・評価に関わる分析枠組みとして再設定し、小学校段階の入学選抜のメカニズムを、幾つかの私立小学校の入学考査を対象に分析する。

さらに、入学選抜考査のメカニズムを明らかにすることで、既存の教育思想史や教育実践史研究にも重要な示唆が与えられるだろう。改めて指摘するまでもなく、私立小学校の創立者や教員たちは、既存の公教育のあり方に失望して、それに代わる理想的な新しい教育のあり方を論じ、その理想を実現するための学校を設置し、教育活動に関わった。ところが、彼らは、理想の教育を実現させるうえで、理想のカリキュラムをそれぞれ開発・実践していったものの、どのような子どもを教育の対象とするべきか、すなわち被教育者としての子ども像についてはほとんど論じることはなかった。

本書が着目する入学選抜考査にこそ、その被教育者としての理想の子ども像が隠されているのではないだろうか。つまり、入学選抜考査に「合格」した子どもこそが、私立小学校関係者にとって、被教育者として求めた理想の子どもということになるのではないだろうか。

4　研究の方法

本書は二種類の資料に基づいた歴史的実証研究である。

ひとつは史資料からの実証であり、もうひとつは研究対象時期に私立小学校に入学・在籍していた当時の児童（と一部保護者）をインフォーマントとするインタビュー調査（半構造化面接）である。

まず、使用する史資料は以下の手続きを踏んで探索・蒐集した。

私立小学校の制度・組織レベルの史実や入学選抜に関わる諸問題を明らかにするうえで、各学校刊行の学校沿革史や学校所蔵の史・資料に大きく拠っている。

まず、野間教育研究所（講談社内）の刊行した『野間教育研究所所蔵学校沿革史目録　一九九九年版』などをもとに、私立小学校を有する学校法人の沿革史、各学校が刊行した学校出版物および教育雑誌等を可能な限り蒐集した。また、本研究と関連する数量的データや質的記述のいずれについても可能な限り収集した。なお、数量的なデータについては二次的分析を加えたものも含まれるが、原資料に当たることで、部分的に修正されたものもある。

各学校が個別に所蔵する雑誌資料や学籍簿などについても、同様の手続きを踏んで可能な限り拾集した。しかし、児童の個人名や保護者の氏名・職業などが明記されている学籍簿などは、プライバシーの観点から閲覧・記録を認められなかったものも一部にあった。

他方、文献資料のほかにも面接調査（半構造化面接）より得られたデータについては、以下の手続きを経て得られた。

インタビュー調査は、一般に調査協力者の代表性については不確かであるというデメリットの反面、一人ひとりのインフォーマントから数多くの情報を手に入れることができ、話の内容によって適宜質問の仕方や内容を変更しながら、調査を進めることができるというメリットがある（園田・一九九七）。本研究は調査対象者の属性（特に本研究の対象時期ゆえに高齢の方が多い）に関わりなく、話の内容・流れに柔軟に対応できるメリットから、半構造化面接調査法を採用した。

調査対象者は、一九二〇年代半ばから一九五〇年代に私立小学校に入学選抜を経て入学した六小学校（a小学校―男子校、b小学校―女子校、c小学校―共学、d小学校―共学、e小学校―男子校、f小学校―女子校）の一三名の私立小学校卒業生およびその母親三名の計一六名である。面接調査は、一九九八年三月五日から同年七月三〇日に至る約五ケ月間、一回の調査時間は一・五時間～二時間程度である。なお、各対象者につき、単発の調査がほとんどであったが、なかには複数回にわたってお話を伺った対象者もいる。なお、同調査から約一〇年の月日を経過したこともあり、対象者のなかには鬼籍に入られた方もいるかもしれない。

調査対象者の私立小学校は、本研究の対象時期において、競争選抜型の入学選抜考査の導入・実施が確認されており、先の調査対象者は、学校により若干の違いこそあれ、すべて入学選抜考査を経て、第一学年よりそれぞれの小学校に入学している（中途編入学者は皆無である）。また調査対象者は、一つの小学校から複数の、しかも卒業年度に二年から二〇年程度のインターバルを意図的に設けたうえで、無作為に抽出された。また、調査対象者からの紹介を受けて、新たな調査対象者よりお話を伺う機会も得られた。

調査の内容は、両親や本人の学歴や職業、きょうだい構成、小学校入学当時の居住地（住所）、などの基本的な事項から、幼稚園通園経験の有無、小学校の入学考査に向けて行われた準備教育、私立小学校で受けた教育の内容とその現在的意味、両親から受けた家庭教育（しつけ）について主観的・客観的な内容にまで及んでいる。

調査対象者の氏名などについては、各小学校および本人の希望やプライバシーの原則、調査の匿名性と個人情報保護の原則を鑑み、調査対象者本人が判明するような情報（学校名、個人名についてはイニシャルも含めて）の一切を記載しないことにした。そのため、参考資料という形で適宜提示するに止める。

5　本書の構成

本書は、序論、本論第1部（第1章〜第4章）、本論第2部（第5章〜第8章）、結論により構成される。以下では、先に示した研究課題との関連で構成と各章の課題を整理しておきたい。

第1部「私立小学校の入学志向と存廃条件」では、序論での問題設定を受け、戦前期の東京の私立小学校について、その存続／淘汰の分岐点とその要因を学校制度と家族の入学志向の両面から考察する。

第1章では、東京における自発的結社としての私立小学校の成立の過程、その入学者・在学者の社会的背景（出身階層や居住地域など）、学校の生き残りの諸策、学校の存続・淘汰の要因を計量的に検証し、中等・高等教育機関の併設が戦前期の私立小学校の存続（自己保存）のための大きな要因であったことを明らかにする。

第2章では、第1章の分析結果を受けて、私立中・高等教育機関の社会的評価と併設の私立小学校に与えた影響について検討する。特に本章では私立小学校が併設上級学校の社会的評価の「借用」を通じて、入学者・在学者の規模を拡大していったことが明らかにされる。第1節では私立中・高等教育機関の社会的評価が向上していくプロセスを、第2節では、併設の初等教育機関に与えた影響について、入学者・在学者数の増加あるいは併設上級学校への継続進学率の上昇を指標に検証する。ここでは、慶應義塾大学（旧制大学）—同幼稚舎、日本女子大学校（旧制女専）—同附属豊明小学校、成城高等学校（旧制高校）—同小学校、暁星中学校（旧制中学校）—同小学校、東洋英和女学校（旧制女学校）—同小学科(12)の五校を分析の対象とする。

第3章では、私立小学校の特質と保護者の教育戦略とを関連付けて議論する。本来矛盾すると考えられてきた二つの教育上の心性（童心主義と学歴主義）は、存続した私立小学校の教育実践や学校制度といかに矛盾せず、むしろ合致していたのかについて議論する。たとえば、童心主義と自由主義・進歩主義的な教育活動、学歴主義と併設上級校への内部進学制度がそれぞれ対応しているようにおもわれる。

第4章では、併設上級学校をもたない私立小学校や併設上級学校の社会的評価の影響を受けることがなかったとおもわれる私立小学校のサバイバル・ストラテジー（生き残り戦略）と廃校・淘汰に至ったプロセスについて描写する。戦前に淘汰された私立小学校を数例ピックアップし、淘汰に至る個々の過程を、存続した私立小学校との対比で例証し、実証を強化する。

第1部で明らかにされる知見は、入学希望者の増加とそれを選抜する私立小学校を考察する第2部との関わりで非常に重要な意味をもつ。すなわち、特定の私立小学校に入・在学者または入学希望者が集中し、その結果として入学選抜考査が導入されたのならば、入学者の入学志向を私立小学校の特質との関連で明らかにすることは必要不可欠の作業である。

第2部「私立小学校の入学選抜考査メカニズム」では、大正期から昭和戦前期の間に、入学志願者の増加を受けて、一部の私立小学校が導入していた入学選抜考査のメカニズムに着目し、選抜論の観点から、私立小学校とその入学〈希望〉者との関係について再解釈を試みる。

第5章では、どのような過程で入学選抜を導入するに至ったのか、その社会的背景や要因について議論する。まず入学選抜考査の導入前／後による入学方法の違いを明らかにし、特に入学選抜導入後については、実際に入学考査に立ち会った教師や評価の対象となった子どもの日記などの史資料をもとに検討する。

第6章では、私立小学校が幼児を選抜するために利用した考査課題について、特に用いられることが多かったメンタルテスト（知能テスト）やリトミック、遊戯などが導入された背景について考察する。ついで、入学選抜考査の内容や評価の曖昧な特徴から、バーンスティンの言う「目に見えない教育方法」に準えて、〈目に見えない入学選抜考査〉という概念を提起し、そこで求められた能力や評価の方法について検討する。そこから〈目に見えない入学選抜考査〉を課す私立小学校において、どのような子どもが〈合格〉したのかを「評価」の問題と関わらせて論じる。また、社会階層による選別と排除の問題と関連付けて〈目に見えない入学選抜考査〉を議論する。

第7章では、その入学選抜考査が入学希望者である家庭や子どもに及ぼした影響を入学準備教育のあり方から分析する。家庭教育としての入学準備のみならず、当時の幼稚園教育の在り方も視野に入れて論じる。また、私立小学校の入学志向や入学選抜に対する当時の批判的言説についても考察する。

第8章では、入学選抜考査と並行して行われた縁故入学制度や優先入学の問題についてふれ、縁故入学制度が引き起こした混乱と消滅に向かう過程を分析する。また、当時の私立小学校の社会的評価についても検討する。

第1部

私立小学校の入学志向と存廃条件

第1章　私立小学校の誕生と存続条件

1　自発的結社としての私立小学校

かつて駐日外交官であり、親日家として日本文化の翻訳・紹介に生涯を捧げたサイデンステッカー（Seidensticker, G. Edward, 1921～2007）は、明治初期における東京の初等教育の状況について、以下のように記している。

文化の面では、東京が不思議に遅れている点が一つあった。初等教育に関しては私立小学校に依存する割合がはるかに高かったのである。……江戸時代の寺子屋が、明治中頃まではまだ、初等教育の大半を担当していたことになるのだ（Seidensticker, E., 1983＝一九九二訳：一二四頁）。

事実、彼の言葉を裏付けるように、明治初期・中期当時の東京市（旧市）では公立小学校よりも私立小学校のほうがはるかに多かった。入学者数や在学者数の点から見ても、私立小学校は公立小学校に比べて規模が大きかったことを示している。

国家・社会の近代化（modernization）を推進する新政府は、学校とりわけ公立小学校の普及を政策課題のひとつとして掲げていた。しかし、東京においては、財政難を理由に、他府県に比べ公立小学校の普及は著しく遅れた。そのため近世の伝統を汲む寺子屋（手習塾）や私塾などを「私立小学校」として一旦認可・存続させ、教育内容や教育方針を政府の意向に合わせることで、公教育の普及を図った。したがって、東京においては、近世から近代に移行した後でも、「私立小学校」が初等教育の中心的な機能を担っていた。特に東京（江戸）では寺子屋（手習塾）が他地域に比べて著しく発達・普及していたこともこれに幸いした。

しかし、如上の初等教育の「遅れた」状況は、文部省および東京府・市当局にとって、許される事態ではなかった。それ以前から公立小学校の増設を図ってきたが、それでも十分には追いつかず、一八九八（明治三一）年についに文部省は、東京の公立小学校が学齢児童の六分の一しか収容していない実態を問題視し、東京市に対してさらなる公立小学校の増設を命じた。東京府も同年四月、市に対して以後一〇ヵ年間に公立尋常小学校九〇校の増設を勧告した（小久保・二〇〇四）。

ところが、近代都市に向けた環境整備をめざす東京府にとって、公立小学校の増設は巨額の支出が必要となるため財政的に困難、とはいえ私立小学校を淘汰に追い込めば就学率の低下に拍車がかかるというジレンマに陥った。その妥協案として、東京府当局が打ち出したのが寺子屋（手習塾）の〈小学校化〉、すなわち国家のめざす初等教育機関として、これら「私立小学校」を公立小学校の〈代用〉とし、教育内容・方法についても、あくまで公立小学校を模範とした教育を行うことで、学校教育の近代化を図っていくことにしたのである(1)。

東京府は一八八八（明治二一）年の年末に、その当時の私立小学校の校主たちを召還し、私立小学校が「代用（私立）小学校」として認められる条件として、以下七項目をあげている。

一、校舎は畳を廃して板敷となし、従来使用し来れる低机を改めて高机腰掛となすべし
二、教員は尋常科に在りては生徒八十名以内は教員一名、授業生一名を置くべく、八十名以上はこれに準じ増員すべし
三、授業料を増加して務めて良教員を置くべき事
四、従来席所と唱へしものの如き無益の習字等は廃止すべき事
五、校主たるものは一科若くは数科の免許状を所持して漸時全科の免許状を持つべき様心掛くべき事
六、私立小学にては往々名義のみの教員を置くやの聞こへあり。不都合も亦甚だし、斯の如き事は最も速急に改めざるべからず
七、従来設置の私立小学校講習所規則を改めて仮免許状規則第四條の検定試験に応ずる様の学科を修むる事に為すこと然るべし云々（『教育報知』第百五十三号、明治二二年一月一二日号、一一〇頁）。

この施策は「教育の近代化」を推進しようとするうえで、私立小学校を公立小学校の「代用」となる基準を示すものであった。校舎や学校備品のみならず教育内容についても近代化を要請し（それ以前の習字など無益とされた科目等を廃止）、教員の数（生徒八〇名当たり教師一名）やその質（教員免許状保持者や講習受講者に限定）についても細かい規定を打ち出した内容になっている。一八八〇年以降、私立小学校に対する東京府・市の統制・管理が強化された結果、前記の条件に合わない私立小学校は規則違反と見なされ、以降私立小学校の数は大幅に減少していった。

他方で、東京が首都としての意識を次第に強めていくなかで、公立小学校の増設が要求され、さらに学政統一問題(2)としてこれが政治問題化することで、公立（市立）小学校は増加していった。もちろん、私立小学校が公立小学校と比較したときに、教師の質、授業内容、学校設備などの面で不十分な学校が多かったことも廃校に拍車をかけた一因になったとおもわれる（土方・一九九六）。

在籍児童数〔図1・1〕では一八九三（明治二六）年に（公立小学校児童数三万四六〇三名、私立小学校児童数三万四一六〇名）、そしてそれから一五年後の一九〇八（明治四一）年には学校数〔図1・2〕でも公私逆転現象が生じた（公立小学校数一五七校、私立小学校数一〇一校）(3)。

そもそもこれらの私立小学校の多くは、近世以来の寺子屋（手習塾）や家塾などの流れを汲む学校であった。その特徴は、土方（二〇〇二）によれば、以下三点に集約されるという。

まず第一に、近代化を推し進めていく過程で都市基盤の整備を最優先にしたために、財政難にあった東京の私立小学校は、第二次小学校令でも述べられているように、公立小学校の〈代用〉として必要であった。第二に、一八八一（明治一四）年当時の統計表によれば、公立小学校と匹敵する内容をもつ私立小学校も一部には存在していたが、全体的に見ると一八八五年時点で私立小学校の規模は小さくなり、九〇年代以降になると、公立小学校とその代用の私立小学校との制度的な上下関係がそれ以前に比べて一層明確になった。一九一〇年代になると高額な授業料を求める自発的結社としての私立小学校が相次いで創立され、旧来の私立小学校と新興の私立小学校との間で新たな格差が生まれた。第三に、私立小学校は公立小学校を範としつつも、その実態については著しくかけ離れていた。校地校舎が狭く、正教員の数も不足し、教育内容・教育方法の点から見ても、近世の寺子屋（手習塾）で行われていた旧来の教育が中心であるところが多く、子どもを通学させている商人や職人の比較的所得の低い層からは支持を得ていたものの、公立小学校の学校制度や教育内容とは著しく乖離していた。こうした私立学校の実態はしばしば当局（文部省や東京府・市など）から問題視されることになった。

いずれにしても、こうした私立小学校の急激な淘汰と公立小学校の増加という目まぐるしい変化のなかで、一八八〇年代から一九二〇・三〇年代にかけて、近世以来の寺子屋（手習塾）や家塾・私塾(4)を前身とする代用（私立）小学校とは明らかに異なるタイプの新興の私立小学校が東京市内または郊外に誕生していった。

この新しい私立小学校は、シルズ（Sills, 1968）の指摘するところの「自発的結社」（Voluntary Association）としての

〔図1・1〕東京市中の公立・私立小学校在学者数（1880年～1915年）

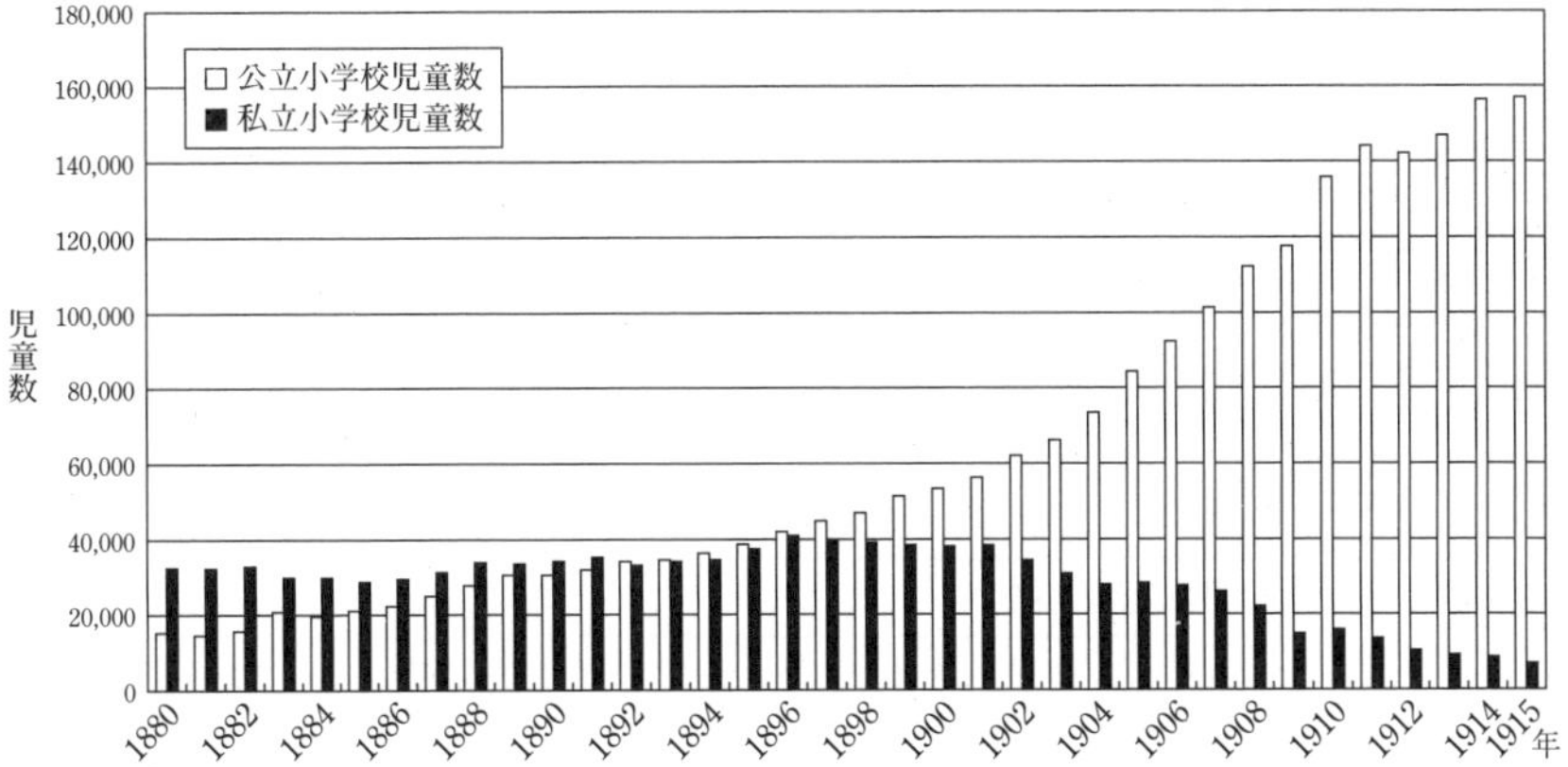

〔出典〕東京府『東京府統計書』各年度版より作成。

〔図1・2〕東京市中の公立・私立小学校数（1880年～1915年）

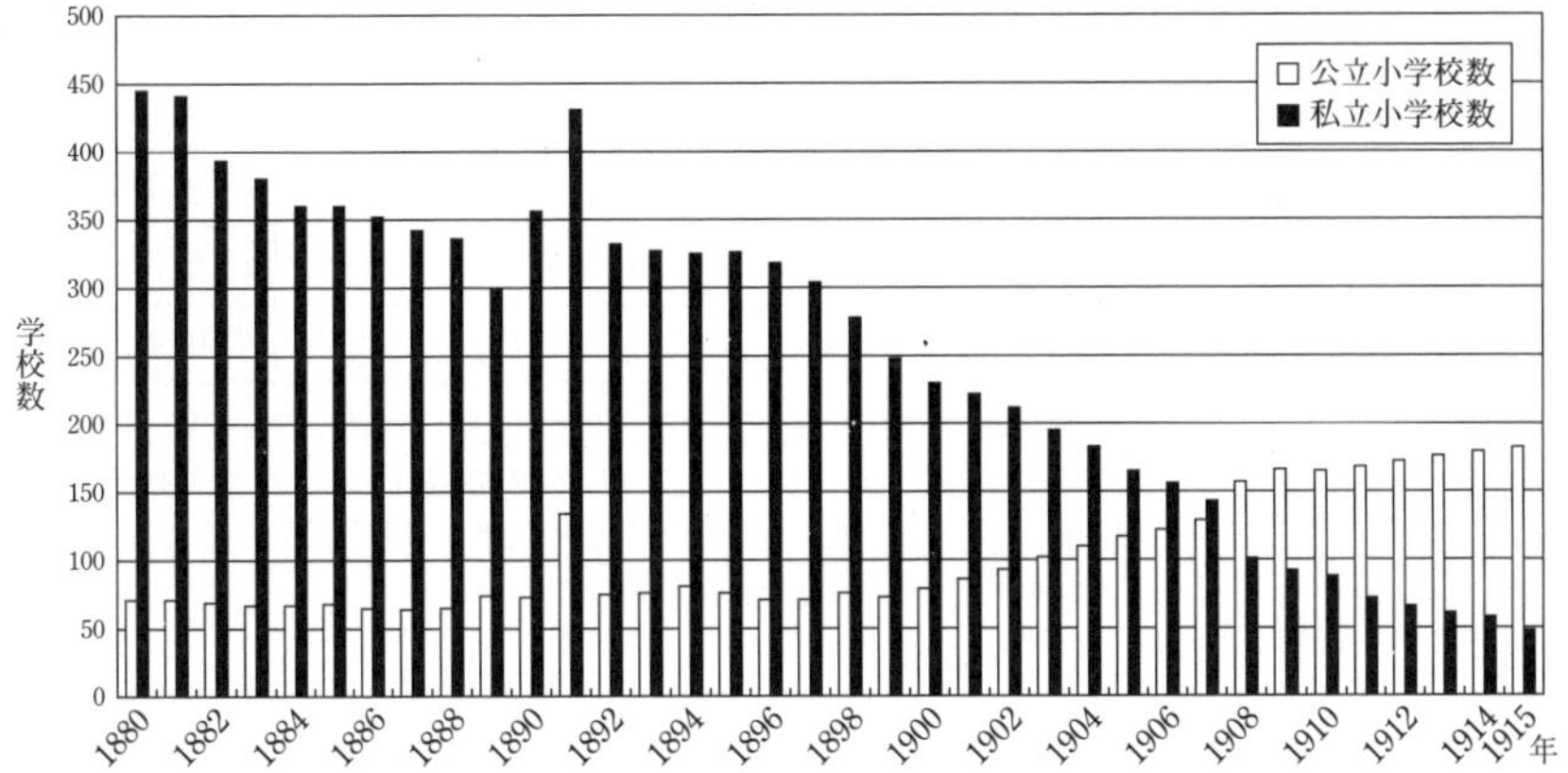

〔出典〕東京府『東京府統計書』各年度版より作成。

私立小学校であった。

「自発的結社」とは、①ある共有関心の促進のために構成される、②成員になることが強制的ではない、③国家から独立して成立する集団組織と定義される(Sills, 1968)。一九一〇年以降相次いで誕生していった新しい私立小学校は、①創立精神に共鳴する教師・保護者・児童の三位一体による理想の学園の建設、②教師の就任・退職、児童の入学・退学が強制的ではない、③公費に拠らない独立採算制による学校運営、④収

〔表1・1〕東京府下の主な私立小学校の入学金・授業料

学校名	入学金	授業料（月額）	備考
日本済美小学校		15円	明治40年当時
聖心女子学院初等科	5円	4円	明治43年当時
成蹊小学校		3円	大正4年当時
慶應義塾幼稚舎	5円	36円（年額）	大正7年当時
日本女子大学校附属豊明小	3円	4円	大正12年当時
帝国小学校		4円50銭	大正13年当時
明星学園小学校		5円50銭	大正13年当時
むさしの学園尋常小学校		5円50銭	大正13年当時
池袋児童の村尋常小学校	5円	8円	大正13年当時
成城玉川小学校	2円	8円	大正14年当時
盈進学園小学校	1円	6円	大正14年当時
東洋英和女学院小学科		55円（年額）	大正14年当時
玉川学園小学校		12円	昭和4年当時
立教女学院附属尋常小	2円	5円	昭和5年当時
啓明学園尋常小学校		6円	昭和7年当時
和光学園小学校		6円	昭和9年当時

〔出典〕門脇厚司（1981）「私立池袋児童の村小学校と教師たち――大正期新教育の社会学的分析・序――」石戸谷・門脇編『日本教員社会史研究』亜紀書房、364頁。他、各学校沿革史や『私立学校関係文書』東京都公文書館所蔵をもとに作成した。

益を目的とせず、教育にかける情熱という四つの性格をもちあわせ、その意味で「自発的結社」といってよいだろう（小島・一九七五）。ただし、収益を目的にしないとはいえ、高額な授業料の負担を要する点も自発的結社としての私立小学校の特徴のひとつとしてあげられる〔表1・1〕。

さて、これら「自発的結社」としての私立小学校がどのような時代にどのような経緯のもとで誕生していったのか、以下レヴューすることにしよう。

まず、一八七〇年代から一九〇〇年代初頭にかけて、洋学系の私塾やミッション・スクールが「小学校」として設置・認可（charter）を受けた動きがあげられる。これらの私立小学校は、それ以前においては必ずしも「小学校」としての設置・認可を受けておらず、「各種学校」または「私学私塾及家塾」に過ぎなかったケースが多い（土方他・二〇〇二）。あるいは、ひとつの学校が初等・中等・高等教育の区別なく、多様な教育内容を教授していた場合もある。その後、これらの学校は各学校段階に応じた設置認可を受けることで、それぞれ初等（小学校）・中等（中学校／女学校）・高等（大学／女専）といった教育機関に分化していった。また、ミッション系の私立学校の場合には、神学校・救済学校などから、公教育機関として整備・認可を受けて、再発足する場合もあった。

一八七四（明治七）年創立の慶應義塾幼稚舎は、創立当初においては、現在のように慶應義塾内の「小学校」あるいは「初等教育機関」としては位置付けられてはいなかった。在学者の就学年齢・就学年数も多岐にわたり、むしろ慶應義塾以外の上級学校に進学する者が英語や洋学を学ぶ目的で在学する、いわゆる「予備校」として機能していた時期もあったという。このような慶應義塾幼稚舎が原則六歳入学の四年制の「小学校」になるのは、大学部中心の教育体制の発足と塾内の上級学校との連絡体制（一貫教育制度）が確立される一八九八（明治三一）年まで待たねばならなかった（吉田・一九五四）。翌一八九九（明治三二）年に、慶應義塾幼稚舎は、「慶應義塾附属小学校」（そのほか「慶應義塾幼稚舎附属小学校」や「慶應義塾幼稚舎小学科」などと記される場合もあった）として、東京府知事より「小学校」として認可を受けている（東京都・一九七一）。

日本人にフランス語を教授する家塾から発足した暁星学園は、一八八八（明治二一）年に宣教師によって創立された外国語（フランス語）の専修学校を経て、一八九〇（明治二三）年には中等教育機関と初等教育機関とにそれぞれ分化していった。初等教育機関については、その同年、四年制単級の「小学校」として認可を受けている（暁星学園・一九八九）。

女子初等教育機関に着目すると、雙葉学園は、フランス系カトリックのサン・モール会（現・幼きイエス会）修道院に併設される形で、孤児院、寄宿学校、あるいは一般女性を対象とする外国語・海外事情・稽古事を手掛ける教育機関から発足している。一九〇九（明治四二）年に、初代校長のメール・セント・テレーズが私財で校地と校舎を買収し、雙葉高等女学校を創立した。翌年には雙葉女子尋常小学校と同付属幼稚園を設立している。暁星学園や雙葉学園といったミッション・スクールの初等教育機関の設置認可に向けた動きは、一八九九年の内地雑居による東京下町

（築地地区）から山の手（四谷地区）への学校移転と大きく関わっている。同学園は、四谷地区への移転と同時に、それまでの社会事業体としての性格を脱して、良家の子弟・子女の教育を目的とする私立学校へと変容した（雙葉学園・一九八九）[5]。おそらく、それはミッション・スクールがキリスト教的価値や道徳の伝道《ミッション》とともに、その影響を受けつつ、ヴィクトリア朝期のイギリス中産階級から台頭・普及した「リスペクタビリティ」（体裁、体面、尊敬に値する市民的価値観）の教育を使命《ミッション》としたことと関係があるのかもしれない。リスペクタビリティには、敬虔、純潔、慎み、礼儀作法、服装、身のこなし、交際術など多様な要素が含まれる。そのリスペクタビリティは様々な葛藤を経験しつつも普及し、日本社会の近代化に貢献したという（佐藤八寿子・二〇〇六）。

さらに時代を下り、一九〇〇年代前後およびそれ以降の一九一〇、二〇年代にも自発的結社としての私立小学校が誕生している。これらの私立小学校の多くは、児童中心主義・進歩主義のもとで、子どもの自由主義・個性主義を理念として謳った、いわゆる大正新教育（自由教育）運動[6]のもとで創立された初等教育機関（小学校）であった。

以下、大正新教育運動のもとで誕生した私立小学校の誕生の系譜を、小島（一九七五）を参照しながら、三つの思想的・実践的立場に区別して論じよう。

第一の立場は、日露戦争（一九〇四年〜〇五年）を前後して高揚した帝国主義やナショナリズムが学校教育にも反映され、国家主義的な立場から積極的に訓育・徳育重視の実践を志向した私立小学校があげられる。たとえば、今井恒郎の日本済美小学校（一九〇九年創立）、西山哲治の帝国小学校（一九一二年創立）、中村春二の成蹊小学校（一九一五年創立）がある。

第二に、大正デモクラシーの潮流のなかで誕生した私立小学校があげられる。大正デモクラシーとはそれまでの国家至上主義的思想に対する反動として、国民の自覚と個人の自己主張の傾向、また白樺派に代表される文学活動、知識人の間で普及した教養主義や人道主義（ヒューマニズム）などが国民一般を覚醒する形で顕れた一連の社会風潮をさす。その影響を受けた私立小学校の教育理念は、国家主義の立場を護りつつ、「児童中心主義」という言葉でよく知られるように、既存の公教育に対する批判として、画一的な教育内容・教育方法からの脱却、子どもの自由・自発性・個性を尊重した教育内容・教育実践に反映された。この系譜に該当する代表的な私立小学校には、成城小学校（一九一七年）や明星学園小学校（一九二四年）、玉川学園小学校（一九二九年）、清明学園小学校（一九三〇年）、和光学園小学校（一九三四年）などをあげることができる。

このほか、反国家主義的な立場から最大限の自由奔放な教育をめざして発足した「教育の世紀社」は池袋児童の村小学校（一九二四年）を創立した。その後同校に在職する教員が退職、発足させた啓明学園小学校（一九三一年）、目白学園（一九三四年）、東京児童の村小学校（一九三六年）などもある。

第三の立場は、デモクラシーの社会的潮流がキリスト教教育や女子教育の発展を促すことによって、創立された私立小学校である。女子教育については、一九一〇年から二〇年代にかけて、青鞜社（一九一一年）や新婦人協会（一九二〇年）などの団体が誕生した。これらは女性解放と女子教育の重要性を認識し、様々な社会運動・教育運動を展開した。その社会的背景のもとで、日本女子大学校附属豊明小学校（一九〇六年）、自由学園初等部（一九二八年）、東京女学館小学科（一九二九年　翌三〇年から「小学部」へと名称変更）、川村女学院初等部（一九三二年）などが相次いで設立されている。

ミッション系の私立小学校では、先の雙葉学園の開校以降、仏英和高等女学校附属小学校（一九一〇年：現在の白百合学園小学校）、聖心女子学院初等科（一九一〇年）、立教女学院小学校（一九三〇年）なども誕生している。いずれの学校も共通して、高等女学校に併設される形で小学校が創立された。女子ミッション・スクールが高等女学校などに併設する形で小学校を設置していったのに対して、男子ミッション・スクールの初等教育機関は、戦前期に限ると、フランスのマリア修道会（カトリック）が一八九〇（明治二三）年に創立した暁星小学校一校にすぎなかった(7)。

前にあげた自発的結社としての私立小学校にほぼ共通するのは、既存の初等教育のあり方（とりわけ公立小学校）とは異なる独自の理念や思想に基づく実践を志向して創立された、という点に求められる。また、ドルトン・プランをはじめとする欧米の新教育の思想や実践は、いわゆる大正新教育運動の流れで誕生した私立小学校のみならず、ミッション系の中・高等教育機関あるいは女専や高等女学校に併設された小学校の教育活動にも大きな影響を与えた。さらに、小学校段階における外国語教育の導入や女子教育の重視は、一部の例外こそあれ、自発的結社としての私立小学校の多くに見られた教育理念・実践であった(8)。

2　私立小学校の入・在学者の社会的背景

1　戦前期の社会階層構造

新しい自発的結社としての私立小学校はどのような人たちに支持され、どのような社会的背景をもった子どもたちが入学したのか——既に先行研究でも議論されている通り、それは東京の都心部もしくはその郊外に在住する新中間層であった。

以下では、戦間期の東京の社会階層構造を検討したうえで、先行研究や各学校の所蔵する学籍簿などの史資料をもとに、私立小学校の入学者の社会的背景を出身階層と居住地の視点から改めて確認したい。

そもそも「新中間層」が社会階層として成立・注目されるようになったのは大正・昭和初期のことであり（大河内・一九六〇）、日本社会の産業構造の転換期でもあった。一九二〇年代には、第一次世界大戦後のいわゆる「戦間期」を中心にして、大企業の主導下に国内向けの生産が活発化し、電力の普及で機械化も進み、四大工業地帯が形成された。一九三〇年代には重化学工業化が進み、地方都市が成長した。一九四〇年代に入ると、戦争の影響で生産量は激減したが、産業の重工業化は拡大の一途を辿った。

こうした背景のもとで、一九〇〇年代の前半（明治後期）から大正期・戦間期にかけて、いわゆる「俸給職」が出現し、それをさして、サラリーマン（あるいはサラリマン）、ホワイトカラー、新中間層、新中間階級など様々に言い表されるようになった。
その特徴について、当時の言辞のいくつかを引用すれば以下の通りである(9)。

> 中間階級とは、つまり国民教育に於て与へられる普通教育以上の教育を受け、其の職業に於て純粋なる身体的或は器械《ママ》的労働をなさず、大なり小なり精神的なる労働をなして、身体的労働を指揮し或は管理する人々をいふ(米田・一九二一：一八頁)。

> 新中間階級は、経営者と労働者の間に位し、または政治機構における支配者と被支配者の中間に位するものである。而して、これらの新中間階級は……その有する唯一の資産である知識によつて、これらの組織において指導的役割を占めてゐたのである。……これら上級及び下級の「白襟労働者」は、工場労働者とは異る職能を有するものである。それは……生産過程そのものに関係するものではないが、生産の運用、その事務のためには欠くべからざるところの人々である。……しかし、その仕事の性質において、またその地位を得るに至るまでの教育において、自らプロレタリアートとは異るものを持つてゐる(加田・一九三二：一二―一三頁)。

> 旧中間階級の減少に伴ひて、日日に増加しつつある新中等階級、即ち有識無産の精神的、技術的労働者、換言すれば俸給生活者階級、此等の階級の擁護は、現時特に緊急の問題なりとす(東京府内務部社会課・一九二二：一頁)。

それぞれの論者によって、「中等階級」「中流階級」「新中等(中間)階級」「サラリーマン(サラリマン)」など呼称の違いがあり、それに応じてその定義の方法や内容も若干変化する(10)。たとえば、「中等」「中流」とは諸階層のなかでの生活水準の中位性に着目したものであり、「新中間」とは商人・工業者（あるいは一部の農業従事者を含まれるだろう）のように、小生産手段を所有して自営する旧中間階級に代わって、生産手段を所有しないが管理労働の末端を担うという意味で資本家と賃労働者との中間に新しく勃興しつつある階級であるという社会階級上の位置に着目したものである。

「新中間」という概念はいわゆる工場労働者と階層的に峻別される。それに対して、「中等」という概念では、たとえば「中等階級生計調査」において、生活水準が新中間層とほぼ同じ工場労働者の上層も中等階級に含まれるように、両階層の区分はあくまで相対的である。寺出は、そうした議論を通じて、新中間層の特徴について、①頭脳労働という労働形態、②俸給（サラリー）という所得形態、③資本家と賃労働者の中間に存在するという社会階級構成上の位置、④生活水準の中位性という四点を抽出している（寺出・一九九四）。

また、今田（一九八九）は、戦前・東京の山の手地域に居住していた新中間層の特徴を以下のように整理している。

(1) 職業は、官吏、会社（役）員、教師、技師、医師などの専門職・管理職を中心とするホワイトカラーであること。

(2) 教育は、専門学校（旧制）や大学を卒業していること。

(3) 経済生活では、いざというとき衣食住に困らないだけの所得と資産をもっていること。

(4) 住宅は、家族が団欒する茶の間とは別に、来客を接待する洋風の応接間があること。

(5) 家事については、掃除、洗濯、ご飯炊きなどをしてくれる女中（現在ではお手伝いさん）を雇っていること。

(6) 生活様式としては、背広を着て通勤し、読書や新聞購読の習慣をもち、山手言葉と呼ばれる話し方をすること。

(7) 価値観としては、生活の華美を避け、質素であること、粗野な振るまいをせず自制力をもつこと。

(8) 生活態度としては、勤勉実直で、なにごとにも計画的・合理的に判断し、効率を重んじること。

なお、この今田の議論については、あくまで山の手在住の新中間層の「理念型」に過ぎないという指摘もある（竹内・一九九七）。それというのも、当時の新中間層は、ちょうどピラミッドのような層を形成しており、一部のエリート層と膨大な非エリート層とを含んでいて、この二つの層は決して同質ではなかったからである（松成＋泉谷＋田沼＋野田・一九五七）。すなわち、森岡清美が指摘するように、「新中間層は俸給を家計の糧としたが、そのうち上層のものの収入は大体五〇円から百円の間であって、……いわば特権的階級をなした。新中間層の中・下層を担ったのは判任官以下の官公吏や学校教員、工場の職員層であった」（森岡・一九八八：六二頁）ことからも、新中間層の内部でさえも大きな格差が存在していたのである。したがって、先の今田の新中間層論は、一部の上層エリート層の新中間層を言い当てた概念として捉えられる。

また、その新中間層の家族は大きく三つの特徴をあげることができる（小山・一九九九）。

第一に、夫は家庭から離れた職場へと通勤する俸給生活者としての生活を送り、妻たちは生産労働から切り離されて、主婦として、場合によっては女中を使うなどしながら、家事・育児に専念していた。家族は生産機能を失い、消費と再生産の場へと純化していった。

第二に、新中間層とは学校教育を媒体とした近代的職業であった。その子どもたちは相続すべき家産をもたないために、学校教育――学歴を通じて自らの社会的地位を獲得する必要に迫られていった。子どもは母親によって愛情深く育てられたが、教育され、学歴を獲得することが何よりも求められた。新中間層の増加は受験競争の激化と上級学校の量的拡大をもたらした。

第三に、新中間層の多くが農村から学校教育を受けるために都市へ流入し、そのまま都市部で就職・結婚した農家の二・三男によって担われた。彼らの多くは両親と未婚の子からなる核家族を形成した。家事・育児専業の妻たちは夫の両親と同居を経験しない場合が多く、伝統的な育児方法ではなく、育児雑誌・書物などに依拠した新しい育児を実践していた。

ところで、どのような職業が「新中間層」として分類することができるのだろうか。またその数は当時の東京のなかでどの程度占めていたのだろうか。これまでの先行研究を参考にしながら、分類の手続きと留意点について述べておきたい。

まず『東京府統計書』や『国勢調査』における「公務自由業」従事者を参照した。「公務自由業」とは、「官吏、公吏、雇傭員」「陸海軍現役軍人」「法務に従事する者」「教育に従事する者」「宗教家」「医療に従事する者」「書記的職業」「記者、著述家、芸術家、遊芸家」「其の他の自由業」に属する職業である（国勢調査・一九三〇）。また、『国勢調査』（東京）の職業小分類から新中間層に該当する職業として、「専門的・技術的職業」「事務的職業」「保安的職業」の者で、なおかつ職業上の地位を「雇用者（employee）」に限定して、新中間層の割合を推定した日本リサーチ総合研究所（一九八八）の研究成果についても適宜参考にした。

本書においては、官庁や企業や団体などに雇用され、専門的職業、技術的職業、事務的職業、保安的職業に従事している者を「新中間層」とみなして、推定し、さらに職業の内容上から三分類した（表1・2）。

この三分類は、各私立小学校の保護者の職業分類・階層分類を、より具体的に明らかにするために必要なカテゴリーである。それと同時に、このカテゴリーは国勢調査や東京府統計書などの公的データと、私立小学校の学籍簿や各学校によって公表されたデータと職業分類・階層分類との「比較可能性」についても担保されたものである。

また各学校の入学者・在学者の推計には主として学籍簿を用いた。学校によって若干の違いこそあれ、各私立小学校所蔵の学籍簿には、入・在学した児童本人に関する情報として、氏名、誕生日、入学・卒業（退学）年月日、住所、本籍、入学前の経歴などが掲載されている。また、保護者（多くの場合は父親）に関する情報としては、氏名、勤務先、本籍、児童との関係（長男・長女・次男・三男などの記載以外にも「庶子」という記載が見られる）のほか、年代や小学校によっては族籍（華族・士族・平民など）が記載されていることもある。
　私立小学校児童の出身階層を知るうえで、最も重要な手掛かりになるのは学籍簿における「職業」欄である。しかし、学籍簿に記載されている「職業」から、保護者の所属する「社会階層」（職業階層）を正確に把握・分類しようとする場合、大きな困難に直面する。
　それに関して、鈴木（二〇〇二）の議論を参考にしながら、その問題点と限界についてふれておきたい。
　まず、研究者が学籍簿の分析を行うときに生じる問題として、学籍簿そのものが研究者の分析の都合にあわせて作られたものではないという当たり前の問題に直面する。

〔表1・2〕職業と階層の分類

<table>
<tr><td rowspan="5">旧中間層</td><td rowspan="2">旧中間層Ⅰ</td><td>農業</td><td></td></tr>
<tr><td>水産</td><td></td></tr>
<tr><td rowspan="3">旧中間層Ⅱ</td><td>工業</td><td>染織、出版、印刷、写真、製菓業など</td></tr>
<tr><td>実業</td><td></td></tr>
<tr><td>商業</td><td>貿易、材木商、質屋、旅館業</td></tr>
<tr><td rowspan="16">新中間層</td><td rowspan="4">新中間層・俸給</td><td>会社員</td><td></td></tr>
<tr><td>会社員・重役</td><td></td></tr>
<tr><td>銀行員</td><td></td></tr>
<tr><td>事業家</td><td>法人経営など</td></tr>
<tr><td rowspan="6">新中間層・専門</td><td>教授</td><td></td></tr>
<tr><td>医師</td><td></td></tr>
<tr><td>弁護士</td><td></td></tr>
<tr><td>専門</td><td>弁理士、会計士、薬剤師</td></tr>
<tr><td>新聞・著述</td><td></td></tr>
<tr><td>自由業</td><td>芸術家、書家</td></tr>
<tr><td rowspan="6">新中間層・公務</td><td>教員</td><td>私立学校教師も含む</td></tr>
<tr><td>官吏</td><td>満鉄官吏も含む</td></tr>
<tr><td>代議士</td><td>貴族院議員も含む</td></tr>
<tr><td>軍人</td><td>海・陸軍人</td></tr>
<tr><td>団体</td><td></td></tr>
<tr><td>宗教</td><td>僧侶・牧師</td></tr>
<tr><td colspan="4">無職</td></tr>
<tr><td colspan="4">不明</td></tr>
</table>

日本における社会移動と社会階層に関する代表的な調査研究であるＳＳＭ調査（Social Stratification and Social Mobility Survey）に盛り込まれている調査項目がそうであるように、各人の属する社会階層（職業階層）を正確に判読・分類するためには、①従業上の地位、②勤務先の名前、③従業先事業の種類（従業先産業）、④従業員数（勤務先の規模）、⑤本人の仕事の内容（職業）、⑥役職名、の六項目が少なくとも必要になる。

ＳＳＭ調査などの質問紙調査に基づく計量研究では、それらの質問項目を盛り込んだ調査票を通じて、前記六項目のデータが得られることもあり、かなりの精度をもって社会階層（職業階層）を割り出すことが可能になる。しかし、各学校の学籍簿においては、せいぜい「勤務先の名前」「本人の仕事の種類」、場合によっては「従業上の地位」が若干判明する程度で、それ以上の情報は得られることはまずない。また、「職業」欄の記載が必ずしも保護者（多くの場合は父親）の職業をさしているとは限らないし、場合によっては家業が職業として記載されていることもある。したがって、すべての情報が網羅されているわけではないために、ＳＳＭ調査などで行っているような厳密な職業分類・階層分類は——少なくとも学籍簿からの推定からは——不可能であると言わざるを得ない。

そこで、本研究で採用する職業分類・階層分類の方法は、各私立小学校間もしくは各種公的統計・調査（国勢調査や東京府統計）との比較可能性を視野に入れながら、①伝統的な職業と近代的な職業との差異を混在させずに分節させて捉える、②それぞれの職業の内実を可能な限り細分化して把握する（鈴木・二〇〇一）という二点の方針を採用して行った。

先の職業分類・階層分類に従うと、東京における新中間層の状況は〔表1・3〕のようにまとめることができる。新中間層は、一九二〇（大正九）年と一九三〇（昭和五）年にはおおよそ一一〜一三％程度の水準であった。また、関東大震災（一九二三年）や東京市市長・後藤新平の提唱した「大東京市」構想により、一九三二（昭和七）年に近隣八二町村を編入し、それまでの東京市一五区は大東京市三五区へと拡大・再編された（戦前期の東京市の区制については巻末資料1を参考）。

以上を背景に、東京市の人口は急増し、同時に都市の郊外化も急速に進んだ〔図1・3〕。旧市域（旧一五区）の人口は、一九一五（大正四）年に二二四万四七九六人で最高に達するものの、関東大震災で旧市域の四四％を焼失し、約六〇万もの市民が住宅や職場を失った結果、大幅に減少した。震災二年後の一九二五（大正一四）年には一九九万五五六七人にまで減少する。その代わりに、後に東京市に編入されることになる新市域の郊外人口が急増する。一九三〇（昭和五）年になると、わずかに旧市域の人口は回復の兆しを見せるものの、新市域の人口はそれを上回るスピードで増加していった。東京市旧一五区を囲む五郡（荏原・豊多摩・北豊島・南足立・南葛飾）(11)の人口は、震災前の一九二〇（大正九）年には一一七万七〇一八人に過ぎなかった。それが震災後の一九二五（大正一四）年には二一〇万三八五一人となり旧市域の人口を抜き、一九三〇（昭和五）年には二八九万九九二六人にまで増加するなど、わずか一〇年間で新市域の人口は約二・五倍にもなった（山口・一九八七、および田村・一九九二）(12)。

　関東大震災の被害を受けて東京市は様々な震災復興を実施したが、それを受けて、家や職場を失った人々

〔表1・3〕東京における新中間層の割合（1920〈大正9〉年・1930〈昭和5〉年・1940〈昭和15〉年）（単位＝％）

		1920年		1930年		1940年	
新中間層	新中間層・俸給	3.2	12.9	7.9	13.2	＊	19.8
	新中間層・専門	8.3		2.2		＊	
	新中間層・公務	1.4		3.1		＊	

〔註〕1940（昭和15）年度については上の分類を可能にする数値が掲載されていない。
〔出典〕日本リサーチ総合研究所（1988）『生活水準の歴史的分析』総合研究開発機構、228頁。

〔図1・3〕東京市・旧市域（15区）と新市域の人口変動

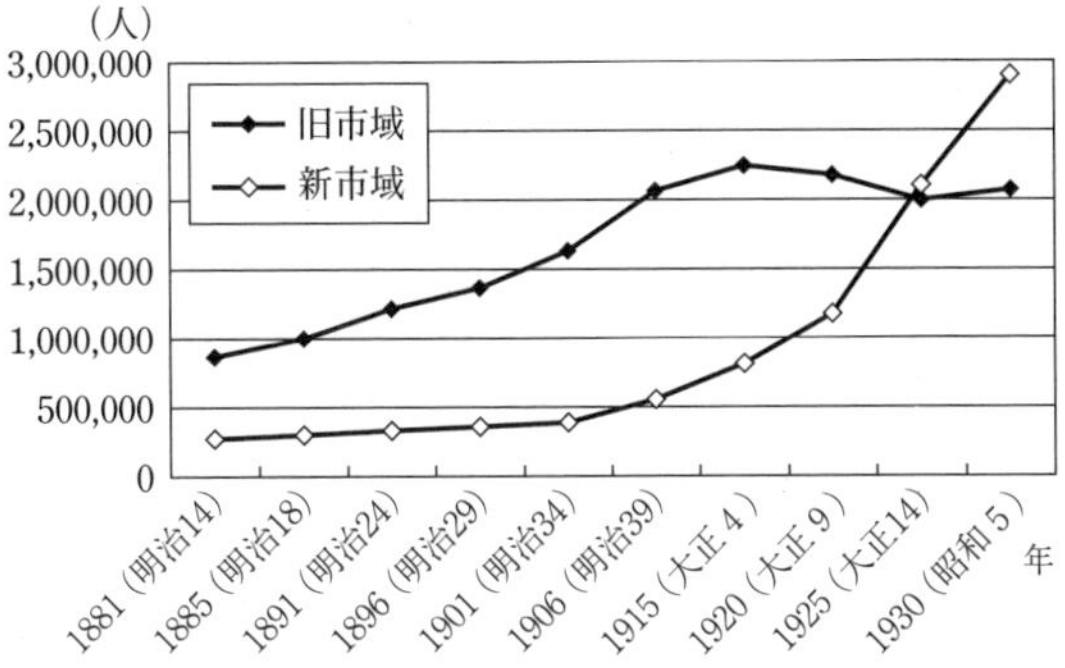

〔出典〕平凡社（1993）『大百科事典』第十八巻、421頁掲載の表より作成。

〔図1・4〕東京における公務自由業（≒新中間層）の分布

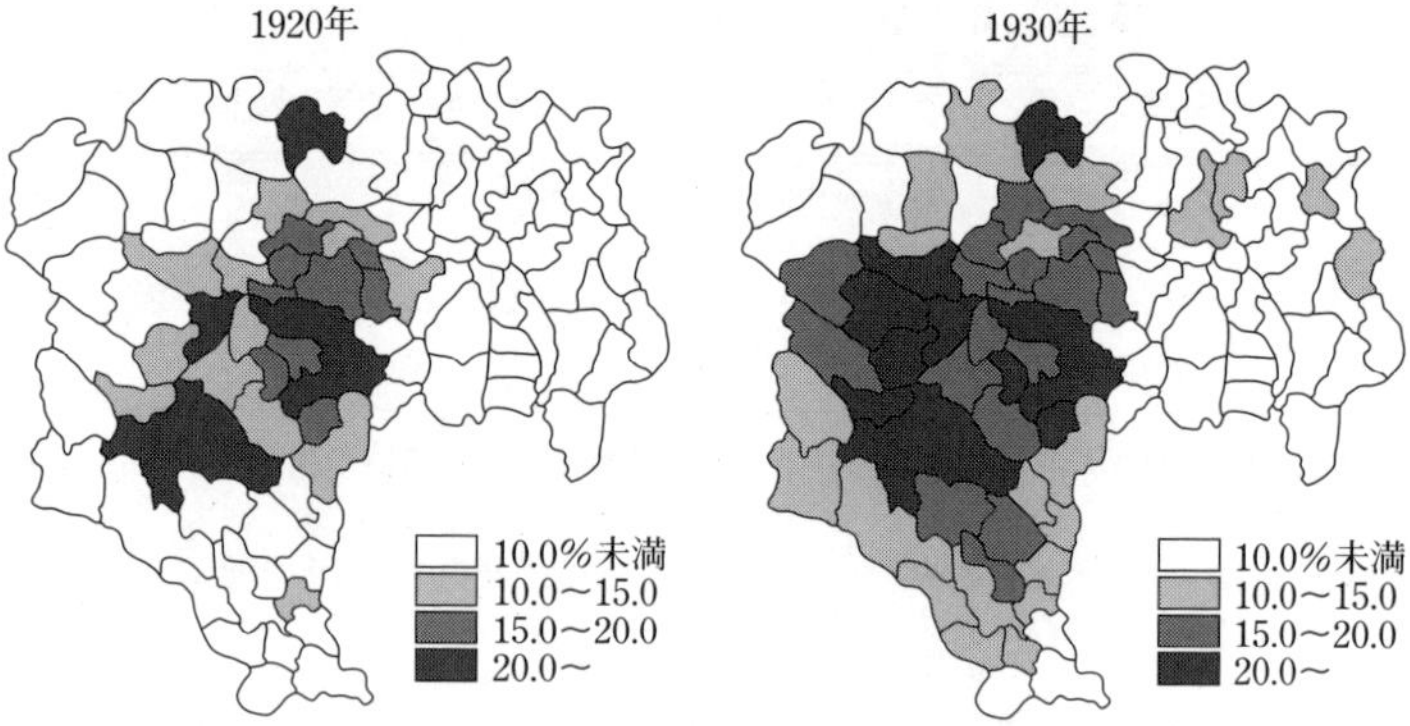

〔出典〕牛島千尋（2001）「戦間期の東京における新中間層と『女中』」日本社会学会編『社会学評論』第52巻第2号、有斐閣、269頁。

が旧市域近隣の郡部や郊外の新市域に住まいを構えるようになった。それに加えて新たに東京に移住・定住した人々が新市域に居住地を求めた結果、東京・都市部の郊外化が進むことになった。

それらを背景にして、一九四〇年の東京の新中間層の割合は一九・八%へと増大した。〔図1・4〕に示すように、一九二〇年にはすでに東京市から西部・西南部に向かって「公務自由業」の高い地域が広がっていたが、一九三〇年にはその傾向がより一層顕著になる（牛島・二〇〇一）。

都市の郊外化を背景に、都市郊外における新中間層向けの市街地・住宅地の造成、および郊外と都心を結ぶ鉄道網の整備に力が注がれた。なかでも東急、小田急、東武、西武などの私鉄資本はそれぞれ計画的に田園調布、成城学園、常盤台、大泉学園などの開発を行うなど、鉄道の駅を中心とした宅地開発（郊外住宅地の建設）を進めていった。その結果、「郊外に住み、電車で通勤する」というライフスタイルが新中間層の間で次第に定着していった（藤野・二〇〇二）。

2　私立小学校入・在学者の出身階層・居住地域

これまで見てきたように、戦前期における東京の新中間層は一九二〇年の約一三%から一九四〇年の約二〇%まで拡大した。そのなかでも「新中間層が多かった」といわれる私立小学校・在学者の保護者の職業（出身階層）にはどのような特徴および傾向が見られるのだろうか。

〔表1・4〕慶應義塾幼稚舎・入学生の保護者の職業（1925〈大正14〉年・1930〈昭和5〉年・1935〈昭和10〉年・1940〈昭和15〉年・1944〈昭和19〉年）

（単位＝%）

<table>
<tr><th colspan="2"></th><th colspan="2">1925年</th><th colspan="2">1930年</th><th colspan="2">1935年</th><th colspan="2">1940年</th><th colspan="2">1944年</th></tr>
<tr><td rowspan="2">旧中間層</td><td>旧中間層Ⅰ</td><td>1.5</td><td rowspan="2">22.1</td><td>0.0</td><td rowspan="2">18.2</td><td>0.0</td><td rowspan="2">22.2</td><td>0.0</td><td rowspan="2">30.1</td><td>0.0</td><td rowspan="2">4.8</td></tr>
<tr><td>旧中間層Ⅱ</td><td>20.6</td><td>18.2</td><td>22.2</td><td>30.1</td><td>4.8</td></tr>
<tr><td rowspan="3">新中間層</td><td>新中間層・俸給</td><td>57.4</td><td rowspan="3">69.1</td><td>44.7</td><td rowspan="3">72.7</td><td>57.1</td><td rowspan="3">73.8</td><td>47.2</td><td rowspan="3">67.5</td><td>52.4</td><td rowspan="3">69.0</td></tr>
<tr><td>新中間層・専門</td><td>8.1</td><td>20.5</td><td>12.7</td><td>16.3</td><td>14.3</td></tr>
<tr><td>新中間層・公務</td><td>3.7</td><td>7.6</td><td>4.0</td><td>4.1</td><td>2.4</td></tr>
<tr><td colspan="2">無職</td><td colspan="2">2.9</td><td colspan="2">3.0</td><td colspan="2">3.2</td><td colspan="2">2.4</td><td colspan="2">1.6</td></tr>
<tr><td colspan="2">不明</td><td colspan="2">5.9</td><td colspan="2">6.1</td><td colspan="2">0.8</td><td colspan="2">0.0</td><td colspan="2">24.6</td></tr>
<tr><td colspan="2">合計</td><td colspan="2">100.0</td><td colspan="2">100.0</td><td colspan="2">100.0</td><td colspan="2">100.0</td><td colspan="2">100.0</td></tr>
</table>

〔出典〕慶應義塾幼稚舎（各年度版）『慶應義塾入社（舎）帳』慶應義塾幼稚舎蔵。

以下、私立小学校四校の事例から、私立小学校入・在学者の社会的背景について、保護者の職業と通学区域という側面から改めて確認・考察することにしたい。

まず、慶應義塾幼稚舎の入学（入舎）児童の出身階層は〔表1・4〕の通りである。

ここでは学籍簿（慶應義塾幼稚舎入舎帳）をデータソースに、一九二五（大正一四）年から一九四四（昭和一九）年に至る期間の五年毎の入学児童の出身階層を明らかにしよう。いずれの年についても、新中間層が圧倒的に多く、いずれの年でも七割（一九二五年六九・一%、一九三〇年七二・七%、一九三五年七三・八%、一九四〇年六七・五%、一九四四年六九・〇%）を前後して推移している。なかでも全体の約半数程度が新中間層・俸給職の保護者（父親）で占められ、いずれの年も全体の四五%から六〇%程度が俸給職であった。

また、慶應義塾幼稚舎に入学した児童の居住区（一九一四年・一九二三年）は〔表1・5〕に示した通りである。同舎の立地していた芝区（現・港区）[13]に居住する児童は一四年に三三・三%、二五年には二〇・三%と最も多く、さらに芝区に隣接する麻布区・赤坂区・京橋区・麹町区の四区を加えると、四五・八%（一四年）、四八・七%（二三年）と半数弱が近隣の区からの通学で

〔表1・5〕慶應義塾幼稚舎・入学児童の住所

地域名	1914(大正3)年		1923(大正12)年	
	実数(人)	割合(%)	実数(人)	割合(%)
芝区	24	33.3	15	20.3
隣接4区	9	12.5	21	28.4
旧市15区	17	23.6	24	32.4
荏原郡	4	5.6	10	13.5
豊多摩郡	4	5.6	3	4.1
東京府下	0	0.0	1	1.4
他県	11	15.3	0	0
外国	2	2.8	0	0
不明	1	1.4	0	0
合計	72	100.0	74	100.0

〔註〕隣接4区とは麻布区・京橋区・麹町区・赤坂区をさす。
〔出典〕慶應義塾幼稚舎『慶應義塾幼稚舎入舎帳』(慶應義塾幼稚舎蔵)。

あった。

一九二一(大正一〇)年に慶應義塾幼稚舎に入学した者の述懐によれば、幼稚舎が選ばれた理由として、父親が日本のなかで最も良心的で手厚い教育を行っていると考えていた以外にも、子どもを自宅から通わせるのに歩いて手頃な距離であったことをあげている(加藤・一九八四)。高輪に住んでいた者にとって、三田は徒歩通学圏内であり、子どもを安心して通わせることができると考えたのだろう。

成城小学校については、門脇・北村(一九九〇)をもとにして、成城学園の入・在学者の保護者の職業を小学部、中学部、高等部(旧制の高等学校)別に検討した〔表1・6〕。小学部は新中間層の占める割合が最も高く、全体の七二・四%(内訳は俸給職三〇・五%、専門職二三・七%、公務職一八・一%)にのぼる。また、同表から特に注目されるのは、学校段階が高くなればなるほど、新中間層の割合が低下していくということだろう。中学部(中学校)の新中間層の割合は六八・六%に対して、高等部(高等学校)のそれは六四・七%であった。成城学園の傘下にある各学校において、新中間層の割合の最も高い学校が小学校であったのだ。

他方、通学区域については、〔表1・7〕の通りである。

そもそも一九一七(大正六)年の開学当初の成城小学校は、東京市牛込区(現・新宿区)の地にあった。一九二二(大正一一)年以降は、牛込の成城小学校卒業生のために、成城第二中学校が新設され、続く一九二五年なると、成城第二中学校は東京府下北多摩郡砧村（後の世田谷区成城）に移転し、その地で新たに成城玉川小学校と成城幼稚園を併設した。一九二八年から二九年にかけて、成城小学校は牛込の小学校を廃校とし、完全に砧の小学校に一本化した。したがって、このような学校移転をめぐる歴史的な背景を考慮すると、一九二六年から二八年の間の時期、すなわち牛込の成城小学校と砧の成城玉川小学校が並存していた時期を「牛込・砧時代」、砧に完全移転・一本化した以降の一九二九年から一九三七年の間の時期を「砧時代」とそれぞれわけて考察する必要がある。

〔表1・6〕成城学園の保護者の職業（1926年～1940年）

（単位：％）

		小学部		中学部		高等部		学園全体	
旧中間層	旧中間層Ⅰ	1.9	15.4	3.1	17.3	4.5	18.6	2.7	16.6
	旧中間層Ⅱ	13.5		14.2		14.1		13.9	
新中間層	新中間層・俸給	30.5	72.4	31.2	68.6	27.0	64.7	30.3	69.7
	新中間層・専門	23.7		21.8		21.6		22.6	
	新中間層・公務	18.1		15.6		16.1		16.8	
無職		11.4		13.2		15.4		12.7	
不明		0.8		0.9		1.4		0.9	
合計		100.0		100.0		100.0		100.0	

〔出典〕門脇厚司・北村久美子（1990）「大正期新学校支持層の社会的特性」『筑波大学教育学系論集』第14巻第2号、102－104頁より作成。

〔表1・7〕成城小学校・入学児童の住所（1926年～1937年）

地域名	牛込・砧時代（1926～28年）		砧時代（1929年～37年）	
	実数(人)	割合(%)	実数(人)	割合(%)
世田谷区	273	19.7	1985	54.0
隣接4区	198	14.3	525	14.3
旧市15区	576	41.5	594	16.2
他東京府下	319	23.0	506	13.8
県外・その他	23	1.7	64	1.7
合計	1389	100.0	3674	100.0
（牛込区）	302	21.7	204	5.6
（旧北多摩郡砧村）	152	10.9	1092	29.7

〔註〕①「世田谷区」とは1936年以降の砧村・千歳村編入以降の区域をさす。

②隣接4区とは杉並区・渋谷区・目黒区・大森区をさす。

〔出典〕北村久美子（1987）『大正・昭和初期新教育の支持層に関する実証的研究――成城学園入学児童の父兄特性の分析を通して――』上智大学大学院文学研究科提出修士論文（未刊行）より作成。

〔表1・8〕東洋英和女学院生徒・児童の「家庭の主な職業」（1934年）

（単位＝％）

		小学科		高女科	
旧中間層	旧中間層Ⅰ	0.0	17.8	1.7	17.6
	旧中間層Ⅱ	17.8		15.9	
新中間層	新中間層・俸給	43.5	68.2	35.5	61.5
	新中間層・専門	8.9		10.9	
	新中間層・公務	15.9		15.1	
その他			14.0		20.8
合計			100.0		100.0

〔出典〕東洋英和女学校『東洋英和女学校』昭和九年創立五十周年記念より作成。

まず「牛込・砧時代」においては、「砧時代」と比べて世田谷区出身の児童が多くはない（一九・七％）。むしろ世田谷区よりも、牛込区や淀橋区など牛込の成城小学校が立地していた地域を含んだ旧市一五区の割合が圧倒的に高い（四一・五％）。

ところが、一九二九年以降、つまり旧砧村を含む世田谷区出身の児童一九八五名が入学することで、全入学者三六七四名のうち五四・〇％が世田谷区出身の児童で占められるようになった。さらに、その世田谷区出身の一九八五名のうち、旧砧村出身の児童はその半数以上の一〇九二名（五五・〇％）にものぼり、学校の所在する近隣地域在住の新中間層が主に子どもを成城小学校に入学させていたことがわかる。

東洋英和女学校小学科（麻布区鳥居坂）などミッション系の女子初等教育機関は、いわゆる「新学校」の範疇には入らない学校群であり、これまであまり研究の対象として検討されることはなかった。

ここでは、一九三四（昭和九）年に限って、当時の在学者の保護者の職業について分析を行ったが、やはり同校でも新中間層出身の児童に偏っている（六八・二％）。なかでも俸給職が四三・五％と多数を占め、とりわけ多かったのは会社員（一三六名）であった（表1・8）。専門職では医師（一三名）、公務職では官吏（一二名）や教員（一一名）が多く、そのほか牧師五名も含まれるなど、同校の特質を示すものといえるだろう。参考までに、併設の高等女学科・学生の保護者の職業についても掲載したが、旧中間層の比率はほぼ同率であるものの、高女科では「その他」に属する保護者が多いために、新中間層の保護者の割合は小学科のほうが高い。

通学区域についても、学校の所在する麻布区の出身が最も多かった（三八・八％）。また、隣接する区域（芝区・渋谷区・赤坂区）を加えると、実に七二・四％の児童が同区ならびに近隣区域から通学していた。他方、高等女学科の生徒の居住地は麻布区ならびに近隣の区を加えても六割弱（五七・八％）にしかならず、小学科のほうがそれだけ限られた地域から通学していたと見ることもできる〔表1・9〕。そうした通学区域の違いは、先にも明らかにしたように、保護者が幼少期の子どもの通学に配慮（できるだけ近隣、もしくは交通の便利な小学校に通わせる）した結果ではないかとおもわれる。

池袋児童の村小学校（豊島区池袋）については、門脇（一九八三）をもとに検討しよう。その池袋児童の村小学校の児童は、これまで見てきた小学校に比べて新中間層がやや少なく、新中間層が五一・三％（卒業生）、五二・四％（在校生）であり、その代わりに、旧中間層が二六・三％（卒業生）、二二・一％（在校生）と比較的多いのが特徴的である〔表1・10〕。

〔表1・9〕東洋英和女学院生徒・児童の住所（1934年）

地域名	小学科		高女科	
	実数(人)	割合(%)	実数(人)	割合(%)
麻布区	83	38.8	102	25.3
隣接３区	72	33.6	131	32.5
他東京市区	57	26.6	157	39.0
東京府下	0	0.0	8	2.0
他県	2	0.9	5	1.2
合計	214	100.0	403	100.0

〔註〕隣接３区とは芝区・赤坂区・渋谷区をさす。
〔出典〕東洋英和女学校『東洋英和女学校』昭和九年創立五十周年記念より作成。

通学区域についても、学校の立地していた池袋を含む豊島区の児童が最も多く、卒業生では三五・〇％、在校生で六四・八％にものぼった。これらの数値に、隣接する六区から通学する児童を加えると、卒業生で六二・五％、在校生では八四・一％にもなる〔表1・11〕。

いずれにしても、学校によって若干の違いこそあれ、どの私立小学校も新中間層を保護者に持つ子弟・子女が約半数から七〇％近くを占めていた。参考までに、比較的新中間層の居住者が多かったといわれる東京・郊外の中野区立桃園第二尋常小学校（公立小学校）でさえ、新中間層の保護者は三五％～四〇％程度であったという（大門・二〇〇〇）[14]。これと比較すれば、私立小学校の保護者が非常に高い割合で新中間層に属していたことが明らかである。

〔表１・10〕池袋児童の村小学校の卒業生・在学者の父職業

（単位＝％）

		卒業生n＝80		在校生n＝145		合計n＝225	
旧中間層	旧中間層Ⅰ	0.0	26.3	0.7	22.1	0.4	23.5
	旧中間層Ⅱ	26.3		21.4		23.1	
新中間層	新中間層・俸給	23.8	51.3	22.1	52.4	22.7	52.0
	新中間層・専門	8.8		12.4		11.1	
	新中間層・公務	18.8		17.9		18.2	
無職			11.2		11.0		11.1
不明			11.2		14.5		13.3
合計			100.0		100.0		100.0

〔出典〕門脇厚司（1983）「池袋児童の村小学校と教師たち」石戸谷・門脇『日本教員社会史研究』亜紀書房、358頁より作成。

また、通学区域についても、各小学校の立地する区や隣接の地域から通ってくる子どもたちが入・在学者のほとんどを占めていた。成城小学校では学校が移転すると、それにあわせて子どもたちの通学区域にも大きな変化が見られた。

〔表１・11〕池袋児童の村小学校の卒業生・在校生の居住地

地域名	卒業生		在校生	
	実数（人）	割合（%）	実数（人）	割合（%）
豊島区	28	35.0	94	64.8
隣接６区	22	27.5	28	19.3
他東京旧市	5	6.3	5	3.4
他北豊島郡	5	6.3	9	6.2
他豊多摩郡	9	11.3	5	3.4
荏原郡	1	1.3	2	1.4
県外	1	1.3	1	0.7
不明	9	11.3	1	0.7
合計	80	100.0	145	100.0

〔註〕隣接６区とは小石川区・本郷区・瀧野川区・板橋区・淀橋区・中野区をさす。

〔出典〕門脇厚司（1983）「池袋児童の村小学校と教師たち」石戸谷・門脇『日本教員社会史研究』亜紀書房、357頁より作成。

こうした学校移転と通学区域の変化は、以下で示す成蹊小学校のデータからも看取される。成蹊学園は、一九二四（大正一三）年に池袋（豊島区）から吉祥寺（武蔵野町）に移転しているが、これとあわせて成蹊小学校の卒業生の通学各域も大きく変動している。

主に池袋で学んでいた一九二五（大正一四）年度の卒業生は、現・豊島区（一一名）ならびに隣接の現・新宿区（一〇名）や現・文京区（七名）が最も多い。豊島区と隣接する文京区・杉並区・新宿区（これはいずれも現在の区制による）をあわせると、六五・二％にのぼる。他方、吉祥寺移転後の一九三五（昭和一〇）年度の卒業生になると、武蔵野町（現・武蔵野市）が最も多くなり（四七・五％）、隣接する現在の杉並区をあわせると六三・九％になる。なお、それまで最も多かった豊島区からの通学者は皆無（〇名）になっている。また、時代を経るにつれて子どもたちの通学区域も拡大しているが、これは最寄りの吉祥寺駅をターミナル駅とする京王井の頭線の開通（一九三三〜三四年）など鉄道網の発達も背景にあったといわれる（成蹊小学校記念誌編集委員会・一九九五）。

このように、私立小学校の入・在学者は、社会階層上の要因（新中間層）に加えて、居住する地域と学校の立地条件にある程度拘束されながら、各自の教育理念に従って学校選択を行っていたのである。

3 私立小学校の存続条件

1 私立小学校の生き残り戦略

改めて指摘するまでもなく、戦前の教育政策においては、私学に対する助成（経済的支援）は皆無に等しい状態であり続けた（片山・一九八四）。したがって、私立学校は常に淘汰の影に脅かされ続け、学校を自己保存（存続・維持）さらに発展させるためには、財政基盤の拡充を図らなければならなかった。そこで私学は学校の生き残りをかけて諸策を講じるわけだが、以下では、その「生き残り戦略《サバイバル・ストラテジー》」を、①併設校の設置による一貫校化戦略、②関連諸団体からの援助、③多角経営の三点に分けて、論じていきたい。

①併設校の設置による一貫校化戦略とは、私学の脆弱な財政基盤を補おうとして、当該学校段階以外の学校を複数設置もしくは初等教育機関から中・高等教育機関まで同時に運営しようとする学校経営の戦略である。特に財政基盤のうち、戦前の私立学校はほぼ授業料収入に頼らざるを得なかったから、入学者・在学者数の維持・拡大という共通

の課題を抱えていた。たとえば、大正期の私立高等教育機関では、通信教育としての「講義録」の発刊や様々な新学部・学科の設置など「経営の多角化」に乗り出して、財政基盤の強化と安定化を図っていたことが知られるが（天野郁夫・一九九三：第二部）、中等・高等教育機関が小学校を併設して私学一貫校とする学校経営についても、このなかに含めることができるだろう。

大学・専門学校・高等学校（いずれも旧制）などの高等教育機関あるいは中学校・高等女学校（いずれも旧制）といった中等教育機関にとって、私立小学校の併設は二つの意味で重要な意味をもつ戦略であった。

第一に、小学校から中・高等教育に至るまで、同じ理念のもとで一貫して子どもの教育に関わることができた点にある。明治末期から大正期にかけて、公教育の限界が次第に露呈し始め、入学試験競争の激化や入学難問題など新たな教育問題が出現し、新しい教育のあり方が模索されていた。このような時代に、私立学校では一貫教育システムを整備することで、上級段階の学校の進学・受験に憂慮されることなく、小学校入学の児童期から中等・高等教育卒業の青年期に至るまで一貫した各校独自の理念のもとで教育することを可能にした。その教育上の意義は非常に大きい。

第二に、財政基盤の強化・安定化である。小学校段階から中・高等教育機関へとそれぞれの教育段階ごとに児童・生徒・学生を入学させ、その児童・生徒・学生を併設上級学校に内部進学させるシステムを確立できれば、中・高等教育段階の定員の一部をあらかじめ充足できた。また、複数の学校や学部・学科を併設することによって、学校全体として多数の児童・生徒・学生を確保・収容すればするほど、授業料収入などによる基本収入が増え、財政面での基盤強化につながったとおもわれる(15)。

②関連諸団体からの援助とは、企業や教会など、学校に関連する外部組織や団体からの財政的支援を主にさしている。その一例として、成蹊学園と三菱系企業との関係をあげておこう。成蹊学園は成蹊教育の創始者・実践者である中村春二（一八七七〜一九二四）による創立であるとされる。しかし、中村の創立した成蹊学園が今日に至るまで存続しているのは、彼の東京高師附属中学校時代の同級生であった岩崎小弥太や今村繁三といった三菱合弁会社の役員

たちが積極的な財政支援を行ってきたことに大きく拠っている。成蹊学園の基礎に当たる「成蹊園」創立（一九〇七年）の翌年から、学校増設や校舎の移転・新設のたびに、岩崎・今村両氏は成蹊学園に対して私有財産を積極的に寄付している(16)。

また、ミッション系の私立学校の場合、国内外の系列宗教団体の財源の支援に依存していた。女子ミッション系の東洋英和女学校においては、一九三三（昭和八）年に校舎新築に当たって、八四万二〇〇〇円の経費を要したが、そのうち「カナダ合同教会婦人伝道協会」から約七一万三〇〇〇円の寄付を受けていた。これは校舎新築の約八五％を外国の教会関係の寄付に依存していたことを意味する。加えて同窓会から約五万円、父兄後援会から約三万円の寄付があった（東洋英和女学校・一九三四）。

それ以外にも私学は創立者や学校の個性を全面に出すことで支持者を集め、財政的な支援を募る一方、篤志家、同窓生、後援会らの寄付行為によって、基本財産を安定させていった事例もある。その代表例は慶應義塾である。慶應義塾は、福澤諭吉をはじめ、卒業生および福澤や慶應義塾の理念に共鳴した者たちが集う「会社」として成立・発展した学校である。その組織は「社中」と呼ばれ、学校経営の基盤を整備するうえで「慶應義塾維持会」が組織された。維持会員による募金のうち半分は設備投資に、残り半分は資本金として蓄積され、利子収入も主要な学校運営財源のひとつになっていたという（天野郁夫・一九九三）。

暁星学校では、関係の深いフランスの大使や教会のみならず、篤志家や卒業生から毎年多額の寄付金があり、それを教育活動や教職員の退職金に充当していた〔表1・12〕。〔表1・12〕によると、卒業年度と寄付行為のあった年次とが一致（一九二一年＝大正一〇年）するものが散見されるが、これは卒業生の保護者が卒業生の名前で寄付行為をしたものと推測される。

③多角経営戦略とは、出版事業をはじめとする学校の多角事業の展開による基盤強化があげられる。その点に関して、成城学園の運営に苦心したという主事・小原國芳（一八八七〜一九七七）の述懐を引用しよう。

〔表1・12〕暁星学校への寄付行為（1921年）

寄贈品	寄贈者	使途
金壱百円	齋藤栄一氏 （大正九年卒）	職員退職慰労資金中に
写真帳および雑誌	仏国大使	生徒賞品・本校図書館へ
金壱百円	御郷大治氏 （大正十年卒）	卒業記念として職員退職慰労資金中に
金壱百円	箕田長敏氏 （大正十年卒）	卒業記念として半額を小学部に他を中学部に
金壱百円	綾井九州彦氏 （大正十年卒）	うち半額を職員退職慰労資金中に。他を本校経費に
金五百円	前田信一氏 （大正十年卒）	卒業記念として職員退職慰労資金中に
台湾産鷲 その他鳥類剥製	松平伯爵	
金壱百円	土屋子爵夫人	小学部体操器具費中に
金壱百円	青地氏夫人	小学部図書費中に
金壱百円	塚口慶三郎氏	博物標本費中に
金弐拾五円	加沼豊氏	式日費中へ
スウェーデン産大鹿角	杉村虎一氏	博物標本室へ

〔出典〕暁星学校（1921）『暁星』18号、7頁より作成。

経営上はなかなかでした。小学校の私立というと、今でも容易ではありませぬ。いわんや大正六年の開校。ずっと赤字経営でした。私は仕方なく、ひっきりなしの講演・著述。全く生命もよく続きました。バザーも音楽会もよくやりました。ユカタづくりまでも。保険勧誘も、お母さんたちもよく稼がせました。ノブ子（小原夫人—引用者）も血みどろでした。殊に、土地分譲（成城学園街—引用者）は大事業でした。とうとう印刷屋まで始めました。『イデア書院』です。その利益は全部成城につぎ込みました（成城学園・一九六七：三二頁）。

成城学園街の開発については、小原が周辺の土地二万坪を買い、自ら図面を引いて地主と交渉したという。小原が成城を選んだ理由は、未開発の田園風景の地に、彼の主張する全人教育を実践する場としてふさわしい環境を見たからである。また、成城の生徒の保護者のなかに小田急電鉄の取締役がいたことで、あらかじめ鉄道敷設計画の情報を握っており、成城学園付近に小田急線が開通することを知っていたからだとされている（小田急電鉄株式会社・一九八〇）。

後に小原は成城学園を辞し、玉川学園の運営に専念するようになった。その玉川学園の全収入のうち授業料収入が約四割を占めたが、残りについては、成城のときと同様に「玉川学園村」なる郊外住宅地の造成に当たり、三〇数万坪のうち学校敷地一二万坪以外の二〇万坪を分譲し、一〇数万円の学校建設費を作った。このほか、学園教育の旗印であった労作教育を通して得られた収益もまた学校財源上、大きな意味をもっていたと言われている。出版事業は、それぞれユニークな教育を実践する私立（小）学校の多くが教育理念の拡大を図って様々な形で行われていたが、そこで得られた購読料収益は学校運営に不可欠のものとなっていた（小原・一九四八＝一九六三）。

以上で見てきたように、私立（小）学校の存続には当然「ヒト・モノ・カネ」が必要であったことは言うまでもない。むしろヒト（児童・生徒）とカネ（授業料）を集め、それを収入源とすることで、「モノ」（学校設備や教育の質）を拡充させて、学校の存続（自己保存）と発展を図っていたのである。

2　生き残り戦略の苦悶

しかしながら、私立（小）学校の生き残り戦略のすべてが、学校関係者の思惑通りに進んだわけではなかった。また、生き残り戦略自体が頓挫して廃校・淘汰に追い込まれたのみならず、仮に成功してもそれが社会的な批判を受ける場合も少なくなかった。

①の併設上級学校の設置による私学一貫校化は、設立当初においては、理念のみが先行するあまり、実態が伴わない場合も少なくなかった。つまり、小学校段階で入学した児童の多くが中途退学、もしくは卒業時点で併設・付属以外の上級学校に進学するなどの問題があり、内部進学や一貫教育システムが事実上制度化されていなかった。先に述べたように、創立当初の慶應義塾幼稚舎は、他校の進学希望者のために、英語や洋学の教授を目的とした「予備校」

として機能していた時期があった。つまり、当時の保護者や生徒にとって、慶應義塾内の上級学校への優先入・進学を想定したうえで、子弟を慶應義塾幼稚舎に入学させたわけではなかったのである。これは私学の併設上級学校に無試験で優先的に内部進学できる制度が保護者にも在学生・卒業生にもそれほど意味のあるものとして受け入れられていなかったことを示すものであり、それは官立・公立の大学や諸学校などの「正系」と比較したときの社会的評価、すなわち私学の傍系的性格に付きまとう問題であったことは否めない。

また、社会の側も、数多くの上級学校や関連校を併設し、学生募集に懸命になるなど、利潤のみを追い求め、研究や学生への教育が疎かになっていた当時の私立学校のあり方に対しては必ずしも寛容ではなかった。

当時の知識人の批判的見解をいくつか拾い集めてみると、以下の通りである。

「左傾」問題から東京帝大経済学部助教授の職を辞し、「論壇ジャーナリスト」に転身して二年後の大森義太郎（一八九八〜一九四〇）(17)は、自らが非常勤講師として出講した私立大学を例にとり、経済・経営効率のみを優先し、安価な教育をめざそうとする私学の経営体質を「学校経営の企業化」と喝破し、「（学生を―引用者）尊重しないで、ただ搾りとる」（大森・一九三〇：二一四頁）ものとして私学全般を厳しく批判している。

また、「（ある大学では―引用者）法学部の外に、政治科あり、商科あり、更に文科あり、また別に高等師範部があり、更らに歯科と医学部が出来、工科さへ設け、この上は理科と農科とさへ拵へれば立派な知識切売りのデパートが出来上る。その上四つの附属中学と二つの商業学校と、二つの工業学校と更に幼稚園まで設け、……さながら大学チェーン・ストアの観さへある。そこに飽くことなき資本の触手を見せつけられるではないか」（永井・一九三二：三二五頁）という批判も見られる。

しかしながら、「幼稚園まで設ける」私学の拡大施策は、これら知識人の批判的指摘にあるような、「企業経営体」としての戦略を意図したものとは限らない。併設上級学校の設置や一貫教育の制度化は、小学校卒業後も同じ理念で子どもの教育を実践したいと望む学校関係者と、その学校に子どもを託したい保護者の共依存によって成り立っていた。

その点に関して、前で引用した永井の論文において、「土地企業が主か、学校が附帯事業か区別しかねる」（永井・一九三二：三二六頁）などと酷評のターゲットにされた成城学園主事・小原國芳は、成城小学校の設立の後、中学校（一九二二年）、幼稚園と高等学校（一九二六年）、高等女学校（一九二七年）と相次いで設置した理由を、試験地獄や学歴主義の弊害の解消と関連させて、以下のように述べている。

次ぎ次ぎ、（学校を―引用者）作り上げた大きな理由は、……一人一人の子供を大事に思へばこそだつたのです。更にホントに小学教育のホンモノを作り上げたいからでもあります。「試験地獄」、今日文部省と日本教育界の否日本国の大問題の一つではないですか。……しかも上級学校の無理解が下級学校を悲惨なものにいよいよして行くのでせう！。そこに、一人の子供を考へたときに、単に一小学校の健正なる発達を考へた時に、どうしても、連絡の中学校が、女学校が、高等学校が欲しいではありませぬか！……今日成城なり成蹊なり暁星なり、慶應なり、乃至は高師の附属なりが、割合自由に、教育そのものの為に……上級学校への連絡問題に、禍されないでやつていることは、また、児童の村小学校でも、明星小学校でも、連絡の中等学校を作るべく苦心して居られるのも、みな日本の一般中学校の不合理に対する苦しい止むを得ぬ経営だと信じます（小原・一九二七：一二―一三頁）。

もちろんこの背景には非常に強い保護者の要求があったことは言うまでもないだろう(18)。成城高等女学校に子女を通わせていたある保護者は当時の状況を以下のように振り返る。

女学校設立に関しては父母の要求が強かったのですが、小原先生がお母様方が沢柳先生にお願いしたほうがよいとおっしゃったので、……沢柳先生のお宅に伺ってお願いしたことがありました。やがて体育館に父母が招かれて、小原先生から成城高等女学校設立のお話があり、皆様賛成なさって、いよいよ女学校設立の運びとなりました（成城学園・一九七七：一二一頁）。

これは成城学園のみならず、成蹊学園でも事情は同じであった。成蹊学園の場合、中学校（旧制）設置の後に小学校が新たに併設されているが、その事情については、「小学校の父兄父母たちの間では、成蹊教育を初等教育から高等教育、ひいては大学教育までの一貫教育体制に発展させて欲しいという要望」（成蹊学園・一九七三：三八〇頁）の産物であると説明されている。

また、自発的結社としての私立小学校が学校収容人数定員や一クラスの児童数を意図的に少人数（三〇人から四〇人程度）に限定して教育していたことを勘案しても、戦前期における私学の上級学校や関連校の併設のすべてを「企業体」として断じるには無理があるようにおもわれる。

②の企業などの学校外部の系列諸団体などの資金援助についても、教育実践者と資金援助者との間の教育理念をめぐる対立は稀ではなかった。確かに成蹊学園は三菱系企業の資金援助によって安定した学校経営を可能にした。しかし同学園の教育理念と実践を支えた中村春二の思惑が次第に当初の理念と乖離していく過程には、岩崎小弥太など三菱系の企業役員との教育理念をめぐる確執や葛藤があったともいわれている。当初、成蹊園や成蹊実務学校の設立に当たり、中村自身は「家貧困のため勉学の途絶たれ、俊才のまさに朽ちんとする」（成蹊学園・一九七三：三七頁）中流以下の優秀な子弟を教育の対象にすることを謳った。ところが、後に、成蹊園や成蹊実務学校の廃止、代わって新設された成蹊中学校（一九一四年開校）や成蹊高等学校（一九二五年開校）は、経済力のあるミドルクラスの子弟を対象にしたイギリスのパブリック・スクールを模倣したものであり、むしろこれらは資金提供者である岩崎らの強い意向に大きく拠ったともいわれる（成蹊学園・一九七三）。その結果、成蹊学園は経済的に中流・上流の子弟を対象とした教育機関へと変質し、成蹊小学校もミドルクラスを対象とする私立初等教育機関になった。

ミッション系の私立学校についても、一八九九（明治三二）年の私立学校令および文部省訓令一二号の頒布以降、学校と学校を対象に資金援助を行ってきた海外のキリスト教会・諸団体との間に葛藤がまったくなかったわけではなかった。私立学校令および文部省訓令一二号は、「宗教教育禁止令」との別名で知られるように、国家によるキリスト教系私学の撲滅策であったからである（久木・一九七三、一九七四、一九七六）。それらが出された社会的背景は「内地雑居に連れて外国人の各地に学校を経営せんとするもの多かるべく、其の国民精神に及ぼす影響に就いては頗る戒心すべきものであるので、十分之が監督の方法を講ずる必要ありという所より遂に私立学校令の制定を見るに至つたのである」（文部省・一九三八＝一九九七：六五三頁）と書かれている通り、日本国内における外国人のキリスト教伝道に対する保守派の危機感の表れである。

そもそも海外のキリスト教会・諸団体にとって、日本で運営する私立学校は、キリスト教の伝道という目的を達成するための拠点であり、文字通りの「ミッション・スクール」であった。そのため私立学校令によるキリスト教教育の禁止は、海外のキリスト教会・諸団体にとって、「ミッション・スクール」の存在意義を失わせ、なかには資金援助を打ち切る教会や団体も出てきた。

その結果、在日の「ミッション・スクール」は究極の選択を迫られることになった。教団からの資金援助を継続するために、キリスト教主義に基づく宗教教育を実践し続け、その代わりに公教育としての設置認可や徴兵免除等の諸特権を放棄するのか。それとも、キリスト教主義による宗教教育を放棄し、学校としての諸特権を維持する代わりに、教会など関連団体と断絶し、資金援助を断ち切られて、財政難に堕すことを選択するのか。多くのミッション系私学は学校の存続を考えて後者の立場を選択したが、男子ミッション・スクールのひとつであった明治学院は前者の立場を選択した。その結果、国家の設置認可を放棄し「各種学校」となり、上級学校の入学・進学の諸資格付与や徴兵猶予などの諸特権の放棄を決した。学歴社会の成立を背景にした男子の進学熱が急速に高まりを見せた一九〇〇年代から一九一〇年代に、こうした諸資格・特権を放棄することは、私立学校に大きなダメージを与えた。

そのなかでも、国家の設置・認可に関係なく、独立自営をめざした私立学校のひとつに自由学園がある。自由学園の創設者である羽仁もと子（一八七三〜一九五七）は、自身の刊行した雑誌『家庭之友』（後に『婦人之友』に改称）の誌代収益をそのまま学校運営資金・資本に当てていたといわれる(19)。その自由学園は、外部の企業・教会・各種団体・組織からの資金援助を積極的に受け付けることはなかった(20)。そのために、羽仁自身の教育理念が直接、教育実践にも反映され、教育理念と実践とが一貫した形をとっていた。なお、自由学園の独立した学校運営のスタイルは現在においても引き継がれている。現在における自由学園高等科（高校）に併設される最高部（四年課程と二年課程を併設）は高等教育レベルの教育・研究機関であることを謳っているが、教育制度上は「各種学校」として運営されている。

3　私立小学校存廃のメルクマール（計量分析）

このように戦前期の私立小学校は様々な生き残り戦略を画策してきた。その結果、どのような小学校が戦前から戦後の厳しい時代に存続（自己保存）を可能にしたのだろうか。

まず、第一に想定される要因が、併設上級学校の設置の有無である。併設上級学校の有無の観点から、東京の私立小学校の存廃状況を確認すると（表1・13）、戦間期のある年度（一九三四年）に三九校(21)あった私立小学校のうち、戦後（一九五一年）まで二三校（五九・〇％）が存続している。存続した二三校のうち一八校（七八・三％）は上級学校を併設する私立小学校であった。これに対して、併設上級学校をもたない一八校の私立小学校のうち、一三校（七二・二％）は廃校に至っている（教育週報社・一九三四、日本私学団体総連合会・一九五一）。ここから併設上級学校の有無と私立小学校の存廃との間には関連が認められるだろう。

第二に想定される要因として、各私立小学校における児童中心主義・進歩主義的な教育活動（新教育）の実践の有無である。第3章で改めて論じるが、私立小学校志向として新教育の実践に惹かれる家族や保護者があれば、それが

〔表1・13〕戦前から戦後に至る私立小学校の存廃状況（1934年・1951年）

1951（昭和26）年		1934（昭和9）年	併設上級学校の有無	所在地
慶應義塾幼稚舎	←	慶應義塾幼稚舎	大学	芝区三田四丁目
日本女子大学附属豊明小学校	←	日本女大附豊明小	女専	小石川区高田豊川町
成城学園初等科	←	成城小学校	高校／女学校	府下千歳村下祖師ヶ谷
成蹊小学校	←	成蹊小学校	高校／女学校	府下武蔵野村吉祥寺
高千穂小学校（現在は廃校）	←	高千穂尋常小学校	専門学校	淀橋区西大久保
暁星小学校	←	暁星小学校	中学校	麹町区飯田町
玉川学園小学部	←	玉川学園小学校	中学校	府下町田
明星学園小学校	←	明星尋常小学校	中学／高女	府下武蔵野村吉祥寺
東洋英和女学院小学部	←	東洋英和女学校小学科	女学校	麻布区東鳥居坂
聖心女子学院初等科	←	聖心女子学園小学校	女学校	芝区白金三光町
東京女学館小学校	←	東京女学館小学部	女学校	渋谷区羽澤町
川村小学校	←	川村女学院初等部	女学校	豊島区目白町
白百合学園小学校	←	仏英和高女附小	女学校	麹町区富士見町
立教女学院小学校	←	立教高女附属小学校	女学校	杉並区久我山
雙葉第一小学校	←	雙葉女子尋常小学	女学校	麹町区下六番町
雙葉第二小学校（現、田園調布雙葉小）	←	菫女子尋常小学校	女学校	世田谷区玉川田園調布
森村学園初等科	←	南高輪尋常小学校	女学校	芝区高輪
自由学院初等科	←	自由学園小学校	各種学校	府下久留米南澤
和光学園小学校	←	和光学園小学校	なし（小学校のみ）	世田谷区世田谷四丁目
盈進小学校（現在は廃校）	←	盈進学園小学校	なし（小学校のみ）	府下保谷村上保谷新田
国立学院小学校	←	国立学園小学校	なし（小学校のみ）	府下保谷村保谷拝島
清明学園初等学校	←	清明小学校	なし（小学校のみ）	大森区雪ヶ谷町
武蔵野学園小学校	←	武蔵野学園小学校	なし（小学校のみ）	府下武蔵野村西窪
廃校	←	児童の村小学校	系列中学	豊島区長崎東町
廃校	←	自由ヶ丘学園尋常小	中学	目黒区自由ヶ丘
廃校	←	日本済美学校小学部	中学	杉並区堀ノ内
廃校	←	九段精華小学校	なし（小学校のみ）	麹町区飯田町
廃校	←	里見小学校	なし（小学校のみ）	芝区金杉濱町
廃校	←	同善尋常小学校	なし（小学校のみ）	下谷区三輪町
廃校	←	黒沢尋常小学校	なし（小学校のみ）	蒲田区道塚町
廃校	←	堤南尋常小学校	なし（小学校のみ）	浅草区田町
廃校	←	私立敬愛小学校	なし（小学校のみ）	杉並区高円寺
廃校	←	沼袋尋常小学校	なし（小学校のみ）	中野区下沼袋
廃校	←	帝国小学校	なし（小学校のみ）	豊島区西巣鴨
廃校	←	愛隣尋常小学校	なし（小学校のみ）	荒川区日暮里町
廃校	←	花岡学院	なし（小学校のみ）	板橋区練馬土支田町
廃校	←	啓明学園尋常小学校	なし（小学校のみ）	豊島区長崎南町
廃校	←	井之頭学園尋常小学	なし（小学校のみ）	府下武蔵野村吉祥寺
廃校（公立移管）	←	東京水上尋常小学校	なし（小学校のみ）	京橋区月島西仲通

〔註〕それぞれの学校名の表記や所在地は上記資料中の表記に従った。

〔出典〕教育週報社（1934）『教育週報』（昭和九年十一月三日・第四百九十四号）、および日本私学団体総連合会（1951）『私学年鑑』自由教育図書協会。

〔図1・5〕戦前期において「新教育」を実践していた学校一覧

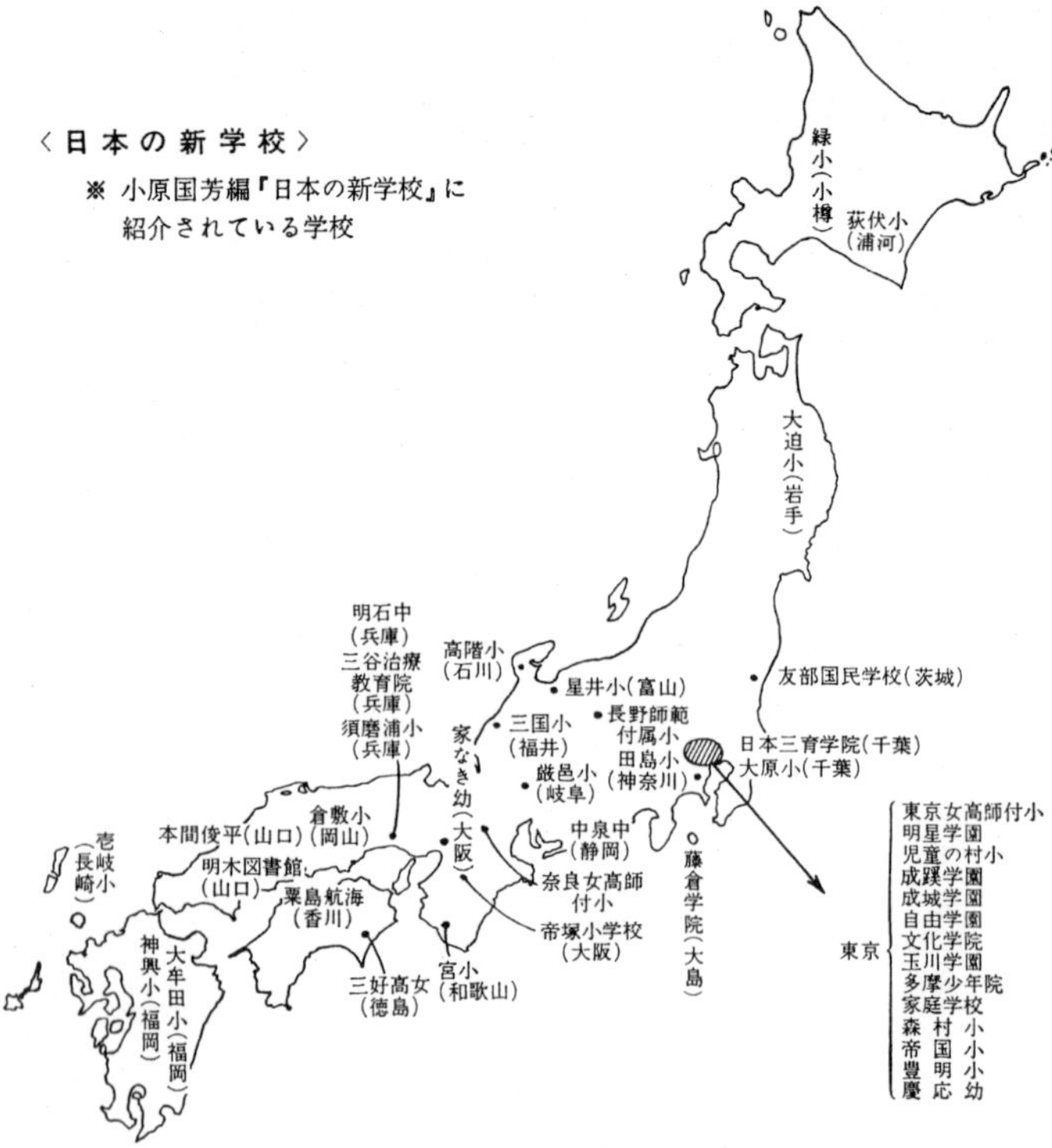

〔出典〕中野光（1968）『大正自由教育の研究』黎明書房、269頁。

入学誘因のひとつになり、ひいては存続の一要因になると考えられる。私立小学校における新教育の実践状況については、小原（一九三〇）や中野（一九六八）に詳しいが、いずれも一九三〇（昭和五）年段階で一〇校が紹介されている〔図1・5〕。これ以外の私立小学校で、戦前期に新教育の実践を行っていたと確認された六校(22)を追加すると、三九校中一六校（四一・〇％）が新教育を実践していたと見なすことができる。

以上、併設上級学校の有無〔A〕と新教育の実践〔E〕の二つの独立変数から、東京の私立小学校の存続／廃校〔S〕の状況を、対数線形モデル（ログリニアモデル）を用いて明らかにしよう。

対数線形モデルとは、質的変数間の関係を分析するのに有効な多変量解析の方法である。質的な変数についての計量分析は、カイ二乗（χ^2）検定が代表的な技法ではあるが、変数が三つ以上含まれる場合、仮説の設定と検定の方法に大きな難点を抱えていた。これに対して、対数線形モデルはあらかじめ仮説モデルを複数設定し、実測データに最も適合的なモデルを探索・選択する手法

〔表1・14〕戦前期の私立小学校の存廃条件（ログリニア分析）

Model		G^2	X^2	d.f.	p	AIC
①	〔S〕〔A〕〔E〕	15.320	16.654	4	0.004	7.320
②	〔S〕〔AE〕	16.829	15.305	3	0.001	10.829
③	〔A〕〔SE〕	16.503	14.621	3	0.001	10.503
④	〔E〕〔SA〕	7.507	7.111	3	0.057	1.507
⑤	〔SA〕〔AE〕	6.429	6.482	2	0.040	2.429
⑥	〔AE〕〔SE〕	15.426	13.614	2	0.000	11.426
⑦	〔SA〕〔SE〕	6.104	6.391	2	0.047	2.104
⑧	〔SA〕〔AE〕〔SE〕	5.830	5.863	1	0.016	3.830
⑨	〔SAE〕	0.000	0.000	0	–	–

である。したがって、モデルの適合度の検定については、変数が増えるにつれて扱いが難しくなるカイ二乗（χ^2）値に対して、尤度比統計量（G^2値：likelihood ratio chi-square）を用いる。また、本書の分析対象の事例がそうであるように、サンプルサイズが小さい場合にもログリニアモデルによる分析は有効である。

まず、以下の仮説モデルが想定される。①完全独立モデル〔S〕〔A〕〔E〕、②〔S〕〔AE〕（学校の存廃とは独立に新教育実践と併設校とが関連）、③〔A〕〔SE〕（新教育実践効果）、④〔E〕〔SA〕（併設校効果）、⑤〔SA〕〔AE〕（併設校効果＋併設校効果経由の新教育実践効果）、⑥〔AE〕〔SE〕（新教育実践効果＋新教育実践効果経由の併設校効果）、⑦〔SA〕〔SE〕（併設校効果＋新教育効果）、⑧〔SA〕〔SE〕〔AE〕（併設校効果＋新教育実践効果＋新教育実践効果経由の併設校効果 or 併設校効果経由の新教育実践効果）、⑨飽和モデル〔SAE〕である。

分析の結果は〔表1・14〕の通りである。

九つのモデルのうち、〔SA〕（併設校効果）の交互作用項を含めると、④・⑤・⑦のモデルに見るように、適合度（尤度比統計量G^2値）が大幅に改善されることがわかる。なかでも唯一五％水準の有意（p＝.057）で、最も単純なモデルは〔E〕〔SA〕である。また、モデル④とモデル⑦やモデル⑧を比較した場合、自由度の減少－1に対して、G^2値は－1.078（⑦）や－1.403（⑧）と大きく減少しているわけではない。より客観性を担保するうえで、AIC（赤池情報量基準）を見ても、一変数独立モデルであるモデル④〔E〕〔SA〕が最も当てはまりがよい。

すなわち、私立小学校の存続・廃校には、新教育の導入・実践よりもむしろ、併設上級学校の有無が大きな意味をもっていたことが明らかである。

このほか学校の存廃に影響を与えたと考えられる要因として想定されるのは、それぞれの私立小学校の立地する地域（市・区・町・村）に、「新中間層」が居住していた割合である。先に見た四つの小学校の事例で明らかなように、私立小学校の入学者の多くは、学校の立地するあるいは近隣の区・市の新中間層の子どもたちであった。ここから、新中間層が多く居住する地域の私立小学校であれば、入学者が増え、存続した確率が高まり、そうでない小学校であれば廃校に至った可能性が大きくなると考えられる。

東京府内の各市・区・町・村の新中間層の割合については、東京府『東京府統計書　昭和八年』（昭和五年調査のデータ：一九三五年刊行）を用いた。同資料における「公務自由業」カテゴリーに属する者を「新中間層」と見なし、その階層の居住する割合と学校の存廃について一元配置分散分析を行った。当時の東京府全体の有業者は、農業が七・二％、工業が三五・八％、商業が三一・三％、公務自由業が一五・五％であった。存続した学校の所在区・市の新中間層比率は二一・三％（標準偏差〇・〇九一）であるのに対して、廃校になった私立小学校の所在する区・市の新中間層比率は一九・八％（標準偏差〇・〇九四）であり、両者の平均を比較しても有意な差は見られなかった（F値0.260、p＝0.613）。私立小学校の存続・廃校とそれぞれが立地する地域の新中間層の割合には有意な関係は認められなかった。

以上のように、上級学校の併設、新教育の導入・実践、学校の立地する新中間層の割合の三つの要因を分析する限りでは、少なくとも「併設上級学校」の設置のみが私立小学校の存続の要因になっていた。併設上級学校の存在が私立小学校の存続に如何なる意味をもっていたかについては、次章において、いくつかの学校の事例をもとに検討する。

4　私立小学校の四類型

本章は、「私立小学校の誕生と存続条件」と題し、分析の対象となる自発的結社としての私立小学校の設立過程と量的変動、これらの私立小学校の支持層となった入学者の社会的出自（都市新中間層）とそれぞれの社会的背景の検討を通して、戦前から戦後にかけてそれぞれの私立小学校の存続・廃校の分岐点を分析し、併設上級学校の存在が私立小学校の存続（自己保存）の要因のひとつであったことを明らかにした。これまでの研究で明らかにされてきた、いわゆる「新学校」（成城小学校や池袋児童の村学園小学校）に限らず、洋学系私塾を祖とする私立小学校（慶應義塾幼稚舎）やミッション系の私立小学校（東洋英和女学校小学科）でも新中間層出身の児童がその大半を占めていたのである。

〔図1・6〕は私立小学校の存廃と併設上級学校の有無の関係を分類・図示したものである。これを見れば明らかなように、日本の私立小学校の特徴のひとつは、戦前・戦後を問わず、その多くが中等・高等教育機関を併設していることである。その意図は、天野郁夫（一九七一）が指摘するように、戦前期の私立学校が脆弱な財政基盤を補う生き残り戦略として、初等教育から中・高等教育までを運営することで、基本収入を増加させる戦略であった。それと同時に、こうした学校拡大戦略は小学校卒業生に対して上級学校への進学機会（学歴）の保証を意図していたと言える。上級学校を併設する私立小学校は、学則に明記してまで、小学校卒業生に、併

〔図1・6〕戦前の東京・私立小学校（全39校）の4タイプ

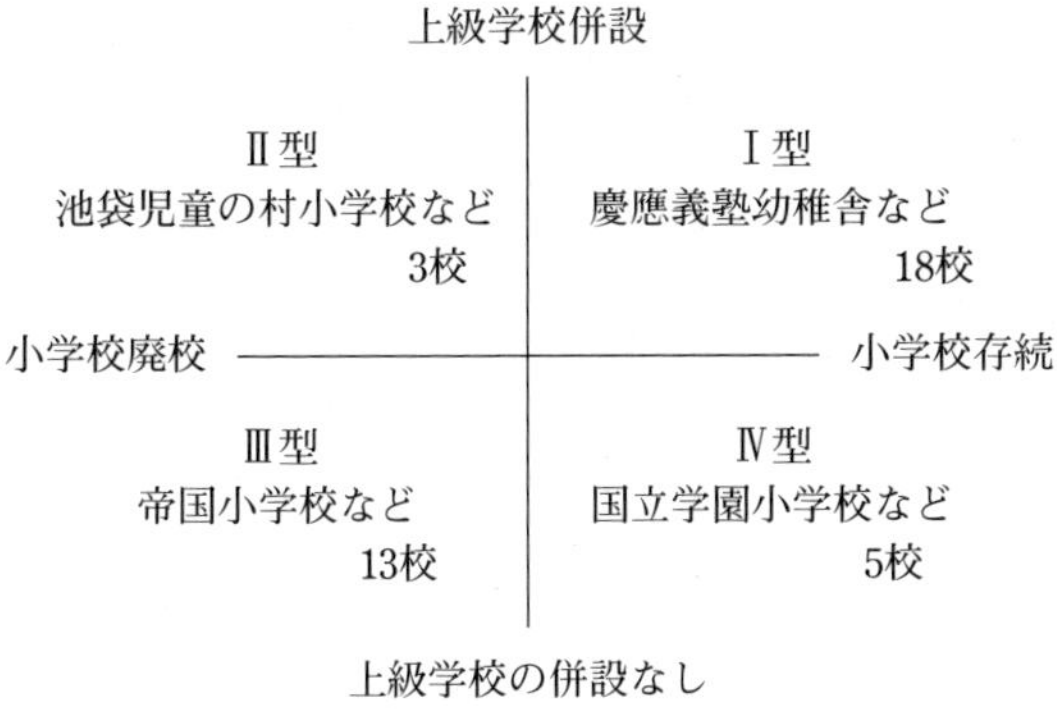

設上級学校への優先的な内部入・進学の機会を認めていたのである。

つまり、存続した私立小学校の多くが戦前期より併設上級学校を有していたことに着目するなら、併設上級学校が併設の初等教育機関の入・在学者数あるいは併設上級学校の継続進学率に影響を与え――私学一貫校として制度化されることによって――私立小学校への入学(希望)者が増加し、その結果として小学校の自己保存(存続)が可能になったと考えられるのではないだろうか。

もちろん私立小学校の存続・廃校には入学者・在学者の数のみならず学校の財務状況などの他の様々な要因が想定される。その意味では、本章の仮説―実証は私立小学校の存続・廃校について想定される様々な要因のうちのひとつを解き明かしたものに過ぎない。それゆえ、この作業仮説をもって、要因のすべてが明らかにされるわけではない。むしろ、この作業仮説は、私立小学校への入学を希望する家族の入学動機・理由との関連において、想定されたものである。また、つづく第2部(第5章~第8章)における入学選抜考査との関係で、定員を上回るほどの入学希望者を集めた学校の特質(上級学校の併設)を家族の入学志向と関連させて明らかにしたい。

その作業仮説をもとに、以下の章における検討課題について確認しておきたい。

第2章においては、Ⅰ型の私立小学校について検討する。Ⅰ型の私立小学校は、戦前期から中・高等教育機関を併設し、戦前から戦後にかけて存続し得た小学校である。ただし、Ⅰ型に属する小学校一九校すべてについて検討するのは困難であり、ここでは戦前期より中・高等教育機関を併設していること、そしてジェンダーの視点にも留意したうえで、慶應義塾大学(旧制大学)―同幼稚舎、日本女子大学校(旧制女専)―同附属豊明小学校、成城高等学校(旧制高校)―同小学校、暁星中学校(旧制中学校)―同小学校、東洋英和女学校(旧制女学校)―同小学科の五校について理論的サンプリング(theoretical sampling)(23)を行い、分析の対象とする。なお、これら五校の私立小学校は、戦前期の早い時期(一九二〇年代から三〇年代)に、新一年生の入学を希望する者に対する入学選抜考査を導入するほど、多数の入学志願者を集めた小学校でもあった。

言うまでもなく、併設上級学校と私立小学校との間で構築された私学一貫校における内部入・進学制度の成否は、保護者の教育戦略に大きく拠っている。本章で考察した私立学校の特質を視野に入れたうえで、特定の私立小学校を選択した保護者の教育戦略は第3章で論じる。続く第4章においては、戦前から戦後にかけて淘汰されたⅡ型およびⅢ型の私立小学校の要因について、同様に中等・高等教育などの併設上級学校との関係で明らかにされる。特にⅡ型は中・高等教育機関を併設していながら廃校に至った小学校群である。併設上級学校の存在やその社会的評価・威信と関連させつつ、私立小学校の廃校に至った要因について検証する。

第2部（第5章～第8章）においては入学選抜考査の問題を検討するが、第1部（第1章～第4章）では、それとの接続を意識した議論、すなわち私立小学校の存続および発展という課題以外にも、入学定員を上回る入学志願者を集めることになり、その結果、入学選抜考査を導入するようになった背景を明らかにした。

第2章　私立中・高等教育機関の動向と併設の小学校への影響

1　私立中・高等教育機関の社会的評価

1　教育制度の整備・学歴主義の拡大と私立学校

本章の目的は、私立小学校の存続や発展にとって、中・高等教育機関の併設がどのような意味をもっていたのかという問題について、いくつかの学校の事例をもとに考察することにある。特に明治末期から大正期にかけて起こった私立中・高等教育機関の社会的評価の上昇が併設の小学校の入学（希望）者数または小学校卒業生の継続進学率（小学校卒業後も継続して併設の中・高等教育機関に進学する割合）に及ぼした影響を検討する。

明治初期には、学校制度が未整備で混沌としていたこともあり、どんな学校で勉強しようと学力があり、その学力をもって試験に突破しさえすれば、進学の機会や職業資格も手に入れることができた。ところが、一八八〇年代から九〇年代にかけて、学校制度が整備され、進学の階梯的なルートが確立されると、学力は学力証明である「学歴」に変換され、さらに「どの学校を卒業しているのか」という「学校歴」を基準に進学・就職の機会や職業資格が配分されるようになった（天野郁夫・一九八三a）。

学歴主義の構造は、帝国大学をはじめ官立・公立の大学や学校などの「正系」が常に有利な処遇を受けていた。それに対し、私立学校は「傍系」の地位に甘んじることになった。政府は、弁護士、医師、教員、官僚といった専門的職業の職業資格や徴兵免除などの諸特権を帝国大学はじめ官立高等教育機関に順次開いていったのに対して、「傍系」である私学はその種の特権になかなか与ることはできなかった（天野郁夫・一九九二）。

教育制度の階梯的な構造（タテの構造）に対して、その横断的な構造は、入学者の選抜の度合いを反映し、そのまま学校の社会的な価値や評価の違いを生んだ。「学校歴」をめざす入学競争は、社会的価値や威信が高いといわれる大学や学校ほど激化し、大学間・学校間の格差をかえって強化することになった(1)。

その一方で、一九〇〇年代頃から、政府の私学政策は大きく転換した。政府は、ルーズな経営や不良な教育を防止する「品質管理」を通して、私立学校に対して順次職業資格や徴兵免除などの特権を開放していった。当初、私立諸学校の発行する卒業証明や学位は、国家などの外的権威がその正当性を認めるものではなかった。ところが、専門学校令（一九〇三年）や大学令（一九一八年）などが発令されて、私立学校が発行する卒業証明や学位に国家の正当性が付与された結果、その社会的価値や威信は大きく上昇した（天野郁夫・一九九三）。その背景には、日清・日露の両戦争で進展した工業化や産業革命の結果生じた人材の要請と、それを受けた中等・高等教育機関への進学（希望）者の急増などがあげられる。

政府・文部省は上からの近代化を「正系」に、下からの近代化を「傍系」に期待したといえよう。その意図は、私学にも機会の開放を打ち出した一九〇三（明治三六）年の専門学校令において、法制化された。専門学校令は、それまで「正系」の帝国大学や官立大学にのみ限定してきた行政官僚の任用の資格や特権を「専門学校」として認可を受けた私立高等教育機関に対しても順次認めるようにした。また、それまで政府が軽視してきた女子高等教育の機会についても、いくつかの女子高等教育機関を「女子専門学校」（以下、「女専」と記す）として認可した。その意味で、専門学校令は一連の私学政策のなかでも画期的なターニング・ポイントになったといえよう。続く一九一八(大正七)年の高等学校令においては、私立の高等学校の設置・運営を認め、同年の大学令でも先に「専門学校」として認可されていた私立高等教育機関を相次いで「(私立)大学」として認可・昇格させた。

しかし、政府・文部省は、設置認可の規制緩和と引き換えに、私立学校令によって、私立学校に対する管理・統制を強めていく。私学に対して「援助せずに統制する(No Support but Control)」内容を明らかにした私立学校令を通じて、学校の品質管理にも同時に着手していった。

まず、専門学校令で認可を受けた「専門学校」とは、中学校の卒業生あるいはこれと同等の学力の者を入学させる課程を設置する学校に限られた。つづく一九一一(明治四四)年の改正私立学校令では、私立の中学校・専門学校が一定の財産を有する「財団法人」による設置であることを求め、認可事項の増加、収支予算・決算の報告、教員の解職命令に関する事項なども同時に盛り込んでいった。後の大学令(一九一八年)においても、大学昇格の条件として、高等学校と同一水準の大学予科の開設、一定額の基本財産の供託、教育研究上必要な設備の整備、一定数の専任教員の雇用などが盛り込まれた。これら一連の施策は、高等学校や帝国大学に準ずる「私立大学」の設置を保証するための基本条件として規定されたものである。

政府・文部省は、人的資本の要請や進学(希望)者の急増による「機会開放」と、ルーズな経営や不良な教育を防止するための「品質管理」を通して、私立学校に対して設置認可を与えていった。私立諸学校もまた、これに対応するように、政府・国家の提示する学校設置および管理運営に関わる基準をクリアし、認可・認証を獲得する諸戦略を展開した。一連の過程を経て、私立各学校・大学の発行する学位の社会的評価は著しく好転した。特に専門学校令や大学令等で、私立の「大学」や「女子専門学校」として認可された大学や学校の学位は、機能的価値あるいは象徴的価値(天野・一九八三b)を帯び、卒業生の社会的地位達成において、非常に重要な意味をもつことになった。

このように、大学や学校は、学歴社会の成立を背景にして、ハイアラーキカル(階層的)に評価・序列づけられていった。評価や序列の根拠は大学や学校に対する「社会的評価」であり、概略的に述べれば、以下の特徴をもつ体系である。

第一に、それは、政府・文部省などの外的権威の設置認可《チャーター》を受けることで正当化される、学歴の価値や評価の差別的な体系である。学校や大学が政府・文部省より正式な設置認可を受けることで、学歴や卒業証明・学位の正当性、上級学校への進学機会、各種資格・特権（教員資格や徴兵免除など）が付与される。設置認可は大学や学校の傾斜的な序列化を背景にして付与されたため、学歴社会が成立する条件のひとつである。

第二に、第一の要素（外的権威の承認）とともに、学歴社会を背景にした卒業生の配分効果に基づいて序列化された学歴の価値や評価の体系である。特に企業の職員層と学歴との結び付きは、出身校による処遇の違いを伴いつつ強化されていった。学歴が人々の社会的な地位や収入を左右することが目に見えてくると、少しでも高い学歴を手に入れようとする人々の努力と競争が強化される。高等教育卒業の学歴に対する評価でさえも、その「証明書」がどの大学や学校によって発行されたのかによって、その処遇に大きな格差が生じた。同じ大学であっても、それが官立なのか私立なのか、官立大学のなかでも東京帝国大学など帝国大学とそれ以外の大学なのか、私立のなかでも慶應・早稲田の二大学とそれ以外の大学というような、学歴には細分化された価値と評価の序列を常に内包していた。すなわち、学歴とは「学問についての経歴」である以上に、「学校についての経歴」（学校歴）としての性格を帯びる。その学校歴としての序列や評価の根拠は、高等教育機関（大学・専門学校）においては、卒業生が「学校歴」を元手にして、より高い社会的な地位（主として専門職・管理職・事務職などのホワイトカラー）につくことであった。また、高等学校（旧制）や中等教育機関（中学校や高等女学校）においては、そうした卒業生を数多く輩出する大学・学校に在校生をできるだけ多く送り込んだ実績がそのまま学校の価値や評価につながった。その一方、女性の場合には、職業的地位達成のみならず、配偶者の社会的地位も卒業生の配分効果として重要な要素になっていた。

以上のように、学校歴は卒業生の地位達成（収入や職業など）や社会的勢力・影響力（権力）の可能性の大きさを左右し、大学や学校の社会的評価や価値の序列化に直結するようになったのである。中等・高等教育段階における官立・私立間の資源配分の格差は、「学校歴」と卒業生の地位達成の差別化につながり、ひいては大学や学校そのものの社会的評価にも反映されるようになった。

〔表2・1〕慶應義塾卒業生の就業状況

	正　科	別　科	大学部	大　学	合計(人)	合計(%)
	1886－1900年	1886年－1895年	1892－1900年	1903－1908年		
民間企業	321	90	77	248	736	45.5
官庁	27	15	6	11	59	3.6
学校	39	33	31	8	111	6.9
自営	212	103	21	56	392	24.2
新聞・雑誌	32	26	10	28	96	5.9
その他	14	28	2	179	223	13.8
合計	645	295	147	530	1617	100.0

〔出典〕天野郁夫（1992）『学歴の社会史』新潮選書、253頁。

2　慶應義塾大学

慶應義塾大学は、一八五八（安政五）年、福澤諭吉（一八三五～一九〇一）により蘭学塾として創立されたときに始まる。一八六三（文久三）年には実学を奨励する英学塾に転向し、一八六八（慶應四）年には、日本で初めて学生から授業料徴収制度を導入し、藩や国家などから独立した近代教育の先駆となる学塾を創設、時の年号にちなんで「慶應義塾」と命名された。

慶應義塾は早くから経済学を講じ、また「財界の慶應」という言葉に示されるように、その卒業生の多くは、当初より産業界・民間企業の進路を選択する傾向が非常に強かった〔表2・1〕。

しかも、民間企業の処遇から見る慶應義塾大学の発行する学位の社会的価値は、一九一八（大正七）年の大学令による大学昇格（一九二〇年）で大きく上昇したといえる。〔表2・2〕は、慶應義塾大学部卒業生を多く送り込んだ企業のひとつである三菱系企業の待遇を、初任給を指標にして、大学令による大学昇格以前とそれ以後とで比較したものである。同表は、大学令で大学昇格を果たした早稲田大学とと

〔表2・2〕三菱系企業の学校別初任給（1919年と1927年比較）

1919年	50円［100］ 帝大工科	40円［80］ 帝大法科 東京高商商業	36円［72］ 東京高商普通 神戸高商 東京高工 地方高工 早大理工科	32円［64］ 地方高商 早大政経科	28円［56］ 慶応	25円［50］ 早大政経科専門士
1927年	90円［100］ 帝大工科	80円［89］ 帝大法科 帝大文科	75円［83］ 東京商大専門 慶大大学部 早大大学部 神戸高商	65円～70円 ［72～78］ 地方高商 中央・法政・明治	50円～60円 ［56～67］ 私大専門部	

〔註〕①［括弧］内は帝大工科初任給を100とした場合の数値である。
②「東京高商・普通」とは東京高等商業学校本科卒業生を、「東京高商・商業」とは予科・本科の上に設された同校専攻科の卒業生（「商業学士」の学位が与えられた）をさす。一橋大学学園史刊行委員会（1995）『一橋大学百二十年史――Captain of Industry』81頁。
〔出典〕竹内洋（1988）『選抜社会』リクルート出版、210頁、および東京都立教育研究所（1994）『東京都教育通史編三』762－763頁より作成。

もに、慶應義塾大学卒業生の初任給の上昇がとりわけ著しいことを示している。

このほか、慶應義塾は、法学部の増設（一八九九年）、医学科の設置（一九一六年）などを通して社会のニーズに即応しつつ、その一方で、大学部の設置と卒業生に対する中等教育教員の無試験検定資格の認定（一九〇〇年）、大学部の専門学校としての認可（一九〇四年）、高等文官予備試験の免除（一九一九年）などの職業資格および徴兵免除等の諸特権を獲得していくことで、学校の社会的地位や威信を向上させた（慶應義塾・一九六九）[2]。

こうした慶應義塾大学の社会的評価にあわせるように、入学者の質も向上したとされる。私立大学のなかでも例外的に高い社会的評価を受けていた慶應義塾や早稲田は、様々な諸特権を獲得する過程で、学歴や学力を問わずに入学を許可する「別科」を廃止、代わって、中学校を卒業した者のなかから入学選抜を行い、それに合格した者のみを入学者とする「（大学）予科」の充実に力を注いだ。その結果、慶應義塾大学は質の高い入学者を受け入れ、予科および本科の教育を中心に質の高い卒業生を輩出することが可能になった。それは企業における慶應義塾大学卒業生の処遇に直接反映された。

3　日本女子大学校

日本女子大学校は、ヒューマニズムによる女子教育を理念として成瀬仁蔵（一八五八～一九一九）によって、一九〇一（明治三四）年に入学者二二二名で開学し（数年後には五〇〇名を超えた）、専門学校令の翌一九〇四年には女子専門学校（女専）の認可を受けている。

日本女子大学校は開校八年の間に一一五〇名以上の卒業生を輩出し、そのうち約四分の一が中等学校（高等女学校）教員を希望したという（日本女子大学校・一九一二）。一九〇〇年以降の高等女学校の設置数とそれに伴う家事・裁縫の実習時間の増加は、家事・裁縫専門の高等女学校教員の需要を生んだ。それを受けて、政府・文部省は一九一〇（明治四三）年に日本女子大学校教育学部に対し家事科中等教育教員無試験検定の認可を与えた。このほか、日本女子大学校は、一九二三（大正一二）年には英文科卒業生に対して英語の、一九二八（昭和三）年には国文科卒業生に国語の、一九三三（昭和八）年には化学（一九三三年）の中等教育教員無試験検定資格を受けた女専として指定を受けている。

なお、一九一二（明治四五）年時点で、女子高等教育機関のなかで、女専としての設置認可と中等教員無試験の取扱許可を受けていたのは、日本女子大学校と津田英学塾に過ぎなかった（文部省大学学術局・一九五六、および佐々木・二〇〇二）。

また、大正期の同校の卒業生六四八名の卒業後の進路について見ると、就職（四五・八％）を筆頭に、家事手伝い（一七・九％）、稽古ごと（一四・七％）、結婚（一一・三％）、進学（一〇・三％）、社会的活動（四・九％）と続く。就職した卒業生は、いくつかの学科で無試験検定資格を受けていた学校教員が六三・四％（高女教員五七・七％＋幼稚園・小学校教員五・七％）と最も多く、大学助手研究員（七・一％）、学校職員（六・四％）、官吏（五・七％）、マスコミ記者出版社（四・三％）、会社員（三・九％）など、同校はエリート職業婦人の輩出校として高い地位を築いた（日

本女子大学女子教育研究所編・一九七五)。

多くの卒業生が学卒後就職したにせよ、それが長期にわたる場合は非常に限られていた。戦前期において、高等教育を受けた女性が大企業に就職するのは、多くの場合が縁故入社で、結婚まで一時的(文字通り「腰掛的に」)に勤務する場合か、学識を活かしてタイピスト(主に欧文タイピスト)になるかのいずれかであったという(野村・二〇〇七)。彼女たちの多くはのちに結婚したのである。そのため、結婚し、専業主婦となった卒業生については、男性世帯主の社会的地位によって規定されるという「地位借用モデル」(Felson, M. et. al., 1974)を援用して考察する必要がある。

日本女子大学校の既婚卒業生の配偶者(夫)の職業は、会社員(三〇・九%)、官吏(一四・七%)、大学教員(一三・二%)、医師(九・四%)、軍人(六・三%)、中学校教員(六・三%)などである。いずれも高等教育を了え、職業威信の高い職種に就くホワイトカラーが多数を占めている(日本女子大学女子教育研究所編・一九七五)。このことは、日本女子大学校卒業生が学歴エリートの妻として相応しい身分文化を内面化していたことを示すものである(天野正子・一九八五)。それはまた、当時の新中間層出身の少女・女性たちにとっての「成功」とは、結婚、より具体的には高い学歴を獲得することで、より上位の階層の男性と結婚(上昇婚《ハイパー・ガミー》)することにあったと言われる所以である(今田・二〇〇七)。

以上より日本女子大学校の卒業生は、職業婦人としても、既婚女性としても、社会的に高い地位を獲得していたのである。

4　成城高等学校

帝国大学への入学の限られたルートであった高等学校(旧制)については、併設の小学校(成城小学校)を有する成城学園に注目して考察を試みよう。

成城高等学校の設置については、澤柳政太郎(一八六五〜一九二七)が日本の初等教育改造の実験的教育の場として設立した一九一七（大正六）年の成城小学校の創立にまで遡る必要がある。この成城小学校が初めて卒業生を輩出するに当たって、成城学園の中等教育機関における一貫教育を強く願う保護者の要求に応えるために、一九二二（大正一一）年には、当時の主事であった小原國芳の尽力によって成城第二中学校が開設された。一九一八（大正七）年の高等学校令改正に伴い、私学による高等学校（旧制）の設置が認められると、それを受けて一九二六（大正一五）年に中学・高校一貫制の成城高等学校（七年制）が誕生し、成城第二中学校はその尋常科（四年制）として組み込まれた。

門脇・北村（一九九〇）が明らかにしたところによると〔図2・1〕、一九二九（昭和四）年から一九四七（昭和二二）年までの成城高等学校高等科卒業生の最終学歴は東京帝国大学卒業者三七％、京都帝国大学卒業者二一％の計五八％と、東西両京の帝国大学卒が六割近くにも及んだ。これに他の帝国大学（北海道帝国大学・東北帝国大学・九州帝国大学など）の卒業生数を加えると、実に七四・六％が帝国大学に進学・卒業していたのである。そのほか東京商科大学や東京工科大学など官立大学の卒業者（一八・二％）を加えると、実に九四％が官立の大学に進学・卒業していたことになる。私立大学については、慶應義塾大学や早稲田大学に二％、上智大学や明治大学などに一％、慈恵医大などの私立医科大学に一％の者が進学しているに過ぎない。以上から、成城高等学校は特に帝国大学への進学ルートを確立し、それを契機に学校自体の社会的評価や威信が大きく高まることになったと見てよいだろう。

〔図2・1〕成城高等学校卒業生の最終学歴

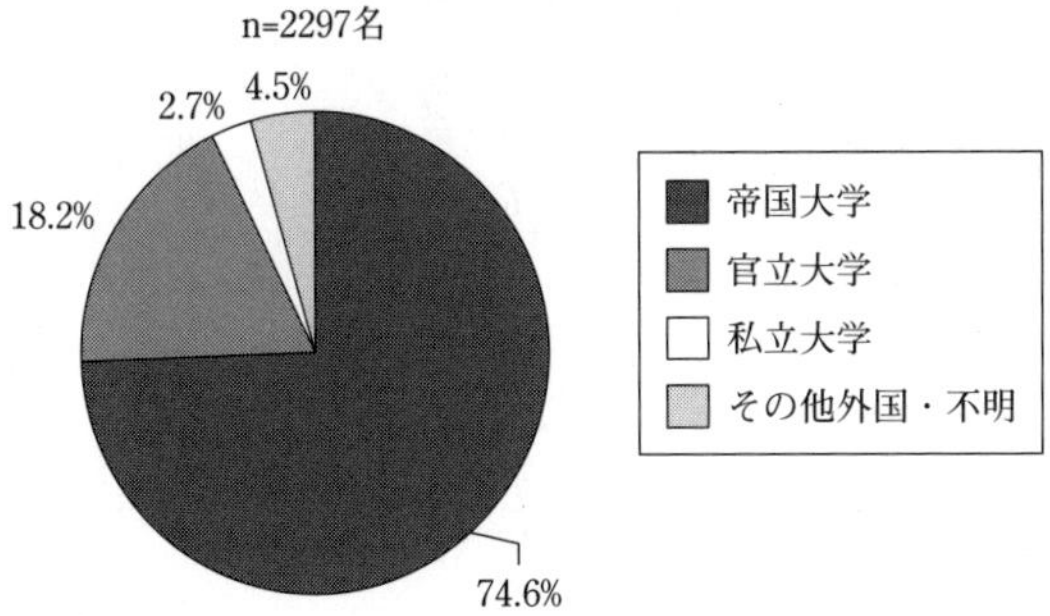

〔出典〕門脇厚司・北村久美子（1990）「大正期新学校の支持層の社会的特性――成城学園入学者父兄の特性分析をもとに」『筑波大学教育学系論集』第14巻第2号、96頁より作成。

なお、女子の場合の成城高等女学校（一九二七年創立の五年制女学校）

についても確認しておこう。一九三二（昭和七）年の第一回卒業生二三名のうち一九名（八二・六％）は女専などの上級学校に進学した。その年を含めた五年間（一九三二～一九三六年）の卒業生総数は一〇四名を数えたが、うち上級学校に進学した者は七一名（六八・三％）にも上った。そのほか「教師を含めた職業に就いた者」が二名、残りの三一名は「不明」もしくは「その他の進路」に進んだという（文部省普通学務局・一九三二―三六）。

5　暁星中学校

さらに、高等学校や私立大学予科などへの進学準備を行う私立中学校については暁星中学校の卒業生に注目して見よう。

暁星中学校は、フランスに創立されたカトリック男子修道会「マリア会」を母体としたミッション系の男子校である。学校自体の創立は一八八八（明治二一）年で、当初は私立暁星学校および夜間の私立外国語専修学校を運営し、主にフランス語の専修学校として発足した。一八九〇（明治二三）年には単級四年制の私立暁星小学校が設立認可を受け、一八九九（明治三二）年には先の暁星学校が文部省より「私立暁星中学校」として認可を受け、正式な中等教育機関として再発足するに至っている。特に「中学校」に昇格してから、その生徒数は増加傾向にあったという（暁星学園・一九八九）。

暁星中学校が初めて卒業生を輩出した一九〇三（明治三六）年から一九三八（昭和一三）年までの当該卒業年度の生徒（浪人生は含まず）の進路に注目すると、卒業生そのものの数が五名～一七名と少なかった一九〇三年～一〇年の間には、高等学校進学者（現役合格・進学者）の占める割合はわずか一三・八％、年平均数も一・七名に過ぎなかった。その後一九一一年～一九年には九・一％と割合としては若干落ち込んだものの年平均の実数は五・七名、一九二〇年～二九年には二〇・八％、年平均人数は一八・八名と大きく上昇している。

戦前期の東京においては、府立一中をはじめ幾つかの府立中学校が高等学校の受験・進学に有利な中等教育機関として注目されていたことはよく知られている通りであるが、この当時（一九二五年）刊行された旧制高校の受験雑誌のひとつである『受験と学生』誌によれば、府立一中、四中、五中が第一高等学校合格者をそれぞれ六一名、四三名、二二名と輩出するなかで、開成中学校（二二名）、成蹊中学校（九名）、麻布中学校（七名）、立教中学校（六名）などの私立中学校と並んで、暁星中学校（六名）の健闘が目立っていると報じられている（研究社・一九二五）。

その後（一九三〇年〜三八年）の暁星中学校卒業生の高等学校進学者輩出率は三一・六％となり、年平均人数も三四・二名と大きく増加することになる。以上から暁星中学校は、創立当初から少しずつ高等学校の進学者を輩出しつつ、特に一九二〇年代以降になってその数・割合ともに飛躍的に上昇していった(3)。

〔図2・2〕暁星中学校卒業生の進学先（1918〜1939年）

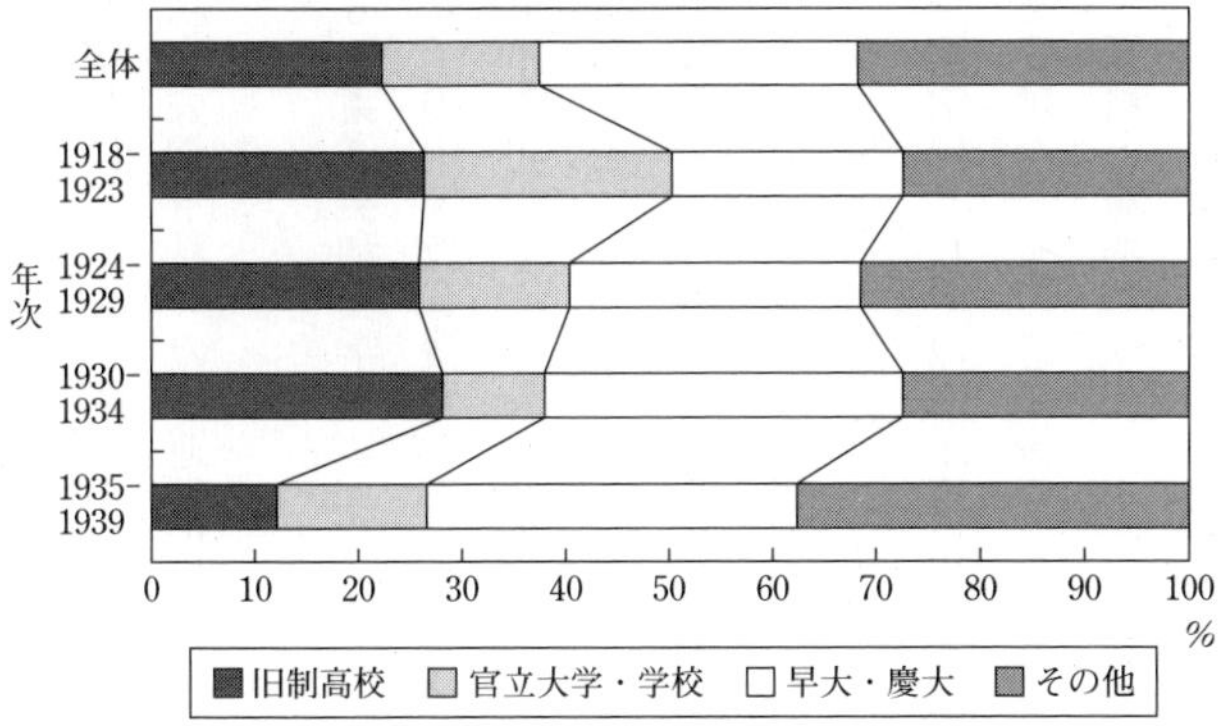

〔出典〕暁星学校（1918－1941）『暁星』第12號〜47號に掲載されている卒業生の進路動向調査をもとに作成。

また、一九一八年から一九三九年に限定して暁星中学校卒業生で進学した者一七八二名（浪人生も含まれる）の進学先の動向に注目すると、高等学校に三九八名（二二・三％）、東京商大・東京工大をはじめとする官立大学に二七〇名（一五・二％）、慶應・早稲田の両大学の予科などに五五〇名（三〇・九％）を輩出している。この動向を時系列的に見ると、一九二〇年代から三〇年代初めまでは、高等学校の緩やかな量的拡大とあわせて進学者が漸増していく一方、一九二〇年代半ばから慶應や早稲田をはじめとする私立大学予科への進学者が増加する。さらに一九三〇年以降になると、高等学校進学者が激減し、その代わりに慶應・早稲田あるいはその他の進学先が際立ってくる〔図2・2〕。暁星中学校卒業生の進学先の変化は、高等学校の入学難に加えて、先に見た慶應義塾大学（私立大学）の社会的評価や威信の上昇と大きな関係があるものと推察される（暁星学校・一九一八―一九四二）。

いずれにしても、暁星中学校は、フランス語の教授を専門とする各種学校から、旧制高等学校や慶應・早稲田などの私立大学予科への「進学校」として、高い社会的評価と威信を獲得していたのである。

6　東洋英和女学校

女子の中等教育機関であった女学校については、東洋英和女学校を考察の対象にしよう。

東洋英和女学校（現・東洋英和女学院）は、カナダ・メソジスト教会（現・カナダ合同教会）から派遣された一女性宣教師であるマーサ・J・カートメル（Martha, Janet, Cartmell, 1845～1945）が一八八四（明治一七）年に麻布区鳥居坂町に英語学校の「東洋英和女学校」を開校したことに始まる。同校は、カナダ・メソジスト教会の財政的支援を受けつつ、女性に対する英語教育と宗教教育を中心に行い、進歩的・指導的階級に属する家庭の子女が数多く入学したという（東洋英和女学院・一九五四）。

英語学校としての東洋英和女学校は、一八八六（明治一九）年に予科三年と本科五年をもつ女学校として改編・認可を受けた。その二年後の一八八八年には幼稚科、翌八九年には高等科を設置し、一九〇二（明治三五）年には幼稚科と予科とをあわせて「小学科」に再編し、一九二〇年代には幼稚園、小学科、本科（女学校）に加えて、女専に準ずる高等科を抱える女子教育の総合学園になった。

なお、一九一六年までの本科卒業生のうち三六・五％に当たる一〇三名はそのまま高等科に進学していたが、本科および高等科のいずれの卒業生についても、その卒業証明は国や文部省が認めたわけではなく、あくまで「自前」に過ぎなかった。

東洋英和女学校のみならず、他の青山女学院、フェリス女学校、女子学院などのキリスト教主義女学校においても事情はほぼ同様であった。つまり、各女学校で上級学校進学を希望する卒業生はそれぞれが併設する専門学校程度の高等科や専門科に進学するのが一般的であった。ところが、一九〇〇年を前後して、卒業生の上級学校への進学機会の拡大に向けて、日本基督教女子教育会（一九一三年発足、一九二二年解散）を中心に、連合大学の設置構想であるキリスト教連合学校女子大学運動が起きる。一連の運動の成果は一九一八（大正七）年に東洋英和女学校・青山女学院・フェリス女学院・女子学院などが合同で東京女子大学（女子専門学校）の創設となって結実し、東洋英和女学校や青山女学院は既存の高等科や専門科を順次廃止した(4)。東京女子大学は、女専として専門学校令による認可以降、英語と国語の中等教育教員の無試験検定資格を受けるなど、欧米型教養系の女子高等教育機関としての地位を確立する。以上の流れを受けて、東洋英和女学校でも、本科卒業生に対する東京女子大学の優先入学の途を開いたことで高等科を廃止、本科は高等女学校と同等の学力を有すると認められ、「高等女学校ニ類スル各種学校」として、専検（専門学校入学者検定）の指定校になっている。

明治期から大正期の東洋英和女学校・本科卒業生の進路は、既婚者五一六名、小学校教員五名、中等学校教員一四名、専門学校教員五名、上級学校在学中の者三〇名、幼稚園保母六〇名を数えた（東洋英和女学院・一九八四）。既婚者のなかには皇室など上流階級に嫁ぐ者も少なくなかった(5)。職業をもつ卒業生の多くが女専や師範学校の学歴を得て初めて就業できる職種に携わっていることから、東洋英和女学校は、既婚女性と職業婦人の両方について、エリート女性の輩出校としての社会的評価や威信を獲得したといえるだろう。

2　併設小学校への影響

本節では、前節で考察した私立中・高等教育機関の社会的評価の上昇が併設の私立小学校に与えた影響を検討する。特にここでは、小学校の入・在学者数の増加とともに、小学校卒業生が継続して同一法人の併設上級学校に進学する傾向を強め、私学の一貫教育が名実ともに制度化されていくプロセスに注目する。

〔図2・3〕慶應義塾幼稚舎の入学者数・在学者数（1898～1922年）

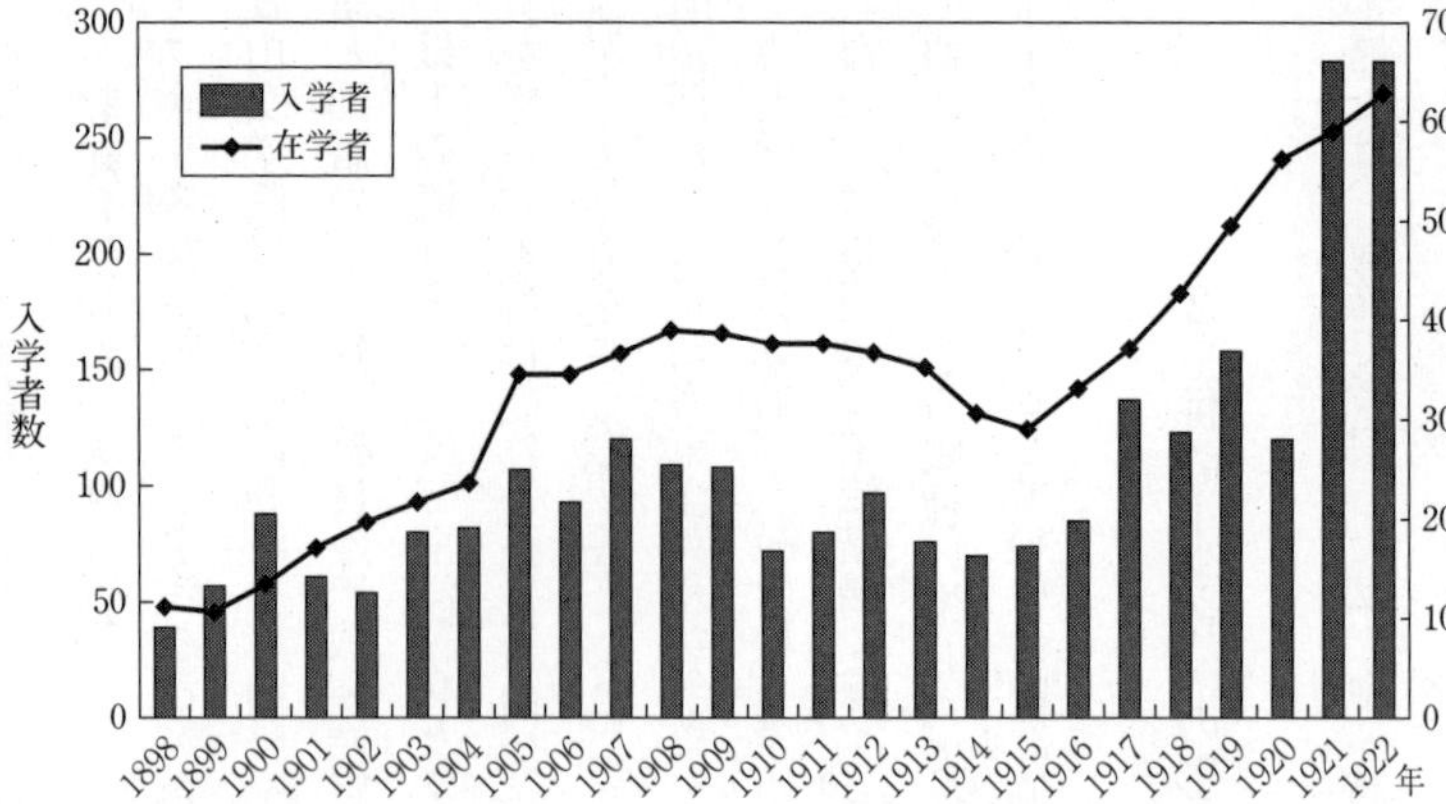

〔註〕1920年～1922年の3年間は第一学年入学希望者数を示した。
〔出典〕慶應義塾幼稚舎（1965）『稿本　慶應義塾幼稚舎史』明文社＆慶應義塾幼稚舎（各年度版）、『慶應義塾　幼稚舎入社（舎）帳』慶應義塾幼稚舎蔵。

1　慶應義塾幼稚舎

慶應義塾幼稚舎は、一八七四（明治七）年に、福澤諭吉の委嘱を受けた門下生の和田義郎（一八四〇～一八九二）(6)が、年少者の塾生を集めて教育を行ったことに始まる。初期は「和田塾」とも呼ばれていたが、一八八〇（明治一三）年頃より「慶應義塾幼稚舎」と称するようになった、日本で最も歴史のある自発的結社としての私立小学校のひとつである。

その慶應義塾幼稚舎は、一八九八（明治三一）年の学制改革で、高等教育を担う「大学部」を中心とする教育体制に転換するなかにあって、初めて慶應義塾内の初等教育機関として位置付けられるようになった(7)。

先にも示したとおり、一九〇〇年代以降、慶應義塾は大学部を中心にその社会的評価や威信を高めていった。大学令（一九一八年）で大学部が「大学」に昇格（一九二〇年）して以降、幼稚舎の入学志願者・在学者数は増加する傾向が認められる〔図2・3〕。その同年には、幼稚舎第一学年の入学志願者数が入学定員を大きく上回り、初めて入学選抜考査を導入・実施している。

また、慶應義塾大学の大学昇格などに伴う社会的評価や威信の上昇とともに、幼稚舎の入学者が継続して大学部まで進学する傾向を強めていく。それを時系列的に追っていくと、一八九〇年度の幼稚舎入学者の八・九%、一九〇〇年度入学者の二四・七%、一九一〇年度入学者の五一・四%、一九二〇年度の入学者の七七・九%が慶應義塾大学の卒業生となっている(8)。

〔図2・4〕日本女子大学（校）附属豊明小学校・入学者数（1906～1931年）

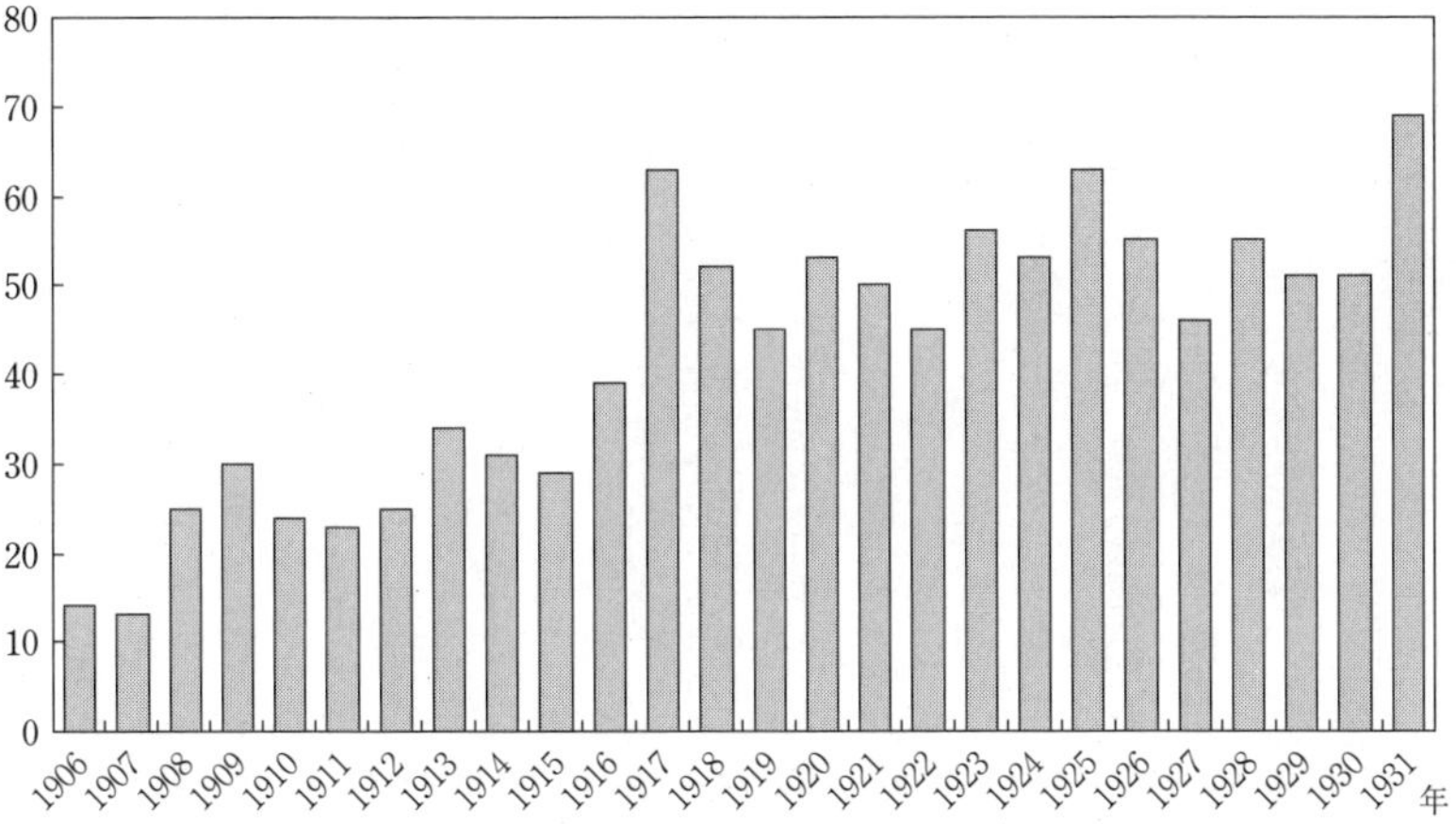

〔出典〕日本女子大学附属豊明小学校（1967）『日本女子大学附属豊明小学校沿革史』352－353頁より作成。

2　日本女子大学（校）附属豊明小学校

日本女子大学（校）附属豊明小学校は、日本女子大学（校）の附属小学校として、一九〇六（明治三九）年四月、「森村豊明会」の醵金を受けて大学校地内に創設された。大学校の教育学部の教育研究のために、小学校と幼稚園を併設し、幼稚園から大学まで一貫した理念・主義のもとに教育を施すことをその大方針とした。小学校の創立当初は男女共学だったものの、一九一八（大正七）年より入学者を女子に制限するようになった。教育実践についても、自動自学主義に基づくドルトン・プランを採用し、意欲的な自由主義・進歩主義教育の実践の場としても知られている（日本女子大学・二〇〇一）。

日本女子大学校の社会的評価は、附属豊明小学校にも入学者数の増加という形で影響を与えている〔図2・4〕。設立当初の一九〇〇年代から一〇年代にかけては二〇～三〇名の入学者を数えるにすぎなかった。ところが、先に明らかにしたように、日本女子大学校が様々な諸特権を獲得し、社会的評価や威信の上昇する一九二〇年代以降になると、附属豊明小学校でも四〇名〜六〇名の入学者を受け入れるようになっている（日本女子大学附属豊明小学校・一九六七）。この過程のなかで、一九一八（大正七）年には、それまで共学だった附属豊明小学校は入学者を女子に限定したが、却ってそれが入学者数の増加をもたらした。一九三〇（昭和五）年には入学志願者の増加を受けて入学者選抜を導入している。

なお、この入学者数の増加傾向については、当時の同小学校の主事である河野清丸（一八七三〜一九四二）の以下の発言が非常に示唆的である。河野は一九二一（大正一〇）年八月に開催された八大教育主張大会で「自動教育論」を講じた人物として、当時の教育界でも非常に著名な人物であった。

戦争（第一次世界大戦—引用者）の中頃以後の経済復興時代から入学者は急増の勢いとなりました。……私共の学校に入学者数が多い理由は女学校、大学部に便利があることが第一の理由であり、或いは寧ろこれが唯一の理由であるかもしれません（日本女子大学校櫻楓會・一九三〇。但し引用は日本女子大学附属豊明小学校八十年史編纂委員会・一九八八：八〇頁に拠った。傍点は引用者）。

3　成城小学校

成城小学校は、一九一七（大正六）年、東京市牛込区（現在の東京都新宿区）に開校した。創立者は、当時すでに教育行政家・思想家・宗教家として世に知られていた澤柳政太郎である。澤柳は、かねてから初等教育の重要性を自覚し、機会があれば「小学校を設け、かねて小学校教育の実際的研究をしてみたい」という願いを抱いていた。

澤柳は、軍人志望者の養成と清国留学生の教育をめざしていた私立成城学校より、中学校長就任の要請があり、中学校に小学校を付設するという条件で、これを引き受けたという。澤柳自身は、「私立学校は特色をもつて生命としなければならぬと思ふ。少なくとも理想的私立学校は特色ある主義方法に基づく教育を施さなければならぬ」（澤柳・一九〇九：一二四頁）という強い信念のもと、後に玉川学園を創設することになる小原國芳とともに理想的な小学校づくりに尽力した。その後、成城小学校は現在の地（北多摩郡砧村喜多見）に移転し、一九四一（昭和一六）年の「国民学校令」施行に伴い、校名を「初等学校」と改めたものの、現在もなお、創立時の理念と実践を受け継いだ教育が行われている。

さて、前節で見た成城高等学校と成城小学校との関係について考察しよう。一九二六・二七年の成城小学校の入学者は、小学校から高等学校尋常科への継続進学率が八九％、尋常科から高等科への継続進学率が五七％と、多くの保護者がわが子を成城小学校に入学させる段階で、併設の成城高等学校を卒業、帝国大学に進学させるという未来像を描いていたものとおもわれる（門脇＋北村・一九九〇）。

〔図２・５〕成城小学生の一年生数・在学者数
（1926年〜1937年）

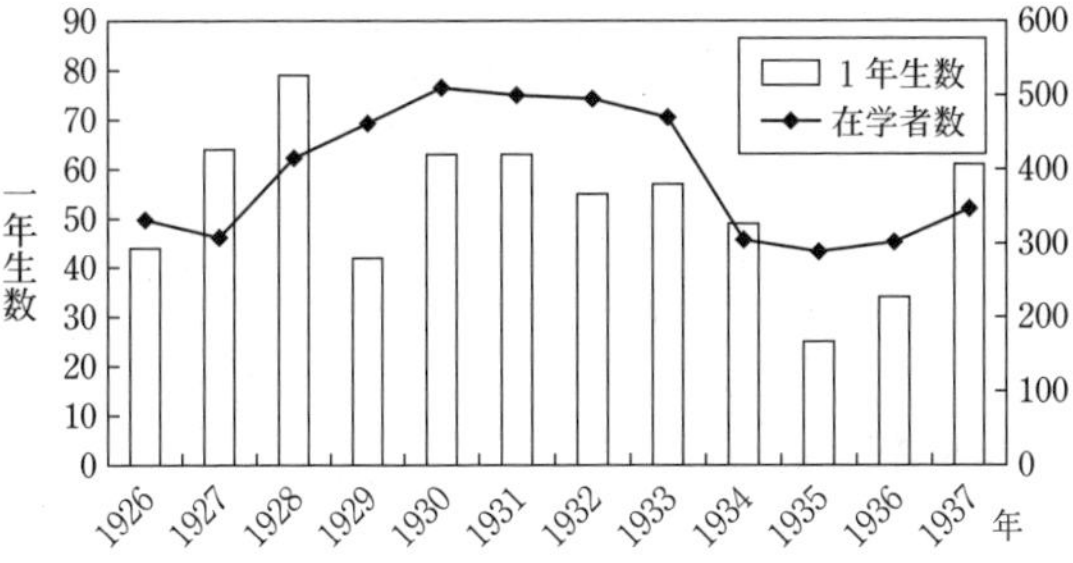

〔出典〕北村久美子（1987）『大正・昭和初期新教育における支持層の実証的研究』上智大学大学院文学研究科提出修士論文（未刊行）より作成。

また、総合学園化の影響は成城小学校の入・在学者の増加という形で反映されている〔図２・５〕。成城小学校は創立当初の一九一七（大正六）年には二年生六名、一年生二六名の計三二名の児童でスタートした。それ以降の入・在学者数の推移は、成城第二中学校が創設された一九二二年時点の在学者数は一一学級計三一一名、高等学校が創設された一九二六年から一九二八年時点の一年生数（在学者数）は、二六年：四四名（三三二名）、二七年：四六名（三〇八名）、二八年：七九名（四一五名）と次第に増加し、一九二九年については新一年生に対する入学選抜を行ったうえで四二名（四六二名）が入・在学している（北村・一九八七：第二章）。

成城高等学校併設に伴う成城小学校の児童数の増加について、当時の同学園の主事であった小原國芳は「旧制高等学校――即ち往年の帝大への連絡ができあがるまでは、（小学校の定員が―引用者）満員になることはほとんどなかった」（小原・一九六三：二八五頁）と述懐しているが、小原の個人的な経験からも、データからも、併設の成城高等学校の存在を背景にした成城小学校の入学希望者の増加が認められる。

4　暁星小学校

〔図2・6〕暁星中学校・小学校の在学者数の推移
（1888―1908年）

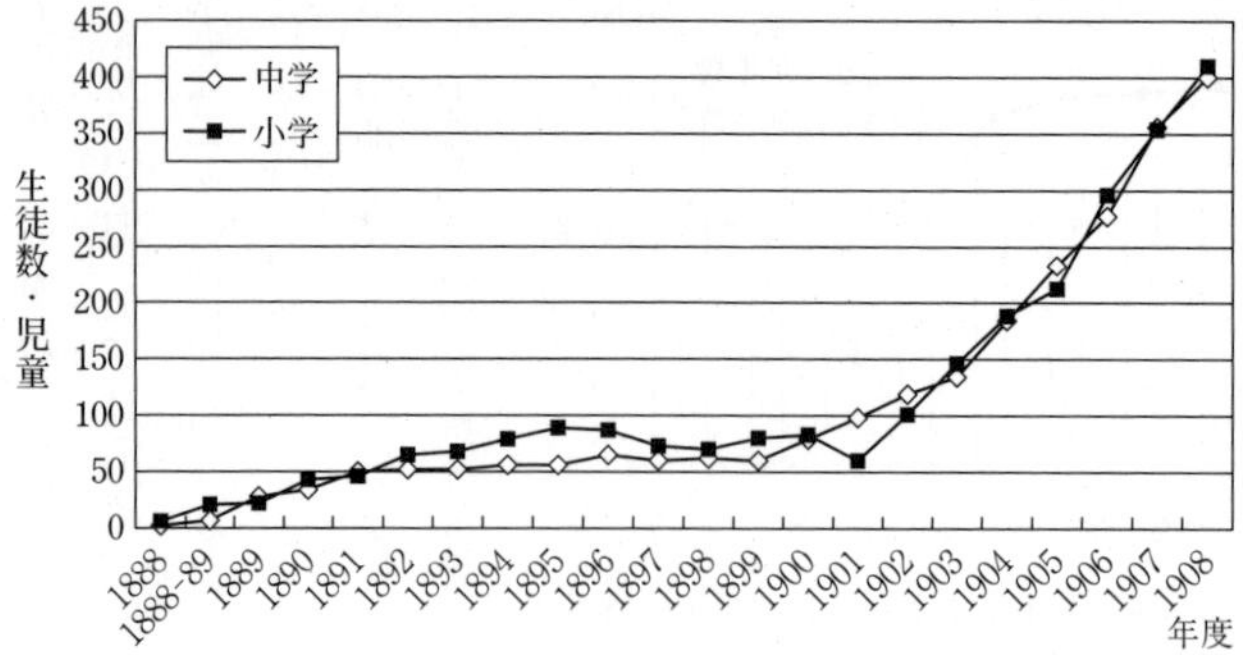

〔出典〕暁星学校（1918－1941）『暁星』第12號～第47號、および暁星学園（1989）『暁星百年史』をもとに作成。

前節で見たように、フランス語の教授を専門としていた各種学校から、上級学校の進学校へと転身した暁星中学校の社会的評価の確立・上昇は、やはり同様に、暁星小学校の児童数の増加や併設の中学校への継続進学率に影響を与えていた。

暁星小学校は、学校発足時の各種学校時代に当たる一八八〇年代には六名の児童のみの在籍、一八九〇年代でさえも七〇名から九〇名の間を推移するに過ぎなかった。ところが、暁星中学校が文部省より「私立中学校」の認可を受けた一八九九年を起点に小学校の児童数は増加し、一九〇二年には一〇一名、そのわずか三年後の一九〇五年にはその二倍以上の二一二名にまで増えている〔図2・6〕。さらに、先に見たように、暁星中学校が高等学校に二〇～三〇名の進学者を輩出するようになった一九二〇年代以降になると、一九二一（大正一〇）年には五五三名、一九三〇（昭和五）年には五九一名の児童数を抱えるに至っている。

また、一九二〇年・三〇年代には、暁星小学校卒業生の多くがそのまま併設の暁星中学校に進学している傾向を読み取ることができる。学校所蔵の資料から断片的に紹介すると、一九二六年には九五名の小学校卒業生に対して七七名（八一・一%）、一九二七年には九七名中八〇名（八二・五%）、一九三四年には一〇三名中八三名（八〇・六%）、一九三五年には一〇六名中九〇名（八四・九%）、一九三六年には一一三名中九四名（八三・二%）と、実に八割以上の暁星小学校卒業生が併設の暁星中学校にそのまま進学していた。

暁星小・中学校は内部進学者の増加を受けて一貫校として制度化され、暁星小学校の児童数は増加の一途を辿ることになった（暁星学校・一九一八―一九四一、暁星学園・一九八九）。入学選抜考査との関連で言えば、一九二五（大正一四）年時点には入学選抜考査が導入されているが、その七年前の一九一八（大正七）年当時にはまだ導入がなかった（暁星学校・一九二五）。

5　東洋英和女学校小学科

東洋英和女学校小学科は、一八八八（明治二一）年に「幼稚科」として発足し、一九〇二（明治三五）年に「予科」として再編され、一九〇九（明治四二）年には修業年限六年の「小学科」となった。

東洋英和女学校についても、これまで見てきた学校同様、小学科児童数は設立当初の一二名から本科（女学校）生徒数と軌を一にして増加している。本科生徒数は、一九二三年以降二〇〇名に達し、一九三一年には三〇〇名台へと増加した。他方、小学科児童数は「一クラス十名以内」（一九〇〇年代）、「一クラス二十名」（一九〇九年以後）、「一クラス五、六名に減じたことあり」（一九一六、一九一七年の頃）と変動していたが、東京女子大学（女専）創立以後の一九二四年には「一クラス四十名を越したことあり」、翌一九二五年には入学志願者の増加を受けて「小学科第一学年ニ入学セントスル者ニハ知能詮衡ノ上入学ヲ許可ス」べきことが謳われている。それ以降の小学科の入学定員は二一〇名（一九三一年）、二四〇名（一九四一年）と漸次増加していった（東洋英和女学院・一九五四）[9]。また、この入学定員の数を充足するように、在学者数も着実に増加している〔表2・3〕。

〔表２・３〕東洋英和女学院各科の在学者数

	小学科	別科	高女科	師範科	幼稚園
1934年	213	20	406	41	98
1935年	221	26	407	46	91
1936年	217	27	466	46	73
1937年	229	20	441	39	74
1938年	236	22	467	48	68
1939年	238	29	498	56	67
1940年	235	26	509	61	65
1941年	249	31	561	53	70
1942年	247	23	625	58	75
1943年	256	16	685	62	71
1944年	217	廃科	*	*	81
1945年	106	*	468	*	休園

〔注〕＊は不詳。
〔出典〕東洋英和女学院（1984）『東洋英和女学院百年史』348頁。

また、入学定員と実際の在学者数が増加した結果、学校の財政状況・経営状態も安定していった。東洋英和女学校（一九三四）によると、一九三四（昭和九）年度には東洋英和女学校小学科は一万三四〇五円の予算を計上している（前年の三三年は一万一一七〇円、前々年の三二年は一万七五〇円）。当時の小学科の定員が二一〇名で授業料は月額五円五〇銭だったから、単純に計算をしても（二一〇名×五円五〇銭×一二ヶ月＝一万三八六〇円）、若干予算額を上回っている。その収支のバランスを見る限り、東洋英和女学校小学科の経営状態・財政状況が安定していたことを示すものである。

以上、これまでに考察してきた五つの私立小学校は、併設上級学校の影響を受けて、比較的安定した学校運営を展開することができた。

しかし、上級学校をもたない、もしくは併設していながら、苦しい学校運営を強いられる私立小学校も少なくなかった。それらは、併設の中等教育機関に小学校卒業生が進学する者が少ない、すなわち小学校との連絡関係が十分ではなかった小学校群である。

たとえば、明星学園は、小学校に在学している児童でも「尋常六年になると父兄がやってきて『先生、一中（東京府立第一中学校の略、現在の東京都立日比谷高等学校—引用者）にやりたいと思うのですが』なんて云う。『中学ならここにもあるではないか』と云えば、『どうもそれは——』と来る」（照井猪一郎の発言）現状にあった。明星学園の一九二五（大正一四）年度の経常費予算は〔表2・4〕の通りで、大変苦しい台所事情を窺い知ることができる。

明星学園は、四九六〇円の赤字（授業料収入を八〇％以上増やさなければならない金額）と、学級増設・増築などに伴う多額の臨時費（一万四六五〇円）をいかなる手段で調達したのだろうか。

学校長の赤井米吉は、論文執筆の原稿料、授業料の値上げ、銀行からの貸し付けなどの様々な金策を行い、毎年赤字続きながらも、明星学園小学校の存続を可能にしたといわれる。そのため、教員の賞与（ボーナス）を捻出できなかった年度もあった。赤井の日記によると、出版社や銀行を訪ねて借金を返済しては、改めて有力者と思われる人物に金策を繰り返していたという（中野光・一九七六＝一九九一）。

〔表2・4〕明星学園1925年学校経常予算

（単位・円）

科目	金額	備考
授業料	5940	66円×90名
収入の部合計	5960	
職員給	7560	100円×５名、80円・30円・20円各１名
小使給	540	（45円×12ヶ月）
賞与	400	50円×８名分
地代	1200	
図書備品	600	
消耗品	600	
支出の部合計	10900	
差額（収入－支出）	－4960	
臨時費（新学級増設）	500	
臨時費（壁塗替）	750	
臨時費（増築）	13400	
臨時費合計	14650	

〔出典〕中野光（1976＝1991）『教育改革者の群像』国土社、112－113頁をもとに作成。

また、国立学園小学校は、箱根土地の堤康次郎による国立地域開発の一環として、一九二六（大正一五）年に創立された。国立学園小学校は、併設上級学校をもたないこともあり、児童が集まらず、教員にも給与が支払えずに、廃校の危機に直面した時期もあったという。全児童八名からスタートした同小学校の児童数は一九三〇（昭和五）年で三七名、一九三五（昭和一〇）年でも七三名に過ぎず、ようやく一〇〇名を越えたのは一九三九（昭和一四）年のことであった。その後は敗戦前後の混乱こそあれ、着実に児童数を伸ばしていった。松井（一九八七）によれば、それは企業をバックに創設された私立学校ということもあって、厳しい難局を乗り越え、生き残ることができたとされているが、親企業が経営難の折には、逆に学校関係者が自身の年金など身銭を切って学校運営費に当てたという（大西+堤・二〇〇七）。

3　一貫教育の制度化と私立小学校の自己保存

本章は、前章での分析結果を受けて、戦前から戦後にかけて存続（自己保存）・発展を可能にした私立小学校の多くが中・高等教育機関を併設していることに着目し、初等教育機関と併設中・高等教育機関との間にどのような関係が見られたのかを明らかにした。特に一九二〇年代以降、私立の中・高等教育機関の社会的評価や学校の威信が高まるなかで、それが併設の私立小学校に対して与えた影響について、併設上級学校の社会的評価と私立小学校の入・在学者数あるいは卒業生の併設校への継続進学率を指標に分析・考察を行った〔表2・5〕。

慶應義塾大学や日本女子大学校の社会的評価や学位の価値は、大学・専門学校への昇格や徴兵免除・職業資格などの諸特権の付与といった政策を経て、向上した。また、それら一連の流れを受けて、学位の社会的価値で処遇される就職の機会あるいは配偶者の選択など、卒業生の進路選択や社会的地位達成もまた、これらの高等教育機関の社会的評価を高める効果をもったといえる。

他方、高等学校（成城）・中学校（暁星）・女学校（東洋英和）は、学歴社会の成立を背景に、できるだけ社会的評価の高い学校歴を得られる高等教育機関に多くの卒業生を送り込む「進学校」として確立されることで、学校の社会的評価が高まることになった。

すなわち、戦前期・日本の私立中等・高等教育機関の社会的評価や威信の上昇は、①国家という外的権威による諸特権または学位に対する正当性の付与、②発行する学位の社会的価値の上昇、③輩出される卒業生の質的向上、④卒

〔表2・5〕私立小学校と併設上級学校との関係

小学校名（当時の名称）	併設上級学校（いずれも旧制）	併設上級学校の社会的評価を決める要素	併設上級学校の社会的評価
慶應義塾幼稚舎	大学	就職の機会・処遇	大学部（専門学校）の「大学」昇格（1920年）
日本女子大学校附属豊明小学校	女子専門学校（女専）	就職の機会・処遇／配偶者の階層	女専としての認可（1904年）、卒業生の進路や階層
成城小学校	高等学校／高等女学校	帝国大学などへの進学実績	七年制高等学校併設（1926年）
暁星小学校	中学校	高等学校などへの進学実績	中学校併設（1899年）、高等学校進学者増加（1920年代）
東洋英和女学校小学科	高等女学校／系列女専（東京女子大学）	上級学校の進学実績／配偶者の階層	東京女子大学の併設（1918年）

業生の動向によって動機づけられる組織成員（特に在学者）の予期的社会化と再生産、⑤入学志願者の選抜と入学者の質の向上、という一連の過程を経て構築されたと捉えられる。なお、マイヤー（Meyer, J., 1970, 1972）は一連の過程を「チャーター効果」と呼んでいる。

また、クラーク（Burton, Clark, 1960）が指摘するところによれば、エリートを輩出するようなカレッジに在職・在学する教員や学生たちは、卒業生の典型的なパターン（エリートになること）に注目することによって、サガ（saga）という伝説・儀式・カレッジの雰囲気・伝統などの集合的な権威のなかに、自らの存在意義や根拠を見出す傾向があるという。

卒業生の進路・最終学歴・社会的地位を認知している在学生たちは、卒業生の多くが選択する進路を、制度化されたルールと見なすことで、アスピレーションを加熱もしくは冷却させながら特定の進路に向けた予期的社会化が行われる。特定の学校が「進学校」や「名門校」として存続するのは、チャーター効果によって学校成員の再生産が行われ、サガやチャーターが社会的に承認を受けているからである。これは学校教育における社会化と配分という二つの機能（Parsons, 1959）がリンクした結果でもある。

大正期以降、私立中・高等教育機関の社会的評価の上昇を受けて、併設の私立小学校の入学(希望)者や在学者数は増加傾向にあった。このことは、私立小学校の存続(自己保存)の要因のひとつであると同時に、初等教育段階で入学選抜考査の導入の直接の契機にもなったと考えられる。

また、併設上級学校は、社会的評価や威信の上昇によって、私立小学校との間で私学一貫校としての連絡関係を構築した。上級学校を併設する私立小学校の卒業生は制度上、場合によっては無試験で、併設の中等教育機関(旧制中学校・高等女学校)に優先的に進学が可能であった。学校によっては、慶應義塾や日本女子大学校のように、併設の高等教育機関まで進学が可能なケースもあった。さらには、私立小学校の入・在学者が卒業後も継続して併設上級学校に進学する割合も高まった。それは、小学校の入・在学者とその保護者たちが併設の中等・高等教育機関で得られる「学歴」(学校歴)に価値を見出すようになったからであろう。

より社会的評価の高い最終学歴を得るための大学や専門学校(女専)、そしてそうした最終学歴を得るのに有利な中等教育機関への入学、さらにその中等教育機関に入学するのに有利な小学校や幼稚園——といったように、特定の大学・学校に対する評価や価値はトップダウン式に下位段階の学校に波及する特質がある。本書で対象とする私立学校の併設校同士の関係であれば、初等教育段階から併設上級学校に進学するルートは優先的に保証されていることもあり、ある特定の私立小学校の選択と入学は将来の併設中等・高等教育機関への進学が前提になっている。その限りにおいて、私立小学校に対する併設上級学校の社会的評価の影響は直接的で、非常に大きい。

このような併設上級学校と私立小学校との間で構築された私学一貫校の優先入・進学制度の成否は、言うまでもなく、保護者の教育戦略に大きく拠っている。次章では、本章で考察した私立学校の特質を視野に入れたうえで、特定の私立小学校を選択する保護者の教育戦略について論じたい。

第3章 私立小学校・入学家族の教育戦略

1　新中間層の教育要求と私立小学校志向

本章は、本研究の対象時期に子どもを私立小学校に入学させた家族（保護者）に焦点を当てて、彼らが自身の子どものために、学区内の公立小学校ではなく、あえて特定の私立小学校を選択した理由や動機について、教育戦略の観点から考察する。

特に、これまで考察を行ってきた私立小学校の特質——自由・個性・自発などの理念に基づく児童中心主義的な教育実践や中等・高等教育段階の学校・大学を併設していた学校制度——を視野に入れつつ、保護者が子どもを私立小学校に入学させた理由や動機を明らかにする。これまで見てきたように、中・高等教育段階の学校と併設の私立小学校との間で構築された私学一貫校における内部入・進学制度の成否は、私立小学校志向を含めた家族の教育戦略に大きく拠っていたと考えられる。したがって、その家族（保護者）の側から入学動機・理由を検討することは、私立小学校やその併設上級学校を含めた私立学校法人（財団法人）全体の存続・発展あるいは次章における廃校・淘汰の要因のひとつを明らかにする作業に通じるだろう。

すでに第1章から明らかなように、東京・私立小学校の入・在学者の出身階層は、学校によって多少の違いこそあれ、都心部ないしは郊外に在住する新中間層が多数を占めていた。この都市新中間層の教育観や教育方針と、私立小学校の教育実践や併設校を含む学校制度との対応関係を改めて考察することで、都市新中間層の私立小学校の入学志向について検討する。

これまで、大正新教育運動の流れを受けて設立された私立新学校の研究者、なかでも代表的な教育史家（たとえば中野・一九八五、中内・一九八五など）の指摘するところによれば、子どもを私立新学校に通わせていた都市新中間層は、子どもの自発的活動を尊重する新教育（児童中心主義・進歩主義的教育）の支持者でありながら、同時に、上級学校への進学や受験準備教育を要求して新教育運動や私立新学校を挫折・淘汰に追い込んだ張本人だとする逆説《パラドックス》があるという。その背景には都市新中間層の矛盾した二つの教育意識、すなわち、子どもの純真さや無垢という教育以前の段階を賞賛し、子どもの内発的なエネルギーや発想を大切にし、〈子どもらしさ〉を尊重しようとする心性「童心主義」をもつ一方で、子どもの無知や野放図を嫌い、できるだけ早く子ども段階から脱却させて、将来の準備をさせることに主眼を置く「学歴主義」を併せもっていたことに拠っている。特に新中間層家族においては、その多くが高等・中等教育機関を修了した高学歴者であるものの、子どもに相続する生産手段をもたないために、代わりの相続財として学歴が利用された。また、童心主義は子どものありのまま（純真無垢）を重視するのに対して、学歴主義は知識習得に重点があったという点でも矛盾していた(1)。

すなわち、私立小学校の存続（自己保存）を可能にした条件は、都市新中間層の私立小学校の入学志向を前提として、学校側が童心主義と学歴主義という相矛盾する保護者の教育観・教育要求にどれだけ応えることができたのかという問題に大きく関わると考えられる。

以下では、特定の私立小学校の入学を希望するに当たって、保護者（特に都市新中間層）が自己の教育観や教育方針に内在する対立や矛盾を、学校教育（私立小学校）に対して、どのように折り合いをつけていたのかに注目する。特に家族の「童心主義」と学校の児童中心主義・進歩主義的な教育実践、家族の「学歴主義」と併設上級学校の存在とを対応させながら考察していくことで、家族が特定の私立小学校の入学を志向した動機や理由に関して、再解釈を試みる。

2　人格形成と私立小学校志向

1　童心主義と児童中心主義・進歩主義的な教育実践——平塚らいてうを中心に

私立小学校への入学を志向する大きな理由・動機のひとつに「学校の教育理念・実践への賛同」があげられる。とりわけ、各私立小学校において実践されていた子どもの個性を尊重する教育活動・実践にひかれて、入学を志向したということもあるだろう。

たとえば、一九三〇（昭和五）年に成城小学校に入学した中江泰子は自著『私たちの成城物語』（井上美子との共著）のなかで同校に進学した経緯を次のように述べている。

> 昭和五年の春、いよいよ小学校入学の時が来ると、身体も性格も弱く、一般の学校ではとても一人立ち《（ママ）》はむずかしい私のため、学校を選ばなければならなかった。（当時住んでいた―引用者）同じ大和郷に、成城の開校と同時に牛込の時代から澤柳先生の教育方針に心酔して子供たちを進学させていた親しい親戚がもう一軒あった（通学していたのは羽田孜元首相の岳父兄妹）。その人たちの話を聞いたり、見学に連れて行ってもらったりして、小原先生にもお目にかかり、父はもちろんのこと、女高師出身で官学教育に疑問を持っていた母までも、成城の教育の理想と自然の環境に深く感動して、通学の不便を承知の上でぜひ入学させたいと念願するようになった（中

江+井上・一九九六：六七頁。傍点は引用者）。

児童中心主義の思想に基づく個性的な教育を行う私立小学校を志向する場合、それを積極的に評価して、子どもの入学を希望することが多い。他方、公立小学校で行われている教育に対する不信感（公立学校不信）ゆえに、そのオルタナティブとして私立小学校が選択される場合もある。成城小学校が教育理念として「自然と親しむ教育」などを標榜し、開校されたことを考えれば、保護者の教育要求と学校の教育方針が一致する。

ここで述べられている私立小学校の教育理想や実践とは如何なるものであったのだろうか。私立小学校（成城小学校）に子どもを入学させた一事例として、母としての平塚らいてう（一八八六～一九七一）とその家族の様子を中心に取り上げて、教育戦略としての私立小学校の選択について考察したい。特に本節で注目するのは、私立小学校の教育実践における児童中心主義の思想による「新教育（自由教育）」の実践と、家族の教育的心性としての「童心主義」との対応関係である。

これまで、平塚らいてうの築いた家族とそこで行われた教育については、影山（二〇〇一）の先行研究があるものの、子弟・子女のために私立小学校を選択し、入学させた母としてのらいてうについては十分に論じられてきたとは言い難い。また、らいてうの思想や社会活動との関連についても、十分に関連付けられて論じられてきたわけではない。以下では、平塚らいてうに関する先行諸研究を参考にしつつ、八〇年代以降、「家族の社会史」の領域において活発に議論されてきた「近代家族」論の視点を援用して、母としての平塚らいてうと、子どもの教育について議論しよう。

そもそも「近代家族」とは、落合（一九九七）によれば、以下八点の要素をもつという。

① 家内領域と公共領域の分離――家族がプライベートな領域として成立した。

② 家族成員相互の強い情緒的関係――家族成員は強い情緒的なきずなで結ばれている。特に家族愛の始発点に位置する恋愛結婚もまた近代の産物である。近代ロマンチックラブ・イデオロギーが芽生えた。
③ 子ども中心主義――近代における避妊技術の向上・普及により、子どもは「作る」ものになっていった。少ない子どもをよく育てようとする意識が芽生え、それを以って「教育する家族」が誕生したとされる。
④ 男は公共領域／女は家内領域という性別分業――家族成員は性別により異なる役割をもつ。とりわけ女性の家事労働は家族愛・母性の表れとして捉えられる。
⑤ 家族の集団性の強化――家族は開かれたネットワークであることをやめて集団としてのまとまりを強める。
⑥ 社交の衰退――家族は公共領域からひきこもる。
⑦ 非親族の排除――家族は親族から構成されるとする。非血縁者の排除は近代家族特有の現象である。
⑧ 核家族化――近代家族の基本型は親と未婚の子から構成される核家族である。

平塚らいてう（本名・平塚晴）は、一八八六（明治一九）年、東京市麹町区三番町において、父・定二郎と母・光沢《つや》の三女として生まれた。長女は夭折したため、実質的には年子となる次女・孝との二人姉妹であった(2)。平塚家はもともと紀州藩士として三百石取りの家柄の旧幕臣（士族）であった。旧藩士であった父・定二郎は、幼少より武芸と学問に励み、東京外国語学校においてドイツ語を学び、卒業後はその語学力を生かして参事院書記官のポストに就いた。その後、会計検査院に移り、欧米諸国に海外出張を経験し、最終的には会計検査院次長にまで上り詰めた高級官僚であった。また、彼は第一高等学校（旧制）のドイツ語講師を兼職し、ドイツ語に関する研究論文や著作も多い。このように、定二郎は、士族という学問を重視する豊かな文化的環境を生かして、「学問」により近代セクターの職業に就き、高級官僚として立身出世を果たした典型例である。平塚家は当時の官員中心の社会のなかでも特に地位が高く、経済的にも安定していた。

園田・濱名・廣田（一九九五）が明らかにしたように、旧上級武士層ほど秩禄処分後も相対的に経済的な豊かさを維持し、文化的に恵まれた家庭背景のもとで教育の機会を利用して、近代社会の学歴エリートに転身したが、それは定二郎のライフコースとほぼ重なる。

他方、母・光沢は、徳川御三卿のひとつである田安家の主治医をつとめた飯島芳庵の娘である。光沢は、和歌を詠むなど、趣味の広い女性で、読み書きのほかにも踊りを習い、江戸浄瑠璃の一種である常磐津の名取であった。結婚後は海外出張を重ねる定二郎の命令で、英語の勉強のために桜井女塾という私塾に通ったが、習得は覚束なかったと言われる。

その平塚家には、乳母や女中がおり、出掛けるときには人力車で出かける生活を送っていた。幼少期のらいてうは、当時にしてはまだ珍しい洋服を着て、幼稚園にも通っていた。父・定二郎はらいてうら子どもたちともよく遊び、休日には家族そろって遊園地に出かけることもあった。平塚家はほかならぬアッパー・ミドルクラスが築いた「近代家族」第一世代であったといってよい。

らいてうは、誠之小学校を卒業した一八九八（明治三一）年に、東京女子高等師範学校付属高等女学校に入学した。しかし、在学中には同校の良妻賢母主義教育に反発し、修身の授業をボイコットしている。同校卒業後は父親の反対を押し切って、日本女子大学校家政科に入学、卒業している。

卒業後は、夏目漱石門下の作家・森田草平との「煤煙事件」（一九〇八年）で心中未遂事件を起こすも、一九一一（明治四四）年には青鞜社を結成し、女流文芸誌・婦人問題誌である『青鞜』（東雲堂）を刊行した。その翌年、らいてうは、後に成城学園の美術教師（新中間層・専門職）を兼任することになる画家の奥村博（一八九一～一九六四／一九一六年に「博史」と改名）と出会い、一九一四年より大恋愛の末に「愛の共同生活」という名の事実婚を選んだ。一九四一（昭和一六）年に婚姻届を出すまで続く「愛の共同生活」は婚姻法による結婚という形をとらなかったため、奥村との間に誕生する一男一女の二人の子どもたち（曙生・敦史）は長い間民法上では非嫡出子の扱いを受けた。

その二人の子どものプロフィールは以下の通りである。

長女・曙生　一九一六（大正　五）年一二月　出生
一九二二（大正一一）年　四月　佐久山尋常小学校入学（那須郡佐久山町）
一九二二（大正一一）年　冬　富士前小学校へ転校（曙町、東京市麹町区）
一九二三（大正一二）年　四月　成城小学校編入学（第二学年）

長男・敦史　一九一七（大正　六）年　九月　出生
一九一九（大正　八）年　四月　私立滝野川幼稚園入園
一九二三（大正一二）年　九月　成城小学校編入学（第一学年）

先に示した「近代家族」の八つの条件に、博史とらいてうの家族を照らし合わせると、ほぼ重なる。博史とらいてうは「愛の共同生活」という民法に拠らない家族形態をとったにしても、夫婦と親子の情愛による固い結び付きという家族の集団性を強化している点は「近代家族」の諸要素のひとつを満たしている。また、「少ない子どもをよりよく育てる」という教育的マルサス主義についても、らいてうと同世代に当たる一八九〇年以前の出生コーホートの女性の平均出生児数四・九六人に比べ(3)、らいてうが出産・養育した子どもはわずか二人にすぎない。しかも、彼女は、二人の子どもを、ともに私立小学校（成城小学校）に入学させたり、子どものために専用の個室（子ども部屋）を用意している。こうした点に注目してみても、らいてう自身が志向した「近代家族」における「教育的マルサス主義」を特徴付けることができる。

博史とらいてうの家族に頻繁に出入りしていたという作家の大岡昇平もまた、二人の子どもについて、「まるまるふとった、健康的なお嬢さんと息子さんですし、とてもいい家庭でした。……家庭の自由な雰囲気に触れたのが、私のものの考え方を方向づけたと思っている」(4)と家族の様子を含めて語っているように、そこには温かい雰囲気の、当時としては「理想的」ともいうべき核家族が存在していたのである。

すなわち、らいてうにとっては、自らが生まれ育った定位家族の平塚家が「近代家族・第一世代」だとすれば、らいてうが奥村博史や彼との間にできた子どもと築いた「愛の共同生活」は「近代家族・第二世代」に当たる。

さて、らいてうは、二人の子どもを成城小学校に編入学させた年度の終わりに「子供を成城小学に入れたことについて」(『婦人之友』一九二六年三月号/小林+米田編・一九八七:二二一—二二五頁に再録)と題する短文を書いている。ここから、らいてうがいかなる理由で二人の子どもを私立小学校、しかも成城小学校を選択・入学させたのかについて、ひとつの事例として詳しく検討することが可能となる。

らいてうは、子どもたちを成城小学校に入学させると、友人からは「お子さんを成城に入れるなんて、あなたもやっぱりブルジョアね」あるいは「日本中で一番授業料の高い小学校だというじゃないですか」(平塚らいてう・一九二六=小林+米田・一九八七:二二一頁)などというひやかしや非難を受けたという。しかしながら、これらのひやかしや非難に対して、らいてうは以下のように反論する。

なるほど成城は授業料が高い、八円といえば一般の小学校の無料または二、三十銭にくらべて比較にならないほど高い。して見るとブルジョアの家庭の子供でなければはいれないのが普通であって、わたくしたち貧乏人が——食べることで手一杯な貧乏人がそんな学校へ子供を入れるのは、確かにおかしい、間違っている、ばかりでなく、第一経済が許さない(平塚らいてう・一九二六=小林+米田・一九八七:二二一頁)。

らいてう自身は、子ども二人を私立小学校に入学・在学させることが経済的に決して楽なことではなかったと認めている。はじめから経済の立たないことなどなどは承知のうえで、世間から「ブルジョワ学校」と見られていた成城小学校へ入学させたのは以下の理由による。

成城がいいと思ったからではありません。それほど他の一般の小学校がいやだったからにすぎないのです。学齢に達した以上、学校に入れねばならないとすれば、また子供自身が、学校というものに興味や好奇心をいだいてその日の来るのをたのしみに待っているのであって見れば、学校へ入れるにしてもむしろ教育してくれないような学校へ入れたいのがわたくしの願でした（平塚らいてう・一九二六＝小林＋米田・一九八七：二一三頁。傍点は引用者）。

これを読む限り、らいてうの成城小学校の入学志向はそれほど積極的であるようには見えない。しかしながら、以下で見るように、らいてうは成城小学校の教育を非常に高く評価する。

普通の小学校よりも生徒が非常に少ないということ、したがって普通の小学校のように画一的な教育でなく、生徒各自の能力本位だということ、自由なのびのびとした気分が全体のうえに感じられる（平塚らいてう・一九二六＝小林＋米田・一九八七：二一三頁）。

らいてう自身の子ども観や教育観とは、子どもに対して「強制」があってはならず、飽くまで子ども自身の内側から湧きあがる意欲や自発性に委ねられるべきものであった。したがって、天皇制イデオロギーなども含まれる当時の国定教科書（文部省の小学読本や修身書）に対するらいてうの批判は非常に手厳しい。成城小学校では「あのいやな国定教科書を使わないということ」が子どもを入学させるうえで非常に重要な理由であったとも述べている。その国定教科書や当時の一般の公立小学校で実践されていた教育活動を以下のように批判し、一蹴する。

実際あの教科書の一ページでも読んだ人はだれでもすぐ気づくことですが、あの無感情な、無味な文章は何ということでしょう。あれは死んだ文字の行列です。……しかもその中にもられた思想はといえば封建時代の服従道徳の残骸か軍国主義的思想か、露骨な低級な功利主義かです。さもなければ単なる知識です。これほど子供の心を、感情を無視した小学読本がどこの国にあるでしょうか。溌剌とした子供の魂をこんな読本に結びつけることは一つの罪悪に相違ありません（平塚らいてう・一九二六＝小林・米田・一九八七：二一四頁）。

子ども自身の意欲や関心に根ざしていない文部省の国定教科書は、「子どもの心」や「溌剌とした子供の魂」にとって有害であると断罪する。当然、国定教科書を使用する公立小学校は忌避の対象とならざるを得ない。ここで当時の公立小学校と成城小学校の教育課程を比較すると〔表3・1〕、成城小学校における修身教育は四年生以上から、しかも週一時限に限られている。その代わりに公立小学校では見られない英語や特別研究のような独自の課程が組まれている。さらに、公立小学校の裁縫や図工のように、履修する科目が男女別で異なることもないという点では男女平等であった。こうした教育活動のあり方も女性解放運動に関わってきたらいてうにとっては魅力的に映ったに違いない。

子どものありのまま（純真無垢）を評価するらいてうの童心主義は、彼女自身が女学生のときに、押し付けによる教育方法に反発して、修身の授業をボイコットした経験などに由来するのだろう。それのみならず、彼女は青鞜社時代以来の友人である尾山（旧姓）一枝とモダンアートの先駆者と評される宮本憲吉夫妻が二人の娘に対して行った家庭教育にも強く影響を受ける。

宮本夫妻は、学齢を迎えた娘を小学校には入学させず、自宅において、専任の家庭教師をつけて子どもを教育した。

宮本夫妻は、ルソー（Rousseau, Jean, Jacques, 1712～1778）やモンテッソリ（Montessori, Maria, 1870～1952）などの教育思想を学んでいくなかで、子どもに内在する自然の能力の伸長をはかる自由教育の実践を試行していた（影山・二〇〇〇）。

当時、一部の社会階層の間では公教育としての学校教育そのものを否定し、家庭でのみ子どもを教育する「自家教

〔表3・1〕公立小学校（1918年・上表）と成城小学校（1922年・下表）の教育課程の比較

	1学年	2学年	3学年	4学年	5学年	6学年
修身	2	2	2	2	2	2
国語	10	12	12	12	9	9
算数	5	5	6	6	4	4
日本歴史					2	2
地理					2	2
理科					2	2
図画	(1)	(1)	1	1	男2女1	男2女1
唱歌	4	4	1	1	2	2
体操			3	3	3	3
裁縫				女2	女3	女3
手工	(1)	(1)	(1)	(2)	(2)	(2)
計	21	23	25	男25女27	男28女30	男28女30

	1学年	2学年	3学年	4学年	5学年	6学年
修身				1	1	1
読方	12	5	5	5	4	4
聴方		2	2			
読書		2	2	2	2	1
綴方		2	2	2	2	2
書方			1	1	1	1
美術	3	3	3	3	3	3
音楽	2	2	2	2	2	2
体操	3	3	2	2	2	2
数学		5	5	5	5	5
理科	2	2	2	2	2	2
地理				2	1	1
歴史					2	2
英語	2	2	2	2	2	3
特別研究				2	2	2
計	24	28	28	31	31	31

〔出典〕浜田陽太郎他編著（1978）『近代日本教育の記録　下巻』日本放送出版協会、17頁。

育」(今日でいえば「ホームスクーリング」)の実践が注目された時期があった(日本児童社会学会『児童』昭和一一年四月号)。なかでも詩人・劇作家・社会運動家として知られる秋田雨雀(一八八三～一九六二)は、日本の学校が偏狭な倫理教育を子どもに注ぎ込み、子どもを試験のために苦しめ、さらには反民衆的な「国家主義的教育」を施すことから、公教育を拒否して、「自家教育」を実践していた(上・一九七七)。

こうした、「自家教育」の実践や初等教育段階からの学校選択など、教育における私事性(プライバタイゼーション)が当時の一部の社会階層の間で社会的認知を受けつつあった。また、友人が自家教育という形で実践する自然主義の教育に影響を受けながら、らいてうは自らの子育てと学校教育に向き合っていった。

最後に、らいてう自身はこの短文を以下のように締めくくる。

今もう長女は三年、長男は二年になりますが、わたくしは成城を選んだ事を少しも後悔した事はありません。……子供たちはもちろん学校に満足し、自分の学校ほどいい学校はないと信じてよろこんで通っています(平塚らいてう・一九二六＝小林+米田・一九八七：二二五頁)。

彼女は成城小学校の教育活動を信頼し、十分に満足している。子ども自身が成城小学校に満足して通っている姿を見届けながら、母親としての自身の選択に揺るぎない確信を得ているように見える。当時の成城小学校では、子どもへの押し付けや教え込みではなく、低学年時の修身の廃止、子ども自身の内発的なエネルギーや発想の自由に任せ、子ども自身の自然な成長を重視する教育活動が実践されていた(5)。こうした成城小学校の教育思想や実践は、母であるらいてう自身の「童心主義」と大きく共鳴したといえる。

そしてこの童心主義こそ、彼女が二人の子どもを妊娠・出産・育児に当たる間に培われた「母性主義」(6)に根ざすものであり、一九一八(大正七)年に与謝野晶子(一八七八～一九四二)と交わした「母性保護論争」における主張につながる。この母性保護論争は、女性の経済的自立こそが男女平等の条件であると主張する与謝野晶子と、母性の役割=育児の重要性を主張する平塚らいてうとの間の論争として、一般的には理解されている。

しかし、小林（二〇〇二）によれば、このらいてうの母性主義は、「母性の権利」認識を、母性の担い手である女性の権利としてのみならず、母性の対象である子どもの権利として捉えようとしていたところに特徴がある。よく知られるように、らいてうは二〇世紀を「児童の世紀」であると呼んだエレン・ケイ（Key, Ellen, 1849～1926）に大きな影響を受けている。らいてうは、ケイの恋愛論に影響を受けて、恋愛至上主義に傾倒、奥村博史との「愛の共同生活」に踏み切ったが、それ以上にケイの教育論からも大きな影響を受け、妊娠・出産してからは母性主義に大きく傾倒していった。らいてうにとっての母性主義とは、子ども（児童）の権利を前提とする母性の権利であり、それと同時に「子ども本位主義」ともいうべき要素を含んでいた。

らいてうの母性主義や童心主義は、当時の成城小学校において導入・実践されていた「個性尊重の教育」「自然と親しむ教育」「心情の教育」「科学的研究を基礎とする教育」（『私立成城小学校創設趣意』より）と大きく重なっていた。らいてうは成城小学校の教育理念に共感し、二人の子どもを成城小学校に入学させた(7)。童心主義に基づく〈教育〉とは、まったく「教育しない／教育されない」ことを意味するものではなく、あくまで子どもは「教育されるべき存在」として位置づけられる。しかし、その教育内容や方法は、強制によるものではなく、子ども自身の個性・意欲・関心に根ざしたものでなければならなかった。

以上、一見矛盾するかのように見える童心主義と「教育する意思」は、学校教育における児童中心主義思想に基づく経験主義のカリキュラムに置き換えられて、その種の教育実践を行う私立小学校を選択することによって、克服可能であったのである。

2 宗教的な理由・動機

私立小学校のなかには、暁星小学校、聖心女子学院初等科、東洋英和女子校小学校、立教女学院小学校などミッション系の小学校が比較的多く含まれていた。戦前期の日本において、高等教育学歴をもつ都市新中間層が英語やその他近代的教養を媒体としてキリスト教に接近し、信徒を供給する主な社会階層となっていた事実（井門・一九五四、森岡・一九七〇）を踏まえたとき、宗教（キリスト教）に基づく教育実践との関わりを無視して、ミッション系の私立小学校の入学志向や入学動機を論ずることはできないだろう。

以下では、『小羊』（第一号・一九三四年〜第四号・一九三八年）という東洋英和女学校小学科の児童会誌に掲載された保護者の手記を資料として分析を試みたい。この雑誌には、児童本人や卒業生の作文のみならず、保護者が学校教育に対して寄稿したエッセイを掲載する「家庭欄」（母の欄・家庭欄）が設けられていた。

ある母親は東洋英和女学校小学科の教育理念（とりわけ宗教教育）をポジティヴに評価する。

「宗教教育に感謝して」

長女の入学当初、私は折々学校の参観をさせて頂きました。さうして想像以上に立派な堅実な教育方針にどれ程感謝致しました事でせう。特に朝な朝なの聖なる礼拝のひと時……しみじみと幸多き生徒さん方を祝福致さずには居られませんでした。あの力強い御祈りの御声こそ如何なる性の御子様をも清らかな美しい御心に立返らせて下さいます事でせう（『小羊』第三号：二五―二六頁）。

この母親は、子どもの入学当初もたびたび学校を参観しては、東洋英和女学校小学科の「宗教教育」の理念・活動に「感謝」していると述べる。そして朝の礼拝やお祈りなどのキリスト教の理念に基づく教育はどのような子どもであってもその御心を美しいものにするという。学校で行われる人格形成のあり方を高く評価し、学校に対して全幅の信頼を寄せていることがわかる。

こうしたエッセイは母親だけが寄稿していたわけではない。『小羊』の寄稿者のなかには父親も少なくなかった。『小羊』第二号・第三号時点では「母の欄」となっていたエッセイ欄が、第四号以降では、父親の寄稿も認められたのか、「家庭欄」とその名称を変えている。なお、第四号の「家庭欄」には計一七の保護者のエッセイが寄稿・掲載されているが、寄稿者の内訳は父親が七、母親が九、不明（匿名による投稿）一で、父親も母親とほぼ同じ程度に子女の教育に理念や理想をもち、積極的に関わっていた様子を窺い知ることができる。

「父のたわごと」

私は東洋英和女学校小学科を択びました。それは目下の多くの小学校に於ては宗教心を持つた先生方が、充分なる信念の元に教育に従事して居られる学校が、少ない様に思はれます（『小羊』第四号：二四—二五頁）。

この父親の文章においても「キリスト教」や「宗教心」がキーワードになっており、東洋英和女学校を小学校段階から選択した最大の理由であると述べている。

以上のように、保護者にとって、子どもは家庭のみならず学校においても積極的に教育されなければならない対象であった。そのことによって、「御心」が「美しく」なるのである。すなわち小学校段階からキリスト教主義の学校を選択したのは、学校の教育理念、なかでも宗教（キリスト教）の理念に共鳴し、実践される教育の成果を高く評価した結果であろう。

しかし、こうしたキリスト教主義の理念に基づく教育活動は、徳育のみならず、知育などにも大きな意味があるのだという。以下に引用する通りである。

「感謝のまゝに」

キリスト教主義の学校へ入れて頂いて居りますと、たゞ学業ばかりでなく精神的な教育をして頂くのが何よりよい事だとつくづく思はれます。……子供には家庭で出来ないのを学校で毎日々々エス《（ママ）》様の御話を伺ひ其の御人格に触れさせて頂いて知らず知らずのうちによい日本の婦人として成長して行く事が私に取りまして大変嬉しいのでございます（『小羊』第三号：二二―二三頁）。

「学校への希望」

娘二人が入学させて頂きました。姉は既に女学部に進みまして、妹が六年級に御世話になつて居ります。……母として子供の将来に望む主観的要素は真の信仰に基き如何なる困難にも耐え得る底力ある素質で有ります。知育の初期から信仰を基調として徳育を完ふ《（ママ）》したいのが特にこの学校を選んだ理由でありました（『小羊』第三号：二六頁）。

「所感」

私共不行届勝な親として、常に感謝致して居りますことは、此の文化の世に最も必須な学に重きを置き確たる宗教の基礎に立脚して、私達の導き足りぬ徳育を育くみ戴き、スクスクと伸び行く子供達を見ることであります。……親の心は一歩でも先に一寸でも立派に、自分たちの過去から早く描かれた理想に、引張つて行きたいとあせりますが、子供は何の関心もなく洋々として進んで行くでは有りませんか、私はたまらなく是が嬉しいのです。余裕ある歩を進ませて下さい、やがて自分で理解し自ら判断す覚る時を待ちませう。其の時こそ知、體、徳、共に世の水平線上に置いてやりたいと思ひます（『小羊』第四号：一八―一九頁）。

以上を踏まえると、子どもの教育について、家庭教育だけ、ないしは学校教育だけで十分であったという認識はない。いずれの保護者も、子どものしつけや教育は家庭と学校との連携を前提としたものであり、ともに子どもの教育に関わるべきであると論じている。知育・徳育・体育は学校・家庭の両方で実践されるべきであり、そのことを通して、子どもの全人的な人間形成が期待されている。

私立小学校を選択した保護者たちは、自ら選んだ学校に対する限りにおいて、学校で行われている教育に対して全幅の信頼を寄せ、学校と家庭がともに子どもの自由や個性を尊重しながら教育やしつけに当たるべきだと考えていた。したがって、新中間層の親たちをあたかも「学校教育を信頼していない層」として一刀両断してしまうのは、あまりに一面的な捉え方やイメージであろう。

3　階層再生産における学歴主義とアスピレーションの〈保温効果〉

その一方で、子どもに学歴をつけさせることに熱心であった、あるいは、子どもに学歴をつけさせることに熱心にならざるを得なかったのもほかならぬ新中間層であった。

新中間層は、自らの職業的地位の根拠を、学校教育を通じて獲得した学歴（教育歴）と専門的知識・技能に置いている。彼らは直接的に相続・継承できる身分的地位や財産をもたない、すなわち社会的地位を世代的に継承できる手段をもたない社会集団であった。それゆえに、新中間層は社会的地位を世代的に継承・再生産する手段として、学校教育を利用した（利用せざるを得ない）社会集団であった（高橋・二〇〇一）。そのような背景をもった新中間層出身の児童のために、私立小学校もまた社会階層の再生産に有利な条件を備えていなければならなかった。

学歴を通じて社会階層の再生産を志向する、すなわち新中間層の「学歴主義」という教育要求を満たすうえで、私立小学校は中等教育段階の学校（男子であれば旧制の中学校、女子であれば高等女学校）への進学という問題を避けて通るわけにはいかなかった。当然、上級学校への進学の問題になると、入学試験に対応できる「学力」をいかに子どもにつけさせられるか――この問題は、高学歴者が多い新中間層の親（とりわけ母親）たちが小学校を選択するうえで重要な指標になったとおもわれる。そのために、私立新学校がセールス・ポイントとしていた児童中心主義的・進歩主義的な自由教育の実践は受験知とは必ずしも相容れないため、しばしば排除の対象になることもあった。とりわけ戦前期のエリート男性は、学校教育を通じて得られる学歴を以って自らの社会的地位を獲得していく以外になく、その親たちもまた子どもに学歴をつけさせること（学歴主義）は童心主義にも勝る重要な要素と見なしていたのである（小山・二〇〇二）。

1　優生学と教育的マルサス主義

らいてうの「母性保護」や「児童の権利」の主張がそうであるように、その種の主張は自然主義思想とともに、「種の向上」をめざしたいわゆる優生学思想と密接に結び付いていた。

らいてうによれば、下層階級にあっては「種の向上」に対する認識不足のために、むやみやたらに多産する結果、それがいたずらに死亡率を高めることになり、「さもなければ無智な、無教育な厄介者を、社会に多く送り出すことによって、いよいよ貧乏と無智と、それに伴ふ多くの罪悪の種子とをあまたにまき散らして居ります。……また或者は酒精中毒者であったり、結核患者であったり癲癇《ママ》病者であったり、甚しき《ママ》は精神病者であったりしながら生殖の事に携はり」（平塚らいてう・一九一七：九三頁）という社会批判に直結していた。

この種の優生思想は、下層階級や一部の病者に対する差別思想を内包しつつ、他方で国家主義の問題とも深く関連していた。それというのも、種の向上とは、らいてう自身が述べるように「母態《ママ》を保護し同時に未来の子供を保護することで、これはまた国力の根源である国民の実質的改善をはかり、人類共通の義務である種族への奉仕を全うせん」（平塚らいてう・一九二〇a＝一九八三：一四七頁）とする思想を内在するものであったからである。母体（母胎）

を保護し、健康的な子どもを出産することこそ、日本の国力増強につながるという一種の国家主義的な考え方である。

如上のらいてうの思想形成において、最も強い影響を及ぼしていたのは言うまでもなくケイであった。ケイは、一九〇〇年に刊行した『児童の世紀』(*Barnets arhundrade*) の第1部第1章において、遺伝学の諸説を紹介しつつ、当時の先端科学である進化論を基礎にした優生学的教育観を主張した。ケイによれば、愛情に満ちた結婚と優生学的選別によって「種の改良」をめざすことで、犯罪性向あるいは肉体的・精神的・遺伝的な病を子孫に伝えてはならないとされ、結果として断種が正当化された。ケイの影響を受けたらいてうにとって、新しい母の仕事は「よい子供を産み、かつよく育てること」であり、「恋愛・結婚・生殖・育児・教育を通じての人類の改造(社会の根本的改造)を最終目的とするところの女性としての愛の解放、母たる権利の要求こそ最も進歩した婦人運動の目的」(平塚らいてう・一九二〇b＝一九八三：一六五頁)ということになる。

以上のらいてうの思想から推察するに、「少なく生んでよく育てる」という教育的マルサス主義は、子どもを少数に留め、温かい雰囲気の「家庭」のなかで育み、さらに児童中心主義の思想に基づく新教育を実践する私立小学校へ入学させる教育戦略につながる。らいてうを含む新中間層の教育的マルサス主義は出生数の低下を主たる要因として普及していったという(中内・一九八七)。すなわち、アリエス(Ariès, Ph., 1948＝一九九二訳)が一九世紀の西欧社会の劇的な変化として描写したように、「人口動態上の大革命は、意識の状態――すなわち、家族および家族のなかの子どもに対して、人びとの抱く観念――の変化と結び付いている」(一一三頁)のである。

戦前期の日本は、大阪市・京都市・神戸市などの大都市圏で明治末期から大正期に当たる一九一〇～一五年頃から、他方農山村地域ではそれよりも二〇年近く遅い一九三〇(昭和五)年頃になってようやく出生率の低下が始まったという(速水＋小嶋・二〇〇四)。

また、戸田貞三(一九三七＝一九七〇)が一九二〇年度の国勢調査一％の無作為抽出データを用いて分析したところによれば、普通世帯一世帯当たりの平均人数は農業(五・四四人)や水産業(五・〇九人)と比べて新中間層(公務自由業）は四・一六人と最も家族規模が小さい。一世帯当たりの子ども（〇〜一四歳児）の数から見ても、農山村地域の青森県（二・四四人）に対して、都市部の東京市（一・四一人）は少産化が著しい。その背景として、戸田は女性の平均初婚年齢の違いをあげ、一九二五（大正一四）年の青森県二〇・二四八歳に対し、東京市のそれは二四・六九五歳であったことを明らかにしている。

しかし、同じ大都市圏・東京のなかでさえも、出生数は社会階層別に大きな差異があった。

戦前期の東京市における社会階層と出生数との関係について、西野入（一九三六）が東京市各区小学校六年生の家庭を調査・分析したところによると、東京の女性の出生数（出産力）は、結婚年齢とともに、社会階層（夫の職業や妻の学歴）などの社会的・文化的要素によって決定されているという。すなわち、夫の職業が官公吏軍人（四・四一人）や銀行会社員（四・三四人）などの新中間層（ホワイトカラー）であればあるほど〔図3・1〕、あるいはまた、妻の教育程度（学歴）が低い者よりも高い者のほうが出生数が低い〔図3・2〕。

果たして、いかなる理由で、新中間層あるいは高学歴の母親の出生が抑制され、資本家階級やブルーカラーの労働者階級あるいは低学歴の母親で出生数が多いのだろうか。

トッド（Todd, E., 1990＝一九九二・一九九三訳）は、一九〜二〇世紀のヨーロッパの人口統計データから急激な出生率の低下を示しながら、それが都市化や工業化だけでは説明がつかないことを論じている。トッドによれば、第一に女性の識字率が高まり、避妊知識・技術が普及したこと、第二に宗教的信仰の崩壊（脱キリスト教化）の二つを重要な要因としてあげている。

第一の要因については、大正期以降、高学歴の新中間層の間で避妊の知識や技術の普及が見られたことはよく知られた事実である（たとえば、中内・一九八五、一九八七、宮坂・一九九〇、沢山・一九八六、一九九〇など）。そのなかでも宮坂（一九九〇）は、避妊の普及に婦人雑誌の果たした役割の大きさに注目し、新中間層を主要な読者層とした『主婦之友』の一九一七年三月（創刊号）から一九三五年一二月までの記事や投稿された手記を分析し、避妊術の普及のプロセスを明らかにしている。すなわち、当初の一九一〇年代末~二〇年代初期の〈理念期〉には、男性知識人による富国強兵策に基づく人口問題の視点、加藤シズエ（一八九七~二〇〇一）による婦人問題の視点からの産児制限論、一九二二年三月のマーガレット・サンガー（Sanger, H. Margaret, 1879~1966）の来日、同年五月の「産児調整研究会」の設立などによって、多数の著書・論文・翻訳が紹介され、産児調整は社会的認知を得るようになった。つづく、一九二〇年代前半の〈必要期〉には、避妊の必要性を痛感し、その方法を切望しているにも拘わらず実際にはなす術のない段階、一九二〇年代後半の〈「実験」期〉には、雑誌・新聞・書物から避妊について情報を集め、試行錯誤を経て、避妊に成功するようになった段階、一九三〇年代前半の〈普及期〉には、新中間層の間に避妊が普及した段階として捉えられるという。つまり、産児制限の必要性を訴える理念が先行し、理念に追いつくための試行錯誤の時期を経て、成功例が紹介され、それに基づいて避妊術が次第に普及していくプロセスを辿っていった(8)。

第二の宗教的信仰の崩壊と少産化の関係は、近代以降に神や教会から解放された人間がキリスト教的な性愛のタブーを解き、自らの性愛を実践し、

〔図3・1〕夫の職業と出生数との関係（1934年・東京）

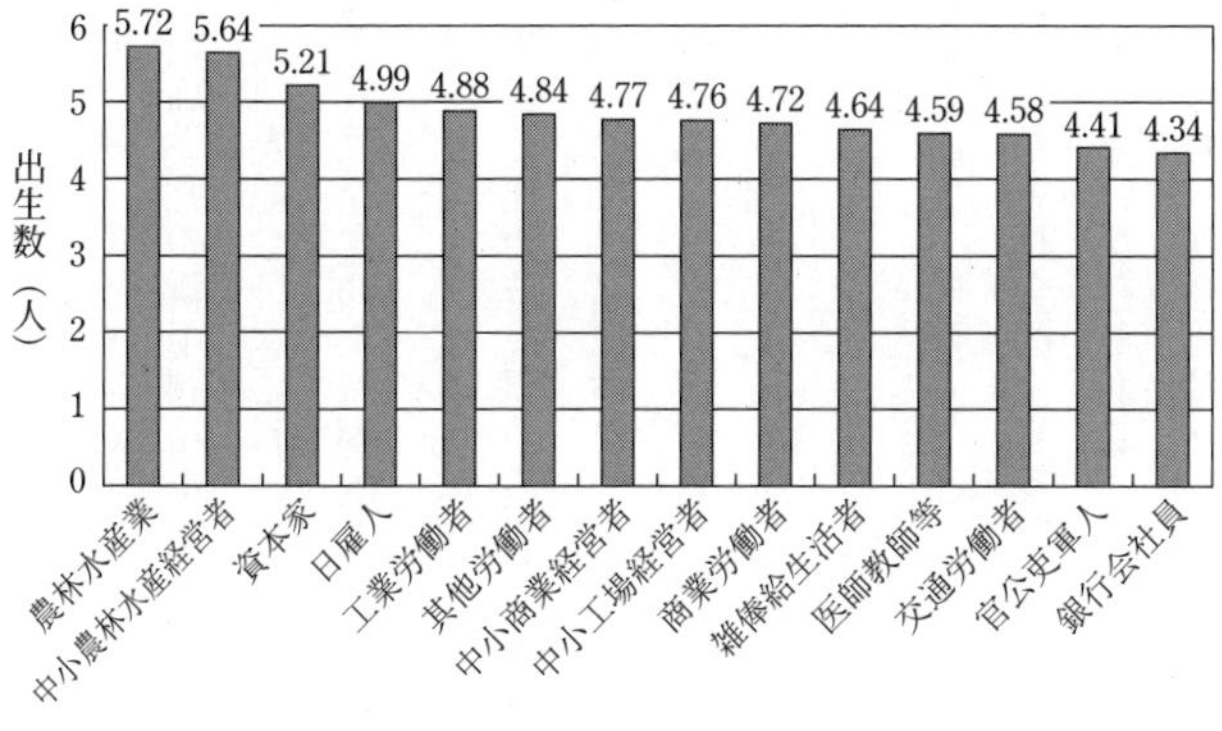

〔出典〕西野入徳（1936）「東京婦人の出産力」尾高邦雄編『年報社会学4』岩波書店、348－352頁より作成。

〔図3・2〕妻の教育程度（学歴）と出生数との関係（1934年・東京）

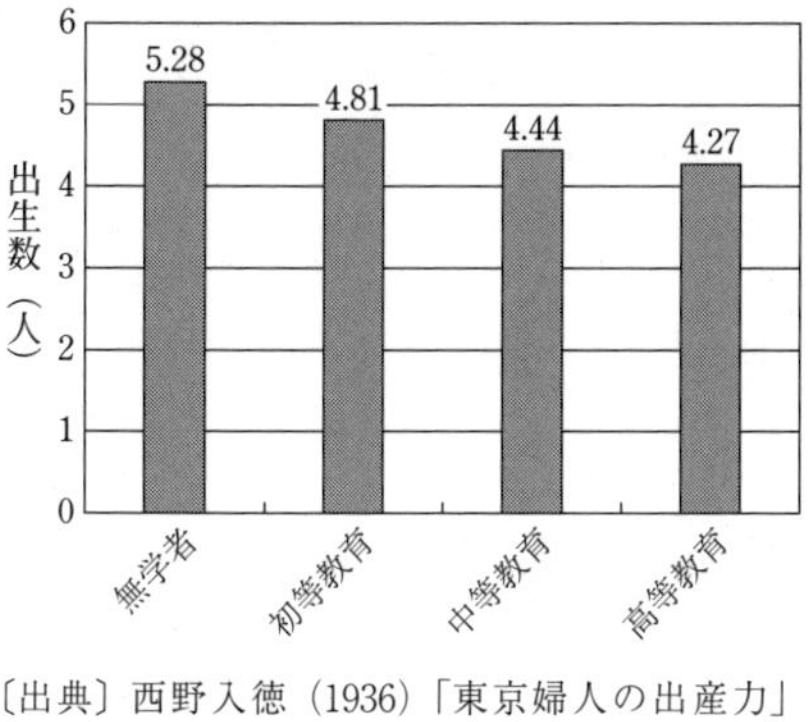

〔出典〕西野入徳（1936）「東京婦人の出産力」尾高邦雄編『年報社会学4』岩波書店、348－352頁より作成。

受胎調整が可能になったという歴史的過程を論じたものである。しかし、近代日本におけるキリスト教の歴史は浅いうえに、神や教会からの解放をめぐる歴史的断絶をほとんど経験していないことや、戦前期の日本においてはキリスト教が高学歴の新中間層を主に信仰されていたことを考えれば、トッドの第二の要因をめぐる諸論は、ヨーロッパ社会の人口変動や日本において限られたキリスト者の少産化戦略の背景として論じることはできても、アジアやその他の時代背景を含めた普遍的な議論としては当てはまらないようにおもわれる。

むしろ、子どもを少なく生んでよく育てる意識である「教育的マルサス主義」の要因・背景については、社会移動との関連で社会階層間の差別出生力（Differential Fertility）について論じたブルデュー（Bourdieu, P., 1979＝一九九〇訳）の社会学的な議論に注目すべきであろう。

ブルデューによれば、新中間階級の出生力戦略は経済資本・文化資本の初期蓄積を消費の制限によってのみ達成できるもので、彼らはそれによってすべての資源を少数の子どもに集中投資して集団の上昇的社会移動を継続しようとする(9)。すなわち、新中間階級のマルサス主義的人口抑制は社会的上昇移動のために行われる。他方、庶民階級（農業・単能工・熟練工など）と支配階級（上級管理職・自由業）の子どもの数は多くなる。それというのも、庶民階級ははじめから社会的上昇移動を諦めているため、支配階級は子どもが多くても経済的に恵まれているため養育費に困ることはないからである。

すなわち、社会移動との関連でいえば、社会階層の上昇移動もしくは再生産を目的に、新中間層は出生数を抑制していたのである。あるいは、らいてうの主張に見られる「よい子どもを産み育てたい」という優生思想に基づいて出生制限を行っていた可能性もあるだろう。

しかし、そうした新中間層の上昇志向や再生産志向を踏まえたとき、一般の公立小学校は彼らの「学歴主義」に十分に対応しているとはいえなかった。

成城学園街(10)の住民（新中間層）の多くが自身の子どもを通わせていた成城小学校では、「個性尊重の教育」、そして一九二三年頃からはドルトン・プランなど、子ども自身の内発的な動機付けやそれぞれの子どもの学習スタイルに配慮した児童中心主義の思想に基づく教育を展開していた。また、小学校卒業後の進路についても、学校側が併設の中高一貫の高等学校や高等女学校（いずれも旧制）を用意し、卒業後は帝国大学をはじめとする高等教育機関への進学が制度上ほぼ約束されていた。実際に、成城小学校の児童の多くが併設の高等学校（男子）や高等女学校（女子）に進学していたことは先に見た通りである。

〔表3・2〕入学前に聴いた「お噺」

桃太郎	16	新約より	3	浦島太郎	1
舌切雀	7	イソップより	3	少年夢物語	1
兎と亀	6	青い鳥	2	太郎とリス	1
花咲爺	5	ギリシヤ神話	2	羊飼の男	1
猿と蟹	4	アンダアセンより	2	孝女白菊	1
瘤取	3	平家と源語（ママ）	1	正直爺さん	1
カチカチ山	3	小波氏のお噺	1	久島島氏のお噺	1
日本昔話	3	父母の即興的創作	1	廣瀬中佐	1
子供雑誌より	3	ナイチンゲール	1	西郷隆盛	1
ラジオ童話	3	赤頭巾	1	日本神話	1
ワシントン	3	慾ばり猫	1		
旧約より	3	正直な樵夫	1		

〔出典〕松本浩記（1927）『低学年の学級経営』文化書房出版、23－24頁より作成。

さらに言えば、成城小学校の子どもたちの生活環境も地元の公立小学校に通う子どもたちとは明らかに違っていた。

成城小学校の訓導であった松本浩記は、一九二六（大正一五）年九月に、同校一年生の子ども一七名とその保護者を対象として、児童の生活実態調査を行っている。その調査結果（表3・2～表3・6）によると、小学校一年生にして、和洋の別を問わず（おそらく保護者から）幅広いジャンルの本の読み聞かせが行われ、小学校入学以前から小学二年生以上が読むような国語読本にふれ、国内各地はおろか、なかには海外にまで旅行に出かけた経験をもつ子どももいた。子どもたち自身の話す言葉も高尚で、保護者に対して抽象的で難しい質問をするなど、私立小学校に通う子どもたちは文化的に非常に恵まれた家庭環境のなかで育てられていたことがわかる（松本・一九二七）。

ところが、成城学園からわずか数キロメートルしか離れていない

〔表3・3〕入学前の児童読み物

コドモノクニ	14
子供之友	10
童話読本（菊池氏）	5
国語読本巻一	3
小学一年生	3
修正読本巻一	2
国語読本巻二、赤い鳥、幼女の友、男子の友、アラビアンナイト、イソツプなど17誌	各1

〔出典〕松本浩記（1927）『低学年の学級経営』文化書房出版、25頁より作成。

〔表3・4〕児童の旅行せる土地

鎌倉	16
江の島	11
鶴見・逗子	各10
箱根	7
大阪	6
横須賀、他2箇所	5
湯ケ原、他6箇所	4
京都・熱海、他5箇所	2
アメリカ	2
スイス、フランス、ドイツ、台湾	各1

〔出典〕松本浩記（1927）『低学年の学級経営』文化書房出版、26－27頁より作成。

地元の農村地域の公立小学校には、学歴主義や童心主義などの教育意識とはおおよそ無縁の子どもたちがたくさん通っていた。一九一九（大正八）年当時の烏山小学校（東京府北多摩郡）の卒業児童四六名の進路は、〔表3・7〕にあるように、「高等小学校入学者」が二四名（五二・二%）、「就職者」および「家庭ニ残レル者」の合計が二一名（四五・七%）で、「中学校・女学校入学者」はわずか一名（二・二%）に過ぎなかった（世田谷区教育委員会・一九九〇）。

成城小学校の移転先に既存していた、地元の公立小学校（北多摩郡砧小学校）に着任した一教師（野口茂夫）は、成城小学校の児童と地元の小学校の児童との対照的な様子を以下のように描く。

〔表3・5〕入学前の児童の使用せる高尚な言葉

勿論	無神経
無論	不得止
全部	先頭第一
滑稽	ダンテ
衝突	フアースト
散歩	ラスキン
奮発	ゴツホ
猛烈	ジンバリスト
素敵	トロバトーレ
割合	セザンヌ
堕落	頭がどうかしているなあ

〔出典〕松本浩記（1927）『低学年の学級経営』文化書房出版、27頁より作成。

八月短現除隊北多摩郡砧小学校（現・世田谷区―引用者）に赴任。小原国芳《ママ》氏の成城学園全盛時代で、学園の子供たちは赤いネクタイをひらつかせ、馬や自動車で林道に埃をあげた。村の子供たちはいつも裸で赤ん坊をしょい、道のかたわらにそれをよけた（野口・一九五一：二四七頁）。

〔表3・6〕入学前に発せられた児童の質問

地から天迄の長さ。	神様はどこにいらつしやるのか。
飛行機と鳥とどつちが速いか。	地獄と天獄とはどんなところか。
神様が何でも造つたといふその神様は誰が造つたか。	お陽様はどうして出来たか。
お伽の国はどこにあるか。	人はなぜ生きてゐるか。
草や木はどうして出来たか。	人体の構造。
氷はなぜ冷いか。	器械の構造。
朝顔の花の中にあるものは何か。	汽車と電車と自動車はどれが早いか。
太陽と月とどちらが遠いか。	海はどこまで続いてゐるか。
どうして雷はなるか。	僕は丈が大きいのになぜ人は幼ないといふのか。
飛行機はなぜ飛ぶか。	血はどうして赤いか。
星はなぜ光るか。	石鹸はどうして作るか。
星までどれ位あるか。	アイロンはどうして作るか。
山は何で出来たか。	鉄瓶はどうして作るか。
軍艦と汽船とはどこが違ふか。	楠正成つてどんな人か。
軍艦と汽船と何にするのか。	「それからそれから」と追及するもの多し。

〔出典〕松本浩記（1927）『低学年の学級経営』文化書房出版、28－29頁より作成。

〔表3・7〕烏山小学校（府下北多摩郡）卒業児童の進路（1916年）

	男	女
卒業児童数	21	25
中学校・女学校入学者数	1（4.8%）	0（0%）
高等小学校入学者数	15（71.4%）	9（36.0%）
就職者ノ者	1（4.8%）	1（4.0%）
家庭ニ残レル者ノ数	4（19.0%）	15（60.0%）

〔出典〕世田谷区教育委員会『世田谷区教育史資料編三』259頁より作成。

子どものライフスタイルの違いや保護者の学歴主義への志向の点から見ても、成城学園に郊外移住・居住した新中間層が地元の公立小学校を積極的に忌避した可能性は十分に考えられる。

ボールズ（Bowls, S., 1971＝一九八〇訳）が論じているように、労働者階級の家族で経験される「上から」の規則注入主義的な社会化と、中産階級（middle class）の家族で行われる自立性訓練を伴う社会化という対比は、両者の子弟の学ぶ学校――労働者子弟の多くが学ぶ管理中心主義的な学校と新中産階級子弟の多くが学ぶ都市郊外の自主性を重んじる学校――それぞれの教育理念や実践に連続しているという。バーンスティン（1975＝一九八〇訳、1977＝一九八五訳）もまた、労働者階級の家族を「地位家族」（上下関係の明瞭な家族）、新中間階級（new middle class）の家族を「個性志向家族」（個々人の個性を重視して相互行為が行われる）とに区別し、それぞれの社会化特性は学校の教育カリキュラムに関連し、特に自主的な行為獲得を目的とした「目に見えない教育方法」はミドルクラスの再生産に大きく寄与していることを指摘した。

先の［表3・1］でも示したように、家族のライフスタイルやしつけの型の相違は、当時の公立小学校と私立小学校の間のカリキュラムの違いにも認められるように、選択する小学校教育における教育課程や教育方法にも反映され、それぞれの社会階層の再生産にも寄与していたと考えられる。

ところが、こうした教育的マルサス主義は優生思想と結び付いていたこともあって、新中間層は「衆愚」への嫌悪さえも臆せず表明することもあった（中内・一九八五）。

やや時代は下る一九五〇年代末のこと、戦後初の女性検事となった母親は、息子の小学校の入学考査に付き添った帰りに、上野の博物館に立ち寄ろうとする。しかし、息子が「キングコングのような映画の絵看板をみてどうしてもゆきたいというので、道草を食う」ことになった。この母親はその映画の感想を次のように批判的に述べている。

　こういう愚劣な映画を貧乏な日本がなぜ高いお金を出して輸入するのでしょうか。……私はここに外国や日本政府の最も露骨な愚民政策のあらわれをみるような気がして、胸の悪くなるような思いで出てきました。夫の顔にもおさえきれない、いきどおりと、未来の日本に対する憂慮のようなものがあふれてきて文彦が『面白かったね、ゴリラ』といって同意を求めるのにたいして、うつろな返事をしていました。けれども私たちの暗い気持ちは……博物館の中へ一歩足をふみいれたときは、まったく消えてしまっていました。ここには、数百千年の年月にたえてきた純粋なもの、うちひしがれた日本人に新しい勇気をはてしなく湧き上らせてくれるものが満ち満ちております（原典不明／後藤総一郎・一九七七：一六〇頁より重引）。

この母親は、高等教育を了え、博物館という正統文化を評価する文化資本を動員できる社会階層に属する。文化資本は、階層再生産のための教育に対する強い関心と、子どもの養育のよき環境としての「家庭《ホーム》」や学校教育（小学校受験）の重視へとつながる。しかし、この母親は「ゴリラ」という映画を徹底的に扱き下ろす文化的ユニヴォア（cultural univore）であった。文化的ユニヴォアとは特定の文化趣味だけをもつ排他的な志向性をさす。ブルデューの文化的再生産をもとに、文化的な包摂と排除による階層集団の文化的境界を維持する象徴的闘争があると論じる片岡（二〇〇〇）に従えば、国立・私立小学校や博物館とは、この母親にとっては、一般庶民にとっての公立小学校や「ゴリラ」なる映画とを分かつもの／異なるものでなければならなかったのではないだろうか。それはまた、自身と「愚民」とを分かつ「卓越化・差異化《ディスタンクシオン》」戦略（Bourdieu, P., 1979＝一九九〇訳）であったのかもしれない。新中間層の母親たちは、農民層などの旧住民や一般庶民に対する差異化を図るために、私立小学校を選択したのではないだろうか。

2　学歴獲得過程におけるアスピレーションの〈保温効果〉

併設上級学校を有する私立小学校は、私学一貫校として連絡関係を制度化されていたために、在学生に対して卒業後は併設の上級学校への進学する機会を事実上保障していた。学校によっては、高等教育機関である大学や女専にも優先的に（無試験で）内部入・進学できる場合もあった。それゆえに、上級段階の学校に進学する場合でも、特に入学試験の準備（受験勉強）に追い立てられることはほとんどなかったとおもわれる。

私学一貫校で獲得される学歴とは基本的に併設上級学校への内部入・進学制度を経て獲得されるものであった。しかもそのほとんどの場合が、無試験で進学する機会が与えられたという。それは、厳しい受験勉強の過程を経て、難関の入試の合格を以って、初めて入学の機会が与えられる「正系」（公立学校や官立学校・大学）の学校階梯・進学システムとは著しく対照的である。

私学一貫校の内部入・進学システムとは、教育社会学における理論的枠組み（Clark, Burton, R., 1960. 竹内 一九九五：第2章）をもって解釈すると、立身出世主義や刻苦勉励主義のように、児童・生徒の進学・上昇移動アスピレーションを過剰に《加熱》（warming-up）する効果があるわけでもなく、また進学・上昇移動を諦めるよう《冷却》（cooling-out）させるわけでもない。むしろそれは適度に安定した進学アスピレーションを長期間にわたって維持し続ける《保温》（keeping warm）を可能にする学校教育制度であると解釈できる。

私学一貫校における進学アスピレーションの保温効果は、子どもに対して深い愛情を注ぎ、高い学歴を求めて、私立小学校に入学させた多くの都市新中間層にとって、非常に魅力的に映ったに違いない。それというのも、私学一貫校は、高等師範学校付属小学校や師範学校付属小学校などと並んで、我が子に自由にのびのびと育ってもらいたいと願いつつ（童心主義）、高い学歴も付けさせたい（学歴主義）という保護者の矛盾した教育意識・要求をともに満たすことができる、きわめて限られた学校教育システムであった。

これまで見てきた一貫校を選択した人物に、女流作家の野上彌生子（一八八五〜一九八五）がいる。野上は次男のために以下のような学校選択を行う。

彼（野上の次男—引用者）のために択んだ今日の学校が普通の中学校でなく、七年制高等学校の尋常科であるのは、その場合の悲痛な競争を避けさせ、新鮮な若い頭を試験科目の学課で痛めつける代りに、真に智恵の糧となる書物を一冊でも多く読ませたいために外ならなかつた（野上・一九三三：三頁）。

他方で、野上は『二人の小さいヴアガボンド』（一九一六年刊／後の一九八〇年に『小さい兄弟』と改題して刊行）という短編小説のなかで、子どもたちの行為を観察した記録をもとに、理想的な母子関係を以下のように書き綴っている。

母親の愛情は、子供等のいたいけな姿や、その幼稚や、未熟を、憐れみ、いとほしむやうな、弱々しい情緒ではなく——それも元より加わつてゐますがもつともつと調子の高い打ち《（ママ）》はまつた《（ママ）》対等の愛であります。愛する者を愛するのであります。人間が人間を愛するのであります（野上・一九一六＝一九八〇：一二四頁）。

野上は、「童心主義」ゆえに、「悲痛な競争を避けさせ」ようと、わが子を、高等学校併設の中学校に入学させ、受験勉強や入学試験を経験させずに高等学校に進学させ、高い学歴を獲得させようとしていた(11)。野上の場合は小学校受験の事例ではないが、実際に私立小学校を選択した母親や子どものなかにも、こうした教育戦略を展開する者もいた。

受験勉強をして、難しい試験に通らなければならないくらいなら、お金は多少かかっても、家から近いd学園さんにお世話になったおかげで、比較的楽をして東大卒の学歴を得ることが出来たし、息子にとっても上の学校に上がる度に受験勉強をして大して意味のないことを暗記させられるくらいなら、それのほうがよかったと思うのです（d小学校・一九四〇年入学児童の母／一九九八・四・一二）。

わざわざ公立に行って難しい試験勉強をしているくらいなら、小学校からそのまま女子大に進学した方がはるかに魅力的ではないでしょうか（b小学校・一九四九年入学児童の母／一九九八・五・九）。

私立小学校の多くは上級学校を併設しており、場合によっては、一度小学校に合格・入学すれば、原則的にはそのまま併設の高等教育機関に優先的に（しかも場合によっては無試験で）入・進学できることになっていた。そのため、教育の受け手である家族にとって、私立学校は大変魅力的な学校に映ったのではないだろうか。

他方、私立小学校側もまた、こうした併設上級学校の存在と優先的な内部入・進学システムをセールス・ポイントとして認識し、積極的な入学案内と入学者の募集を行っていた。既に大正中期には入学選抜考査を行うほど多数の志願者を集めていた慶應義塾幼稚舎では、当時の幼稚舎主任である小柴三郎自らが一九三七（昭和一二）年当時の入学案内において以下のように述べている。

近来幼稚舎へ入学を志願する方が激増する所以は幼稚舎の一年生に入学し得れば大学部を卒業する迄入学試験の準備苦悩を今後体験させずに済み、幼年時代から青年時代迄一貫して慶應精神を体得し朗かな学生生活を送ることが出来るといふ所にあると思ひます。又卒業の暁に於て就職する慶應なる背景によつて相当苦痛を減ぜられ得るといふ点も考へるところではないかと思つてゐます（小柴・一九三七：五四頁）。

要するに、慶應義塾幼稚舎に一度入学することができれば、途中で入試や受験に苦しむこともないまま「慶應精神」を体得しながら大学（慶應義塾大学）まで進学でき、果ては「慶應」というブランドを背景に就職も有利に運ぶだろうと述べている。こうした点は新中間層の保護者（とりわけ母親）にとってはアピールするところ十分であったようにおもわれる。

他方、大正期以降、東京には中学校や高等女学校への進学者が多い「受験名門校」と呼ばれる幾つかの公立有名小学校が出現した。たとえば、番町小学校（麹町区）、誠之小学校（本郷区）、青南小学校（赤坂区）などの公立小学校である。これらの小学校は、受験・進学実績もさることながら、学区外から多数の越境入学者を受け入れ、しばしばマスコミに批判的に取り上げられるなどして、特に有名になった。前記三校の公立有名小学校を抱える区の中学校・高等女学校の進学率は、東京市全三五区のベスト三に入っていることからも、その高い進学実績を傍証できるだろう（東京市役所・一九三七）(12)。

〔表3・8〕誠之小学校・途中入学児童の保護者の職業内訳（実数）

階層分類	職業分類	1914年	1931年	1933年	1935年	合計
旧中間層	家業	0	5	9	10	24
新中間層	官吏	13	14	20	19	66
	軍人	0	0	3	0	3
	教師・教授	6	5	6	3	20
	弁護士	4	2	6	1	13
	医師	9	9	11	9	38
	技師	4				4
	会社員	44	40	35	30	149
	銀行員	5	8	11	7	31
無職		28	23	12	20	83
その他		19	13	6	11	49
合計		132	119	119	110	480
新中間層率		64.4%	65.5%	77.3%	62.7%	67.5%

〔出典〕誠之学友会編・寺﨑昌男監修（1988）『誠之が語る近現代教育史』第一法規出版、629頁より作成。

そのなかでも本郷区の誠之小学校を例にとると（誠之学友会・一九八八、および所澤・木村・一九八八）、これらの小学校の越境入学者の多くは、先に見た私立小学校の入・在学者同様、通学区外ではあるものの小学校の所在する行政区内、あるいは隣接する行政区に在住する都市新中間層出身の児童であった〔表3・8〕。

しかしながら、この都市新中間層は、子どもを私立小学校に入学させた家族と同様、「学歴主義」を重視しつつも、小学校教育を、あくまで府立中学校、官立高等学校、帝国大学への進学（女子の場合は府立高等女学校、女子高等師範学校や女子専門学校への進学）に連なる正系エリート・コースの「序章」として位置付けていた点で、大きく異なっていた(13)。

小学校卒業後の上級学校の進路を見ると、男子の場合は、尋常科に入学すればほぼ無試験で高等科に進学できる七年制高等学校ではなく、府立第一中学校（現・都立日比谷高校）や隣接する小石川区の府立第五中学校（現・都立小石川中等教育学校）などの府立中学校か、長い伝統を有する一部の中学校（私立開成中学校など）や同じ本郷区内にあった京華中学校を志向する傾向が強かった。

女子の場合についても同様に、府立第一高等女学校（現・都立白鴎高校）や近隣の府立第二高等女学校（現・都立竹早高校）などの府立高等女学校、あるいは女専など高等教育機関とは直接の連絡関係のない近隣の私立高等女学校（桜蔭高等女学校や跡見高等女学校）に入学する傾向が見られた。併設ないしは関連の女専に進学できる日本女子大学校付属高等女学校や東洋英和女学校などの私立高等女学校に進学する者はほとんどいなかった。

しかし、この「正系」のエリート・コースにおいて、公立小学校から中学校・高等女学校、中学校や高等女学校から高等学校・女子専門学校へとそれぞれの進学するためには、いずれも熾烈な入試選抜競争に合格しなければならなかった。

そのために、小学校高学年ともなると、刻苦勉励を強いられた。一九二〇年代後半に行われたある調査によると、東京市中の中等学校進学希望者の約四分の三が小学校六年生の一学期までに受験勉強を開始し、学校と自宅を主たる学習場所としながらも、なかには学習塾や予備校に通う児童もいたという（岡部・一九二八）。また、家庭での学習時間は平日平均で二時間二一分（休日では二時間八分）にものぼったという（文部省大臣官房体育課・一九二九）。しかしながら、これだけ長い学習時間を試験勉強に費やして、中学校や高等女学校に首尾よく合格・進学できたとしても、高等教育段階（大学予科や旧制高等学校や女子専門学校など）の入学試験に向けて、さらに進学アスピレーションを加熱し続けていかなければならなかった。

その結果、既に大正期の東京においては、進学アスピレーションを過剰に加熱させられた青少年のあり方が、当時の入学試験制度のあり方と合わせて、批判的に取り上げられて、大きな教育問題・社会問題になっていた。先に引用した、野上彌生子や私立小学校を志向した家族の教育戦略が示すように、こうした「正系」の進学ルートの入学競争の激化とその社会問題化は、一部の新中間層を私学一貫校へと駆り立てた要因の一つとして見ることができるだろう。

4　私立小学校と保護者の教育意識の親和性

本章では、私立小学校の主な支持層であった新中間層の保護者がいかなる理由で子どもたちを入学させたか、この問題を明らかにするために、私立小学校それぞれが展開した独自の教育活動、あるいは、併設上級学校など私立学校の制度的特性に注目し、本来矛盾すると言われてきた新中間層の二つの教育要求（童心主義・学歴主義）をともに充足していた可能性を明らかにした。

〔図3・3〕保護者の私立小学校志向と学校教育

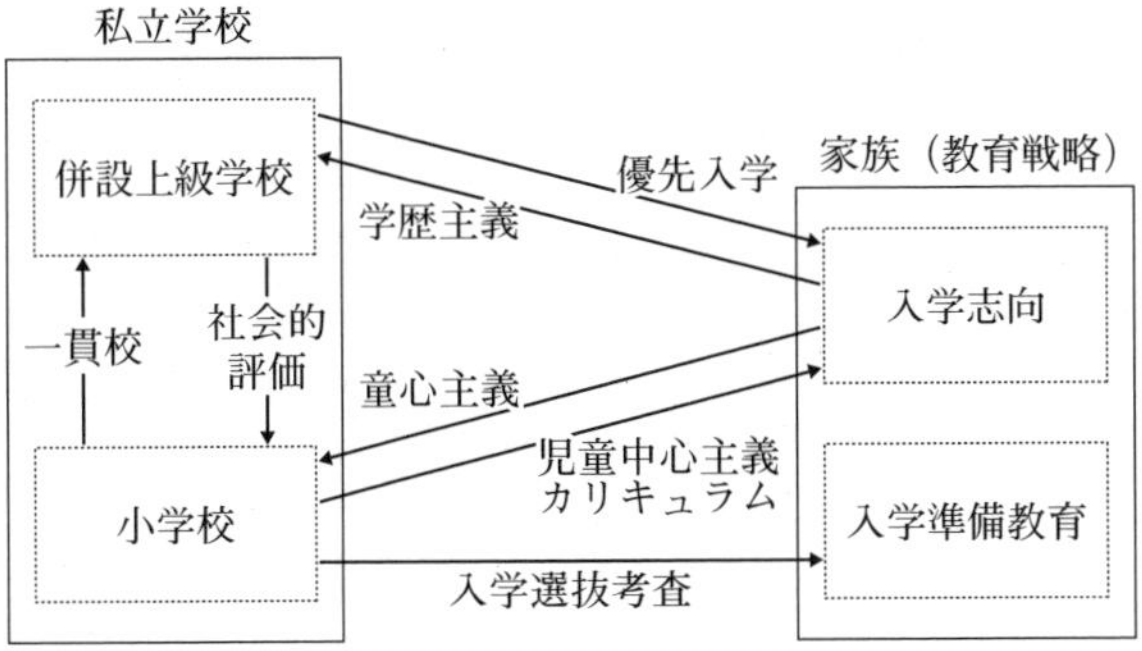

〔図3・3〕は私立（小）校の制度・教育内容と家族の教育要求との関係を図示したものである。先の第1章と第2章で検討したように、私立小学校は、児童中心主義的・進歩主義的な教育活動を実践する一方、一部の小学校は上級学校を併設し、その影響を受けて「私学一貫校」として制度化されることで、学校の存続や発展を図った。この背景には、新中間層家族の矛盾する教育要求（童心主義・学歴主義）を満たす条件が私立小学校に備わっていたからである。要するに、家族の童心主義の心性に対しては、学校の児童中心主義に基づく自由教育の内容や実践が、家族の学歴主義の要求に対しては、併設上級学校への優先的な内部入・進学制度がそれぞれ対応していたのである。

見方を変えれば、子どもの発達段階に応じて変化する保護者の教育要求に、私立学校側が対応していたことを意味するものであるとも言える。子どもが幼年期・児童期の発達段階においては、保護者は「童心主義」的心性をもつ傾向が高く、それに対応した児童中心主義・進歩主義の思想を基礎に置く教育活動を学校に期待・要求しただろう。子どもの本性として存在すると考えられていた「自発性」を尊重・期待していたこともあり、私立小学校における児童中心主義・進歩主義的な教育活動は保護者の童心主義的な心性や幼年期・児童期の発達段階に直接対応していた。

他方、子どもが幼年期・児童期から少年期・青年期に移行するにつれ、保護者にとって、子どもの上級学校への進学は切実な問題であり、重大な関心事となる。すなわち、家族の「学歴主義」に対して、一貫教育を行う私立学校は、小学校に入学・卒業した子どもたちに、併設上級学校への進学の機会とその結果得られる学歴を実質的に保証するものであった。戦前期において、中等・高等教育機関の入学試験の問題は子どもの本性や「子どもらしさ」そのものを歪めるものとして批判の対象になるなど、マスメディアを賑わす社会問題になっていった。そのような教育と社会をめぐる状況のなか、私立小学校の卒業生は旧制の中等学校・高等学校の入学考査をほとんど経験せずに、優先的に内部進学が可能であった。これは、新中間層の保護者が学校に対して要求してきた学歴主義と童心主義の矛盾を解消し、師範学校付属小学校→同付属中学校などの場合も含めて、当時の日本の教育制度においては、きわめて限られた学校制度であり、進学ルートでもあった。

さらに言えば、子どもが少年期・青年期の成長段階に達した場合でも、家族や子どもが学歴主義一辺倒になるわけでもなかったし、学校側も入試に対応できる学力の向上のみを謳っていたわけではなかった。たとえば、成蹊や成城などの私立七年制高等学校においては芸術・音楽・演劇などの情操教育や、ラグビーやテニスなどのスポーツが重視されていた。ミッション系の私立学校においてはキリスト教を基調とした徳育や人格形成が教育の理念の中心に掲げられていた。

以上、本章の考察を踏まえたとき、従来の先行研究（中野・一九八五、中内・一九八五、広田・一九九九b）で指摘されてきたような、大正期の新中間層が子どもの本性や自発性を重視する児童中心主義の教育の支持者でありながら、同時に受験・進学準備教育を学校に要求し、大正新教育運動を挫折・分裂に追い込んだ張本人であったとする議論は、先にあげた〔図1・6〕（七一頁）の分類に従えば、廃校に至ったⅡ型・Ⅲ型などの一部の私立小学校にしか当てはまらないものと考えられる。

中等・高等教育機関を併設していたⅠ型の私立小学校は併設上級学校に優先的に（場合によっては無試験で）内部進学の機会が与えられたことで、童心主義と学歴主義との対立・矛盾は顕在化することはなく、むしろ双方の教育要求を満たしつつ、家族の全幅の信頼を集めることができたのである。

第4章

淘汰された私立小学校

1 「私立小学校協会」の成立と頓挫

本章の目的は、廃校・淘汰に至った私立小学校に着目し、その要因や背景を保護者の教育要求との関連で考察し、これまで検討してきた存続（自己保存）を可能にした私立小学校の要因や背景を改めて浮き彫りにし、第1部全体の考察のまとめを行うことにある。また、続く第2部で考察しようとする入学選抜考査の前提となる入学希望者の増加の問題についてもあわせて検討する。

前章で見たように、すべての自発的結社としての私立小学校が併設上級学校の社会的評価の影響を受けて、入学選抜考査を行うほど入学希望者を集められたわけではなかった。一部の小学校が存続・発展する一方で、淘汰された小学校の存在も見逃すことはできない。これまでの章で検討してきた存続・発展した小学校と淘汰・廃校に至った小学校の分水嶺の要因について、各学校の事例を検証することで、「併設上級学校の存在またはその社会的評価が私立小学校の存続・発展に貢献した」とする仮説を実証し、これまでの議論を補強したい。

〔表4・1〕「私立小学校座談会」の出席者

氏名	役職
赤井米吉	明星学園長
照井猪一郎	明星学園訓導
小原國芳	玉川学園長
柿崎　純	和光学園訓導
田中兵治	川村女学院訓導
千種円爾	成城小学校訓導
手塚岸衛	自由ヶ丘学園長
土井竹治	啓明学園小学校校長
二階源一	東京府視学官
西山哲治	帝国小学校長
野村芳兵衛	児童の村小学校訓導
濱野重郎	清明学園主事
丸山鋭雄	盈進学園長
為藤五郎	教育週報社主幹

〔出典〕『教育週報』491号～496号をもとに作成。

既に第1章でも考察したように、東京市(旧市)内の私立小学校の数は一九一五(大正四)年には四八校まで減少、淘汰されていった。その一五年後の一九三〇(昭和五)年には一五校、一九三五(昭和一〇)年には一一校、一九四〇(昭和一五)年には一〇校にまで減少した[1]。また、新市や郡部を含めた東京府全体でも、一九三五年に三四校、四〇年には三三校と、公立小学校の六九八校(三五年)や七九一校(四〇年)に比べると、東京における私立小学校の存在は次第にマイナーになっていった。

この時代、すなわち大正末期から昭和初期にかけて、「成城事件」(一九三三年)に代表される学校騒動や学校分裂問題が社会問題化した。またその一方で、大正新教育運動は思想・実践両面における行き詰まりや衰退に直面し、児童中心主義や個性主義を標榜・実践してきた新学校の存在意義がにわかに問われ始めるようになっていた。

そうした背景にあって、一部の私立小学校の校長・主事・訓導らが、一九三四(昭和九)年一〇月九日夜、教育週報社において、「私立小学校座談会」という会合を開催している[2]。この議論の内容については『教育週報』誌に全六回にわたって掲載された。その連載記事によれば、私立小学校の関係者たちがそれぞれの学校の現状あるいは今後の課題に関して、活発に議論を交わしている。その内容から、当時の私立小学校が置かれた厳しい状況とその対応に苦慮する学校関係者の思惑を読み取っていこう。

以下、〔表4・1〕および〔表4・2〕を参照し、記事内容の要点をかいつまんで、議論を進めていく。

まず、私立小学校の存在意義について、西山哲治(帝国小学校長)は「何と云っても子供が伸びていくこと」にあるとし、また野村芳兵衛（池袋児童の村小学校訓導）は「私立のほうが子供を主にやって行ける。公立学校はどうしても国家的立場を強調したもので大部分を取られるからそれが十分に出来ない。私立の方が自分の信念と云うようなもので子供やお母さんにまで触れていくことができる」とそれぞれの学校の意義を主張している。さらに、川村女学院訓導の田中兵治のように、「私立の精神をずつと上まで一條に続かせてやりたい。かういうところに公立では望めない私立のいいところがあると思う」と併設上級学校（川村女学院の場合は高等女学校）との連絡関係や初等・中等教育の連続性を私立小学校の存在意義として主張する人物もいた。

〔表４・２〕「私立小学校座談会」の議論の概要

	論題	『教育週報』掲載年月日・号	
其一	私立小学校—経営の苦難と喜び	昭和９年10月13日	第491号
其二	得失いずれ—中学、女学校の併設	昭和９年10月21日	第492号
其三	私立小学校—設立の意義、動機	昭和９年10月27日	第493号
其四	法令上の不備—当局への注文	昭和９年11月３日	第494号
其五	待遇の問題と得難い理想的教員	昭和９年11月10日	第495号
其六	父兄会、後援会と耐風校舎の建築	昭和９年11月17日	第496号

〔出典〕『教育週報』491号～496号をもとに作成。

　しかしながら、様々な私立小学校関係者が様々な理想や理念を論じつつも、現実問題ということになると、ほぼ共通して「経営難問題」と「上級学校の進学問題」が当面の課題としてあげられた。

　まず、経営難問題については、昭和恐慌以降の長引く不況を背景にした、私立学校の入学希望者と授業料収入の減少が学校運営費の減収として暗い影を落としていた。私立小学校の場合、公立小学校の教職員に比べるとはるかに給与は少額であったにも拘わらず、人件費は各私立小学校にとって大きな負担となっていた。このほかにも、校地代・賃料、校舎の新設・修理、そして教材の購入などに伴う出費は、彼らが「ホントウの教育」（小原國芳）を追求・実践するうえで深刻な影響を与えた。

　そこで、私学関係者たちは、座談会の席上、国（文部省）ないしは東京府のレベルでの私学保護奨励を要求している。ところが、東京府視学官の二階源一（後の東京府立第六中学校・校長）は私学助成に関する要求を退け、その事情を以下のように説明する。

東京府としての奨励の一つは、去年の暮の学事研究費の交付で一万五千円だけ支出した。来年は一万円増加して二万五千円だけ支出する筈になつている。ああした機会に成るべく私立を引立てて教育教授の研究に資したいと思つてゐるが、今年は私学でその選に入つたのは二つか三つで予想より少なかつた。希望を申出たものも少く研究事項の適切なものも少かつた。

戦前期において「私学助成」の存在が皆無というわけではなかったようである。しかし行政から無条件に交付されるという性格のものではなかった。前掲は、府側が助成の働きかけをしたものの、私立学校側からの応募が少なく、その結果として選ばれる数も少なかったという説明である。私立学校関係者から政府・文部省や東京府に対して私学保護策を望む声はこの後にも聞かれるが、少なくともこれが戦前期に実現されることはなかった(3)。

もうひとつの「上級学校の進学問題」は、上級段階の学校の受験・進学に向けた「進学・受験教育」のあり方と、個性主義や進歩主義などを理念とする自由教育の実践とを如何にして折衷していくかが喫緊の課題として明らかになっていた。この問題は、いずれの小学校にもほぼ共通した問題であった。参加者の一人である手塚岸衛(自由ヶ丘学園長)は各私立小学校関係者を目の前に「悲哀」と概嘆するほどの問題でもあった。この問題をめぐっては、座談会出席者一二名がそれぞれの立場に応じた興味深い発言をしている。

この座談会には、かつて「教育の世紀社」や「池袋児童の村小学校」の設立に参画した教育ジャーナリスト(教育週報社主幹)の為藤五郎と東京府視学官の二階源一にくわえて、一二名の私立学校関係者が揃った。この一二名のうち併設上級学校をもたない私立小学校関係者が五名、上級学校を併設する私立小学校関係者が七名である。前者に該当するケースは、帝国小学校の西山、啓明学園小学校の土井、清明学園小学校の濱野、盈進学園小学校の丸山、和光学園小学校の柿崎の計五校五名であり、残りの六校七名は以下にあげたように中等・高等機関を併設する私立小学校の関係者であった。赤井と照井の明星学園および小原の玉川学園の二校は中学校・高等女学校を、手塚の自由ヶ丘学園と野村の池袋児童の村小学校の二校は中学校を、田中の川村女学院小学校は高等女学校を、千種の成城学園は高等学校（七年制）と高等女学校をそれぞれ併設していた(4)。

まず、上級学校を併設していない帝国小学校の校長・西山哲治は、入学してくる子どもの保護者の多くが同校に対して府立中学校への受験・進学のための教育のみを期待していると嘆き、怒りを込めて以下のように述べる。

入学させる父兄の方では私学の意義といふものが十分に分つて居ない加減か、六円も出して特別の勉強をさせて、卒業後府立の学校に入学が出来ないならば、私学の存在の使命がないやうに思つてるものがある。……父兄の頭には官公立崇拝の観念がこびりついて居て、子供の成績がどうであろうと、府立の評判のいゝ学校に入れなければならぬものと思つて居る。

また、私立小学校が上級学校を併設しても、赤井や照井の明星学園のように、「尋常六年になると父兄がやってきて『先生、一中に入れてやりたいと思うのですが』なんて云う。『中学ならここにあるではないか』と云えば、『どうもそれはー』と来る」学校もあった。

明星学園中学校の進学実績はその保護者が言うほど芳しいものではなかったのだろうか。一九三三（昭和八）年～一九三八（昭和一三）年の六年間の同中学校の卒業生の進路状況を見ていくと、この間の全卒業生一一一名のうち、高等学校進学者は四六名（四一・四％）、官立大学予科は四名（三・六％）、私立大学予科は一三名（一一・七％）を数えた。年平均二〇名弱の卒業生のうち、約八名強が官立大学予科を含めた高等学校に進学していた計算になる（文部省普通学務局文部省普通学務局・一九三三―三八）。

卒業生全員に対して高等学校進学者の占める「割合」から判断する限りでは、同中学校の進学実績は先に見た同時期の暁星中学校などと比較して、決して見劣りするものではない。しかし、その「実数」は極端に少なかったと言わざるを得ない。そのため保護者や受験生に対して進学に有利な学校としてアピールするだけの社会的評価や威信を確立できなかったに違いない。そこに同校の連絡関係が思うように構築できなかった原因があるようにおもわれる。

このほか、「女学校が併設されているのに、三分の二は公立を志す」という川村女学院など、併設上級学校との間で内部進学や一貫教育が十分に制度化されているとは言えない私立小学校もあった。

他方、その座談会参加校のなかで、唯一、小学校から併設の高等学校・女学校に至る私学一貫校として機能していたのは、成城学園のみであった。しかし、その成城学園でさえ、小学校から高等学校までの教育の連続性が保証された一貫教育校として制度化すればするほど、新たな問題が顕在化したという。座談会の前年に正式に成城学園を辞し、玉川学園長の職にあった小原國芳は成城学園の問題点を以下のように指摘する。

上（付設の上級学校―引用者）を置かねば連続性の意味をなさぬし、置けば置いたで経営上のヂレンマにかかる。……結局七年制の高校があつても行悩むということになつた。学園が膨張すると、その間に帝大等から異分子が入つて来てこれで悩む。

特に「帝大の異分子」が成城学園に入り込むという問題を、小原自身は「二重の苦しみ」と評している。以下は筆者の憶測であるが、「第一の苦しみ」とは、かつて「新教育の殿堂」と謳われた成城学園が自由教育の実践や実験の場から次第に乖離し、「帝国大学への準備教育」の場としての機能を拡充せざるを得なくなった現状をさしているのだろう。そして「第二の苦しみ」とは、「官」の帝国大学出身の教授や教員が「私」の成城教育に招聘されるようになった事態にあるとおもわれる。一九二六（大正一五）年の成城高等学校の一般教諭二五名のうち、学士または博士の学位をもつ帝国大学卒の教諭は一四名および高等師範学校出身者五名と、過半数以上（計一九名）の教諭が官立の高等教育機関の出身者で占められるようになった（成城学園・一九六七）。ところがこの官立系の教師たちは、主に帝国大学の進学に有利な知識重視の授業を展開し、教師間の人間関係または教師と保護者との関係を大きく損なうことになったという（北村・一九八七）。

この座談会の議論の成果は、私立小学校相互の連絡機関として、「私立小学校協会」の結成として具体化されることが約束された。同協会は、ミッション・スクールや社会事業的性格を帯びていると認められる小学校を除く一七、八の私立小学校が加盟し、常任理事には最年長の西山哲治（帝国小学校長）の就任が決まった。同協会の成立によって、加盟校は私立学校振興策や私立小学校教員の恩給制度の制定に向けた議論を交わし、各学校が「相互の親睦を計り、私学の向上発展に協力」（『教育週報』昭和一〇年二月二日付）するかに見えた。

ところが、その後、私立学校振興策はそれぞれの学校の特色を発揮することが第一要件であるとの合意に達し、協会全体としての働きかけには至っていない。また、一九三〇年以降の同協会の常任理事の西山哲治や主力メンバーの一人であった手塚岸衛の逝去、さらには加盟予定校の廃校などを理由に、同協会自体が頓挫してしまうのであった。「私立小学校」という同じ立場で様々な問題や課題を共有しているとはいえ、設立の経緯、教育理念、学校のタイプ（併設校の有無）などが異なるために、各校の独立性・独自性が非常に強く、学校同士の横のつながり（連携）の弱さが教育行政等への強い働きかけとなって結実することはなかったのである。

2　私立小学校の廃校

再度〔図1・6〕（七一頁）の私立小学校の四類型を想起しよう。同図にあるように、すべての私立小学校がタイプⅠの小学校のように、個性的な児童中心主義的な教育理念を標榜・実践しながら、中等・高等教育機関を併設し、保護者の要求する学歴主義に対応しつつ、入学選抜考査を行うほど数多くの入学（希望）者を集めたわけではなかった。併設上級学校をもたずに廃校に至った帝国小学校や啓明学園小学校（タイプⅢ）、逆に併設校をもたずに存続した国立学園小学校（タイプⅣ）、あるいは日本済美小学校、池袋児童の村小学校、自由ヶ丘学園小学校のように上級学校を併設しながら廃校に至った私立小学校（タイプⅡ）も実際には存在した。

本節では、自由ヶ丘学園小学校、池袋児童の村小学校、国立学園小学校、玉川学園小学部の四小学校の事例を中心に、廃校と存続の分岐点とその要因・背景について再検討したい。

まず、「自発的結社」としての私立小学校の廃校は一九三〇年代から四〇年代にかけて生じている。共通する社会的背景には、政府・文部省の私学に対する管理・統制の強化、大正新教育運動や新学校への批判の顕在化、成城事件に代表される学校騒動や学校分裂問題が社会問題化したことなどがあげられる。

一九三四（昭和九）年一〇月、雑誌『児童』（日本児童社会学会編）は、新教育の不満や新学校の教育理念・実践の変容について討議する「受験期の子をもつ母の座談会」を開催し、その模様を誌上で伝えている。この座談会には、自由教育を実践する私立小学校に子どもを通学させている母親も含まれている。この母親たちは私立学校における新教育や新学校の変容について以下のように述べている。以下の引用はいずれも母親（匿名）の声である。

S：十年前所謂新教育運動の浪に乗つて生れた私立学校、その当時の意気は実に素晴らしいものでしたがね。

I：全く光輝燦然としたものでございました。その光輝に惹きつけられてついて行つたので御座いますけれど、さてついて行つて見ましたもの丶、新教育は果して何処に行くのか分らなくなつてしまひました。

K：其処は大きな問題ですね。在来の教育に満足出来なかつた父兄が、新学校の現出によつて自分達の渇望は満たされると考へ、我も我もとそれに向つて行つたが、実は其処も亦自分を満足せしむる所でなかつた、といふのが現状なのでございますね。

Ｏ：……吾々が親として子供の為を思ふと、学校といふものに総てを任せ切ることも出来ずそれをどうする事も出来ない大きな悩みを共通に持つて居ります。例へば準備教育がいけないと言つても今日それをどうする事も出来ない社会状態にありますし、私立の新学校にやれば解決すると思つたが、さうも行かないといふ問題も出て来ますし、昔のやうに教育の事は学校の先生に任せて置けばよいと簡単に片附けて居られなくなつた……（日本児童社会学会・一九一一：七〇―八一頁）。

また、実際に私立小学校において自由教育を実践してきた柿崎純（前・和光学園小学校訓導）でさえも、批判的な見解を述べている。

（自由教育を実践する私立小学校は―引用者）学級の定員を理想的に少くしたのと、公立よりも宣伝がうまかつた為に、恰かも私立が自由教育唯一の殿堂ででもあるかの様に見せたにすぎません（柿崎・一九一一：八六頁）。

このような新教育や新学校に対する著しい社会的評価の変容は、一部の私立小学校を廃校・淘汰に追い込む条件のひとつになり得たのではないだろうか。

まず、併設校を有しながら廃校に至ったタイプⅡの学校について考察しよう。

中学校と小学校を有した自由ヶ丘学園は、一九四一年の学園長・手塚岸衛の死後、彼の理念が十分に引き継がれることなく人手（藤田喜作：社会学者で、自由ヶ丘学園中学校高等学校初代理事長）に渡ったことが廃校の直接の原因であった（中野・一九八八）。だが、それ以前から同小学校には廃校に至る事情と背景を見出すことができる。

一九二八年設立当初の自由ヶ丘学園小学校は、児童数一〇〇名を超えた時期もあったものの（中野・一九七六＝一九九二）、後に付設された自由ヶ丘学園中学部は「よその学校の不良学生が入って来たのである。けんかをする、カフェーに出入する、まじめな勉強はしない、優良生徒は退学してしまう。そんなわけで、よい生徒を守るためにも、不良のものは退学させなければならないというので、生徒数はずっと減ってしまった」(石井信二・一九五〇：三九頁)という数々の課題を抱えた学校であった。また、同中学校の進学実績に注目しても、同校が初めて卒業生を輩出した一九三五(昭和一〇)年には、わずか一四名の卒業生のうち四二・九%に当たる六名が高等学校に進学していたが、翌三六年は七名の卒業生のうち一名のみ(一四・三%)、翌々の三七年も二八名の卒業生のうちわずか一名のみ(三・六%)が高等学校に進学したに過ぎなかった(文部省普通学務局・一九三五―一九三七)。このような自由ヶ丘学園中学校の進学実績では、「進学校」としての社会的評価や威信を得るには余りに不十分であろう。ましてや、併設する自由ヶ丘学園小学校の入学(希望)者の増加などは期待できるはずもなかった(5)。このほか、同学園内には諸騒動が絶え止まないなど、それを背景に退学者が増え、これとあわせて入学者・在学者ともに減少していったという。

また、学校の財源にも注目しよう。廃校二年前の一九三五(昭和一〇)年に、自由ヶ丘学園の「自力更生案」が提出されている。これによると、総収入三二二円に対して、支出が三一九円という大変厳しい予算案が発表されるほどであった。当時の公立小学校の教員の月給平均が八二・三五円、代用教員でさえ五〇・四五円の時代に、自由ヶ丘学園の教師一人当たりの月給はわずか三〇円～二〇円前後に抑えられ、学園長である手塚の給与は理事の一人によって支給されることになり、〇円として計上されることもあった(中野・一九八八)。

続いて、池袋児童の村小学校について見てみよう。開校初年度早々、同小学校の卒業生は、第一志望の府立中学・女学校に全員不合格という散々な結果に終わった。これを契機に保護者たちの池袋児童の村小学校に対する信頼は大きく揺らぐことになった。

その対策として、学園長の野口援太郎(一八六八～一九四二)は池袋児童の村小学校の系列校として一九二五(大正一四)年に城西学園中学校を設置した。同中学校は設立当初の一時期のみ生徒数こそ微増したが、やはり中途退学者が多く、在学生徒の約半数に当たる五〇・六%が中途退学した年(一九三三年)もあった。また、同中学校の進学面

〔表４・３〕池袋児童の村小学校卒業児童の進路状況

卒業回	卒業年月	卒業生総数	男子・進路						女子・進路					
			公立中	私立中	実業校	不明	小計	備考	公立高女	私立高女	各種学校	就業	小計	備考
1	昭和２年３月	8	0	6	0	1	7	立教中２、麻布中２、城西中１、成城中１	0	1	0	0	1	川村女学院１
2	昭和３年３月	10	2	5	0	0	7	府立一中１、市立一中１、城西中４、明星中１	0	2	1	0	3	武蔵高女１、川村女学院１、女子学院１
3	昭和４年３月	8	2	4	0	0	6	府立五中１、府立九中１、城西中３、京北中１	0	2	0	0	2	川村女学院２
4	昭和５年３月	14	3	3	1	0	7	府立一中１、府立五中１、市立一中１、城西中２、立教中１、育英実	3	4	0	0	7	女子大附高女２、府立一高女１、川村女学院１、自由学園１、フェリス高女１、岩佐高女１
5	昭和６年３月	8	0	4	1	1	6	獨協中１、立教中２、巣鴨中１、育英実業１	0	1	1	0	2	川村女学院１、女子学院１
6	昭和７年３月	4	0	1	0	0	1	立教中１	0	2	1	0	3	成女高女１、川村女学院１、明徳女学院１
7	昭和８年３月	3	0	3	0	0	3	城西中２、立教中１	0	0	0	0	0	
8	昭和９年３月	8	0	5	1	0	6	城西中３、成城中１、京北中１、中央実業１	0	1	0	1	2	昭和高女１、味の素（株）１
9	昭和10年３月	9	1	4	2	0	7	府立九中１、城西中３、高輪中１、京北実業２	0	0	2	0	2	文化学院１
10	昭和11年３月	8	0	3	1	1	5	明星中１、海城中１、駒込中１、京北実業１、児童の村研究科１	0	2	1	0	3	富士見高女２、東洋音楽学校１
総計		80	8	38	6	3	55		3	15	6	1	25	

〔出典〕門脇厚司（1981）「私立池袋児童の村小学校と教師たち」石戸谷哲夫・門脇厚司（編）『日本教員社会史研究』亜紀書房、372頁。

を見ても、高等学校にストレートで入学できた者は極少数でしかなかった。むしろ卒業生の多くは、その他（浪人など）が四七・四％と最も多く、高等学校や大学予科に進学できた者はわずか一一・七％でしかなかった（民間教育史料研究会・一九八四）。そのために、同中学校の設置以後も池袋児童の村小学校からの進学者は三〇％強に留まり、ほとんどの卒業生は他の中等教育機関への進学を希望したという（門脇・一九八一）。

また、同学園の保護者たちは、日常の教育活動・実践に対しても、進学に向けた学力をつけさせる一斉授業や進学教育、画一的な扱い、命令・禁止など池袋児童の村小学校が否定したはずの既存の教育内容を学校や教師に要求した。つまり、すべての保護者が既存の教育に失望し、池袋児童の村小学校の教育活動に憧れていたわけではなく、児童の村の教育活動に全幅の信頼を寄せていたわけではなかったのである（門脇・一九八一）。

その結果、池袋児童の村小学校は開校以来わずか十数年で廃校に至っている。訓導の職にあった野村芳兵衛は廃校直前の一九三〇年当時の状況を以下のように述懐している。

> この頃から、児童の村の児童数は四十名くらいに減り、非常に経営が苦しくなって来た。新教育などに憧れる親たちも少なくなり、精薄《（ママ）》児も入って来た（野村・一九七四：一四〇頁）。

この野村の言葉を裏付けるように、池袋児童の村小学校の児童数は、創立当初こそ六〇名から七〇名の間を推移していたが、一九三〇年以降は三〇名から四〇名、多いときで五〇名と、その減少は顕著であった。その結果、授業料収入も大幅に減少し、財源上困窮をきわめた。さらに、一九三六（昭和一一）年、校地の地代の不払いをめぐる訴訟が提起され、同年七月の解散式をもって、廃校に至ることとなった。

それ以外にも、児童の村の主力メンバーの一人であった土井竹治の啓明学園創立（一九三一年）、鷲尾知治の退職と目白学園（東京児童の村小学校）の創立などの学校分裂騒動も池袋児童の村小学校が廃校に至った直接の要因であると言われている。これについては、学校関係者内部での教育理念の違いや思想上の対立が分裂と廃校の原因であったと指摘する向きもある（中野+高橋+川口・一九八〇、および民間教育史料研究会・一九八四）。

タイプⅢに属する土井竹治の創立した啓明学園は、上級学校を併設せず、小学校のみを運営する私立学校であったが、その経営は必ずしも順調なものではなかった。それについては、土井自身が啓明学園小学校の現状を以下のように述べている通りである。

私の学校へも、入学試験のやうな積りで来る人があるからこいつは苦しい。それから出来ない子どもをよくするとかそんな特殊学校の積りで来る者もある。また本当にあの人の教育を受けさせたいと云ふやうな気持で子供を連れて来る人もある。父兄には以上三つの型があるが、第一のやうなのを連れて来られると、此方にとつては苦しい。

たしかに、入学してくる児童は身体が弱かったり、成績が悪かったり、社会性に問題のあると見なされた子どもが多数を占めていたという。それに加えて、学校運営の採算に見合うほどの児童数が集まらなかった（閉校までの六年間の延べ在籍児童数は三三名でしかなかった）こともあって、一九三八（昭和一三）年に廃校に至っている（民間教育史料研究会・一九八四）。

このように上級学校を併設していない私立小学校は不利な状況に晒されてはいたが、しかし必ずしもすべての小学校が廃校になったわけではなかった。

たとえば、国立学園小学校はタイプⅣ、すなわち上級学校を併設せずに小学校のみを運営し、学園経営を成り立たせていた学校である。すでに第2章において簡単に説明したとおり、同学園は学園経営に苦難の途を辿りながらも、存続した小学校のひとつである。国立学園小学校は中等学校進学希望者に対して、朝礼前と放課後に補習を行ったり、児童一人ひとりに合わせた宿題を出すなど、積極的な進学指導や受験対策をしていたという。それは、会社員、官公吏、教員、医師などを父親にもつ新中間層出身の子どもたちにとって、中等学校の受験・進学はもはや自明の進路選択であり、府立二中（現・都立立川高校）、成蹊学園、実践女子、武蔵野女学院などへの強い進学希望が背景にあったからである。同校の校長を長らく務めた山本丑蔵（一八九三〜一九七〇）は、大正新教育運動の影響を受けつつ、低学年・中学年においては直観教育や自然に親しむ教育など、子どもの個性や創意・体験に基づく教育を重視した。ところが、児童が高学年になると、保護者の希望、あるいは児童の発達や子ども一人ひとりにあわせた受験指導を含めた教科指導に積極的に力を入れたことで、進学実績においても十分な成果をあげることができたという（大西＋堤・二〇〇七）。

山本の実践において特に興味深いのは、「子ども一人ひとりの個性を大切にする」という個性化教育の理念が進学指導や受験対策においても見られたということである。通常、個性化教育の理念は知識の詰め込みが求められる受験対策では最も忌避され、似つかわしくないスローガンであろう。ところが彼は「一人ひとりの子どもの個性に合った進路選択」あるいは「一人ひとりの子どもの学力に合った志望校へ」など、個性化教育の理念を進学対策や受験指導にも適用していったのである。そうすることで、教育における自由主義や個性主義の理念を謳いつつ、高学年時の受験対策や進路指導を正当化することができたのである。

このほか、玉川学園小学部は、新興の学校でありながら、学校存続のうえで自由教育の実践か受験・進学教育かという、新学校の私立小学校に付きまとうジレンマとは無縁の学校運営を展開することができた。それは何よりも、成城学園で主事を務め、その教育理念（全人教育論）ゆえに数多くの支持者を得て、玉川学園にも児童や生徒を数多く集めた「小原國芳」というカリスマの存在を見逃すわけにはいかない。しかしそればかりではない。玉川学園では、中等学校進学を希望する小学部卒業生には成城高等学校尋常科へ、高等学校進学希望者については成城高等学校高等科への優先入学の約を取りつけるなど、同学園を成城学園の系列校とすることで卒業生の進学の便宜を図っていたのである。この約をとりつけたのは言うまでもなく小原國芳その人である。

当時の成城学園の一教員は、玉川学園を成城学園の系列学校としたことについて、以下のように述べている。

> 小原先生退任の条件として、次のようなことを漏れ聞いたことを憶えている。……四、毎年、玉川学園推薦の卒業生を二〇名限り、成城高等科に入学させる。……第四の事項は紛争中、玉川関係の父兄たちが大いに関心を示したことであった（成城学園・一九七七：二七〇頁）。

一九三〇（昭和五）年の玉川学園中学部第一回卒業生四名が、この優先入学制度を利用して、成城高等学校高等科に入学している（玉川学園・一九三〇）。

このような優先入学制度を背景に、玉川学園中学部に併設される小学部の児童数は、一時的な減少こそ見られたものの、一定の児童数を確保し続け、廃校に至る契機は見出されない。また、生徒数の増加が著しい同学園中学部が小学部児童数の一時的な減少を補うことができたことで、小学部の存続が可能になったという解釈も可能であろう〔図4・1〕。

〔図4・1〕池袋児童の村小学校—城西中学校、玉川学園小学部—同中学部、国立学園小学校の在籍者数の変化（1924年〜1940年）

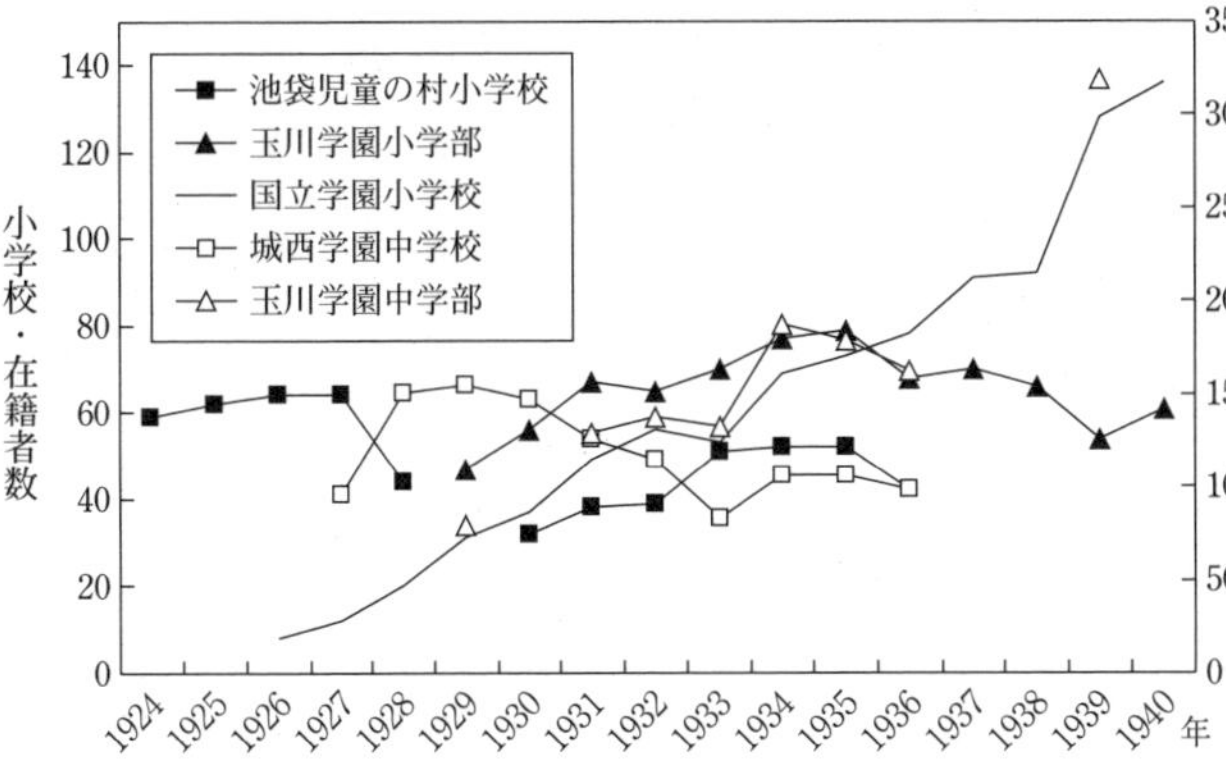

〔出典〕玉川学園（1980）『玉川学園五十年史』922－923頁、民間教育史料研究会（1984）『教育の世紀社の総合的研究』一光社、282頁・312頁、大西・堤（2007）『国立の小学校』校倉書房、347頁より作成。

3　私立小学校存廃の分水嶺

第1部（第1章〜第4章）の問題関心は、戦前期の私立小学校の存続・廃校の分水嶺とその要因・背景について、併設上級学校の社会的評価と小学校との間の内部進学制度の確立に求める仮説とそれを例証することにあった。戦前期における私立小学校の存続・廃校の分岐点には、学校の財政上の問題や政策的な問題など、様々な要因や背景が考えられる。入学者の家族（都市新中間層）の教育や子どもに対する意識・心性や教育戦略を踏まえると、それぞれの学校で行われていたカリキュラムなどの実践レベルの問題に加えて、併設上級学校の社会的評価が私立小学校の入・在学者数に決定的な影響を及ぼしたのである。

戦前から戦後にかけて、淘汰された私立小学校と存続・発展した私立小学校とを比較した場合、児童中心主義な思想に基づく教育実践の導入よりもむしろ、併設上級学校の存在や社会的評価が私立小学校の自己保存にとっては最も重要なファクターであった。あるいは、併設上級学校を有することが小学校を含めた私立学校（財団）法人全体の存続につながったこともあっただろう。さらにいえば、保護者の教育意識や教育戦略を踏まえたとき、併設上級学校の存在は子どもに高い学歴を期待する新中間層家族の教育要求を受け容れるものであった。存続した私立小学校は、学校の存続に止まらず、その後、新一年生に対する入学選抜考査を導入するほど入学定員を上回る入学希望者数を集め、今日においても発展している学校も少なくない。

他方、淘汰に至った私立小学校の最大要因は入学・在学数の減少に求められる。その背景には、併設上級学校との連絡関係（内部進学制度）が機能せず、そうかといって中等学校に向けた進学実績を十分にあげることができず、新中間層を中心とした私立小学校の入学志向を誘発できなかったことに求められるだろう。

以下、私立小学校の存廃を決定する要因としてあげられる併設上級学校の存在と私立学校法人（戦前は財団法人）

が複数の学校を併設していた意味について考察しよう。

戦前の私立学校は、学校組織・経営の不安定な状態や廃校・淘汰を回避する手段として、既存の学校に併設する形で相次ぐ学校の設置、あるいは学部・学科を新設するなどして、学校の規模を拡大していった。第1部（第1章～第4章）は、この点に注目して、一部の中等・高等教育機関が小学校を併設し、初等教育から中等・高等教育までの一貫教育体制を構築・制度化していったこと、そしてそれが新中間層を中心とする保護者らに支持され、私立小学校の存続（自己保存）や発展が可能になったという史実を明らかにした。

存続した私立小学校は、併設の私立中・高等教育機関との間で「一貫校」として制度化されることで、新一年生に対する入学選抜考査を導入するほど入学志願者を集めた。そのことによって、小学校を含めた私学（財団）法人全体の存続を可能にし、学校財政上の問題をある程度克服できたと推察される。また、私学一貫校においては、小学校教育が中等学校の受験や進学の問題に振り回されずに、理想の教育活動を一貫して実践できるという利点もあった。保護者にとっても、受験競争に巻き込まれず上級学校に無試験で優先的に進学できるメリットは非常に大きいものであったに違いない。

慶應義塾幼稚舎や日本女子大学校附属豊明小学校のように、高等教育機関を併設していた小学校の場合、併設高等教育機関の就職の機会・処遇の好転（女性の場合はそれに加えて配偶者の社会的地位）を受けて、小学校に入学すれば多くの者が卒業後も継続して慶應義塾や日本女子大学校の中等・高等教育機関に進学した。しかも、併設上級学校への内部進学は、他の一般入試で合格・入学する者よりも優先的に、場合によっては無試験で可能であった。つまり、これら高等教育機関を併設する小学校に入学した彼らは小学校の入学が許可されれば、その後はよほどのことがない限り、そのまま事実上の最終学歴（慶應義塾大学卒や日本女子大学校卒）が保証されていたのである。

成城小学校や成蹊小学校など、旧制高等学校を併設していた小学校の場合、男児の小学校入学は事実上、高等学校卒業までの教育を保証するものであり、卒業後は帝国大学や慶應義塾・早稲田など社会的評価の高い高等教育機関に進学し、そこで最終学歴を得ることができた。それのみならず、小学校卒業後帝国大学進学までストレートに進学する場合、通常は八年間（中学校五年間＋高等学校三年間）を要するのに対し、私立の旧制高等学校の場合はいずれも七年制中・高一貫教育を採用していたことから、難関をきわめた入学試験を経ずに高等学校に進学でき、なおかつ一年間早く卒業して、帝国大学をはじめとする高等教育機関に入学できた。その制度的な意味は非常に大きい。

中等教育機関（中学校・高等女学校）を併設した小学校の場合、主に中等教育段階の進学実績が小学校の入・在学者数あるいは小学校卒業児童の併設校への継続在学率に影響を及ぼした。とりわけ女性の場合は、中等・高等いずれの上級学校を併設するにしても、卒業生の進学・就職のみならず、配偶者の選択などを含めた卒業後の社会的地位達成が学校の社会的評価や威信の構築に大きな影響力をもっていた。

しかし、こうした学校経営がすべて創立者や学校関係者たちの思い通りに運んだわけではなかった。これについては、本章において明らかにした通りである。

淘汰に至った私立小学校の最大かつ直接の原因は、まずもって、入学を希望する児童の減少に求められるべきであろう。それに加えて、設立当初からの脆弱な財政基盤ゆえに、そもそも上級学校を併設できない、あるいは、上級学校を併設してもその学校が保護者の期待する進学実績を上げることができなかったこともあげられよう。そのために、本来子どもの個性や児童中心主義を重視した私立小学校は中等教育段階の進学に向けて詰め込み式の受験準備教育を導入せざるを得なくなり、逆に自由教育や新学校としての存在意義が問われることになってしまった。

逆に存続した私立小学校に注目すると、財政的・経営的に安定した私立中等・高等教育機関がさらに規模を拡大しようとして小学校を併設することもあった。〔表1・13〕であげたように、上級学校を併設し、戦後まで存続した私立小学校の多くは中等・高等教育機関の設置後に併設された学校である。安定的な財源を得られた後であるからこそ小学校の設置・経営にも踏み出すことができたのだろう。そうであるからこそ、小学校にとっては既に構築されていた併設上級学校の社会的評価や威信の「借用」を可能にし、入学（希望）者を集めることができたのではないだろうか。

いずれにしても、家族の私立小学校志向の誘因は、学校が児童中心主義・進歩主義的な教育理念を標榜・実践する一方で、子どもに知識や学歴をつけさせることを要求した学歴主義にも対応していたからである。学歴主義に対応した教育とは、いうまでもなく上級学校への進学やより高い学歴の取得を目的とした受験に特化した教育を意味する。だが、それは個性主義・自由主義を理念とする児童中心主義のカリキュラムとは対極の性格をもち、しばしば上級学校の入学試験に向けて知識の詰め込みが要求された。保護者は教育方針や要求を明らかにし、学校側もそれを十分に認知していたにも拘わらず、淘汰された私立小学校の多くはこうした保護者の要求に柔軟に応えることができなかった。

あるいは、自由ヶ丘学園小学校や帝国小学校のように、創設者の逝去に伴って教育理念が後継者に引き継がれなかったということもあるだろう。このような様々な原因が重なり合って、各私立小学校の教育活動が中断・変容してしまう場合も少なくなかった。

周知の通り、多くの私立小学校は、既存の公教育（特に公立小学校）における教育活動に対するアンチテーゼとして設立された経緯をもつ。したがって、学校が理想とした児童中心主義・進歩主義的な新教育を継続的に実践しても、あるいは、それと対極にある受験準備教育に重点を置いて実践したとしても、新教育の実践の中断もしくは変容によって、私立小学校の存在意義が問われるようになったのは当然の帰結である。さらにいえば、新学校のなかにも、進歩主義的な教育思想や実践のみをセールスポイントとして捉え、それに徹頭徹尾拘泥した結果、中等学校の進学や受験問題についてては十分な配慮をしなかった学校もあった。その多くが「新教育のカリスマ」ともいうべき人物によって創立され、多数の論文・著作・雑誌を積極的に寄稿・刊行し、全国の教育関係者にその名が知られるような学校（西山の帝国小学校、手塚の自由ヶ丘学園小学校、野口らの池袋児童の村小学校など）である。歴史的想像力をたくましくすれば、自由主義・個性主義の新教育の思想や実践を信奉し、「理想の教育」を深く追求し、かような人物評が確立されたカリスマ的な人物や学校であればあるほど、逆にその社会的評価に拘束されて、教育理念に反する進学問題や受験教育にコミットできない状況を招いてしまったのではないだろうか。

しかし、国立学園小学校は上級学校を併設せず、前述の新教育か旧教育かという二項対立を超えて、発達段階にあわせて保護者や子どものニーズにあわせた教育活動を行った。同校は、低学年では「子ども一人ひとりの個性」を大切にし、体験を重視した学習活動・実践を導入しつつ、高学年になると「子ども一人ひとりの個性」を大切にした進路指導、一人ひとりの志望校にあわせた積極的な受験指導へとマイナーチェンジを図り、一定の進学実績をあげることで、支持を集め、在籍児童数を伸ばしていった。校長・山本丑蔵は大正新教育運動の影響を受けつつも、その運動の中心人物ではなかった。だからこそ、体験や遊びなどを重視した児童中心主義的な自由教育の実践のみに拘泥せず、むしろ保護者の社会階層やその教育要求（受験・進学に向けた教育）にあわせて、教育方針やカリキュラムの微調整を図ることができたようにおもわれる。

続く第2部（第5章〜第8章）では、第1部で得られた知見を受けて、併設上級学校の社会的評価も手伝って入学（希望）者数を増やした私立小学校の一部が、入学定員を上回るほどの志願者を集め、その結果導入された入学選抜考査について考察する。これまでの先行研究は、新中間層の私立小学校志向（入学動機・理由）について注目・考察してきたものの、私立小学校側が入学志願者を選抜した過程やメカニズムについてはほとんど注目していない。私立小学校の「入学者」の分析に当たっては、「入学志願者」を選別した私立小学校の入学選抜考査にも注目しなければならないのであり、入学選抜考査の結果、どのような子どもが入学を許可（＝合格）されたのか、私立小学校の選抜機能について検討する。

第2部
私立小学校の入学選抜メカニズム

第5章 入学選抜考査の導入

1 入学選抜考査導入以前の入学者決定のプロセス

本章の目的は、一部の私立小学校が大正期・昭和戦前期に入学希望者に対して行った入学選抜考査の導入とそのメカニズムに着目し、学校の選抜機能の観点から、私立小学校の「入学者」について明らかにすることにある。

私立小学校のなかには、成蹊小学校のように、創立当初から厳密な選考を科したうえで入学者を決定していく方法を採用していた学校もないわけではなかった。しかし、多くの小学校は入学希望者を先着順に受け付けて、入学定員に達したところで締め切るか、受付順に個別に面接や知能検査や身体測定を行ったうえで、順次入学者を決定していった。入学選抜考査が行われたとしても、それほど極端なものではなく、簡単な方法で検査を行ったうえで、希望者のほぼ全員に対して入学を認めていた。

一九一八（大正七）年の暁星小学校は、「入学申込者多数のため既に二箇月以前本校の予定数に達し、以後の申込者は遺憾ながら謝絶の止む無きに至れり」（暁星学校・一九一八：一六頁）とあるように、この当時の同校では申込先着順に受け付け、入学者を決めていたようである。この時期の暁星小学校に関する各種史資料を確認する限りでは、同校で入学選抜考査を導入していた史実を確認することはできない。

慶應義塾幼稚舎は、創立当初は中途入学者のほうがはるかに多く、新一年生の入学希望者に対しては、舎長（学校長）が個別に子ども本人に面接して「簡単な学力」を試したうえで、順次入学者を決定していったという（慶應義塾幼稚舎・一九六五）。入学選抜考査が導入される二年前の一九一八（大正七）年に慶應義塾幼稚舎の新一年生として入学した歌手・藤山一郎（一九一一～一九九三）の述懐するところによると、その「簡単な学力」とは「面接の時試験官が懐中時計を出して『セコンド（秒針―引用者）の音が聞こえるかい』と聞く。私は時計を耳にあてて何も聞こえないので『聞こえません』と答えた」（日本経済新聞社・一九八四：一七五頁）という程度に過ぎなかった。

このほか、池袋児童の村小学校では、教師のほうが入学を希望する家庭に赴き、保護者が学校の教育理念へ賛同していれば、すべての児童に対して入学を許可していた。同校の入学者募集の様子について伝える『教育の世紀』誌の第二号第三巻（一九二四年三月号）から判明する限りでは、入学選抜考査の類は一切実施せず、学校の教育方針に理解と賛同が得られれば、ほとんどの児童の入学を認めていたようである。

その様子については以下の通りである。

一月の末から児童募集を開始した。……翌日から三人五人と入学志願者がやって来た。来る人も来る人も、みんな教育の熱愛者である。現代の教育にウンザリしてゐる人々である。であるから教育の世紀社の教育精神に共鳴してゐる事は勿論である。

……

それらの人々に対して、吾々は一々児童の村の組織や、方法などに就て説明する。そして十分の理解を求むる。その上で志望申込書を受付ける。

それから、なるべく志望者の自宅へ出かけて行く。毎日夕刻から二軒三軒と志望者の内《ママ》を廻る。そして親たちと共に子供に逢ふ。そこで入学志望者の詮衡をするわけだ。まづ保護者に対して、児童の村の教育方針等に対する意見をきく、それからその家庭に於ける教育上の意見並に実際の状況をきく。それから志望の子供をみる。五官は完全であるか、体は普通であるか、能力はどうか、教育を受くるに堪へうるか等、そんな事を吟味して、諾否を決定する。即ち

一、親たちの教育に対する考へはどうか。
二、児童の村の教育組織及方針の了解は
三、志望者の身分が普通の教育をとげてゐるか否か

これだけの点がこちらの考に合致すれば、どんどん入学を承諾する。何も優秀児である必要はなく、ブルジョワの子である必要もない。申込順によつてどんどんきめて行く（一記者・一九二四：六二―六四頁）。

このように、「どんどん入学を承諾する。……申込順によつてどんどんきめて行く」という入学者選考の方法は、そもそも入学を希望する家族が多くはなかったのか、実際のところは学校が保護者の教育方針とはほとんど無関係で入学を許可していたともいわれ（門脇・一九八一）、学校の選抜機能はほとんど有名無実化していた。

発足間もない一九二〇（大正九）年の成城小学校では、入学希望者を先着順に受け付け、体力検査や知能テストによって入学希望者を「普通児」と「低能児《ママ》」とに大別し、前者に対して順次入学を許可する方法を採用した。この場合の知能テストは「正常ならざる者」としての「低能児《ママ》」の発見、すなわち「負の選抜」（Meadmore, 1993）を目的に行われ、入学を許可されなかった者は毎年二名から三名程度に過ぎなかったという（澤柳・一九二〇）。

ところが、先の第1部で考察したように一九二〇年代以降、中等・高等教育機関を併設するなど進学の便を図っていた一部の私立小学校では、入学定員を上回る多数の入学希望者が集まるようになった。その結果、これらの小学校

は入学者を選抜するために、選抜考査を相次いで導入していった。なお、ここで言う「入学選抜考査」とは、学校によって若干の差こそあれ、入学志願者が志望校に来校し、学校が子どもやその保護者にほぼ同一の選考課題を課し、それぞれの成果・業績を同一の基準で評価し、それをもとに入学の可否（合否）を判定するという一連の過程を意味する。

先にあげた暁星小学校では、併設の中学校が多数の高等学校進学者を輩出するようになる一九二五（大正一四）年になると、入学選抜考査を導入するようになった。

小学部一年の入学志望者多数に上るので、一月十二日（月）から選抜のため考査を開始した。今日から約二週間毎日十数名宛考査を行ひ、結局入学許可をしたのは八十六名である。入学の出来得なかつた多数の児童と其父兄に対しては誠に遺憾の次第であつた（暁星学校・一九二五：一二頁）。

これによると暁星小学校の入学選抜考査は、入学希望者を評価・選考し、その結果〈合格者〉と〈不合格者〉が同時に誕生している。つまり、誰かが合格すれば、誰かが不合格になるという意味で、それはゼロ・サム（零和）競争であった。

史資料の関係上、各小学校の入学競争倍率を年度別に追って、その変動を考察することは難しいが、部分的に示した主な私立小学校の入学競争倍率は〔表5・1〕の通りである。時系列的に見れば、敗戦直前・直後は戦禍の影響を受けて入学志願者の極端な減少が見られるものの、全体として入学希望者は増加している。

2　少人数教育と入学選抜考査との関係

入学選抜考査の導入の契機を考察しようとする際に、入学希望者の増加のみならず、学校側の入学定員の問題も同時に視野に入れながら検討していく必要があるだろう。自発的結社としての私立小学校の多くは、同時期の公立小学校で行われていた複式学級や五〇名を越える学級運営に対するアンチテーゼとして、カリキュラムの独自性や少人数学級・少人数教育を導入、それをセールスポイントにしていた。

〔表5・1〕主な私立小学校の入学競争倍率（1920年代～1950年代）

【慶應義塾幼稚舎】

時期	入学志願者(A)	入学許可(B)	入学倍率（A/B）
1920年	120	98	1.22
1921年	210	102	2.06
1922年	302	90	3.36
1946年	105	70	1.50
1949年	509	131	3.89
1951年	605	129	4.69

〔出典〕慶應義塾幼稚舎（1965）『稿本慶應義塾幼稚舎』明文社、430－432頁、および同（1970）『慶應義塾幼稚舎（戦後編）』明文社、102－103頁。

【成城小学校（成城学園初等学校）】

時期	入学志願者(A)	入学許可(B)	入学倍率（A/B）
1929年	66	42	1.57
1931年	69	51	1.35
1932年	61	45	1.36
1952年	114	65	1.75
1953年	151	64	2.36
1954年	228	77	2.96

〔出典〕成城学園『教育問題研究』第32号、57号、69号。成城学園教育研究会（1957）『成城教育』第三号、47頁。

【成蹊小学校】

時期	入学志願者(A)	入学許可(B)	入学倍率（A/B）
1950年	174	53	3.28
1941年	204	60	3.40
1948年	238	90	2.64

〔出典〕成蹊学園教育研究所（1959）『所報』第2号、4頁、および（1960）『所報』第3号、1頁。（1961）『所報』第4号、26頁。

【東洋英和女学校小学科（東洋英和女学院小学部）】

※附属幼稚園からの内部進学者も含む。

時期	入学志願者(A)	入学許可(B)	入学倍率（A/B）
1935年	67	48	1.40
1936年	81	51	1.59
1937年	87	53	1.64
1950年	145	52	2.79

〔出典〕東洋英和女学院（1984）『東洋英和女学院百年史』320頁・417頁。

各私立小学校が少人数教育を導入した理由については以下の通りである。

> 成蹊小学校は「小学校では一学級卅《(三十)》名を超しては到底十分なる世話はできないと思ふ……普通の学校の教師をみると児童の精神状態などに注意せず生徒が教はる気分になつてゐるやうがゐまいが一向頓着なしで教へている。……定員を卅名に減じたと仮定してどんな利益があるかと考えると、個性の観察の余裕も出来随つて適当な指導をも与へ得、級全体の精神統一も期し得る故、教授の徹底も期せられ随つて教育者としての趣味が充分に味はれるのである」（中村春二・一九二三：七―九頁）として、一学級三〇名以下の少人数の子どもを対象に実践を貫いた。
>
> また、「新教育の殿堂」としてその名を馳せた成城小学校は、一学年二学級の計六〇名以下（一学級三〇名以下）の学校・学級運営をめざした理由について、「（複式学級・多人数教育が―引用者）型にはめた均一教育に堕するのは当然の結果であ」り、「斯くして各児童天賦の能力を夫れぞれ遺憾なく発揮せしむる事については本校の最も意を用ひんとすべき所であります。思ふに真の教育は個々具体の人を対象とすべきものでありませう。換言しますれば此の国の教育此の地方の此の家の此の子と云ふ目前の生きた児童を対象として其の性情能力に適合した教育をせねばなりません」（赤井・一九二三：二―三頁）と述べている。

入学選抜考査との関連で言えば、少人数教育の導入は〈入学定員の小規模化〉を意味する。収容する児童数の基準である入学定員が小規模で、そこに定員を上回る入学希望者が殺到すれば、少ないパイの配分をめぐる競争は激化することになる。つまり、私立小学校の入学選抜考査の導入を考えるうえで、少人数による教育実践は各小学校の教育理念に合わせた入学定員の縮減を意味し、増加する入学希望者を選抜し、競争が激化せざるを得ない要因のひとつにもなっていた。

たとえば、中村春二は、成蹊小学校における少人数定員の実践と入学選抜考査との間で生じたジレンマを以下のように説明している。

思ひ悩んだ成蹊小学校の入学詮衡の一月廿（二）五日は遂に来た。……熱心に信任せる志願者に対しては、学校側でもその意気に感激して、凡て入学を許すべきである。が、然し人員には限りがある。この上人員を増したら、一般の小学校の様に不徹底な結果となるので、矢張り外見で誤魔かすやうな方法を取るより外はない。このやうなことはどうしても出来ぬ。それ故、人員を増せない（中村・一九二〇：一頁）。

このように小規模の入学定員の設定は、私立小学校が特色を打ち出していた少人数教育の重要な前提条件になっていたと考えられる。一部の私立小学校では、入学希望者の増加を受けて、一学級の定員を維持しつつ、学年定員の増員や学級（クラス）の増設をもってこれに対応しようとしたが、設備や教員数と費用の点から限界が生じ、すべての入学希望者を受け入れることはできなかった。

つまり、私立小学校が公立学校のアンチテーゼとして少人数による独自の教育実践を志向すればするほど、先の平塚らいてうの事例で見たような公立学校に対する不信感が煽られた。その結果、増加の一途を辿る入学希望者は小枠の入学定員に殺到した。しかし、それは入学選抜考査を導入し、競争を激化させる一因になっていたのである。

3　児童募集の方法

入学許可を与えられる〈合格者〉とそうではない〈不合格者〉とは、どのような選抜過程を経て、決定されていったのだろうか。本節では、入学希望者の募集段階から、当日の入学選抜考査の様子までを明らかにし、〈合格者〉と〈不合格者〉が決定された過程について明らかにしよう。

多くの私立小学校の入学選抜考査は、中等教育機関および高等教育機関などと同様に、一月から二月を中心に実施されることが多く、それに先立って前年の一二月から翌一月には〔図5・1〕のような新入生募集記事が「宣伝広

〔図5・1〕慶應義塾幼稚舎の児童募集記事

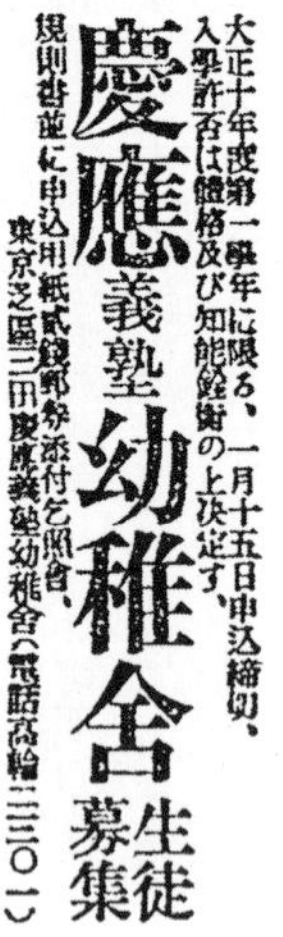

大正十年度第一學年に限る、一月十五日申込締切、
入學許否は體格及び知能銓衡の上決定す、
慶應義塾幼稚舎
生徒募集
規則書並に申込用紙貳錢郵券添付乞照會、
東京芝區三田慶應義塾幼稚舎（電話高輪二三〇一）

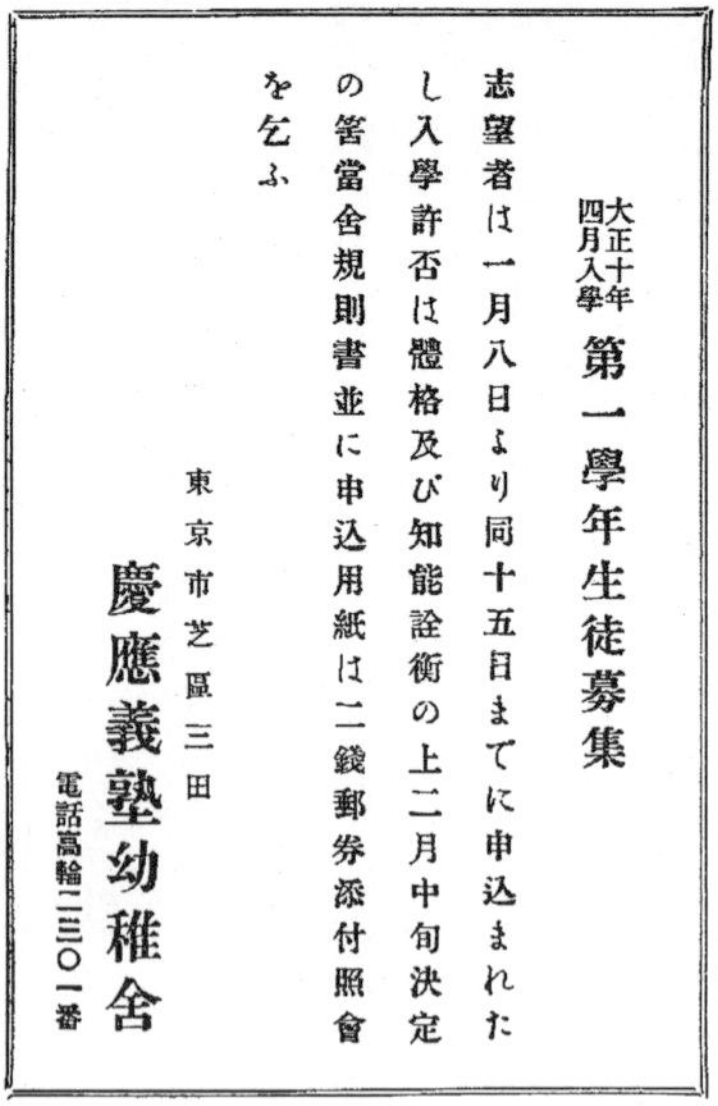

大正十年四月入學 第一學年生徒募集

志望者は一月八日より同十五日までに申込まれたし入學許否は體格及び知能詮衡の上二月中旬決定の答當舎規則書並に申込用紙は二錢郵券添付照會を乞ふ

東京市芝區三田
慶應義塾幼稚舎
電話高輪二三〇一番

〔出典〕右：『時事新報』大正九年十二月九日号。左：『三田評論』大正九年十二月号。

告」として新聞や雑誌などに掲載された。

これら新入生・入学者の募集の記事は、大衆雑誌や一般紙の類ではなく、各学校の刊行物や各学校と関係の強い新聞や雑誌上にのみ掲載されていた。それは、一九三〇（昭和五）年一月〜四三（昭和一八）年一二月の間に、いわゆる一般紙のひとつである「東京朝日新聞」紙の全記事において、私立小学校の入学案内や入学者の募集記事が一件も確認されなかったことからも傍証できる。

その一方で、〔図5・1〕を含め、慶應義塾幼稚舎の新入生の募集記事は、慶應義塾が刊行する『三田評論』（一九一五年までは『慶應義塾学報』と呼ばれた）のほか、一八八二（明治一五）年に福澤諭吉が「不偏不党」を掲げて慶應義塾とその関係者の協力を得て創刊した日刊新聞『時事新報』に掲載されることが多かった。『時事新報』には、慶應義塾の教育方針・内容、福澤とその関係者たちの啓蒙的な論説が多数掲載されていた。

このほか、日本女子大学校附属豊明小学校の入学試験関連の記事は同校の刊行する『家庭週報』に、成蹊小学校の児童募集の案内も、やはり同学園出版社刊行の『母と子』や『新教育』などの雑誌の巻末に「成蹊小学校第一学年入学希望の方に」と入学希望者を呼びかける広告を掲載している〔図5・2〕。

こうした児童募集の広告記事には、〔図5・1〕や〔図5・2〕を見れば明らかなように、入学選抜考査の日程や募集人員のほか、願書受付期間、入学出願の手続き、考査課題の内容などが明記されていた。

ところで、ここで注目すべきは、入学募集広告の掲載された雑誌・新聞とその購読者との関係である。特定の私立学校、または、その学校と特に関係の強いメディアが刊行する雑誌や新聞の購読者の多くは、それぞれの学校の卒業生をはじめとして、学校や創立者など学校関係者の教育理念や社会思想に強く共感している文字通りの「支持者」（保護者や篤志家など）と大きく重なるとおもわれる。さらにいえば、これらの新聞・雑誌などの購読者は、当該学校の支持層であるのみならず、入学志願者として最も可能性のある層であるともいえる。彼らは、新聞や雑誌に掲載された入学者募集関連の記事から、入学選抜考査の存在そのものを察知し、同時に入試の時期や選抜の方法などについても熟知していた可能性の高い集団である。他方では、こうしたメディアに接触することもなく、したがって私立小学校の入学選抜考査の存在すら知らない者のほうが圧倒的多数だったのではないだろうか。メディアを通じた入学選抜考査関連の情報獲得の有無は、入学選抜考査以前の予備的選抜であり、選抜自体が「閉じた競争」であったことを意味する。

〔図5・2〕成蹊小学校の児童募集

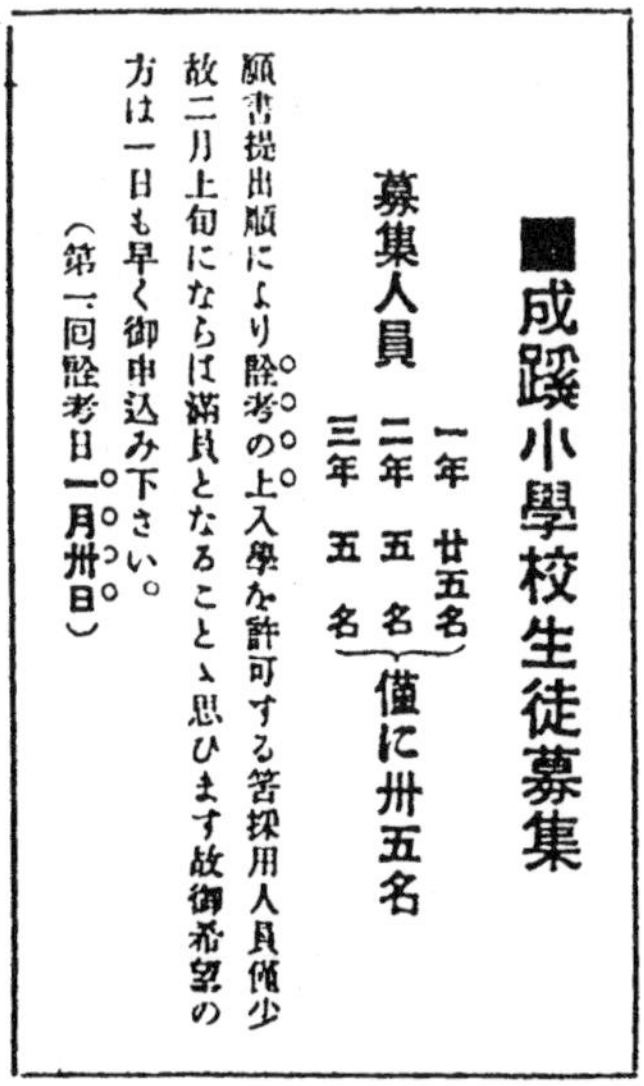
■成蹊小學校生徒募集

募集人員　一年　廿五名　二年　五名　三年　五名　僅に卅五名

願書提出順により銓考の上入學を許可する筈採用人員僅少故二月上旬にならば滿員となることゝ思ひます故御希望の方は一日も早く御申込み下さい。

（第一回銓考日一月卅日）

〔出典〕成蹊学校『新教育』第二巻第二号（大正五年一月号）。

4　入学選抜考査の様相

私立小学校は、入学定員を上回る入学希望者に対して、各校それぞれに独自の考査課題を課して選抜していた。それは〔表5・2〕に示す通り、学校によって若干の違いこそあれ、子ども（幼児）に対しては知能テスト（行動観察形式のようなものも含む）、遊戯、リトミック、面接などの課題を課していた。子どものみならず、保護者に対しても面接を実施す

〔表5・2〕主な私立小学校の入学考査課題

	時期	メンタルテスト	身体測定	リトミック	遊戯	父兄面接	その他
慶應義塾幼稚舎	1920年	○	○			○	
成蹊小学校	1921年	○	○		○	○	授業参加
東洋英和女学校小学科	1925年	○	○			○	
成城小学校	1929年	○	○	○	○	○	
日本女子大附豊明小学校	1930年		○	○	○	○	
自由学園初等部	1935年	○	○			○	対児童面接
青山学院緑岡小学校	1937年	○	○			○	
立教小学校	1948年	○	○			○	

〔註〕○印は実施されていたことが確認された考査課題、空欄は実施が確認されなかった考査課題をさす。

〔出典〕慶應義塾幼稚舎（1965）『稿本　慶應義塾幼稚舎史』明文社、430－432頁、成蹊学園（1921）『母と子』（第7巻第11号）2－6頁、東洋英和女学院（1984）『東洋英和女学院百年史』195頁、谷口泉（1929）「新一年生の入学考査を了えて」成城学園『教育問題研究・全人』第32号、125頁－127頁、日本女子大学附属豊明小学校八十年史編纂委員会（1988）『日本女子大学附属豊明小学校八十年史』80－82頁、羽仁進（1984）『自由学園物語』講談社、第一章、青山学院（1965）『青山学院九十年史』447頁、立教小学校（1977）『立教小学校三十年史』17－18頁。

る学校もあり、それぞれの評価について総合的に判断し、〈合格者〉と〈不合格者〉を決定していった。なお、幼児を対象とする入学選抜考査は、基本的に文字や数字などのリテラシーに対して無知であることが前提となっていたため、その種のリテラシーを使用した学力テストなどは忌避されることが多かった。

以下、いくつかの私立小学校の入学選抜考査の様子を見ていこう。

まず、一九二〇（大正九）年に初めて入学選抜考査を導入した慶應義塾幼稚舎の様子を見てみよう。戦前期の慶應義塾幼稚舎では、主に「体格」（身体測定）と「知能」について考査が行われ、いずれの考査においても「優秀」と評価された者に限って入学を許可していたようである（慶應義塾・一九三二）。

　1．入学希望者のテストの件、四組に分ち一組にて一問より六問までテストすること、教室二箇を一組に充当し、一箇を控室として一箇は試験室とす。

1．一組の試験員は二名。（一）村野幸太郎、長谷川宥太郎、（二）位上清、菊池知勇、（三）野田千太郎、仁木林之助、（四）柳沼弥右衛門、相川新治。教室を身体検査場とす。講堂を身体試験の休憩室にあてる。身体検査は医科大学より小児科の医師来りて……最も綿密に検査す。江沢（清太郎）氏其の監督となる。星野（静枝）氏手伝、寄宿舎女中同様、小林（澄兄）氏、山村材美氏、根来（義二）氏は応接の任に当たる。

1．テストのマーク　a 合　b' b'' b''' 疑問の方　c 不

予定通りテスト実行、午前、午後を通じ、来るもの百二十余名、現在幼稚舎生の弟、及び塾関係者を先にとること、し、採択は一切教務係に任す。テストは思つたより容易に行はれたり。

その当時の慶應義塾幼稚舎で行われた入学選抜考査の課題の内容については、慶應義塾自ら刊行した『慶應義塾入学案内』のなかの「慶應義塾幼稚舎入学案内　幼稚舎入学の秘訣」に詳しく描かれている。それを以下に引用しよう。

> （入学選抜考査の知能テストは─引用者）児童の生活範囲内の問題のことであるから決して困難なものではない。例へば、「人込みの中で伴《ママ》れの兄さんとはぐれてしまつたら君はどうしますか」「君の家はどこですか」「君の年はいくつですか」「兄弟姉妹は何人ありますか」「お父さまは毎日何をなさつていらつしやいますか」等の質問から、毛絲数種をならべてその色を識別させたり、三角形や圓形や正方形等の名称を尋ねたり又は書かせたり。好きな動物や遊びごとを聞いたり、積木で何かを注文して作らせてみたり、筆と鉛筆或は電車と自動車の類似点や

相似点を問ふたり、ハンカチや金槌や蝋燭等の各名称や用途等といつたやうな問題である……簡単な時間の概念や少しこみいつた問題で子弟の判断力を養成して置くことも必要な事のやうである（慶應義塾・一九三二：三七八頁）。

また、この『入学案内』は、慶應義塾幼稚舎の入学選抜考査の課題に関して、志願する保護者に対して注意を喚起している。「子弟が幼い時から両親の正しい家庭生活の中に順調に育て上げて貰へば、それで立派に入学の開門を無事に通過できるものであ」り、保護者、とりわけ母親に対して「速成的に子供に吹込みやつめこみ教育をやること」や「受験のためにわざわざ急ごしらへに子供に吹込んで『かう聞けばかく答へよ』とか言つても無駄である」などと記されている（慶應義塾・一九三二：三七六―三七八頁）。

これにつづいて、一九二〇（大正九）年当時の成蹊小学校の入学選抜考査の様子についても検討しよう。

当時の成蹊小学校の入学選抜では、入学志願者の子どものみならず、その保護者の様子に注目して選抜を実施していたようである。当時の成蹊小学校では定員四五名（男子三〇名、女子一五名）に対して、百数十名の志願者があったという。成蹊小学校は以下の手続きを踏んで入学志願者を選抜し、〈合格者〉を決定した。なお、当時の成蹊小学校では入学選抜考査を「詮衡《せんこう》」と呼んでいた。

十月一ぱいに願書を差出しますと、それを月末に締切り……十一月の初めから、三四名づゝ成蹊小学校に志願さる、子供を連れられて母親の方の御参校を御願いたします。そして実際に成蹊小学校生徒の授業を受けたり遊んだり、作業をしているのを志願者の母上に見ていたゞき、その御子様の様子如何を、十名の訓導と小学校長の小瀬が観察します。これが十一月中に済みますと、十二月に入学者の詮衡の職員会議を開き、合議制で採用不採用を決定いたします。……その詮衡の材料として子供に試問はいたします、けれどその答に付ては重きを置きません。例えば、「一から百までの知つて居る数をかぞえてごらんなさい」と御尋ねしたことがあります。……然しこれらの試問が出来たから合格、出来なかつたから不合格をきめるのではありません。たゞどんな子だか、学校入学前母親の手がはいつているかどうかとゆうことを見るので、入学前母親の手がはいつたからよい。はいらないからいけない、とゆうわけでもありません。どつちかと申すと、あまり母親の手が入りすぎて小悧口に頭をはたらかせる子は、私共は歓迎しません（中村・一九二二：三―四頁）。

成蹊小学校でも、子どもに対して、面接法によるメンタルテストを課していた。しかし、子どもの回答の出来／不出来による評価基準のみで合否を判定していたわけではないという点は学園長である中村春二の先の記述からも読み取ることができる。

慶應義塾幼稚舎と成蹊小学校の学校関係者がともに入学志願者である家族（特に母親）に呼びかけているのは、子どもに対して余計な手をかけていない、つまり必要以上の入学準備教育を施していないということである。それは一方で「純真無垢」な子どもを求めているともいえよう。だが、それは「何も知らないこと」（無知）を意味するものではない。成蹊小学校の入学選抜考査では、一から一〇〇までの数や図形の名称あるいは時間の概念などが出題されている。これらは小学校入学後に学習すべき内容である。入学選抜考査で出題される限り、小学校入学以前に、既に学習・理解していることがある程度前提になっている。ここから、私立小学校は、希望する入学者としての子どもについて、入学準備で親の手のかかり過ぎていない「子どもらしさ」（純真無垢さ）とともに、小学校入学の前提となる知識の有無も問うていた。その意味では、新中間層の保護者の教育意識と同様、学校もまた矛盾するはずの童心主義と知識主義を同時に求めていたことが看取される。

さらに、成城小学校の入学選抜考査に注目しよう。

一九二九（昭和四）年度の成城小学校の入学選抜考査の様子をまとめ伝える、ある一教員の記述が残されている。

これは教員（試験官）から見た入学選抜考査の様子である。

二月九日に行われた入学考査につき簡単にその順序を述べます。幼いながらも持つ一種の不安と緊張から開放して、郊外へ散歩に来たといふやうな、のんびりした気分を抱かしめたいほどぽかぽか暖いよい天気を朝早くから来て、授業を参観して居られる熱心な父兄や、又病床の愛童を医師と相談の上熱の少し下つたのを見計つて連れて来られた、涙ぐましい母親もあつた。美術室が控室にあてられ六年の女子が甲斐々々しく接待の役に従つた。出席を調べ、児童の胸に番号と姓名を記した紙札をつけさせた。午後一時開始。父兄は講堂にて小原先生のお話を伺ひ、男児は幼稚園へ行つて小林（宗作―引用者）先生主任の下にリトミックのテストを受けた。女児は榊組教室にて知能方のテストを受けた。記憶は山口、久間の両先生。構成は石原先生。想像は拙者。描書は関先生。色彩は岸先生の諸先生が分担された。次に男女が入れかわつてテストを受け終つた。子供は白樺組教室で遊ばせ、菓子を与へ、レコードを中村先生がやつて下さつた。勿論其の間も子供に気付かれないやうにして、動作態度に留意するのである。次に順次に、田中先生が数名の職員立会の上、父兄とその子供に一緒に会つて、最後の観察をされたのである。全部終つたのが五時頃。委員全部職員室に会し、各自の観察記入した用紙をつき合わせ、夫々意見を述べた上、小原先生が決定されたのである。夜行で旅立たれる多忙な小原先生が、児童の願書を落の方へ入れられるとき、「神様お許しください」と、つぶやかれた姿がまざまざと目にのこつてゐます（谷口・一九二九：一二七頁）。

合否判定は、学校関係者に共通して、最も心痛の場面であったようだ。

小原と同様に、成蹊の中村も、小学校の入学選抜考査について、「寂しき心」と題する小論を書き、以下のように述べている。

一年生の詮衡と云つたところで、充分な能力実験が出来るとしても、年長者と異り、特別な重大な意義があるのではない。……詮衡を行はなければ、籤で定める外はない。籤できめるのも嫌だ。これもやむなく詮衡を実施する理由である。……やむなく簡単な知力試験をし一般の衆議によつて定員だけの入学者を決定した。すると、いろいろの方面から何故入れて呉れなかつたかと、落選の理由を問はれる、推薦者の体面を立てて頂きたいとの申し出もある。皆御尤の次第で、何とも弁解の詞もない。小学主事の小瀬（寛顕―引用者）君と共に打合して、あやまる外はないと、それらの父兄にひたすら済みません済みませんと幾度もあやまつた。詮衡の時の子女の顔が明かに印象されて、落選したその顔が目の先にちらちらするやう。私の心は寂しかつた（中村・一九二〇：一一二頁）。

他方、入学選抜考査は子どもの目にはどのように映ったのだろうか。

一九三五（昭和一〇）年の東洋英和女学校小学科の一卒業生（H子《ママ》）が「小学科の思出」なる日記を書き残している。このなかに、彼女自身が六年前（一九二九年当時）に経験した入学選抜考査の当日の様子を記している「入学考査の日」と題する一節がある。彼女は入学選抜考査の様子を以下のように述懐している。これは、先に引用した成城小学校の入学選抜考査とほぼ同時期の様子である。

肉色の校舎の上には灰色の雨雲がどんよりとかゝり、小雨がぱらぱらと校庭の八つ手の葉に降りかゝつていた頃。私は盛に試験の問題を出されて居た。

「では、こゝにあるお箸や、おわんでおぜん立てをしてごらんなさい」といはれて、私は一生けんめいほてる顔をうつむかせて、おぜん立てした。

〔図5・3〕成城小学校の入学選抜考査で用いられた個票

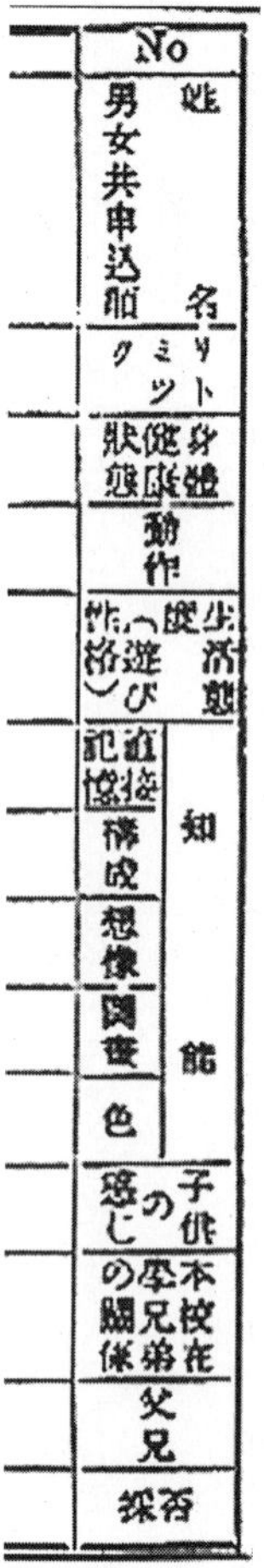

〔出典〕谷口泉（1929）「新一年生の入学考査を了えて」成城学園『教育問題研究・全人』（昭和4年3月号）第32号、127頁。

何んにもしらず唯女中にばかりやらせて居た私のこと、て、この問題はこの上になくむずかしかつた。

やつとをはつて部屋を出ると私はすぐ小走りで母の所へかけていつた。

私はだまつてうつむいて居た。

なぜつて!!私は、あのおぜん立てがあやふやだつたですもの（H子・一九三五：六一頁）(1)。

近代における「試験」の誕生によって、一人ひとりの子どもは監視の対象となった。子どもたちの成果や業績は分類・記録・評価され、それに応じて合否が決定された。

入学志願者の子どもたち（幼児）は、「気付かれないやうにして、動作態度に留意」されたり、「その（遊戯考査―引用者）間に候補者の一言一言によく注意」（日本女子大学附属豊明小学校八十年史編纂委員会・一九八八：八二頁）されることで、その一連の行動が記録・評価されたのである。

そして、その成果は〔図5・3〕のような個表に記載された。河野（一九九五）が明らかにしているように、こうした個表は、日本では一八九〇年代以降、「表薄の個人化」と言うべき事態が進行し、対象となる児童・生徒を絶えざる評価活動の監視下に置くという新しい社会認識とあわせて登場したとされる。また、個表は単なる監視の対象のみならず、集合表と併用することによって、それぞれの子どもたちの成績を比較可能なものにした。つまり、個表と集合表の併用によって、様々な入学希望者の評価・業績の比較可能性が担保され、合否判定を容易にした。

多くの私立小学校で導入されていた知能テストは、競争選抜型の入学選抜考査の手段として活用されることに伴って、負のレッテルやスティグマを貼られた入学志願者を選別・排除するという「負の選抜」装置から、定員を上回る数多くの入学希望者のなかから〈合格者〉を選び出すという「正の選抜」装置へと転換した(Meadmore, 1993)。このほか一部の私立小学校では、行動観察やリトミック・遊戯など大正新教育運動のなかで理論化された実践や活動が幼児向けにアレンジされ、考査課題として採用されることもあった。

また、子ども(幼児)のみならず、「父兄(面接)」(保護者面接)という項目が設けられていたことから、保護者の様子(発言内容や立ち振る舞いなど)も評価の対象になっていた。この「父兄面接」(保護者面接)では、主に、入学の意志、家庭における教育方針、入学希望の小学校の教育理念に対する賛否のほか、職業や収入といったきわめて個人的な要素までも問われることもあった。たとえば、成蹊小学校について言えば、「大正七年、私が学齢に達する頃の成蹊は学費負担能力についてやかましく駄目をおしたようでもある」という一卒業生の記録も残されている(成蹊学園教育研究所・一九六一:一七二頁)。

「父兄面接」(保護者面接)とは、入学を希望する保護者が学校の教育理念や教育活動への絶対的な信頼を〈告白〉する場であるとともに、学校が求める高額な授業料の負担能力の確認が行われた(2)。その背景には、戦前期における私立小学校の学校運営が授業料収入に大きく依存し、授業料を高額に設定せざるを得なかったことがあげられる。第4章で明らかにしたように、私立小学校のなかには多数の中途退学者を出し、その結果、廃校に追い込まれた学校も少なくなかった。そのため入学選抜考査においては、入学を希望する家族の経済的背景(とりわけ授業料負担能力)や教育方針を十分に注意して見極める必要があったのである。

家族の経済的背景に対する注目は当時の入学願書の調査項目の内容からも窺い知ることができる。たとえば、〔図5・4〕に示したのは東洋英和女学校小学科の一九四〇(昭和一五)年当時の入学願書である。

〔図5・4〕東洋英和女学校小学科の入学願書（1940年当時）

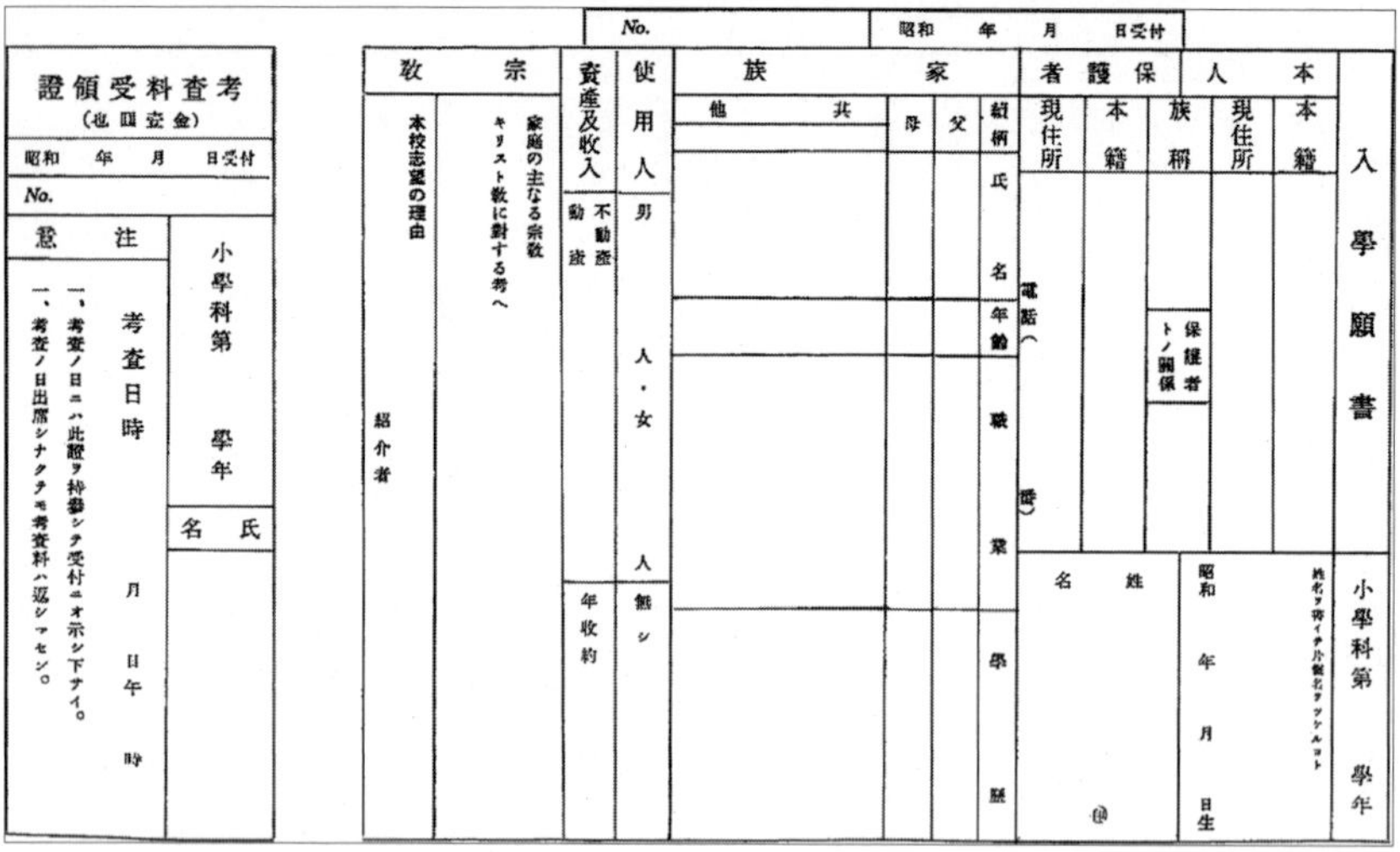

No.　昭和　年　月　日受付

入學願書

小學科第　學年

本人	
本籍	
現住所	
族稱	
保護者トノ關係	

保護者	
本籍	
現住所	電話（　番）

姓名ヲ寄イテ片假名ヲツケルコト　姓　名　㊞　昭和　年　月　日生

家族	父	母	其他
續柄			
氏名			
年齢			
職業			
學歴			

使用人　男　人・女　人　無シ

資産及收入　不動産　動産　年收約

宗教　家庭の主なる宗教　キリスト教に對する考へ　本校志望の理由　紹介者

考査料受領證
（金　圓也）
昭和　年　月　日受付
No.
小學科第　學年
氏名
注意
考査日時　月　日午　時
一、考査ノ日ニハ此證ヲ持參シテ受付ニオ示シ下サイ。
一、考査ノ日出席シナクテモ考査料ハ返シマセン。

〔出典〕東洋英和女学院史料室蔵。

この願書の内容によると、本人の氏名・住所、保護者の族称（族籍）・本籍・住所以外にも家族の具体的な属性（氏名・年齢・職業・学歴）に関する調査項目が並んでいる。さらに、家族の具体的な様子を知るうえで、女中など使用人の数、資産（ストック）と年収（フロー）など経済的資源に至るまで数多くの項目が盛り込まれている。このほか東洋英和女学校をはじめとしてミッション系の私立学校に特徴的だとおもわれるのが「宗教」に関連する項目である。家族の主たる宗教や「キリスト教に対する考へ」なども学校側が入学希望者に求めた情報のひとつになっていたことがわかる。家庭の教育方針や信仰する宗教を含めた宗教に対する考え方が学校の教育理念とどれだけ親和的であるかを確認するために設けられたのだろう。

さらに、志望理由と紹介者の名前まで具体的に明記させる項目も散見される。それは、入学者を選抜・決定するうえで学校ができるだけ多くの情報を収集することで、入学者候補の子どもとその家族を見極めようとする姿勢のあらわれにほかならない(3)。紹介者の存在などは第8章で扱う縁故入学制度の問題と関連しているのかもしれない。

以上から、子どもの資質のみならず、家庭における教育環境や経済的な条件と、学校の教育活動や教育方針に合致する子どもをいかにして入学させるか――それが私立小学校の入学選抜に課された最重要課題だったのである。

5　二重の選抜過程

本章は、一部の私立小学校が入学定員以上の入学希望者を集め、結果として「入学選抜考査」を導入するに至った過程と、入学選抜考査の様子について、学校所蔵史料などをもとに明らかにした。

学校設立当初もしくは入学選抜導入前の「入学者」については、学校側が新聞や雑誌など（しかもその学校と特に関係のあるメディア）に入学者募集の記事を掲載し、入学希望者の募集を行い、それに呼応した者を順次に受け付けていくか、あるいは、入学希望者を個々に学校に呼び出し、簡単な知能検査や身体測定などを行ったうえで、いわゆる「遅滞児《ママ》」ではない、いわゆる〈標準〉以上と認められた子どもたちを〈合格者〉として入学させる方法を採っていた（これを「負の選抜」という）。

その後、一部の私立小学校では、入学定員を超過するほどの志願者を集め、そのなかから入学候補者としての〈合格者〉を決定するために、入学選抜考査を導入せざるを得なくなった。それは、誰かが〈合格〉すれば、誰かが〈不合格〉になるという意味で、ゼロ・サム（零和）競争であった。

入学選抜考査導入の経緯には、入学希望者の増加のみならず、私立小学校が導入していた少人数学級による教育活動との関連も無視できない。私立小学校の多くが一学級三〇名以下で少人数の子どもたちを対象にした実践を強く志向していたこともあり、小規模の入学定員をそれ以上に拡大させることはできなかった。その結果、増加する入学希望者は小さな「受け皿」（入学定員）をめぐって競争せざるを得なくなった。少人数教育は私立小学校の入学選抜考査の導入と競争の激化を招来することになった。

その入学選抜考査においては、学校による違いこそあれ、メンタルテスト（知能テスト）のほかにも、大正新教育

〔図５・５〕成城学園初等学校の入学選抜考査風景

初等学校新１年生入学試験、親子面接風景（1952年２月）

初等学校新１年生入学試験、考査風景（1952年２月）

〔出典〕成城学園（1987）『成城学園70年の歩み』87頁。

運動において理論化・実践化されたリトミックなどの課題も採用されることがあり、これら一連の選考を経て、〈合格者〉と〈不合格者〉がそれぞれ選抜された。

以上のように、私立小学校の入学選抜考査とは、各学校が入学すべき子どもやその保護者を、ある種の理想像＝合格基準として予め設定し、その基準に照らしあわせて、入学希望者の成果・業績を評価し、〈合格者〉と〈不合格者〉とを選り分ける過程であったといえる。それは、「遅滞児《ママ》」の選別・排除（負の選抜）であるのみならず、〈標準〉以上と見なされた子どもたちのなかから、学校にとって「より望ましい子ども」を〈合格者〉として選び出す（正の選抜）二重の選抜過程であった。

ところで、その入学選抜考査の過程において、どのような子どもたちが〈合格者〉あるいは〈不合格者〉として評価・判定されたのだろうか。それを解く鍵が入学選抜考査の方法・内容・評価の特徴にあると考えられる。

まず、私立小学校の入学に当たっては、家庭における高額な授業料の負担能力や文化的な背景など、入学志願の段階での予備的選抜の諸条件をクリアしなければならなかった。それをクリアしても、多くの入学志願者のなかから入学候補者である〈合格者〉として評価・選抜されなければならなかった。

しかし、知能テストはまだしも、遊戯・リトミック・行動観察などの考査課題は、客観的な評価基準が唯一絶対に決定できないという意味で、〈目に見えない入学選抜考査〉と呼ぶこともできる。次章で詳しく検討するが、これはバーンスティン（1975＝一九八〇訳、1977＝一九八五訳）が提起した「目に見えない教育方法」になぞらえたものである。「目に見えない教育方法」が新中間層の子どもたちに親和的で、評価の面で有利に働くという説に拠れば、私立小学校の児童が都市新中間層を出身階層とする者で多数を占める背景になっていたとも考えられる。私立小学校に新中間層出身の子どもが多かったのは、そもそも入学志願者のなかに新中間層出身の子どもが多数含まれていたのみならず、入学選抜考査のあり方にも求められるのではないだろうか。つまり小学校が新中間層出身の子どもに有利になるような入学選抜考査を課していたからではないか、という推論が成り立つのである。

これまでの研究において明らかにされている通り、学校による違いこそあれ、多かれ少なかれ大正新教育運動の影響を受けた私立小学校の関係者たち（創立者・学校長・訓導・教員など）は、自らが構想する理想のカリキュラムや理想の学校などを提唱し、「教育」という後天的作用の意義をさかんに強調するものの、その被教育者である子どもについては一般論に抽象化し、その特性について具体的に論じることはあまりなかった。

いったい私立小学校はどのような子どもたちを入学者として選んだのか――そこで以下の章では、入学選抜考査に注目し、そのメカニズム（特に合否判定・評価の根拠）を解読していくことで、新学校を含む私立小学校が被教育者として求めた子ども像を具体的に明らかにしたい。

第6章

〈目に見えない入学選抜考査〉における能力と評価

1　児童心理学における知能研究の制度化とメンタルテストの導入

前章で明らかにしたように、私立小学校の入学選抜考査では、受験者である子ども（幼児）に対してメンタルテスト（知能テスト）、行動観察、リトミック、遊戯、面接などを、保護者に対しても面接を行う場合もあった。本章の目的は、入学選抜考査の課題が導入された経緯とともに、バーンスティンの提起した「目に見えない教育方法」（1975＝一九八〇訳、1977＝一九八五訳）に関する理論的な検討を踏まえて、私立小学校の入学選抜考査の特質を〈目に見えない入学選抜考査〉として捉え、入学志願者の子どもに対して行われた評価や合否判定のメカニズムを考察することにある。

比較的多くの私立小学校の入学選抜考査において導入されていた課題がメンタルテスト（知能テスト）であった。まず、このメンタルテストの導入の経緯について検討しよう。

官立・府立の師範学校付属小学校や私立小学校の入学選抜考査において導入されたメンタルテストとは、ビネ

（Binet, Alfred, 1857～1911）が弟子のシモン（Simon, Theodor, 1873～1961）の協力を得て開発した「知的発達測定テスト」（la mésure du développement de l'intelligence）を幼児向けに応用、作成したものを基礎にしている。もともと彼らの開発した知能テストはフランス公教育制度の普及に伴って顕在化した、いわゆる「学業遅滞児」や「劣等児」と呼ばれる子どもの処遇をめぐって、実年齢と精神的発達（精神年齢）との対応の度合いを正しく測定する装置として開発された。実年齢に対応した「発達課題」なるものが医学者や心理学者によって作り出され、それをもとに実年齢と精神年齢とが一致した〈標準〉というカテゴリーが生まれた結果、「正常児」「優秀児」「劣等児」などのカテゴリーも同時に誕生することになった（佐藤達哉・一九九七）。

明治末期以降、日本における児童心理学の学問的な制度化は、児童・幼児を対象とした教育学や心理学の発展を受けつつ、観察による調査方法やホール（Hall, G. Stanley, 1844～1924）の流れをくむ質問紙調査を用いた調査研究の方法、実験機器装置による精細な測定、あるいは数量的処理といった科学的な方法論に拠った研究手法の登場などを背景にしたものである。児童心理学の研究内容は、知能、素質、個人差、作業、記憶、学習など知的側面に偏ってそれぞれの研究が行われており、研究方法の発展を契機に大きな転換を見ることになった。

そのなかでも知能研究は、三宅鉱一、高島平三郎、市川源三、久保良英といった医学者や心理学者がビネやシモンらの開発したメンタルテストを日本に移入・翻訳して以降、研究上あるいは学校や家庭での実施・導入をめぐって、様々なレベルで論争を呼んだテーマになった。彼らは、実年齢以上の発達課題をクリアしている子ども、すなわち〈標準〉以上に属する「早熟児」または「優秀児」と、他方で〈標準〉以下に分類される「低能児《（ママ）》」や「未熟児」の発生要因を考究した。しかし、それのみならず彼らは、それぞれの子どもの学校教育現場での処遇をめぐる問題を積極的に発表し続け、時には大論争にさえなった(1)。

メンタルテストは実年齢に対応した発達課題の達成度合いを測定する装置として、夥しい数の出版物の刊行を背景に一般家庭にも普及した。ここで注目すべきは、一般の家庭にも普及していた書籍・雑誌に掲載されたメンタルテス

〔表6・1〕メンタルテストと幼児期（5～6歳児）の発達課題

【5歳児の発達課題】

1. 重さを比較することが出来るかどうか
2. 色の名を言ふことができるかどうか
3. 美の比較ができるかどうか
4. 物の定義をいふことができるかどうか
5. 二個の形を組合わせて一つの形にすることができるか
6. 命令を実行するかどうか

【6歳児の発達課題】

1. 右と左の区別をすることができるか
2. 絵の中で欠けているところを発見することが出来るかどうか
3. 十三個の銅貨を数えることが出来るかどうか
4. 三つの問を了解することができるか
   (ア) 若しあなたが学校へ出かけるとき雨が降つていたらどうしますか
   (イ) 若しあなたの家が火事で燃えてゐるのを見附けたらどうしますか
   (ウ) 若しあなたがどこかへ行かうとして汽車にのりをくれたらどうしますか
5. 四種のお銭の名を言ふことか出来るかどうか
6. 午前と午後の区別を知つてゐるかどうか

〔註〕3ヶ月児、6ヶ月児、12ヶ月児、2歳～4歳児、7歳～14歳児の発達課題は略。

〔出典〕平田華蔵（1925）『愛児のメンタルテスト』章華社より作成。

ト と同様または類似の問題がしばしば私立小学校の入学選抜考査の選考課題として出題されていたという事実である。

戦前から女子教育の実践家として活躍した平田華蔵は、一九二五年一月に『愛児のためのメンタルテスト』と題する書物を刊行した。平田は同書のなかで三ケ月児から一四歳児までのそれぞれの発達課題と発達の程度を測定するメンタルテストを数問ずつ掲載している。〔表6・1〕は、小学校入学選抜考査の対象となる五歳児・六歳児の発達課題をそれぞれ示したものであるが、このなかで六歳児の発達課題としてあげられている「4．三つの問を了解することができるか」のうちの一問「(ア)若しあなたが学校へ出かけるとき雨が降つていたらどうしますか」というテスト問題は、次の〔図6・1〕に見るように、一九四七（昭和二二）年の慶應義塾幼稚舎の入学選抜考査において、そのままそっくり同じ内容・形式で出題されている（慶應義塾幼稚舎・一九六四）。これが偶然の一致かどうかはともかく、平田の『愛児のためのメンタルテスト』の刊行から二

〔図６・１〕慶應義塾幼稚舎のメンタルテスト考査（1947年度）

昭和22年度

1. 私がこれからいうことをよく聞いてあとでその通りに言ってごらんなさい。
   イ、からすが木の上でないています。
   ロ、今日は電車で学校に来ました。
   ハ、昨日は雨と雪が降ったのでうちで絵をかいて遊びました。
   ニ、庭の木の葉が風で皆落ちました。
   ホ、今朝は寒くて池の水が凍りました。
   ヘ、暖い春になると花が咲いたり鳥がないたりします。
   註、検査員は上記の言葉を明瞭に一回だけ発音します。児童は一語もちがえずにこれを復唱出来ることが望ましい。

2. イ、君の右手はどれ？
   ロ、左の耳はどこ？
   ハ、右の眼はどこ？
   註、この際、検査員は右手、左耳などに眼を向けないようにします。

3. 5cm四角の色紙を5枚（赤青黄紫緑）ならべて順にその色の名を言わせる。
   註、青を空色、水色、紫をすみれ色、緑を草色等というも正答とみなす。

4. イ、もし学校に出かけるときに雨が降っていたらどうしますか。
   註、「来られない」「帰る」「困る」等は誤
   ロ、遠い所へ行くときすぐ来た電車が満員で乗れなかったらどうしますか。
   註、「行かれない」「帰っちゃう」「困る」「歩く」等は誤「次のを待つ」「バスで行く」等は正答
   ハ、知らない町で迷子になったらどうしますか。
   註、「交番で聞く」「ひとに聞く」「駅で聞く」等は正答

5. 図１の様な木製のフォームボードを図の様に並べ（児童の前におく、これを（指さす）一つずつ手にとってこの箱の中にきちんと早くお入れなさい。
   註、完成までのタイムをとり４分以内に完成しないときはうちきる。

図１

〔出典〕慶應義塾幼稚舎（1964）『幼稚舎1963年』（版元等不明）78頁より転載。

二年の時を経ても、六歳時の発達課題を測定する問題として小学校の入学選抜考査にそのままそっくり出題されていたのである。要するに、一般に流布していた知能テストは私立小学校の入学選抜考査にも用いられ、受験生である子どもたちは当該年齢（六歳）児の発達課題をクリアしているかが測定されたのである。それは入学基準のひとつでもあった。

また、三輪田高等女学校長であった三輪田元道（一九一六）は、優秀児と劣等児について、両者の発達過程の比較

を通して、その発生要因について一〇点ほど提示している。当時の発達と知能との関係を捉えるうえで、示唆的である。

①　よい子――優秀児は温き愛情に満ちた家庭に生まれる場合が多い。

②　両親の有無――両親の無い場合には子どもは両極端になりやすい。

③　貧富の影響――家庭が貧しい場合、子どもの優劣は極端になる。

④　兄弟の多少――兄弟が多い場合、善良な子どもが多い。

⑤　育て方――祖父母、乳母などに育てられると依存心が強くなり、因循、不元気な傾向が強い。

⑥　遺伝――遺伝の影響は最も顕著であり、短所が引き継がれやすい。

⑦　元気を養う――賞めることが大切である。

このほか三輪田は「家庭における信念の有無」や「田園と都市の影響」なども知能の差を決定付ける重要な変数であると論じている。

ただし、この三輪田の見解は、実証的なデータを伴った知見というよりもむしろ、印象論的・体験論的教育論として記述されたものである。こうした見解の一部は、後に教育測定の技術の進歩や普及に伴って、知能測定の高度化と精緻化が進み、実証的に考究されるようになった。たとえば、優生学を背景にしながらも知能の決定因子を明らかにした研究(2)、社会階級と知能との関連を度数分布に表し、その相関関係を明らかにした研究（桐原・一九四七）、栄養学の見地から子どもの知能と摂取される栄養との関連性について明らかにした調査研究（上村・一九三七）などは、一部に疑似相関の可能性も含みつつ(3)、三輪田の論点のいくつかを補強する形になっている。

このほか、心理学者・医学者のみならず教育（学）者、なかでも澤柳政太郎をはじめとする学校関係者や教育評論家なども、子どもの知能力の決定因子を遺伝あるいは環境に求めるのかをめぐって大論争を展開した（高木・一九九二）。

多くの論者にとって、「知能」とは、単純に学業成績や知能指数のみをさすものではなかった。また、それを構成する要因は遺伝や環境など多様な要素で構成されるものと捉えられた。むしろ彼らは、「優秀児」や「劣等児《ママ》」がそれぞれの家庭の遺伝あるいは環境といった属性によって生じることを決定論的に論じ、そのことを「科学」によって実証しようとする点で、ほぼ共通していた。

こうした児童研究自体の進展は、子どもの世界に対する独自性を認め、その特質に対する理解の深化を示したものである。それは、それまでの画一的・注入的な教育方法や教育観を転換させようとする動きと連動し、大正デモクラシーの思想的影響やそれを基盤として誕生・成立した児童中心主義の新教育思想の教育観や子ども観が児童研究の分野にも積極的に反映されたことを示すものであるといってよいだろう。

その意味では、私立小学校の入学選抜考査における対子ども面接とは、子どもの世界の独自性を認め、それぞれの子どもの能力や個性を直接知ろうとする学校側の認識を前提として導入されたものであろう。また、「父兄面接」（保護者面接）についても、入学者となる子どもを取り巻く家庭環境を見極めようとする学校側の思惑が働いていたのではないだろうか。

このほか、メンタルテストが導入された大きな理由には、就学前の幼児は文字や数概念について無知であることが建前になっていたこともあげられる(4)。メンタルテストは文字や数字などのリテラシーに対して無知である（ことが前提となっていた）幼児の知的能力を測ることができるほぼ唯一の科学的方法であった。そこで、私立小学校の入学選抜においては、検査者と被験者が一対一の場面で相互作用を通して面接しながら、被験者の知的能力・潜在能力などをトータルに把握できる個別法（岡堂・一九九四）が採用された。

2　〈教育的〉な入学選抜考査

すでに戦前期から、中等教育段階の入試の難化とそれに伴う小学生の受験勉強のあり方が社会問題として注目され、マスコミでもたびたび取り上げられるようになった。それを受けて、従来の学力テストとは異なるメンタルテストが入学選抜考査に導入されることの是非をめぐって大きな論争になった。とりわけ東京をはじめとする都市部における府立中学校や高等女学校への受験・進学問題は、受験の当事者（受験生）である小学六年生に止まらず、入試対策のために小学校五年生、四年生……と低学年生にまで及んだ。マスメディアのなかには、受験準備の低年齢化を危惧する声、あるいは受験勉強のために神経衰弱や病気になった児童などの極端な事例を多く取り上げて、重大かつ深刻な社会問題・教育問題として「受験」や「入試」の問題を構成していった。

中等教育段階の入学試験の問題化については新聞や雑誌上でも幾度となく話題に上った。「小学児童の一大難関」（報知新聞、大正九年二月三日）、「中学入試の予習は重大な社会問題」（読売新聞、大正一三年四月二〇日）、「そらまた始まつた入学準備の居残り予習」（読売新聞、大正一四年一月一二日）。大衆雑誌では『サンデー毎日』（大正一二年一二月九日刊行および大正一四年二月二二日刊行）が、中等教育段階の入学選抜考査・入試制度改革について、識者・学校関係者の意見や試験前の注意事項などを掲載している。

教育雑誌においては「入学準備で愛児を殺した母の手記」「受験準備教育の犠牲」（いずれも『児童』昭和九年一一月号）や「受験準備と少年少女の自殺」（『児童』昭和一〇年三月号）など、経験談やそれを裏付けるデータを踏まえた衝撃的な記事が掲載されている。

以上のように報道された中等学校の受験競争の難化・激化とともに、児童を送り出す側の小学校もまた受験体制のなかに巻き込まれていった。

たとえば、番町小学校（麹町区）、誠之小学校（本郷区）、青南小学校（赤坂区）などの「公立有名小学校」の出現、そしてそれら名門小学校への越境入学者の急増（たとえば所澤+木村・一九八七）、さらに有名校に追いつけ追い越せといわんばかりに、通常の授業以外にも早朝や放課後には受験対策を行う小学校が一部に出現したという。入学試験準備の過熱化を受けて、文部省は一九二九（昭和四）年に小学校における入試準備教育の禁止を全国各府県に通達し、人物重視の選抜を行うよう中等学校に対して指導している。

東京府では、この文部省の通達に先行して、大正時代末期（一九二〇年代）にすでに「中等学校入学ニ関スル準備教育廃止徹底ニ関スル件」と題する通達を出している。そこでは、「一、規定授業時間外ニ於テ入学志願児童ノタメ特別授業等ヲ厳禁スルコト　二、教師ハ其学校又ハ学級ノ児童タルト否トヲ問ハズ、私宅教授又ハ私塾教育ヲ行フコトヲ厳禁スルコト、右ニ違反スル場合ニハ厳重処置スベキニ付其旨注意スルコト」などが含まれている（東京都文京区教育委員会・一九八三：四四一頁）。受験対策に特化した特別授業、教師の補習授業、学校教師が家庭教師や学習塾教師になることのいずれも厳禁としている。

このほかにも、東京の公立有名小学校出身者が中等教育段階進学後に「燃え尽き（バーンアウト）現象」を引き起こしている現状なども激しい受験競争のあり方のなかで批判的に論じられていた（XYZ《ママ》・一九三四）。

以上、知育偏重による入学競争の激化や受験競争の低年齢化は、中等教育段階よりもむしろ初等教育段階における「教育問題」として多くの識者たちの関心を集め、入試改革の原動力となった。そこでは既存の「学力試験」に代わる入学試験の模索が急務とされた(5)。

こうした状況のなか、一部の心理学者たちが、従来の学力テストに代わって、メンタルテスト（知能テスト）の導入を提案した。一九二〇年代から一九三〇年代にかけて、岡部弥太郎や田中寛一などの心理学者は教育研究や児童研究における科学的な測定技術の開発・向上に貢献した。その一方、彼らは入試改革論議が高まると、中等学校の入試科目にメンタルテストの導入を提唱した。その影響を受けた結果だろうか、その後幾つかの府県の中等学校の入学考査ではメンタルテストが導入されている（才津・一九九〇、天野正輝・一九九三）。

彼ら心理学者のメンタルテスト導入に対する主張の根拠は、測定技術に裏付けされた〈科学性〉と、メンタルテストそのものに内在すると考えられた〈教育的〉な論理に支えられたものであった(6)。

戦前期の〈教育的〉の誕生と変容に関して雑誌分析を行った広田（一九九〇a、一九九二）によれば、一九一〇年代に規範性を帯び、一九二〇年代に圧倒し始めた〈教育的〉なる用語は、一九〇〇年代以降に誕生した〈非教育的〉なる対抗言説に対置され、さらに一九三〇年代に入ると〈教育的〉という「善のイデア」という大きな価値前提に立ちつつ、恣意的に〈教育的〉の意味を定義することで、都合よく自らの主張を正当化するための教育言説へと変容したという。

一九二〇～三〇年代における中等教育の入学選抜制度改革をめぐっては、特にそれが〈教育的〉であるか否かを基準に様々に論議された。たとえば以下の通りである。

「（中学入試の難問については―引用者）しかし『謎』の如き問題で全く科学的価値がないであらうか。又児童の能力を考査する上に何等教育的の価値の無い問題であろうか」（高田・一九二〇：七〇頁。傍点は引用者）。あるいはまた、「受験者のその準備に苦しむのは、中等学校の筆記試験の問題が非教育的なるものが多く、その準備がおのづから非教育的な無理なものとなるからである。本当の教育的試験が慎重に行はれるのであれば、その準備は敢て小学校教育を破壊すべきものではない」（山桝・一九三〇：七〇頁。傍点は引用者）などである。これらの言説に見られるように、一九二〇年代以降、中等・高等教育への進学難・入学難が社会問題として明らかになると、詰め込み教育や知育偏重の入学選抜考査のあり方をめぐって〈教育的〉であるか否かが議論の最大の争点と論拠になった。

それまで中等教育段階の入学選抜において主に利用されていた学力テストは、厳しい入学準備を必要とし、児童に心身の負担をかけるがゆえに〈非教育的〉であると認識された。それに対し、メンタルテストは、時間当たりの作業量や先天的な知能・素養によって解答者の能力を推し量るものであり、学力テストのように学校教育において習得した知識量を問うたり、事前の入学準備を特別に必要としないものとされた。つまり、メンタルテストは、学力テストに付きまとう〈非教育的〉な入学試験準備の除去を最大のセールス・ポイントとした〈教育的〉な入学選抜方法であると認識されるようになった(7)。

小学六年生を対象とする中等教育段階の入学選抜で〈教育的〉であることが求められ、メンタルテストが導入されたならば、幼児を対象とする選抜で〈教育的〉でなければならないことは尚更であろう。こうした認識は私立小学校の入学選抜考査においても例外ではなかった。たとえば、成城小学校はメンタルテスト、リトミック、遊戯などの課題を課す理由を〈教育的〉と関連させて以下のように論じる。

（入学選抜考査の―引用者）方法を誤れば罪なき子を苦しめ、親や教師を誤るのみならず、世間が許さぬ。神が許さぬ。得て非教育的だとの批判を受け勝《ママ》である……特別に用意せねばならぬやうな問題や方法を避けたならば、入学試験準備の要も弊もなくなるわけだと考へます（谷口・一九二九：一二五―一二六頁。傍点は引用者）。

これと関連して、成城小学校でリトミックの実践の発展に大きく寄与し、後にトモエ学園を創立した小林（金子）宗作は、成城小学校の児童にとってのリトミック教育の意義を以下のように論じる。

成城幼稚園では創立以来十余年（リトミックの実践を―引用者）経験してゐるが、神経衰弱といふ問題は只の一度も起つたことがないのである。成城小学校ではよくリトミックを好まない子供を発見するが、それ等は多く途中編入児童である（小林・一九三八＝一九七八：二一二頁）。

成城小学校の入学選抜考査でリトミックが導入されていたことは先にふれた通りである。小林によれば、入学選抜時点でリトミックを経験していない小学校途中編入の児童は、成城小学校の教育課程に導入されていたリトミックを好まない傾向にある。それに対し、幼稚園段階からリトミックを経験してきた児童は（当時の言葉で頻繁に言われた）「神経衰弱」など発達上の問題が見られることはないという。

もちろん、前記の発言は正確なデータで示されたものではなく、あくまで小林自身の日常の教育活動を通じた経験的な憶測に過ぎないということもできよう。しかし、こうした認識を根拠にして、成城小学校の入学選抜考査にリトミックが課題として導入された可能性は十分にある。そこには、入学選抜考査によって、リトミックを自発的に好んでできる子どもを〈合格〉とし、入学させたいとする学校側の思惑が働いている。

このほかの私立小学校の入学選抜考査にメンタルテストが導入された経緯についても確認しておこう。

成蹊学園の中村春二は、小学校段階の入学選抜課題について、入学準備の苦しみを与える学科試験の成績で決めることよりも、それを必要としない（と少なくとも当時はそう考えられていた）メンタルテストで合否を決めるなら、それもやむなしと主張する。

> しがんしゃが　をーいから、メンタルテストで　はねるとゆーのは　へんなことです。しかしがっかの　せいせきでは　じゅんびの　くるしみを　こどもに　あたえるゆえ、それをすくーための　やむをえないの　メンタルテストなら　ひかくてき　はろくは《ママ》（悪くは―引用者）ないとをもいます（なかむら・一九二一：三頁）(8)。

また、一九三〇（昭和五）年当時の日本女子大学校附属豊明小学校は、入学選抜考査では「何を識《ママ》っているか」ではなく「如何に伸びるか」という点に最も注目することを入学案内等に明記したうえで、「普通は入学詮考と呼ぶところ」を敢えて「面会」と呼んでいた。考査に向けた準備教育を必要としない（と考えられた）リトミックや遊戯考査は、幼児の発達段階を考慮して、〈教育的〉な入学選抜を意図して導入されたものである。遊戯による選抜課題とは、入学志願者の子どもと豊明小学校の教員や児童と一緒に遊ばせ、その間「候補者の一言一言によく注意し」て、入学者としてふさわしい子どもを選び出し、合否を決めていた（日本女子大学附属豊明小学校八十年史編纂委員会・一九八八：八二頁）。

しかしながら、私立小学校の入学選抜考査における〈教育的〉への指向は、バーンスティンが論じた「目に見えない教育方法」に通じる課題を、子どもたちに課すことを意味した。すなわち、私立小学校の入学選抜考査でのメンタルテスト（知能テスト）の〈科学性〉、そして行動観察、リトミック、遊戯などの〈教育的〉への志向性は、〈目に見えない入学選抜考査〉の導入を正当化する重要な根拠にもなったのである。

3　〈目に見えない入学選抜考査〉とは何か

1　「目に見えない教育方法」とは

本書における〈目に見えない入学選抜考査〉とは、バーンスティン（1975＝一九八〇訳、1977＝一九八五訳）の「目に見えない教育方法」（Invisible Pedagogy）という理論に準えて、立ち上げられたものである。本節においては、バーンスティンや柴野昌山（一九八九）らの議論に依拠して「目に見えない教育方法」に関する理論的考察を行い、それを踏まえたうえで、私立小学校の入学選抜考査の特質について〈目に見えない入学選抜考査〉という視点から捉えなおしたい。

そもそも幼児教育が立脚している児童中心主義の教育の理想や理念とは、子どもを大人への過渡的・準備的存在として捉えるのではなく、それ自体を固有の自立的な存在と見なし、外部からの注入を廃して、子どもの内発的な可能性に期待をかけようとするものである。ピアジェ（Piaget, Jean, 1896～1980）、ゲゼル（Gesell, Arnold, 1880～1961）、エリクソン（Erikson, E. Homburger, 1902～1994）らの発達心理学、チョムスキー（Chomsky, A. Noam, 1928～）やヴィゴツキー（Vygotsuky, L. Semjonovich, 1896～1934）らの言語発達論、デューイ（Dewey, John, 1859～1952）などの教育哲学を基盤にしており、その基本的要素はレディネス（準備状態・内発的な動機）、子どもの内発的なニーズ、子ども自身の選択・遊び・発見などである。

そこでは、子どもはレディネスに基づいて、自発的にある対象や行為を選択する存在であり、自発的選択や発見型の学習は「遊び」を通して促進されると考えられている。

とりわけ進歩主義的な児童中心主義の教育活動は、「遊び」の要素を重視し、子どもの要求や選択に応えるように、教育システムを子どもの側に接近させつつ、子どもを画一的に扱うのではなく、個（別）性の原理に基づいて、それぞれの子どもの全面的発達を図ろうとする。そのため、個々の子どもの発達に応じた遊びや経験を用意して、社会的・情緒的なレディネスをつくることに専念する。

幼児教育にとっては半ば自明になっているこの種の教育実践を、バーンスティンは従来の定型を失った教育方法であるとして、「目に見えない教育方法」（Invisible Pedagogy）と呼んだ。

この「目に見えない教育方法」は、①発達における順序性（sequence）、②大人本位の社会化よりも子ども本位の自己成長（progression）、③注入モデルよりも促進モデル（facilitator）、④明確な統制よりも暗黙の評価基準（implicit criteria）といった特徴をもつカリキュラムで、実践上重視される。

すなわち、「目に見えない教育方法」は、子ども自身の内面的なレディネス、行動面での活発さ、それらの統合形態としての遊びなどの基本要素で構成される。そして現在では、「目に見えない教育方法」は、子どもの認知的・情緒的発達段階に関する認知論や発達心理学、行動主義的学習理論、言語発達論などの影響の下でひとつの流れを形成し、幼児教育においては中核的な理論のひとつになっている。

さて、目に見える（visible）／見えない（invisible）の分類基準となるのが、教育内容、教授法、評価についてのClassification（類別）とFraming（枠付け）の概念である（Bernstein, B., 1977＝一九八五訳）。

類別（C）とは、主に教育内容間の関係、つまり内容分化の強弱、内容間の境界維持をさす概念である。強いところ（＋C）では内容は強い境界によって互いに分離される。類別の弱いところ（－C）では、内容間の境界は弱い、もしくは曖昧なために、内容間の分離の度合いは小さい。

他方、枠付け（F）とは、知識が伝達・受容される文脈の形式（教育方法）、すなわち教師―生徒関係の特定の「教える―学ぶ」関係を表している。これは伝達される内容と伝達されない内容との間の境界の強さ（分断の大きさ）をさしている。つまり、「教える―学ぶ」という関係において、伝達・受容される知識の選択、編成、進度、時機に関して、教師と生徒が手にすることのできる「自由裁量の度合い」をさしている。つまり、枠付けの強いところ（＋F）では、伝達される内容とされない内容との間に鋭い境界がある。弱いところ（－F）では、伝達される内容とされない内容との間が曖昧になる。

以上から、「目に見える教育方法」（Visible Pedagogy）は（＋C・＋F）であり、「目に見えない教育方法」は（－C・－F）という特徴をもっている。

また、バーンスティンによれば、新旧ミドル・クラスの間に対立する二つの教育方法とイデオロギーがあると考える。ひとつは、強い類別（＋C）と強い枠付け（＋F）をもった「目に見える教育方法」であり、これは旧中間層（旧中産階級）のイデオロギーが学校教育を通じて制度化されたものである。他方、新中間層（新中間階級）のイデオロギーと関連して形成される教育方法は弱い類別（－C）と弱い枠付け（－F）をもった革新的な教育方法としての「目に見えない教育方法」である。

「目に見えない教育方法」では、間接的なシンボル統制と多様性の寛容、子どもの側に自由裁量を大幅に認めるというソフトな社会統制が行われる。しかしながら、その一方で不明確な上下関係、曖昧なアイデンティティ、自己選択に基づく柔軟な役割遂行など不安定な構造であるがゆえに、「個人」（person）の形成は、理想としては望まれても、十分に行うことはできない。

さらに、バーンスティン（1971＝一九八一訳、1975＝一九八〇訳）は、社会化のエージェント（agent）としての大人とエージェンシー（agency）としての子どもとの間の相互作用を、しつけの「原則」（principle）と「方略」（strategy）に分けて議論している。

まず、教育方法の「原則」を明らかにするうえで、目に見える教育方法（Visible Pedagogy）／目に見えない教育方法（Invisible Pedagogy）とに分け、また「方略」として、子どもの役割選択における自由裁量の度合いによって、統制を加えるコントロール（Control）と子どもの自主性に委ねるアピール（Appeal）とに分類した。コントロール（C）とは、子どもの自由裁量の度合いが小さく、大人の自由度の許容も小さいことを、他方のアピール（A）とは、子どもの自由裁量の度合いが大きく、大人の自由度の許容も大きいことを意味する。

〔図6・2〕コントロールとアピール

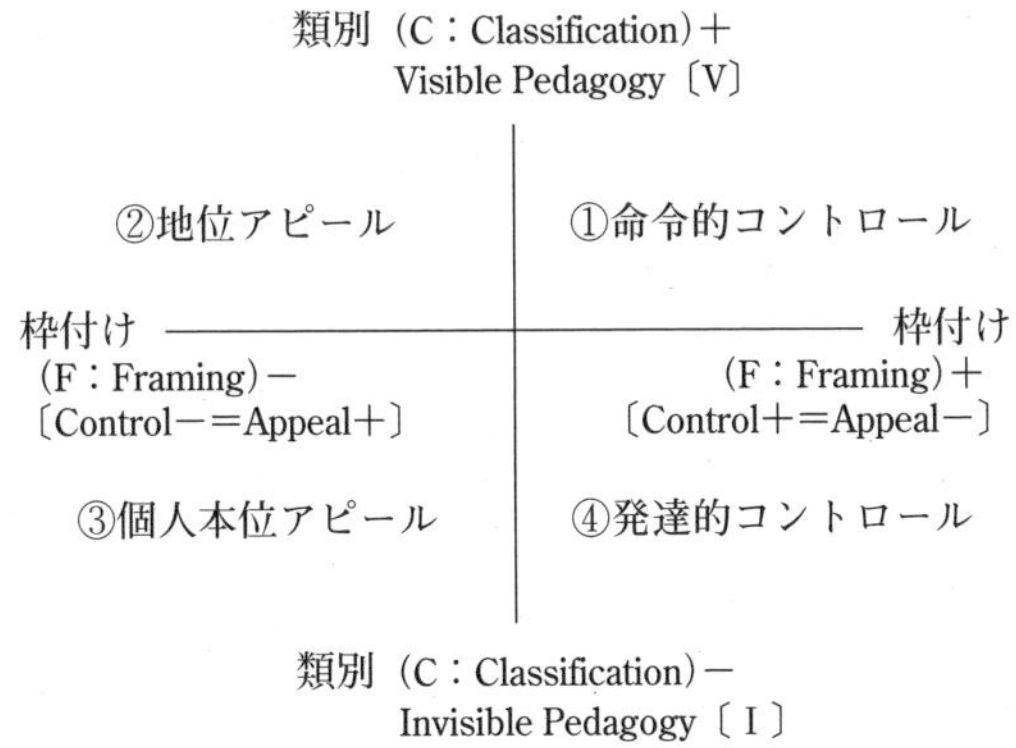

まずは以下のように三分類できる〔図6・2〕。

① 「命令的コントロール」（V・C）――目に見える形で大人の動機に基づいて、子どもを一方的に統制する様式をさす。たとえば、「〜しなさい」もしくは「〜してはいけません」などの明確な指示に基づいて子どもをコントロールしようとするもので、子どもに与えられた自由裁量の度合いは小さい。

② 「地位アピール」（V・A）――子どもの意思決定や方法を社会規範や地位・年齢・性別といった社会的属性に結び付けて統制する方法をさす。結城（一九九八）が幼稚園のエスノグラフィを通じて明らかにしたように、幼稚園教師が全体を特定の属性に基づいていくつかの小集団に編成し、教師の指示のもとで、子どもたちの自発的な活動を促す仕組みなどはこの「地位アピール」に含まれるだろう。

③「個人本位アピール」（Ｉ・Ａ）――子ども自身の個人的な意図・動機・人格特性のレベルで子どもの側に大幅な自由裁量の余地を認める様式をさす。

バーンスティンは以上三タイプを類型化したのに対し、柴野（一九八九）は残された（Ｉ・Ｃ）を④「発達的コントロール」に分類、明らかにした。以下、柴野の説明によると、目に見えない教育方法（－Ｃ・－Ｆ）は、子どもにとって、望ましい行動様式や望まれているしつけの目標についての認識、すなわちルールの獲得を困難にしているという。それというのも、子ども自身が見えない（具体的に提示されない）ルールの獲得を自ら達成しなければならないからである。親や教師は、子どもの自由を尊重しようとして、「自分でよく考えて行動しなさい」という決まり文句をよく使う。しかし、子ども本人にとっては、どのように行動してよいかはわからない。そこで実際に大人の側の理想とする行動様式に仕向ける「コントロール」がたびたび発生する。すなわち、本来的には「個人本位アピール」の統制様式が理想とされながらも、その児童中心主義のイデオロギーに内在するジレンマ構造ゆえに、実際の学校や家庭でのしつけはコントロールに傾斜した方法になりやすい。これが「発達的コントロール」である。

また、これは、「目に見えない教育方法」であるから、ジレンマ状況においては、わかりやすく使いやすい処方的な準拠枠（強い類別＋Ｃ）が求められ、類別の明瞭な処方的知識を隠示的に使用（弱い枠付け－Ｆ）することになる。柴野はその代表例として「隠れたカリキュラム」（による統制）をあげている。つまり、「目に見えない教育方法」は、〈目に見えない〉がゆえに、〈目に見える〉準拠枠を求めようとして統制と評価が行われる結果、〈目に見える〉形に転化してしまう可能性が常にあるというのである。

2 〈目に見えない入学選抜考査〉の特質

以上を踏まえて、私立小学校において導入されていた入学課題の特質について検討しよう。入学選抜考査における「類別」（±Ｃ）は、課題内容の内容間の関係、内容分化の強弱、内容間の境界維持をさす。他方、入学選抜考査における「枠付け」(＋F)とは、試験官から子どもに対する指示が伝達・受容される文脈の形式をさしている。また、評価の方法も入学選抜考査における「枠付け」の問題と関連している。

〈目に見える入学選抜考査〉の課題の代表的なものに、一般の学力試験、小学校入試ではメンタルテスト(知能テスト)をひとまずあげることができる(＋C・＋F)。課題内容は他の領域との分断が比較的大きく、正解と不正解の基準はあらかじめ評価者のほうで具体的かつ明瞭に決められており、その基準も比較的明白であると見なすことができる。大人の指示に従って、子どもはそれに応対することが期待されており、また具体的な指示が与えられるなどコントロールが強いため、「命令的コントロール」による〈目に見える入学選抜考査〉であろう。

しかし、その〈目に見える入学選抜課題〉であるはずのメンタルテストでさえ、その評価基準は必ずしも絶対的ではないのである。

先にあげた〔図6・1〕の慶應義塾幼稚舎の入学選抜考査の課題には、評価の基準も併記されていた。たとえば、以下のような問題(口頭試問)が出題されている。

若しあなたが学校へ出かけるとき雨が降っていたらどうしますか

この問題に対して、受験生は「傘をさして学校に行く」と回答しなければ、〈正答〉とは認められないという。これは慶應義塾幼稚舎側が示した模範解答例(正答)である。逆に、不正解の事例には「来られない」「帰る」「困る」などの回答があげられている。これらは日常的な会話の場面においては現実にありうる応答のひとつとして見なすことは十分に可能ではあるけれども、〈誤答〉として判断される。つまり、この設問で正答を得るために、被評価者としての幼児は、まずテストが期待するある特定の知識を認め、問題作成者や試験官・評価者にそれを正しく認知したことを意志表示しなければならない。そのために、受験生の子どもたちは、入学選抜考査に当たって、自分の普段の生活状況や日頃感じ取っている生活状況についての価値判断を一旦停止し、テストや試験官・評価者などの意図する

「ある特定の正解」を敏感に感知し、そのベクトルにそった思考パターンを機能させなければならないのである（オ津・一九九〇）。

他方、〈目に見えない入学選抜課題〉には、行動観察や遊戯・リトミックなどがあげられる。これらは他の活動との境界・差異は小さい（－F）。たとえば、遊戯とリトミックとの間には活動内容そのものに大きな違いはない。また、試験官は、必要最低限の指示を与える以外は（－C）、子どもたちの自由な遊びや行動の様子を観察、評価する。そこでは、個人的な意図・動機・人格特性のレベルで子どもの側に大幅な自由裁量の余地が認められている。その限りにおいては、先の四つの分類に従えば、「個人本位アピール」（I・A）であるように見える。

また、〈目に見えない入学選抜考査〉の活動内容と評価体系は、「暗黙」を前提としており、その評価の方法においては、子どもの内面的特性（レディネス）がすべて外面的な活動（自発性や活発さ）と結び付けられて評価される傾向が強い。特に行動観察や遊戯・リトミックなどの〈目に見えない入学選抜考査〉は、学力試験のような絶対的な基準に基づいた評価ではなく、評価者の恣意性に委ねられる傾向がある（Bernstein, B., 1975＝一九八〇訳、1977＝一九八五訳）。そのため、たとえば、リトミックの課題においては、滞りなく音に合わせてリズムを取ることにとどまらず、それらの行為にレディネスと自発性や活発さが連接しているかどうかが評価の対象になる。より具体的に言えば、リトミックでは単に音にあわせて正確にリズムを取ることに加えて、それを楽しそうに、たとえば笑顔や歓声をあげながら行動しているか、この笑顔や歓声といった行動様式を、レディネスや自発性・活発さとしてポジティヴに解釈・関連させて評価される可能性は十分にある。

つまり、〈目に見えない入学選抜考査〉における知識・技能・規範といった諸能力は、結城（一九九八：第2章・第3章）が幼稚園での参与観察を通して明らかにしているように、理屈ではなく、「習うより慣れる」ことによって伝達・習得されるものである。また、幼稚園に入園して日の浅い年少組よりも、年長組のほうがリトミックの音感に対応でき、そうした能力の発達を幼稚園教師自身がポジティヴに評価しているように、〈目に見えない入学選抜考査〉

に「慣れている」幼児は評価の面で有利に働くことになると考えられる。たとえば、当時の私立小学校のなかでも、日本女子大学校附属豊明小学校の入学選抜考査では、こうした点に配慮して、行動観察、遊戯、リトミックなど〈目に見えない入学選抜考査〉の課題において、高い評価を受けるような態度や振る舞いができると考えられた幼稚園在園児と、そうではないものを区別したうえで、評価・選抜しなければならないほどであった（日本女子大学附属豊明小学校八十年史編纂委員会・一九八八）。

このような曖昧な評価方法しか採用し得ない考査課題は、評価基準・選抜基準が曖昧である反面、すぐれて「児童中心主義」であり、〈教育的〉であるがゆえに、その導入が正当化された。そうした入学選抜考査が導入された結果、リトミックや遊戯などの〈目に見えない入学選抜考査〉に巧みに対応できる能力を身体化・内面化した児童のみが私立小学校に多く合格・入学することになったのではないだろうか。つまり、〈目に見えない入学選抜考査〉の導入によって、選抜基準が却って曖昧になり、リトミック、遊戯、行動観察などの課題に「慣れている」幼児が私立小学校に〈合格〉することになったのではないかという推論が成立するのである。

次節では、私立小学校の入学選抜考査における〈目に見えない入学選抜考査〉と合否の関係性に関して、入学考査における評価・選抜の問題あるいは社会階層による選抜の問題として明らかにしたい。

4　誰が私立小学校に〈合格〉したか

1　成城小学校

私立小学校における〈目に見えない入学選抜考査〉の導入は、その入学考査課題の内容や評価の方法に親和的だとされる新中間層の選抜につながり、それ以外の階層（主に旧中間層）を排除することになったのだろうか。

ここでは成城小学校の在学者の出身階層を明らかにしている門脇・北村（一九九〇）のデータをもとに、入学選抜

〔表6・2〕成城小学校在学者の階層別在学率（選抜以前と以後との比較）

	選抜以前（大正15～昭和3年度）		選抜以後（昭和9～12年度）	列合計
新中間層	70.5%	≪	75.9%	73.0（1919）
旧中間層	17.0%	＞	14.0%	15.6（409）
無職・不明	12.5%		10.2%	11.4（300）
行合計	52.9（1389）		47.1（1239）	100.0%（2628人）

〔註〕≪は $p<0.01$、＜は $p<0.05$であることを示す。
〔出典〕門脇厚司・北村久美子（1990）「大正期新学校支持層の社会的特性――成城学園入学者父兄の特性分析をもとに――」『筑波大学教育学系論集』第14巻第2号、102頁より算出・作成。

〔図6・3〕成城小学校在学者の階層別占有率（1926～37年）

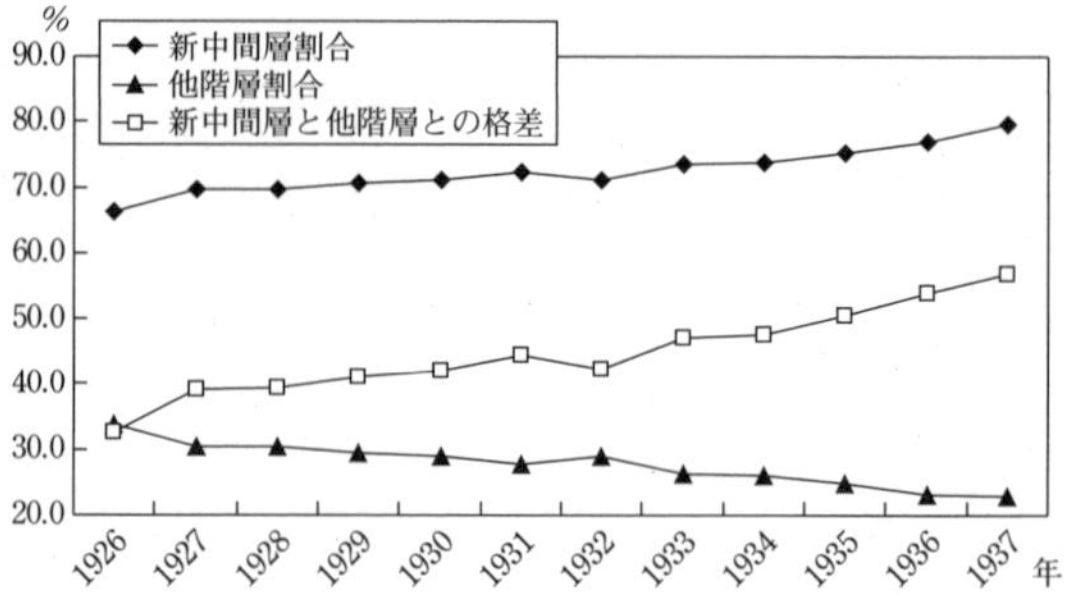

〔出典〕門脇厚司・北村久美子（1990）「大正期新学校支持層の社会的特性――成城学園入学者父兄の特性分析をもとに――」『筑波大学教育学系論集』第14巻第2号、102頁より算出・作成。

導入以前（第Ⅰ期・大正一五年度～昭和三年度）の全在学者の出身階層比率と、入学選抜考査を経て入学した児童がすべて在学者として出揃った時期（第Ⅲ期・昭和九年度～昭和一二年度）の出身階層比率とを対比させて再分析を試みたい。

社会階層別の在学者占有率について有意性検定（Bohrstedt,G. & Knoke,D.; 1982＝一九九二訳）を行った〔表6・2〕および〔図6・3〕によると、入学選抜の導入以降、新中間層出身の在学者の割合は微増しているが、他方、旧中間層を含めた他階層の出身者の割合は減少している(9)。この結果から、在学者のなかで新中間層出身者が増えた背景のひとつとして、新中間層出身の子どもの多くが自己の階層に親和的な〈目に見えない入学選抜考査〉に適応し、その能力が学校側に高く評価された結果、入学を許可されたという史実を傍証できるようにおもわれる。私立小学校は、入学選抜導入以前まで多くを占めていた新中間層出身の子どもを、入学選抜考査で有利に処遇し、その多くを〈合格〉させたことになる。他方、それまでの少数派であった旧中間層出身の児童は入学選抜の結果、さらに不利な状況に置かれることになったと見ることができる。

しかし、各時期による各階層の占有率には大きな変動が見られない。そこで東京府内の新中間層の占める割合と成城小学校在学者のうち新中間層が占める割合との比である「選抜度指数」を考慮する必要がある。「選抜度指数」とは、入学者の出身階層比率を、全有業人口中の職業構成比率で除した数値をさす（菊池・一九六七）。

以下、成城小学校入学者における新中間層の選抜度指数は、入学した児童の保護者（父職）の新中間層比率を、東京の新中間層比率（門脇ほか・一九八八）で除すことで、それぞれ算出されたものである。第Ⅰ期の東京の新中間層比率は大正九年度国勢調査、第Ⅱ期は昭和五年度国勢調査、第Ⅲ期は昭和一五年度国勢調査にそれぞれ対応している。

新中間層の第Ⅰ期の選抜度指数は五・四八、第Ⅱ期は五・二八、入学選抜を経て入学した在学者の揃う第Ⅲ期は三・八四と、入学選抜を導入するにつれて新中間層の選抜度指数は大きく下がっている。この数値の漸減の背景には東京府内における新中間層の増加に大きく拠っていると考えられる。東京府内で新中間層が増えたにも拘わらず、成城小学校の在学者では新中間層比率が大きく増えているわけではない(10)。成城小学校の在学者における新中間層の選抜度指数の漸減傾向は、新中間層内部での入学の合否をめぐる競争が成立していたことを示唆するものである。

私立小学校の入学選抜考査は、〈目に見えない入学選抜考査〉をめぐる旧中間層と新中間層との階層間競争に留まらず、新中間層間内における入学選抜競争という様相を強めていったことが窺える。それは新中間層出身者の内部においてもゼロ・サム（零和）競争が成立していたことを示している。つまり、これは新中間層出身の入学志願者であったとしても成城小学校に入学することが容易ではなくなったことを意味する。さらに、新中間層内の占有率を調べると、新中間層俸給職（第Ⅰ期：四三・三%→第Ⅱ期：四一・九%→第Ⅲ期：四一・六%）、公務職（第Ⅰ期：二四・五%→第Ⅱ期：二三・八%→第Ⅲ期：二八・〇%）、専門職（第Ⅰ期：三二・三%→第Ⅱ期：三四・四%→第Ⅲ期：三〇・四%）と、公務職の僅かな増加が窺える。その公務職のなかでも特に教員層出身者は他の新中間層に比べ増加が著しい（第Ⅰ期：六・三%→第Ⅱ期：一〇・〇%→第Ⅲ期：一六・七%）が、他の職業では大きな変動は見られない。

これは教員の社会的・職業的地位が、昭和初期以降、他の職業に比べ大きく上昇・安定したことや、子どもへの教育投資が他職業に比べ著しく高いことから示される家族の教育熱心さと関連があるのかもしれない（竹村・一九九〇）。つまり、中村牧子（二〇〇〇）がSSM調査の分析を通して明らかにしているように、戦前期の学校教員の子弟・子女は、経済的には貧しくても家族の教育熱心さゆえに、非エリートの新中間層のなかでも例外的に高い割合で高学歴者が多く、エリート層に参入する割合も高かったという。この議論に従えば、学校教員の家族は、経済的な困難を乗り越えつつ、その教育熱心さを背景に、私立小学校志向を支えていたと考えられる。これは、第3章で検討したように、奥村博史（画家・成城学園美術教師）と平塚らいてうの夫婦が経済的な問題を抱えつつも、敢えて子ども二人を成城小学校に入学させた教育戦略と大きく重なるものとおもわれる。

あるいは、これは、成城学園の教師の子弟・子女に対する縁故による特別入学枠があったこととも関連しているのかもしれない。昭和六年度の新入生六三名のうち七名（一一・一％）が学園の教師の子弟・子女で占めた。これについては第8章で改めて論じるが、特別入学枠の存在によって、新中間層・公務職のなかの教員層出身者の割合が増えている可能性があるのかもしれない。

2　X小学校

X小学校(11)には『X小学校　入学者・退学者名簿　昭和五年一月～』と題する史料が残されている。この史料には、年度による若干の違いこそあるものの、昭和五年度から昭和一五年度に至る付属小学校の入学選抜考査における「考査成績」「許否」「摘要」が具体的に記されている。

以下では、入学選抜考査の評価と合否結果について最も子細に記入されている昭和五年度および六年度の史料をもとに、入学選抜考査における「評価」の問題に注目、考察しよう。

昭和五年度の入学選抜考査は一月某日（不詳）に行われている。考査課題はメンタルテスト、行動観察（箸とおわんを使ったお膳立て）、遊戯であった。

この年の入学志願者数は計四四名にのぼり、当日は「病気」などの理由に三名が欠席し、残り四一名が考査に臨み、評価・選抜の対象になった。ただし、受験者四一名のうち、付属幼稚園から優先的に内部入・進学できた者（附幼推薦および考査成績〇点で「許」の者）が一〇名おり、その他付属幼稚園出身者でありながら（一部には附幼推薦をとっていた者もいた）一般入試に臨んだ者三名（№15・25・27）を含めた三一名が一般入試に臨んだことになる〔表6・3〕。

選抜考査の結果、一般入試で二一名の〈合格者〉（許）と八名の〈不合格者〉（否）を出したことで、付属幼稚園からの優先入学者一〇名とあわせると合計三一名が合格（許）したことになる。なお、一般入試のなかには「特別詮議により許可」（№15）と「追加入学」（№28）がそれぞれ一名ずつおり、先の〈不合格者〉の八名のなかには補欠入学者一名（№38）も含まれている。

この合否の決め手はどこにあったのだろうか。

まず、「考査成績」の欄に注目すると、得点七〇点が昭和五年度の入学選抜考査のボーダーラインになっていたことがわかる。たとえば、№5は六四点、№9は六七点、№24は六九点でそれぞれ不合格になっている（ただし№38は補欠一位として入学している）。七〇点以上の得点の者は一名を除いてすべて「合格」している。

しかし、例外的ともいえるのが二名おり、そのうち七〇点以下で「合格」している者（№15）、七〇点以上で「不合格」になっている者（№40）がそれぞれ一名ずついる。№15の場合、得点こそ六九点でボーダーラインにわずか一点だけ届かなかったものの、本人が付属幼稚園の出身で、姉がX小学校に在学していることが有利に働いたのか、「特別詮議により許可」されている。他方、№40の場合、得点は八三点とボーダーラインを大きく上回り、入学希望者のなかでも比較的高い得点を収めているにも拘わらず、「本人の性質及家庭の事情により」不合格になっている。№40についてはそれ以上の記録はないので、本人の性格や家庭の事情を含めた不合格の要因については不明である。

また、同表の所々で、№10や№32などのように、「紹介者」の存在が確認される。こうした「紹介者」や学校関係

〔表6・3〕X小学校の入学考査の評価と結果（昭和五年度）

№	摘要	考査成績		順位	許否	考査成績合計
1	姉小＊	40	49	9	許	89
2	姉小＊	39	52	7	許	91
3	＊＊＊幼稚園より推薦	40	54	4	許	94
4	姉小＊、小＊	38	50	11	許	88
5	＊＊＊幼稚園	37	27	28	否	64
6	姉＊＊、小＊	40	40	80（ママ）	許	80
7		39	50	9	許	89
8	＊＊＊幼稚園	39	50	9	許	89
9	＊＊＊＊幼稚園	33	34	27	否	67
10	＊＊氏紹介	35	58	5	許	93
11	＊＊＊＊幼稚園				欠席	0
12	姉小	39	54	5	許	93
13	＊＊＊	38	52	8	許	90
14	＊＊幼稚園	34	50	14	許	84
15	附幼、姉小女	37	32		特別詮議により許可	69
16	附幼推薦				許	0
17	附幼推薦				許	0
18	附幼推薦				許	0
19	附幼推薦				許	0
20					否	0
21	幼稚園				許	0
22	幼稚園				許	0
23	附幼推薦				許	0
24	＊＊＊＊＊＊幼稚園推薦	35	34	24	否	69
25	附幼推薦	34	49	15	許	83
26	附幼、姉小＊推薦				許	0
27	附幼、姉小＊	37	43		許	80
28	＊＊幼稚園				追加入学	0
29	＊＊＊幼稚園	34	44	19	許	78
30	附幼推薦				許	0
31	附幼推薦				許	0
32	＊＊＊＊幼稚園、＊＊氏紹介	40	59	1	許	99
33	附幼推薦				許	0
34	附幼推薦				許	0
35	＊＊＊＊幼稚園				否	0
36	＊＊＊幼稚園				欠席	0
37		39	57	3	許	96
38	＊＊幼稚園	37	31	26	否（補欠１→入学）	68
39		39	39	19	許	78
40	＊＊幼稚園	37	46		否（本人の性質及家庭の事情により）	83
41		39	46		許	85
42	＊＊＊＊幼稚園	40	58	2	許	98
43					欠席（病気のため）	0
44	＊＊幼稚園	35	35	23	否	70

〔註〕＊は伏字を示す。個人が特定されかねない情報については伏字とした。
〔出典〕『X小学校　入学者・退学者名簿　昭和５年１月～』。

〔表6・4〕X小学校の入学考査の評価と結果（昭和六年度）

No.	成績				許否	摘要	合計点
1	8	10	8	9	許合	＊＊幼稚園一ヵ年取消	35
2	8	10	9	10	合		37
3	8	10	9	8	補欠一	姉小４＊　オヅオヅスル　堅クナル	35
4	8	9	9	8	合	＊＊様紹介　よく工夫する	34
5					補試合	病気、受験延期（＊＊様紹介）	
6	7	8	5	8	合	＊＊幼稚園　三年	28
7	附属幼稚園				合		附属幼稚園
8	附属幼稚園				合		附属幼稚園
9	9	8	8	9	合	＊＊＊＊ヨリ依頼	34
10	附属幼稚園				合	幼	附属幼稚園
11	附属幼稚園					＊＊＊パス　取消	附属幼稚園
12	附属幼稚園				合	姉小＊	附属幼稚園
13	10	10	9	10	合	＊＊＊＊幼稚園二年	39
14	9	8	8	9	合	＊＊　＊＊＊　＊＊　声が低い	34
15	附属幼稚園				合		附属幼稚園
16	9	9	8	10	合	快活	36
17	9	10	9	10	合	姉女＊　眼	38
18					合	姉小＊病気欠延期	
19	附属幼稚園				合	姉小＊	附属幼稚園
20	附属幼稚園				合	姉小＊	附属幼稚園
21	附属幼稚園				合	体格検査ノミニテ■宅　追考査	附属幼稚園
22	9	10	8	10	合	姉小＊快活	37
23	10	10	8	10	合	母・＊＊＊＊出　＊＊＊幼　ニコニコしている	38
24	附属幼稚園				合	姉小＊	附属幼稚園
25	附属幼稚園				合	姉小＊	附属幼稚園
26	9	10	8	10	合	＊＊＊＊紹介	37
27	8	9	8	8	合	ヨク工夫スル　体格検査未了	33
28	附属幼稚園				合		附属幼稚園
29	附属幼稚園				合		附属幼稚園
30	6	8	7	5	不	＊＊＊＊幼　ボンヤリ　ノロイ	26
31	7	8	7	7	不	言葉不明瞭	29
32	10	10	8	6	合	＊＊＊＊会員　ハキハキ　少シゾンザイ	34
33	7	8	6	8	不	＊＊幼　態度グニャグニャ	29
34	附属幼稚園				合		附属幼稚園
35	附属幼稚園				合		附属幼稚園
36	附属幼稚園				合		附属幼稚園
37	附属幼稚園				合		附属幼稚園
38	附属幼稚園				合		附属幼稚園

〔註〕①＊は伏字を示す。個人が特定されかねない情報については伏字とした。
②■は判読できなかった文字。
〔出典〕『X小学校　入学者・退学者名簿　昭和５年１月～』。

者（教師、在学生、卒業生）による口添えなどの「縁故」が合否判定において持っていた意味は決して小さくなかったとおもわれる。ここでその因果関係を完全に立証することは困難であるが、No.10とNo.32の両者はいずれも高得点で〈合格〉している。

その種の人間関係は「社会関係資本」（Bourdieu, P.）と言い換えてもよいだろう。社会関係資本とは「相互認識（知り合い）と相互承認（認め合い）とからなる、多少なりとも制度化されたもろもろの持続的な関係ネットワークを所有していることと密接に結び付いている、現実的ないしは潜在的な資本の総体」（Bourdieu, P., 1980＝一九八六訳：三一頁）をさす。社会関係資本は、「誰を知っているか」に含意される資本であり、情報の流れの促進や口添え、後ろ盾、社会的信用の証として作用する可能性を秘めている。

翌昭和六年度の入学選抜考査には、三八名の入学志願者があった。このうち付属幼稚園一八名が入学選抜考査を経ずに優先的に合格している。残り二〇名が一般の入学選抜考査を受験し、そのうち一七名が合格し、三名が不合格となっている〔表6・4〕。

入学選抜考査の成績を見る限り、この年度の〈合格者〉は四〇点満点中三〇点以上の得点を収めた者である。また、〈合格者〉のなかで高得点を収めた子どもたちは、点数のみならず、「よく工夫する」（No.4）、「ニコニコしている」（No.23）、「ヨク工夫スル」（No.27）などのように、個別にポジティブな評価が与えられている。

他方、不合格になっているのは、No.30の二六点、No.31の二九点、No.33の二九点のように、四〇点満点中三〇点以下の成績の子どもである。入学選抜考査に立ち会って実際に子どもを見ていた試験官（評価者）の教師は、不合格になった子どもそれぞれの特徴について、「ボンヤリ　ノロイ」（No.30）、「言葉不明瞭」（No.31）、「態度グニャグニャ」（No.33）と考査における様子と評価の根拠を明らかにしている。これらの事例に見るように、ネガティブな評価が「摘要」欄に記された者は総じて総合得点が低く、〈不合格〉になっている。このことからも、入学選抜考査では、課題の出来／不出来のみならず、関心・意欲・態度といった客観的な評価の困難な項目についても評価の対象に含まれ、点数に反映された可能性は十分にある(12)。

以上のように、小学校の入学選抜考査に立ち会った評価者(教師)は、「点数化」という評価を行う過程で、子どもの課題の達成度、つまり課題の出来/不出来だけにとどまらず、それぞれの課題にどのように取り組んでいたのか(レディネス)についても、評価の対象に含めていた。それは、課題の達成度や到達度のみならず、課題に取り組む「関心」「意欲」「態度」など、そもそも客観的な評価が困難な内容に対しても評価の視線を行きわたらせていたことを意味する。入学選抜考査に臨む子どもたちが「楽しそうに」あるいは「態度よく」課題に取り組んでいるか、あるいは「ボンヤリ　ノロイ」「言葉不明瞭」「態度グニャグニャ」になっていないかをそれぞれの試験官が評価し、それに基づいて合否の判定が行われていたのである。

5　入学選抜考査のイデオロギー

本章では、戦前期において既に一部の私立小学校において導入されていた入学選抜考査に注目し、その選抜がどのような過程で行われたのか、すなわち、入学希望者に対して行われた「選抜」の結果、〈合格〉と〈不合格〉という二つのカテゴリーがいかなるメカニズムによって構成されたのかを明らかにした。

まず、私立小学校の入学選抜考査においてメンタルテストが導入された背景には、第一に先験的な知能が測定できると認識されていたこと、第二に入学準備を必要としない〈教育的〉なものとして認識されていたこと、第三にメンタルテストが教育測定技術という〈科学〉によって裏付けられていたことなどに拠っている。このほかリトミックや遊戯など当時の大正新教育運動を通じて理論的に体系化された教育内容も入学選抜考査の課題として導入された。その背景には、幼児の発達段階を測定する目的とともに、幼児を対象とする〈教育的〉な考査として判断された結果であろう。

こうした課題を通じて行われた私立小学校の入学選抜とは、当時の言葉で言われたところの「低能児《ママ》」「精薄児《ママ》」などいわゆる〈標準〉以下に分類された子どもを排除し、さらに〈目に見えない入学選抜考査〉によって、旧中間層を排除する二重のプロセスであった。その結果、入学を許可された〈合格者〉とは、〈標準〉以上で、なおかつ〈目に見えない入学選抜考査〉で評価者の意図を汲みつつ行動することができた主として新中間層の子どもである、ということになるだろう。

その一方で、この〈目に見えない入学選抜考査〉は、新中間層内部の闘争（conflict）でもあった。新中間層出身の家族や子どもは他の階層と比べて有利な位置にあったのかもしれないが、必ずしも〈合格〉するとは限らない。それにくわえて、第8章で改めて議論するように、縁故や紹介者の存在などもまた〈合格〉の重要な要素になる場合も少なくなかった。そうとはいえ、入学選抜考査では当日の子どもたち自身の様子が最も重要な要素であっただろう(13)。

入学選抜考査の最中、子どもたちに対する評価の〈まなざし〉は、全制的に散りばめられ、その微細な差異が合否の評価につながっていた。子どもたち（受験生）は、ミクロな権力である知の装置の標的であり、そのもとで「記録行為に基づいた権力」により、施設内の全領域にわたって恒常的な監視（評価のまなざし）に晒され続けていた。もう一方の検査する側（試験官＝教師）は、検査する目的や意図を隠しながら、一方的に成果や業績の評価の結果を利用できる立場にあった(14)。

入学定員を上回る入学希望者から一定数の〈合格者〉を選抜するためには、〈不合格者〉と区別しなければならない。試験官は個々の子どもたちの観察と評価を通じて、それぞれの評価を〈差異化〉しなければならない。ところが、ペーパーテストなどと異なって、小学校の入学選抜考査は絶対的な正否の基準が存在しない〈目に見えない入学選抜考査〉である。そうであるがゆえに、試験官はなおのこと入学選抜考査時の幼児の様子をつぶさに観察しなければならず、評価の視線は一層強化されることになった。

数値による客観的な評価（点数化）が比較的容易なメンタルテストのような課題では、なによりもまず、子どもたちの回答が出題者や試験官（評価者）の意図にどれだけそっているか、与えられた課題に対して、正しい回答をしたか、それとも誤った回答かという、ほぼ二分法的に評価される傾向がある。仮に日常的な応答をしても、それが試験官の意図する回答と異なれば「誤答」として評価されることもあった。

それ以外にも、回答時の子どもの態度や様子は、試験官につぶさに観察され、その記録は設問の回答内容以上に重要な意味をもつこともあった。それは、数値に基づく客観的な評価（点数化）に組み込まれ、得点や成績順に序列化され、合否が決定された。点数化による客観的な評価が困難であるとおもわれる行動観察、リトミック、遊戯など〈目に見えない入学選抜考査〉についても、評価の根拠（客観性）を担保するうえで、考査時の子どもたちの様子に対して微細な評価の視線が向けられ、点数化されていった。

〈目に見えない入学選抜考査〉における子どもたちの態度や様子に対する評価の根拠は、教師＝試験官たちが社会的経験に意味付与する過程としての「類型化（typification）」（Schutz, A., 1962＝一九八三訳）として捉えられる。類型化（typification）とは、「他者を類型化するために、そしてまた自分自身を類型化するために用いられる、もろもろの常識的な構成概念」であり、「そのかなりの程度までが、社会的に獲得されたものであり、そして社会的に是認されたもの」（同：六八頁）をいう。

このシュッツの議論に従えば、入学選抜において入学志願者である子どもたちを「類型化」するうえで持ち出された評価の方法や根拠は、試験官である教師自身が日常の実践や児童との関係において獲得したものである。教師として日頃の教育活動において獲得・構築してきたイデオロギーとしての「望ましい子ども像」あるいは「望ましくない子ども像」が入学選抜考査における幼児の行動評価にも反映されたと考えられる。

また、キング（King, R., 1978＝一九八四訳）によれば、幼児期における「望ましい子ども像」とは、子どものレディネスを重視する「発達主義」、個人差を配慮する「個人主義」、遊ぶことによって学ぶ「学習としての遊び」、幼児の特性としての児童観である「無邪気さ」の四点によって特徴付けられる児童中心主義の思想を根拠にしたものであるという（King, 1978＝一九八四訳：第1章）。

以上の一連の議論を私立小学校の入学選抜考査における評価の様子と照らし合わせると、次のように言えるだろう。試験官である教師は、日常の教育活動で接している児童の「ボンヤリ　ノロイ」「言葉不明瞭」「態度グニャグニャ」などの様子を「望ましい子ども像」として認識することはないだろう。試験官としての教師はそのような子ども像をネガティブなイメージとして心象的に構築していたのだろう。だから、入学選抜考査において、「ボンヤリノロイ」などの態度の子どもに対してネガティブな評価を下す傾向があったのではないだろうか(15)。その反面、「ヨク工夫スル」子どもは、個性主義・自由主義を理念とする児童中心主義の児童像・子ども観から見た場合、活動がレディネスと結び付いた「望ましい子ども像」として認識される可能性が高く、入学選抜考査の評価においても高い評価（高得点）を修めている。

前述のように、〈目に見えない入学選抜考査〉においては、子どもの自由・個性もしくは子ども本位の自主的かつ主体的な行動が特に重視される。児童中心主義の「目に見えない教育方法」においても、子どもの自由や個性を尊重し、子どもが自分自身で考えて行動することを強調する「個人本位アピール」（I・A）が理念として採用される。これは子ども自身にすべての行動の自由や選択肢を与えることを理想としているように見える。

しかしながら、この種の児童中心主義な教育方法は、「目に見えない」ために、評価者（教師・試験官）にとっては却って評価の方法が難しく、客観的な評価を志向すれば、そのために処方的な準拠枠が求められ、結局のところ「目に見える」方法に転化してしまう逆説《パラドックス》を含んでいる。

この逆説は幼児を選抜するために導入された私立小学校の〈目に見えない入学選抜考査〉にも当てはまる。つまり、行動観察、遊戯、リトミックなど本来客観的な評価が困難な課題に対しても、関心・意欲・態度などの観点から評価し、しかもそれらを点数に置き換えて評価の客観性を担保しようとすればするほど、〈目に見える入学選抜考査〉に転化してしまうからである。「個人本位アピール」（I・A）を理想として標榜する〈目に見えない入学選抜考査〉は、評価の客観性を担保しようとすればするほど、「点数」という準拠枠を求め、その結果「発達的コントロール」(I・C)に陥ってしまう。確かに、私立小学校の〈目に見えない入学選抜考査〉は、大人の介入を極力排除し、子ども本人の意思を尊重・評価するという「個人本位アピール」が望ましいとされている。ところが、その課題や評価に潜むイデオロギーや内在するジレンマ構造ゆえに、わかりやすく使いやすい処方的な準拠枠(強い類別+C)を求めて、その類別の明瞭な処方的知識が隠示的に使用(弱い枠付け−F)される。〈目に見えない入学選抜考査〉は、〈目に見えない〉がゆえに、その統制や評価にあっては、〈目に見える〉準拠枠を求めようとして、結果的に〈目に見える〉形に転化してしまうのである。

続く第7章においては、本章で行った分析や考察と関連させながら、入学選抜考査を控えた家族の受験体制について議論する。その考察を通じて、私立小学校に入学した子どもたちはどのような能力を身体化していたのかについて、家庭や幼稚園など子どもたちの社会化環境と入学選抜考査とを関連づけて、考察していくことにしたい。

第7章　入学選抜考査と家族・子ども

1　家庭における入学準備教育

本章の目的は、私立小学校が入学選抜考査を導入して以降、志願者である子ども（幼児）や家族に与えた影響について、入試対策としての「入学準備教育」という視点から考察することにある。これまで考察してきたように、入学選抜考査の導入を契機に、入学希望者は入学選抜考査に〈合格〉しなければならなくなった。入学選抜考査において〈合格〉、つまり入学許可が下りない限り、入学を希望した小学校に〈入学〉することはできなくなってしまったからである。当時の入学希望者たち（保護者とその子どもたち）は入学選抜考査にどのようにして臨んでいたのだろうか。

慶應義塾幼稚舎は私立小学校のなかでも比較的早い時期（一九二〇年）に入学選抜考査を導入していた学校のひとつである。その翌年の一九二一（大正一〇）年に入学した加藤謙（一九一四～一九八四）は、その著『回想の慶應義塾』（一九八四年刊）において、入学選抜考査に向けて家庭で行われた準備教育を以下のように述懐している。

明日が試験という日になって、「左右」の区別、「住所・氏名」「両親の氏名・年齢・職業」などを暗記させられた。その時まで、こんな基礎的なことさえ、確実に覚えていなかったようで、まさに泥縄式の典型と言えよう（加藤・一九八四：一一一頁）。

参考までに、筆者が行ったインタビュー調査の対象者一三名の内容によると、「全く準備をした覚えはない」と答えたものはわずか二名（a小学校一九三一年入学、f小学校一九三八年入学）に過ぎず、残りは先の加藤の述懐と同様に、「大した準備をした覚えはない」の三名（c小学校一九三〇年入学、d小学校一九三六年入学、d小学校一九四〇年入学）などを含めて、家庭教育や専門の塾などで入学準備教育を行っていたようである。わずかこれだけのサンプルの調査結果を以て一般化することはもちろん禁物ではあるが、入学希望者の家族では、付け焼刃的であるか否かを問わず、この時期であっても入学選抜考査を控えて家庭における準備教育が実践されていたと考えられる。

その一方、大正末期から昭和初期以降、小学校の入学選抜考査にひとつの転機が訪れる。心理学者らが、婦人向け雑誌などのメディアを通して、それまで専ら学術研究の対象であったメンタルテストの実施を家庭で行うように積極的に呼びかけるようになる。これは「知能による子ども理解」が大学における研究という枠を超えて、広く一般家庭にも流通し始める契機となった。

平田華蔵は「子供の育て方から、其学校の選択、教師に対する信頼、身体上の注意等に至る何から何まで、吾子のことが気にかゝつてならないほどになつて参ります。……如何にすれば成績がよくなるか、我子の知恵の発達は遅れてゐるか、普通の子供より進んでゐるか等を知らねばならなくなります。……知恵の発達の程度が分かつたとして、更に進んでどの方面の知恵が進んでゐて、どの方面の知恵が遅れてゐるか……等を知らねばなりません。……発達の程度がよく分かつてこそ始めて、吾子の教養上の方針が立つわけであります」（平田・一九二五：二―三頁）と述べて、生後三ケ月の乳児から一四歳児に至るまでの年齢別メンタルテストの内容を、その測定方法とともに、紹介・奨励している（〔表6・1〕一八五頁）。

医学者・教育学者・心理学者たちは、市販のメンタルテスト問題集を通じて、子どもの知能の測定を奨励するだけではなかった。それとほぼ同時期の教育雑誌や育児書の一部には、師範学校付属小学校や私立小学校の入学選抜考査においてメンタルテストが導入されている現況とその重要性を伝える言説が現れ始めるようになる。

成蹊学園主事・野瀬寛顕は、一九三一（昭和六）年に、「お子様が小学校に入学するやうになつて、而も特殊の学校に入れようとしますと、そこには多くの場合、此のメンタルテストが行はれて、折角の希望もこれに失敗すると、無為に葬られてしまふことになります」（野瀬・一九三一：一七六―一七七頁）と述べ、小学校の入学考査課題におけるメンタルテストの意義とともに、これまでの入試の出題例（過去問）を添付し、その実施を読者（主として母親）に呼びかけている。

また、師範学校付属小学校や私立小学校の入学選抜考査対策を意識し、それを明確に謳った問題集の刊行も大凡この時期にまで遡ることができる。

たとえば、そのうちの一冊は一九三二（昭和七）年「小学受験研究会」（東京市滝野川区）なる組織が受験指導社なる出版社より刊行した『メンタルテスト問題集　師範附属入学案内』なる冊子である〔図7・1〕。「都下唯一の学校案内書であり受験参考書」を謳う同書は、小学校の入学選抜考査においてメンタルテストが導入されている実態を以下のように説明する。

> 東京各師範学校附属小学校は勿論、各府県師範附属小学校及私立各小学校に於て新入尋常一年生の入学志願者の選抜には概ね……メンタルテストが用ひらてゐる（小学受験研究会・一九三二：三―五頁）。

その現状を踏まえたうえで、東京の官立府立師範附属小学校の入学選抜考査の「過去問」を学校別・年次別に順次

〔図7・1〕小学受験会（1932）『メンタルテスト問題集
師範附属入学案内』（受験指導社）

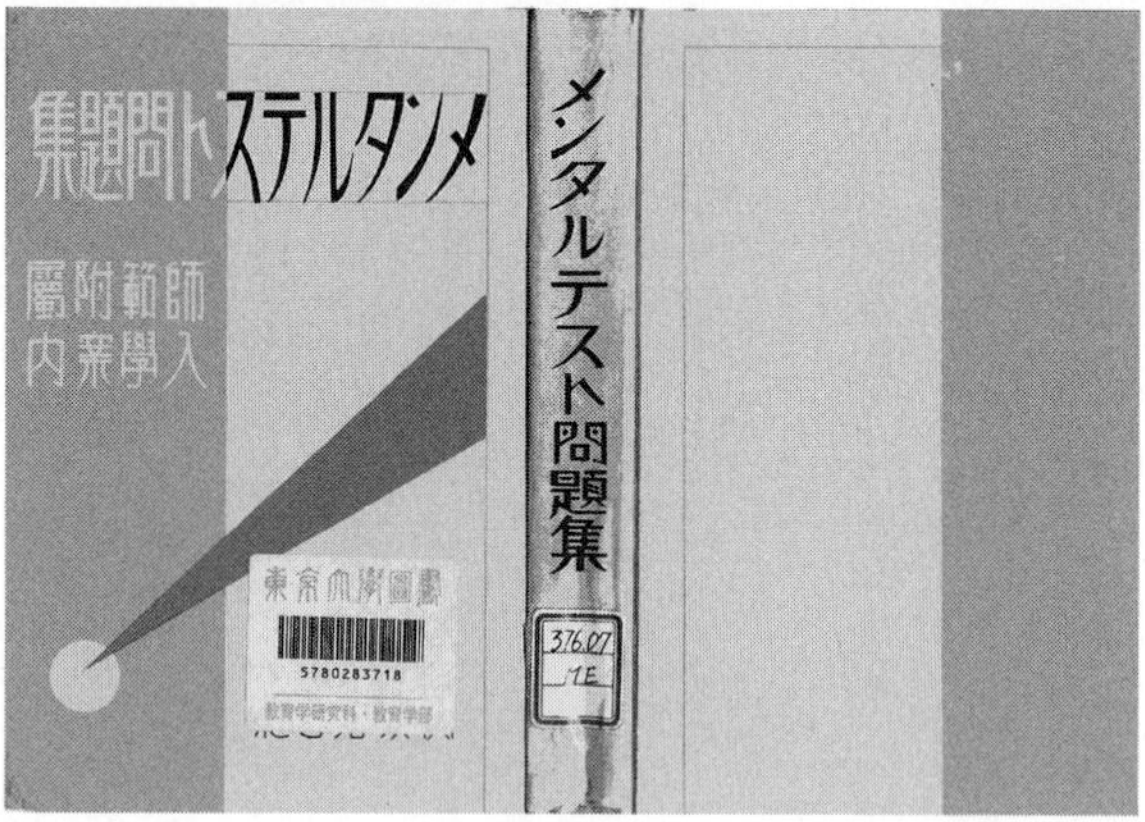

掲載する体裁をとっている。

また、同書は、「検査問題を性能別に分類し之に練習問題を補強して現今我国に行はる、テストの殆どあらゆる問題を網羅」（同：三五頁）しており、「孟母は愛児教育の為に三遷の苦心を払った。……先ず学校を選択せよ、然して準備せよ。……子女の善良なる心情と聡明敬虔な気質とを十分に教養するには其生活環境――学校――を選ばなければならない。かうした学校は官公立私立とを問わず一般の志願者が多く随つて選抜競争を免れない。……準備の要領心得を示し……各校の問題を性能別に分類して掲げ受験準備指導の参考に資し」（同：二頁）ている点をセールス・ポイントにしていた。要するに、官府立師範学校付属小学校や私立小学校の入学には選抜考査があるので、この種の参考書や問題集を利用して入学考査に向けて、十分な準備をしておくように呼びかけている。

なお、筆者の手元にある同書は、初版（昭和七年一二月）からほぼ三年後の「昭和一一年一月刊行」と記されているが、この時点で既に第七版を数える。これは、官府立師範学校付属小学校や私立小学校の別を問わず、小学校の入学選抜考査のマニュアルや過去問集の需要が決して小さくなかったことを物語るものではないだろうか。

同書が刊行された同年には、「全甲社」を名乗る出版社（東京市淀橋区）より、『小学校入学受験準備／メンタルテスト』と『小学校入学と受験の準備書／幼児のメンタルテスト』の二冊が刊行されている。〔図7・2〕は、雑誌『児童』（一九三六年二月号）の広告欄に掲載された『小学校入学と受験の準備書／幼児のメンタルテスト』の書籍広告である。
その宣伝文句には以下の通り記述されている。

御愛児の新入学期が近づきました。学用品、ランドセル、洋服などのいろいろ御準備の中で、

忘れてならない準備は

はたして愛児の知能が学齢児として順調に進んでゐるか、遅れてゐないかよくお検べ《（ママ）》になつて学校教育と家庭教育の連絡をお計りになる事です。それには極く手軽に御家庭で御愛児の知能検査の出来る本書によつてお検べ《（ママ）》下さい。……

師範附属小学校入学御志望者

特に本書によつて受験準備をお急ぎ下さい。どんな試験があるか、メンタルテストとはどのようなことをするものか、よく理解して自信をもつて試験をお受けなさい。合格受合です（傍点は引用者）。

〔図7・2〕『小学校入学と受験の準備書／幼児のメンタルテスト』宣伝広告

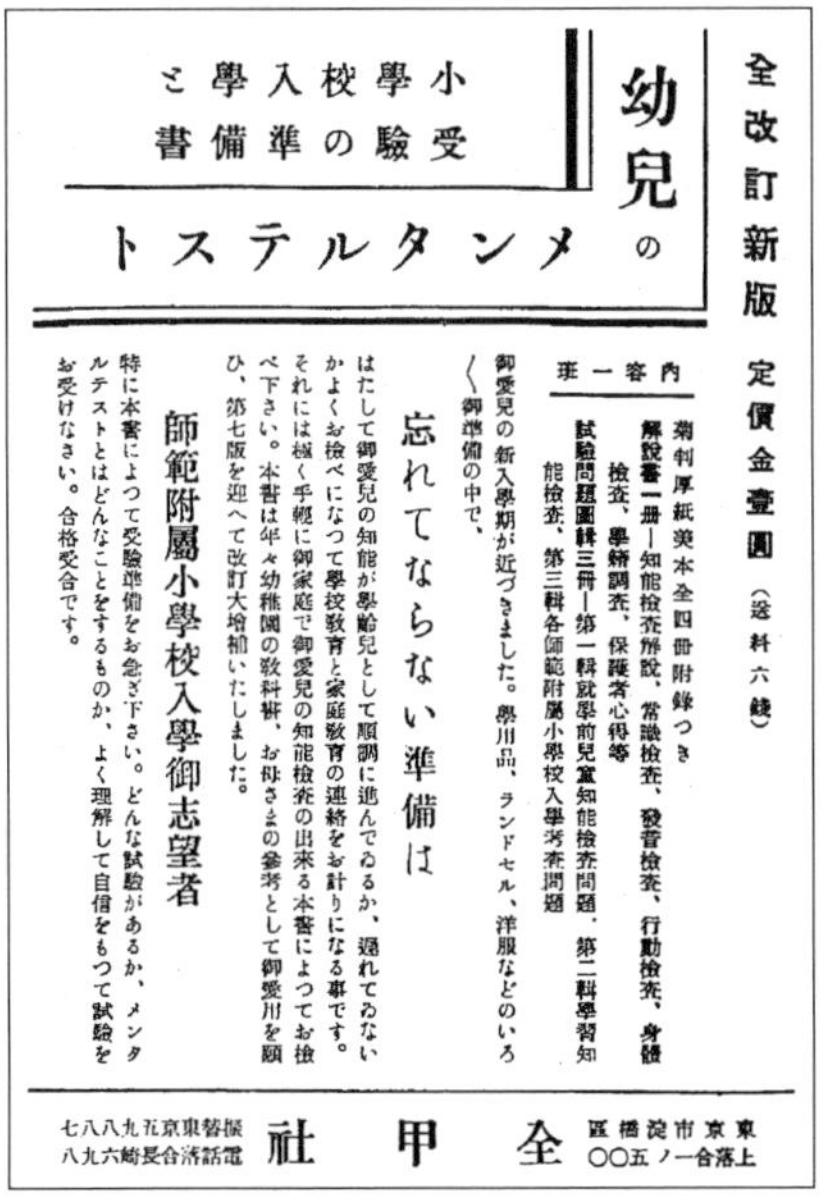

〔出典〕雑誌『児童』(1936年2月号)。

そして「先ず学校を選択せよ、然して準備せよ」や「本書によつて受験準備をお急ぎ下さい」などの言葉に追従し、問題集などを用いて私立小学校の入学選抜考査対策に励む家族が登場する。

それが受験を意識した参考書かどうかは憶

えていないが、様々な心理学の問題集をやったような記憶はあります。大体は母親が質問し、その質問に私が口頭で答えるというものだったと思います（a小学校一九四〇年入学）。

そういえば家にあったレコードで童謡を聴いては、母親と歌ったり、踊ったりはしていたかしれません。ただしそれが受験を意識したものかどうかは分かりませんが（c小学校一九三八年入学）。

この種の問題集などを使って行われた進学準備教育は、小学校の入学考査を目の前に、母親を中心として行われたようである。その特徴は、母親が教育専門家の発言や科学的な知識に依拠しながら、情愛をもって、わが子に対して行った家庭教育である。母親たちは、特定の小学校に合格・入学させたいという希望とそれを叶えるために、子どもに過去問を解かせて、知能がどの程度優れているのか、あるいはどの分野の能力が劣っているのか、できたところは褒め、誤りについては丁寧に教えていった。さらに前回よりも正解数が多いか、少ないか、時間をどの程度かけて、どの程度の問題を、どれくらいの早さで回答できたのかをマニュアル通りにチェックした。たとえばそれは、以下の母親が行った教育に表れている。

日頃憧れて居た幼稚舎に出来る事ならば是非お世話に成り度いものと、入試に関しで御経験のある何人かのお母様達に色々と話を伺つてみました。何方の仰つしやる事も皆同じで、絶対入試に関しては公平厳選な事、結局子供の実力が第一と伺つたので、私は一年間ボツボツ焦らずに、何かの折りに付けては物の名前（動物、魚、鳥、野菜）を教えたり、数のかぞえ方等を教えました（慶應義塾幼稚舎・一九五八：一一五頁／母親の手記「子供の入試」）。

入学準備教育に関わっていたのは母親ばかりではない。父親の存在も重要であった(1)。以下の内容は、父親の入学考査への関わりをリアルに伝えている。

小学校の受験の時は、母親よりも父親の方が積極的だったかもしれません。父親は僕同様、e学園の人間だしね、何とかしてe学園へという思いは強かったのではないでしょうか。その父が帰宅すると、僕の受験勉強がはじまるわけです。お名前は?幼稚園のお名前は?先生のお名前は?そんな質問が延々と続く。積み木を並べたり、動植物の名前当てなんかよくやっていましたよ。質問にきちんと答えられなかったら大変でしてね。父はよく大声で怒鳴っていたし、僕は大声を出して泣く。やりすぎということで母親が止めに入る事があったくらいですから(e小学校一九三八年入学)。

いずれにせよ、私立小学校への入学を志向する家族は、入学選抜考査を契機に、学校に従属することになった。それというのも、これまで見てきたように、彼らの多くは、様々な方略を用いて、各小学校の能力観の反映である入学選抜考査の課題にあわせた入学準備に励むことになったからである。

2　入学準備教育と幼稚園との位相

明治三〇年代から大正期に至る二〇世紀初頭は、幼稚園令(一九二六年)の制定などに見られるように、幼稚園が従来の枠組みからの画期的な脱皮と転換に努め、その基礎を形成した時期にあたる。それまで幼稚園に関する諸規定は小学校令に含まれていたが、幼稚園の進歩・普及と幼児教育関係者の要望の末に、初めて「幼稚園令」が発布、小学校令から独立した。幼稚園令では、幼稚園に入園できる年齢の弾力化(三歳未満でも入園可能にした)、保育時間に関する規定の削除、幼稚園保母の資格・処遇の改善、保育内容がそれまでの四項目に「観察」が加わり、「遊戯」「唱歌」「観察」「談話」「手技」の五領域が導入された。その結果、郊外保育や園芸などが実践されることになり、地域や子どもの実情にあわせて保育課程を自由に組むことが可能になった。

また、一九〇〇年代以降、幼稚園に対する社会的な評価も大きく変化した。幼稚園の通園をめぐっては当初から賛否両論が新聞および雑誌誌上を賑わしていた（米村・一九九六）。そのなかでも大正期から戦前期にかけて、それぞれの社会階層の家庭教育の特徴（欠点）として「上流の家庭は箱入、中流では抑圧、下流では野生的教育となり易い」（加藤・一九一六）などの言説が散見されるようになった。そこで、それぞれの社会階層の家庭教育の欠点や問題点を補う教育機関としての幼稚園観が普及し始めた。実際の幼稚園令の規定でも、幼稚園の目的のひとつが家庭教育を補うことにあるとされた。幼稚園令の発令後、幼稚園数および就園児数は私立幼稚園を中心にわずかずつであるが、増加している。この背景には、新中間層の子どもが幼稚園に通園するようになったことがあり、それによって幼稚園就園率の上昇も見られる（小針・二〇〇五）。

保育方法についても、明治末期に、それまでの保守フレーベル主義から児童中心主義の教育・保育思想に基づく自由保育や生活主義の統合主義保育へと大きく転換した（表7・1）。

明治初期の一八七六年に女子高等師範学校附属幼稚園（現・お茶の水女子大学附属幼稚園）が設立されて以降、フレーベル主義が幼稚園の保育実践の理論的支柱であった。ところが、明治末期になると、フレーベル主義に対しては、作為的であり、大人など外部の人間からの押し付けが過ぎるとの批判が生じ、児童中心主義の保育思想・実践にその座を明けわたすことになった。それは、たとえば一九二〇年代に入って移入されたモンテッソリ、デューイ、キルパトリック（Kilpatrick, W. Heard, 1871～1965）といった欧米の児童中心主義の教育・保育の思想や実践である。このほか、大正期の児童中心主義教育や芸術教育運動を背景に、小林（金子）宗作によるリトミック運動や、音楽にあわせて遊びながら体を動かしたり踊ったりする土川五郎（一八七一～一九四七）による律動遊戯の実践も見られるようになっ

〔表7・1〕幼稚園の教育実践に関する調査—1921（大正10）年2月10日現在

	他ノ主義ヲ加味セザルモノ	フレーベル式ヲ加味スルモノ	モンテスソリー式ヲ加味スルモノ	フレーベル式及モンテスソリー式ヲ加味スルモノ	其他ノ主義ヲ加味スルモノ	計
師範附属	1	4	0	11	2	18
市町村立	5	63	4	119	40	231
私立	9	235	6	121	59	430
計	15	302	10	251	101	679
東京女高師附幼					1	1
奈良女高師附幼				1		1

〔出典〕文部省（1979）『幼稚園教育百年史』ひかりのくに、145頁。

た。彼らによれば、リトミックや律動遊戯は単に身体的機能を高めるのみならず、子どもの感情を豊かに陶冶するという。こうした実践もまた全国各地の幼稚園に普及していった。

保育理念・実践の転換や就園率上昇の時期は、日本女子大学校附属豊明小学校や成城小学校など一部の私立小学校が入学選抜考査の課題として遊戯やリトミックを導入した時期と大きく重なる。

幼稚園への就園は小学校の入学選抜考査にどのような影響を与えたのだろうか。

大正新教育運動のなかで理論化され、その実践が導入された遊戯やリトミックなどの課題は、前章で検討したように、バーンスティンの指摘するところの「目に見えない教育方法」に該当する。「目に見えない教育方法」とは、前章で理論的に考察したように、進歩主義教育や幼児教育に代表される、教育知識の編成や伝達といったカリキュラムのレベルで類別（classification）が希薄であり、教師と被教育者との相互作用のレベルでも統制（control）や枠付け（framing）が弱く、それゆえに被教育者の学習の過程や結果の評価が多様かつ拡散的で、きわめて形式的・暗示的評価が行われ易いという特徴をもつ。さらに、バーンスティンによると、学校における教育方法・評価は、各階級の社会化の型によってそれぞれ親和性が異なり、「目に見えない教育方法」はとりわけ新中間層の社会化価値に親和的であるという（Bernstein, B., 1975＝一九八〇訳、

1977＝一九八五訳）。

行動観察、遊戯やリトミックといった入学選抜考査を科す私立小学校に合格・入学するためには、これら〈目に見えない入学選抜考査〉において、ポジティブな評価を得ることが〈合格〉の必須条件になっていた。また、私立小学校の合格・入学に当たっては〈目に見えない入学選抜考査〉の課題に対応できる社会階層（都市新中間層）に属していることも有利な条件のひとつであった。

その〈目に見えない入学選抜考査〉の課題および評価に優れて対応できる能力を内面化するうえで、やはり「目に見えない教育方法」を実践する幼稚園に通うことは入学選抜考査の準備教育としてもきわめて好都合だったのではないかとおもわれる。幼稚園や家庭において日常的に「目に見えない教育方法」に対応し、そうした能力や価値を内面化できた子どもがより有利に希望の私立小学校に合格・入学できたのではないだろうか。

「遊戯」を選考課題に含めていた日本女子大学校附属豊明小学校では、八割を占めるという幼稚園出身の者と、そうではないもの（主に家庭で保育されていた者）がそれぞれ有利・不利にならないように配慮、区別されたうえで入学選抜考査を実施しなければならないほどであった（日本女子大学附属豊明小学校八十年史編纂委員会・一九八八）。これは選抜を行う小学校側にも、幼稚園出身者が入学選抜考査では有利になり、非幼稚園出身者は不利になるという認識があったことを示している。この事例からも、幼稚園出身者は、幼稚園という場において、「目に見えない教育方法」に属する課題や評価に対応できる能力、すなわち入学選抜考査の実際の場面において〈目に見えない入学選抜考査〉に巧みに対応できる能力を身体化していたのではないだろうか。

このほか入学選抜考査の課題に遊戯やリトミックの導入がなかった慶應義塾幼稚舎でさえも、一九二五（大正一四）年時点で全入学者のうち四割強が幼稚園卒園児であった（慶應義塾幼稚舎・一九二五）。慶應義塾幼稚舎の幼稚園卒園者の割合は、以後の年度の全国や東京の幼稚園就園率と比較してみても、はるかに高い〔表7・2〕。

東洋英和女学校附属幼稚園の女児卒園者の多くは「概ね本校小学部に入学し」ていたが、男児卒園者は女子校の小学部には進学できなかったため、慶應義塾幼稚舎をはじめ、青山学院、学習院、暁星、森村学園などの有名私立小学校にそれぞれ進学したという（東洋英和女学院・一九五四）。

また、幼稚園と小学校の入学選抜考査との関連について、一部の幼稚園において、小学校の入学選抜考査に向けた「特訓」が行われていた史実にも注目しておく必要がある。たとえば、一九四〇（昭和一五）年に慶應義塾幼稚舎を受験・合格、そして入学した小林陽太郎（一九三三～）は当時の幼稚園で行われていた「特訓」の様子を以下のように述懐する。

> 戦争直前の頃ですが、大森のある幼稚園の園長さんが、男の子は慶應を含めて何校、女の子は何校かと選んで、特訓をしていたわけです。最後の一年間は、月に一度か二度御徒町のどこかへ連れて行かれまして受験勉強をしていたんですね（慶應義塾・一九九六：五頁）。

この背景には「幼稚園の先生に御指導してくださるようお願い致しました」（d小学校一九四〇年入学者の母）などのように、保護者自身の希望によるところが大きいと思われる。

しかしその一方で、東京女子高等師範学校附属小学校の主事であり、一時期は附属幼稚園の主事を務めた堀七蔵（一八八六～一九七八）もまた、幼稚園教諭らに向けて、小学校における入学選抜考査の存在とその注意事項を以下のように述べている。

〔表７・２〕慶應義塾幼稚舎入学者の「入学前経歴」

	幼稚園	家庭	不明	全国・幼稚園就園率	東京・幼稚園就園率
1925（大正14）年	41.2	27.9	30.9	4.0	5.7
1930（昭和５）年	55.3	37.9	6.9	5.2	6.4
1935（昭和10）年	80.1	4.8	15.1	5.8	7.7
1940（昭和15）年	84.6	15.4		8.0	11.1
1944（昭和19）年	75.4	24.6		7.9	14.8

〔註〕① 就園率＝幼稚園修了者数÷小学校第１学年児童数×100
② 1940年以降、「幼稚園」（出身者）についての記載はあるものの、「家庭」と「不明」が空欄になっており、両者は明確に峻別できない。
〔出典〕慶應義塾幼稚舎入社帳（慶應義塾幼稚舎蔵）、文部省年報（各年度）より作成。

小学校に於ける入学検定がどんなものであるかを理解することは幼稚園教育者に取つて相当大切なことと思はれます。……小学校（官府立師範学校附属小学校・私立小学校―引用者）はそれぞれ特殊な方法によつて入学検定を行ふものであることを幼稚園教育者も学齢児童の保護者も領解せねばなりません（堀・一九三二：一七―二二頁）。

入学選抜考査に向けた対策は、家庭教育における入学準備教育と並行して、家庭外の幼稚園も無視できない存在になりつつあったと見てよいだろう(2)。

3　入学準備教育のその後――幼児受験教室を経由した小学校受験の成立

小学校受験の戦後派になると、入学考査対策は家庭や幼稚園以外の場所や方法に広がりを見せるようになる。たとえば、小学校受験専門の家庭教師や塾・予備校などの教育産業の出現に伴って、そこで入学選抜考査に向けた準備教育を行うことが一般的になる。これは「就学前の乳幼児を対象とした、園や家庭外で行われる組織的な早期教育」（無藤・一九九八：第一章）のひとつとしての入学選抜考査対策が登場したことを意味する(3)。

いよいよ問題は幼稚舎に入学ができるかどうかであつた。これは私の意志だけではなかなか決められない、むしろ子供の能力である。子供に私の希望を期待するには、子供の試験能力を引き揚げてやるより外ないと思つて一年前から児童心理学の先生に家へ来て貰つて指導して貰つた（慶應義塾幼稚舎・一九六〇：一六六頁／慶應義塾幼稚舎入学の父親の手記「私と子供の幼稚舎」）。

また、一九五七（昭和三二）年に、慶應義塾幼稚舎に入学した、ある一年生児童の作文（タイトル「にゅうがくしけん」）は、幼児受験産業の萌芽期を以下のように伝えている。

ぼくははじめ、あおやまがくいんをうけるまえ、こうだんしやで、しけんのれんしゆうをして、あおやまがくいんがうかりました。それからたくませんせいにべんきようをみてもらつてようちしやがうかりました（慶應義塾幼稚舎・一九五七：九頁／傍点は引用者）。

講談社は、終戦直後の一九四六（昭和二一）年、「婦人倶楽部児童相談所」（一九五九年以降、「講談社児童相談所」と改称）を設置し、武政太郎(4)ら東京文理大学（後の東京教育大学）の心理学研究者らが知能検査・測定や教育相談を行っていた。

来談者の年齢は小学校の入学選抜考査の対象となる五歳～六歳に集中し（全体の七三・一％）、月別の来談者数分布を見る限り、当時、多くの場合一月に実施されていた小学校の入学選抜考査が近くなるにつれて診断者数は増加の一途をたどり、考査の終了する一月以降に減少する〔表7・3〕。ここから単なる入学前診断を理由にして同所を訪れたわけではないだろうと推測される。また、実際の子どもの知能分布〔図7・3〕を見ても、「中の上レベル」以上の高い知能を有する幼児が全体の八六・四％と八割以上を占めている（講談社児童相談所・一九九三）(5)。これは、ほぼ同時期（一九六一年）に私立小学校（慶應義塾幼稚舎）の入学試験に合格、入学した子どもたちの知能分布と近似している。

つまり、講談社児童相談所の来談者の多くは高い知能を有した子どもであり、そのなかには少なくとも国立な

〔表7・3〕来談児童の年齢 1960（昭和35）年度

年齢	来談数	割合
3歳以下	90人	7.4％
4歳	152	12.5
5歳	548	45.1
6歳	341	28.0
7歳	25	2.1
8歳	14	1.2
9歳	12	1.0
10歳	10	0.8
11歳以上	24	2.0
合計	1216	100.0

〔出典〕講談社児童相談所（1993）『講談社児童相談所四十五年の歩み』講談社、8頁より作成。

〔図７・３〕講談社児童相談所・来談者（1960年度）の知能分布――慶應義塾幼稚舎１年生（1961年度）と理論上の知能分布（ベル・カーブ）との比較

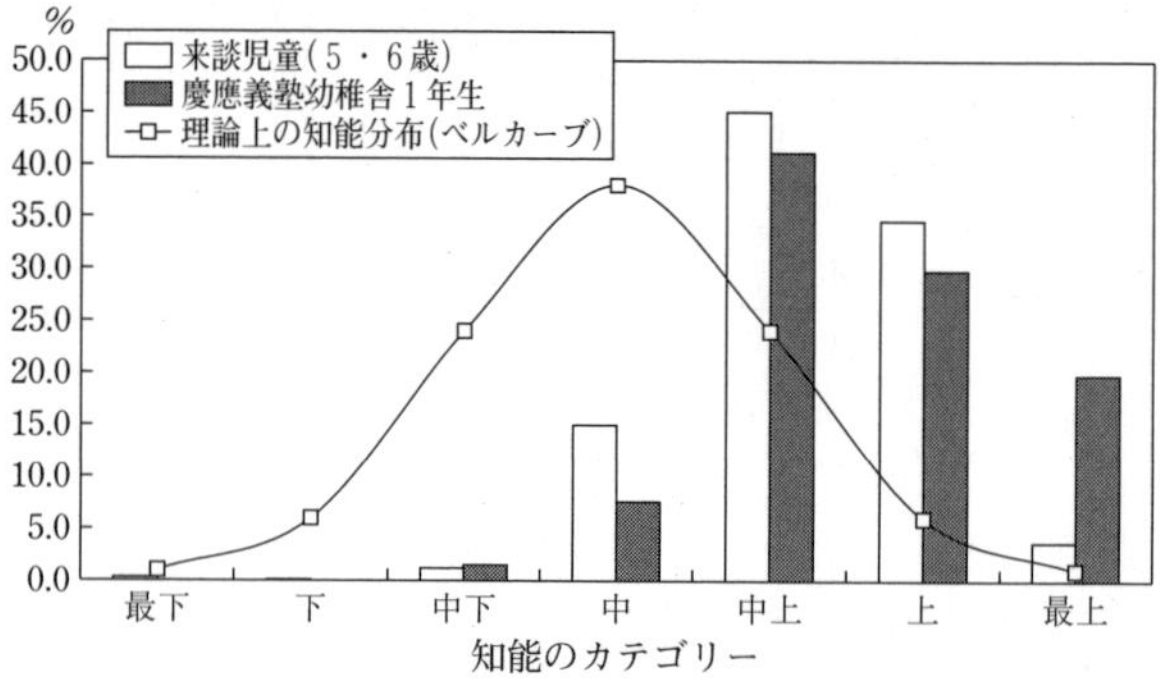

〔出典〕講談社児童相談所（1993）『講談社児童相談所四十五年の歩み』講談社、13頁、および慶應義塾幼稚舎（1964）『幼稚舎1963年』（版元等不明）19頁より作成。

いしは私立小学校の入学選抜考査対策を目的とした来談があったと推察される。このほか、講談社は同時期（一九六一年）に『入園・入学テスト集：著名幼稚園小学校テスト実例集』と題する、有名幼稚園や小学校の入学選抜考査において出題された問題（過去問）を掲載した受験問題集や参考書を刊行している。

さらに、時代を下って、一九五〇年代以降になると、幼稚園や小学校の入園・入学選抜考査対策を謳う幼児受験教室が相次いで誕生するようになる。管見の限りでは、桐花教育相談所が一九五四（昭和二九）年に、現在の幼児受験産業の最大手のひとつである伸芽会が一九六三（昭和三八）年にそれぞれ産声を上げている。幼児受験教室や専門の家庭教師のもとで体系だった入学準備教育を受けたうえで国立・私立小学校受験に臨むという形式は、一九五〇年代から六〇年代の高度経済成長期に普及し、一般化したと見てよいだろう。

以上のように、私立小学校への入学を希望する家族は、程度の差こそあれ、幼児に対して、志望する小学校の入学選考課題に合わせた準備教育を行っていた。私立小学校の〈目に見えない入学選抜考査〉に対応できる能力とは、幼稚園や家庭を通して無意識のうちに身体化されたものである一方、明らかな目的と意図をもった入学準備教育によって、子ども自身が内面化していった性向などを含むものである。

また、問題集・参考書をはじめとする入学準備マニュアルなどへの依存については、入学準備教育に対する保護者の不安な心理状態を背後に見出すことかできる。〈目に見えない入学選抜考査〉は児童中心主義的・進歩主義的・個人志向的であるがゆえに、入学希望者としての保護者は実際の行為場面において依拠すべきしつけや入学準備の方法についての具体的な枠組みを見出すことができない。そこでその枠づけを与えるマニュアルに依存することになったと考えられる（柴野・一九八九）。

4　私立小学校入学をめぐる言説とその社会問題化

私立小学校の入学選抜考査のあり方などをめぐって、専門家が問題として察知していないわけではなかった。医師・教師・教育学者・心理学者などの専門家や教育評論家は、子どもを対象としたメンタルテストの実施を奨励することに止まらなかった。彼らは雑誌等のメディアを通じて、小学校選択の問題についても積極的に発言していた。以下、一連の言説を通して、私立小学校の入学選抜考査、あるいは私立小学校そのものに対する社会的評価全般について検討しよう。

既に第1章で明らかにしたように、私立小学校の入・在学者の多くは、自宅のある同区・市あるいは隣接の区・市などに所在する近郊の小学校に通う傾向があった。近隣とはいえ、私立小学校への通学は、地域の公立小学校の通学区域から越境することが少なくなく、そのうえ高額な入学金や授業料を要したところから、警告や批判を含めた様々な言説がマスメディアのなかに（その数は少ないものの）現れるようになった。

批判的な言説や警告は、「小学校選択方法を警告する言説」と「入学準備教育に対する批判言説」とに大別される。

第一の「小学校選択方法を警告する言説」に関する言説は、主として通学方法に関わる内容である。作家・評論家である三宅やす子（一八九〇～一九三二）は私立小学校など学区外の小学校に入学させようとする親たちに対して以下のように警告する。

この頃は小学校から随分遠い処へ通はせる方が多くなりましたが、小学校時代はなるべく児童に、学校といふものを重い負担にしないようにすることが必要ですから、体力といふことも考へ、又その子の性質によつて、神経をあまり疲れさせないように、無理をさせない事であります（三宅・一九二四：一二三頁）。

また、東京都杉並区立第四小学校長である上飯坂好実は、子どもを公立小学校以外の学校に進学させるべきかを迷っているという友人を目の前にして以下のように助言している。

君は、子どもを学芸大学の附属に入れたがっているが、通学がたいへんだよ。長い年月のうちには風も雨の日もある。それに電車がこんでかわいそうだよ。小さい子をそんなに遠くまでやるものではないよ。……その苦しめ方は非常にザンコクだよ（上飯坂・一九五一：一三一―一三二頁）。

私立小学校を含む初等教育段階の学校選択についても、先の三宅や上飯坂は以下のように批判する。

特別の学校へ入れる事が望みでありましたら、よく選択して、児童の個性に適応した学校を選ぶことです。只語学が小学校時代からあるからとか、あの学校は保護者の家庭がよいからといふような、その位の理由でわざわざ遠い処を、危険な電車にのせて通学させる等は、大変つまらない事だと思ひます。出来るなら小学校は近いのがよいと思はれます（三宅・一九二四：一二三頁）。

「隣が学習院に行っているから、うちの子は公立では肩身が狭い」という考え方には反対したい。案外こうした考えで子どもを人形にしている母親が多いように思う（上飯坂・一九五一：一三三頁）。

これらは、保護者（特に母親）が子どもの通学する学校（私立小学校）を通じての「身代わり達成」（vicarious achievement）を批判した内容であり、母親たちのブランド志向批判に通じるところがある。「身代わり達成」とは、私的領域である家庭を守る女性（特に専業主婦）にとっては、公的領域での参加が著しく制限されているため、そこでの達成要求を夫の昇進・出世や子どもの学歴を通じて満たそうとする代替的な自己実現志向をさす（木村・一九八九、二〇〇〇）。

他方、入学選抜考査に向けた準備教育に対する批判的な言説については、時期の早いところで、一九二二（大正一一）年当時の成城学園の創立者・澤柳政太郎による以下の発言がある。

今日小学校でも良いといふ評判の学校へは其の収容人員の数倍を越える入学志望者があります。其の場合私立小学校では一種の選抜試験的の方法で成るべく優秀の者をとるやり方をしてゐるやうです（澤柳・一九二〇＝一九七九：二〇六―二〇七頁）。

昭和期に入っても、このような小学校受験批判は続く。戦前には教育ジャーナリストとして活躍し、池袋児童の村小学校でも初代主事を務めた志垣寛（一八八九～一九六五）は、以下のような批判をする。

都市では、小学校に入れるのに対して、附属小学校とか特殊の私立小学校とかを的にしていろいろ苦心してそこに入れようとする人も少なくない。その為に尋常科に入るのに早お試験沙汰で子供の心を苦しめる向も多いが、これも考へものである（志垣・一九三一：九八頁）。

志垣自身は子弟を東京高等師範学校附属小学校に入学させていたこともあり、小学校段階の入学選抜考査の存在を認知していたのだろう。そのような立場にありながら（あるいは自身の経験を踏まえて）、子どもの「お試験沙汰」に対しては「子供の心を苦しめる」ものとして厳しく批判している。

また、『婦女新聞』（一五四九号／昭和五年二月一六日発行）では、「小学校の入学難」と題する社説を掲載している。『婦女新聞』は、一九〇〇（明治三三）年に福島四郎によって創刊され、一般の女性を対象とした在野の週刊新聞である。創刊以来女子教育をはじめとして女性の問題を幅広く取り上げるなど、啓蒙色の強い、リベラルな女性紙であった。そのため、読者はある程度の知識層や経済的に恵まれた層であり、内容面でも偏りがあったと言われている（真橋・二〇〇二）。つまりその主たる読者層は、少なくとも高等女学校を卒業し、当時にしては高学歴の都市新中間層の女性であり、私立小学校入学（希望）者の母親たちと大きく重なる。

東京に於て、両高等師範の附属その他、優秀と見らるゝ小学校、及び上級の学校に聯絡ある小学校は、例年の通り数倍乃至十数倍の入学志願者があり各府県の師範附属又は設備の完全なる私立小学校も、同様の状態にあるらしい。そして抽籤に外れ若しくは人物考査で落ちた児童の親達は、附近の公立小学校に入学させることを、愛児のために非常なる不幸であるが如く解して比較的優秀なる小学校を選択せんが為に狂奔してゐる……が、公立小学校を忌避する理由があまりに非社会的であり、時代逆行の観があるのは、考へねばならぬ。……心ある親達が何故之（学区内の公立小学校―引用者）を避けて他を選ぼうとするかといへば、公立は一学級の定員があまりに多く、天才も凡才も低能児《ママ》も画一に取扱つてその児童の個性に適する教育を施すことが出来ないといふのが、最大の理由でなければならぬ。……どの児にどんな環境が適するかといふ事は、殆ど断言し得られないものであり、……希望の小学校に入学せしむることが出来なんだとて、そんなに悲観するに当らない。公立小学校に入れる事を、不良児の仲間入でもさせるかの如く恐れている一部の親達に、一言忠告する所以である。

この「小学校の入学難」の社説は、公立小学校の忌避を問題にし、「優秀と見らるゝ小学校」（師範学校附属小学校や私立小学校、あるいは公立有名小学校など）の選択に狂奔する親たちを批判しているが、もう一方でその選択に際して正当な理由があれば認められると仄めかしている。その「正当な理由」とはまず公立小学校に問題がある場合である。公立小学校では、一学級の定員数や児童数があまりに多く、「天才」も「凡才」も「低能児《ママ》」も画一に取り扱って、その児童の個性にふさわしい教育活動が行われていないと批判する。このほか、子どもの低年齢段階の小学校選択に躍起になっている親たちに対して厳しい忠告をしている。

日田権一（前・東京高師附属小学校主事）もまた「この（附属小学校―引用者）入学準備を専門とする幼稚園まで現れる始末である。入学試験地獄は、今や就学前の幼児にさへも迫つているのである」（日田・山本・一九三六：二六七頁）と指弾している。

それ以外にも、東京帝国大学教育学研究室教授で教育行政学を専門にした阿部重孝（一八九〇〜一九三九）は、「小学校は義務教育を行ふ場所である以上、万一こゝに入学難といふ如きことがあれば、それこそ由々しき国家の責任問題である」（阿部・一九三〇：三三七頁）と直接的な断定を避けながらも、「受験の低年齢化」を危惧すべき問題としてあげている。

以上にあげた言説のいずれを見ても、小学校段階における学校選択や私立小学校への進学には明らかに否定的・批判的な論者が多かった。その根拠は、①入学選抜考査に当たって、様々な準備教育は子どもの発達に逆効果である、②仮に合格・入学して日常的に通学することになるとその肉体的・精神的疲労や負担が非常に大きい、③様々な出自の子どものいるなかで教育を受けたほうがはるかに〈教育的効果〉が高い、④師範学校附属小学校や私立小学校に入学したところで、教育的効果に大きな変わりはないという四点に集約できるだろう。それゆえ、彼らが提案する最善策は、通学区圏内の公立小学校に入学・進学にすることで、ほぼ一致する。

ところで、このような小学校入学選抜考査に関わる批判や警告は、社会的構築主義（Social Constructionism）の知見を俟つまでもなく、社会問題構築のスタイルのひとつであろう。「社会問題は、なんらかの想定された状態について苦情を述べ、クレイムを申し立てる個人やグループの活動」（Spector, M. B. & Kitsuse, J. I., 1977＝一九九〇訳：一一九頁）にほかならない。キッセらは、ある社会現象が人々によってひとつの社会問題として認識・承認され、動的に解決されていく過程を「社会問題の自然史」（natural history）と呼び、以下の四段階にまとめた。

第一段階は「社会問題の創出過程」であり、集団による問題提起の段階である。第二段階は、（公的組織・機関・制度によって）問題の正当性が公認される段階である。公的な対応過程の段階でもある。第三段階は要求再出現の段階である。第四段階は公的対応に見切りをつけてそれ以外の可能な選択肢や対抗的な問題解決の方途を作り出す過程である。

また、ここで社会問題を構成する批判や警告などの「言説」（discours/discourses）とは、一定の価値判断とイデオロギーに基づいた物事の語り方である。言説の構成を通じて、誰が主体として語りうるか、何が語られ何が語られるべきではないか、どのような視点で対象を語るのかが決定される。こうした主体と対象の形成と配置のありようは、様々な言説間相互の関係によって決定される（糟谷・二〇〇三）。

以下では、小学校入学選抜考査に関わる〈言説〉の形成者と受容者との関係に目を向けて、言説の伝達／獲得ではなく、問題そのものの構築過程に注目・考察しよう（Bernstein, B., 1996＝二〇〇〇訳）。それはまた、赤川（二〇〇一）がM・フーコーを参照しながら論じた、言説分析を通じた社会問題の構築主義的アプローチの試みのひとつである。赤川によれば、それは①ある社会問題について語る言説のレトリックとその配置、②ある社会問題が、別の社会問題の言説、あるいはそれ以外の言説との間で有している相関関係、③ある社会問題の言説を産出している社会的・歴史的・時空的コンテクストを明らかにしつつ、「とある時空間において、とある言説とレトリックが語られ、他のいかなる言説も代わりに語られないのはなぜか」という三つのアプローチがあげられている。

「言説分析においてより重要なのは、誰がどのような立場から語っても、似たような語りを構成してしまう言説生産の『場』のありようである」（同：七七頁）と主張する赤川は、①と②の方法論を重視し、③はテーマの有する広がりと好みの問題だとしている。以下ではこのうち方法論③を採用し、言説の内容、そして語る主体の社会的ポジション（社会的諸属性）や語る主体の隠された利害関心や言説の政治的効果について考えたい。それというのも、「誰がどのような立場でも同じような言説を構成してしまう」というときの、言説を編成する「誰」（主体）はある特定のポジションに拘束されており、その主体は語られる客体（言説の受け手）についても一定のポジションを想定していると考えられるからである。この方法論③を本研究の関心にひきつけていえば、その言説の内容や言説編成の主体から、私立小学校志向や小学校受験に関する諸言説がどのような時空間で構成され、社会問題の構築の仕方についてもあわせて議論できるとおもわれる。つまり、小学校受験や私立小学校の入学志向の問題が個別の発言や個人のクレイム申し立てのレベルにとどまり、社会問題として十分に構成されなかった理由や背景について明らかにする必要があるのではないだろうか。

さて、大正期以降、様々なマスメディアが、入学難や受験地獄の問題に関して、中等学校（中学校・高等女学校）の受験や入学試験の問題を取り上げた。その場合、たとえば「入学試験の失敗を原因とする自殺」や「入試勉強による人格形成阻害」など極端な事例ばかりを頻繁に取り上げて、入学試験の問題を社会問題または教育問題として再構成した。言説の編成主体としてのマスメディアは、予めもっている問題構築のカテゴリーに基づいて、様々な事件や行為のなかから「問題」と認識したものを「社会問題」と見なし、報道する傾向にある。そのため、必ずしも社会全体が共有していない、場合によっては極端な事例のみを選択し、「問題」として再発見・再構築することも少なくない。例外的もしくは極端な事例を報道することで、内容や表現の方法によっては、大衆を誤認に導く可能性もある。

小学校の入学選抜考査は、幼児を選抜するという関心のうえでは、「受験の低年齢化」を危惧する社会のなかで社会問題化して然るべきである。中等学校の一二歳時選抜が「受験の低年齢化」という問題とセットになってしばしばクレイム申し立てが行われていた以上、小学校入学段階の六歳児の入学選抜の社会問題化は避けられそうにない。ところが、当時の私立小学校の入学選抜考査は、官府立師範学校付属小学校のそれを含めて、中等学校のそれに比べれば、それほど多くの批判言説を確認することができず、同時に大きく社会問題化することもなかった。さらにいえば、入試改革論議にまで発展することもなかった。このことは日常的に新聞や教育雑誌・育児書などに掲載される報道の量や質によっても推し量ることができるだろう。つまり、社会問題の構築は、特定の問題自体の質的な関心(どれだけ深刻な問題か)とともに、「問題」を表明した(クレイム申し立て)言説の量によっても推定可能である。

小学校の入学選抜考査の問題と中等学校の入学選抜試験の問題とを比較すると、以下のように説明することができる。中等教育段階の入学難問題が東京のみならず全国にわたって社会問題として顕在化し、比較的幅広い地域や社会階層(6)に共有されやすい問題であった。それに対し、小学校の入学選抜考査は、ほぼ都市部、しかも東京限定の問題であり、しかも新中間層(なかでも上層の新中間層)という特定の社会階層にほぼ限定されており、学校数・入学志願者数を見ても、つまり量的に見ても、きわめて少数の者がコミットしていたに過ぎなかった。

つまり、中等学校の入試(入学難)に関する問題については、比較的広範な地域と社会階層が当該問題を共有しうる社会的基盤が成立していたのに対して、小学校の入学選抜考査については、幅広い地域・社会階層が問題を共有するだけの十分な背景や基盤が成立していなかった。先に提示した「社会問題の自然史」の四つの過程を踏まえるならば、小学校の入学選抜考査は第一段階のレベルで止まっていたのに対し、中等学校入試のそれは第四段階(最終段階)まで展開した。

なぜ、第一段階で止まってしまったのだろうか。先に列挙した私立小学校入学に関わる社会問題を提起し、言説を編成した集団の社会的ポジションに注目しよう。

保護者から小学校の選択に関する相談を受けていた公立小学校校長・上飯坂好実、自らが私立小学校(池袋児童の村小学校)の運営に携わりながら、子弟を東京高師附属小学校に入学させた志垣寛、実際に東京高師附属小学校で入学選抜考査を課す立場にあった日田権一、さらには、実際に東大教授・三宅恒方（理学士）の妻として専業主婦の道を選び、子どもの教育環境のために小田急線沿線にわざわざ転居し、入学試験を受けさせて成城小学校に入学させていた作家・教育評論家である三宅やす子(7)、このほかにも教育学者や教育関係のジャーナリストなど、私立小学校や入学選抜考査を問題にしたのは、小学校段階における入学選抜考査の存在を認知し、そのうえで、入学選抜考査に向けて家庭などで準備教育が行われていることに何らかの問題性を感知していた人物や組織ばかりである。

彼らは、小学校受験の存在を最も察知しやすい立場にあったと同時に、バーンスティン（1996＝二〇〇〇訳）が論じるところの言説コードを統制するなど、いずれも象徴統制（symbolic control）の中心的な担い手たる新中間層に属する者であった。言説コードなど象徴統制を可能にするのは宗教的、法的機関（規制者）、ソーシャル・サービス、子どものガイダンス、カウンセリングの機関（治療者）、教育（再生産者）、大学、研究センター、研究協会、私的財団（形成者）、公務員、中央および地方行政府（執行者）など、コミュニケーションの専門化された諸形式に直接関係している者である。

他方、言説が語られる客体（言説の受け手）は、教育雑誌や育児書などに目常的に接し、小学校の入学選抜考査の問題を察知していた東京在住の新中間層の女性（母親）であった。つまり、私立小学校入学をめぐる様々な言説は、言説の編成と受容との関係性から見ると、特定の地域や社会階層に限定された共通の基盤のうえに成立していたものであった。それは限られた地域や社会階層の内部でのみ循環していた言説に過ぎなかったのではないだろうか。

5　入学選抜考査に従属する家族と子どもの社会化

本章は、入学選抜考査に向けて行われていた入学準備教育に関して、回顧録などの諸史資料や面接調査などの方法で得られたデータをもとに検討した。

大正期以降、一部の私立小学校における入学選抜考査の導入に対して、家族は試験直前になって子ども自身のこと、家族のこと、左右の違いなど基本的な事柄を「付け焼き刃」的に子どもに教え込んでいたようである。ところが、昭和初期以降、小学校の入学選抜考査用の問題集（過去問集とその解説書）や家庭教師が登場することになった。特に問題集の需要は決して小さくはなかった。

また、一部の幼稚園において、特定の私立小学校の入学選抜考査を直接の目的にした入学準備教育が行われていた点も注目される。当時の幼稚園では、保守フレーベル主義から脱し、私立小学校と同様に、デューイやモンテッソリなどの教育・保育思想に基づく児童中心主義・進歩主義的な保育実践を志向しようとする風潮が芽生え始めた。入学選抜考査との関連でいえば、私立小学校の入学者は一般の子どもと比べて幼稚園の卒園者が多かった（就園率が高かった）。当時の幼稚園は、入学選抜考査との関連で言えば、子どもたちが小学校の入学選抜考査で求められる〈目に見えない入学選抜考査〉の課題や評価に対応できる能力のみならず、関心・意欲・態度などのレディネスも併せて身体化する教育機関として位置づけることができる。

一九五〇年代以降になると、小学校の入学選抜考査を直接の目的とした教育相談所や幼児受験教室が相次いで登場し、国立・私立小学校の入試・受験に当たっては、幼児受験教室における入学準備教育が必要不可欠なものとして認識されていくようになった。

以下、本章で得られた知見を中心に、小学校の入学選抜考査において求められた能力・関心・態度とは一体何であったのか。〈目に見えない入学選抜考査〉と新中間層の家庭環境や家庭における幼児教育との対応で考察を試みたい。

前章で分析、考察したように、入学選抜考査におけるメンタルテストとは、大人の側（学校側）がそれぞれの子どもの心理的な発達状態を測定し、その結果の数値化をあらかじめ意図したうえで、作成されたものである。しかし、メンタルテストなど、ある特定の知識や技能に対する評価が正解／不正解という形で比較的明瞭に判断できる〈目に見える入学選抜考査〉でさえも、前章で検討した試験官の「類型化」による恣意的な評価が多分に入り込んでいた事実を想起する必要がある。

入学選抜考査における評価は、指示された内容に対して、子どもが自分自身の感情をコントロールしながら、しっかりとした態度で取り組んでいるかが重要なポイントになっていた。そのため「ボンヤリ　ノロイ」「言葉不明瞭」「態度グニャグニャ」などは、自身の感情をコントロールできていないものと評価され、低い評価しか与えられず、その結果、〈不合格〉になっていた。

こうした教育方法や評価のあり方と家族における子どもの社会化とはどのように関連しているのだろうか。

バーンスティン（一九七二）は、イギリスの労働者階級・旧中間階級家族と新中産階級家族それぞれの子どもの社会化方略に関する比較研究を行い、前者を「地位家族」（positional family）、後者を「個性志向家族」（person-oriented family）とに区別し、それぞれの特徴について議論している。

前者の「地位家族」は権威主義的な家族であり、家族成員の役割は明確に分離している。上下の地位が分化し、そこでのコミュニケーションが命令と服従によって成立しているという意味で、「上下関係的」である。誰が何を決定し、誰が何をするかについて明白で正式な規則が定められている。決定を下す資格は年齢や「親である」といった形式的属性に伴って発生する。

他方、後者の「個性志向家族」は、家族成員相互の関係が比較的対等で、子どもの意志に働きかける形で行われる。コミュニケーションは〈感情〉を通じて行われ、あたかも子ども自身に選択肢が与えられている（かのように見える）。望ましい行動様式は、大人（親や教師）を通じて、説得され、子ども自身が望ましい見方や感じ方を習得していくように期待される。

ホックシールド（Hochschild, A. R., 1983＝二〇〇〇訳）によれば、新中間層の家族における個性志向型の子どもの社会化が「感情規則」を通じて行われる結果、子ども自身は無意識のうちに三つのメッセージを受け取るのだという。

第一のメッセージは、目上の者（大人）の感情は大切であるということである。感情は力や権力と結び付いて、大人たちはしばしば、感情と関連した理由から物事の決定を下す。子どもの感情は敏感になり、相手の感情を読むことに長けていくという。

第二のメッセージは、子ども自身の表す感情も大切にされるということである。感情は注目の対象に値するものであり、何かをしたりしなかったりすることへの立派な理由として認められる。新中間層の子どもにとって、権力の表現は、外見的な身振りよりも感情と密接に結び付いている。

第三のメッセージは、感情とは管理されるもの——感情は監督され、サンクションを受け、管理されるものだということである。新しい敷物の上にインクをこぼした子どもは、敷物を台無しにしたことよりも、癇癪からそれをしてしまったことについて厳しく罰を受ける。その子どもの失敗は、〈感情を管理できなかったこと〉に原因が帰されるのである。

感情管理の視点を踏まえたとき、私立小学校に合格・入学した新中間層の子どもたちは、他の社会階層の子どもたちに比べて、自分自身の感情管理のみならず、他者（大人）の感情についても配慮する必要があることを、家族や幼稚園などを通じて学習していた可能性が高い。

私立小学校に合格・入学できた子どもたちは「大人にとってどういう行為が望ましいか／望ましくないか」という大人の側の感情や意図を推し量りつつ、自分自身の感情をコントロールしながら行動するように社会化されていたのだろう。そのような形式で社会化された子どもたちは、入学選抜考査において「態度がグニャグニャ」や「ボンヤリ」を〈望ましくない行動〉として、あるいは、「ヨク工夫する」を〈望ましい行動〉として知りながら、あえて自己の感情を抑制しつつ入学考査に臨んでいたのではないだろうか。つまり彼らは、入学選抜考査にあたって、自分の普段の生活状況や日頃感じ取っている社会状況についての多様な知識や価値判断を一旦停止し、試験官の感情を推し量り、試験が求めているだろうある特定の知識や価値を察知し、その意思表示の仕方についての方略を知っていた可能性が高いということである。確かに、与えられた課題を正確にこなすことも合否判定の重要な評価ポイントであっただろう。それのみならず感情管理の技法も評価と関連して重要な意味をもっていたと考えられる。

以上のように、新中間層の子どもたちは、他の階層の子どもに比べて、家庭でも幼稚園でも個性主義・自由主義を理念とする児童中心主義の教育や保育を受けるなかで、児童中心主義において重視される能力や価値を身体化していた可能性がある。それは同時に入学選抜考査に有利な能力や価値を身体化する機会にも恵まれていたということでもある。新中間層の子どもが他の階層に比べて多く私立小学校に入学していた背景には、学校側の導入した入学選抜考査の課題内容や方法とあわせて、家族の側もまた、意図する／しないに拘わらず、入学選抜考査の課題内容や評価の方法に適合的な社会化を行っていたと考えられるのである。

第8章　入学選抜考査の陰謀？

1　縁故入学制度

本章の目的は、私立小学校の入学の可否に際して、一般の入学選抜考査以外にも、いわゆる縁故入学制度による特別入学枠が存在していたことを示し(1)、それに対する家族の対応と学校の反応を追いつつ、当時の私立小学校に対する社会的評価も含めて、入学選抜考査について考察した第2部全体の総括を行うことにある。

そもそも近代の入学試験の理念とは、それぞれの受験生の試験の成果を客観的に評価、合否を判定し、その合否判定のみで入学の可否が決定されるという点で「限定的」であり、「業績本位」の選抜制度である。また、合否を判定する成績評価は「感情中立的」に行われ、受験資格もすべての人たちに開かれている点で「普遍主義的」である（天野・一九八二）。これら四つの価値はパーソンズ（Parsons,T., 1951＝一九七四訳）が近代社会における普遍的な理念として提起した社会学の理論であり、一般に「パターン変数」（Pattern Variables）と呼ばれる。

これまでの章では、私立小学校における入学選抜考査の導入のプロセスと、考査の内容・方法・評価を明らかにした。この入学選抜考査は少なくとも理念レベルにおいては業績主義的な選抜を指向するものであった(2)。

しかし、一部の私立小学校では、その入学選抜考査とは別枠の縁故入学制度を設け、特定の子どもを優先的に入学させていたのである。これは先に見た近代における業績主義に基づく選抜システムの理念に大きく反するようにおもわれる。さらにいえば、縁故入学制度による特別入学枠の存在が各私立小学校の学則のなかで明文化される場合も少なくなかった。

以下数例を示そう。

東京女学館小学部では、導入していた縁故入学制度について、「親族中ノ女子ヲシテ他人ニ千チテ（ママ）本会（女子教育奨励会—引用者）ノ学館ニ入学セシムル事」とその学則において明文化していた（東京女学館百年史編集室・一九八六：二三頁）。

女子教育奨励会とは東京女学館の設立母体であり、女子教育、主として上流階級の女子教育の振興を目的として、一八八六（明治一九）年頃に創設された団体である。女子教育奨励会に一定の株数を申し込み、供資証票を受けて会員になると、子女を優先的に女学館に入学させることができるなどの特権が与えられたという。成立当初には、華族など皇室関係者、伊藤博文（一八四八～一九〇九：初代内閣総理大臣）、岩崎彌之助（一八五一～一九〇八：三菱合資会社社長）、渋沢栄一（一八四〇～一九三一：第一国立銀行頭取・貴族院議員他）、外山正一（一八四八～一九〇〇：東京帝大教授・総長）、高嶺秀夫（一八五四～一九一〇：東京高等師範学校校長）など政界、財界、学界の有力者一七八名が会員ないしは評議員として名を連ね、それぞれの子女を東京女学館に通わせていた（東京女学館百年史編集室・一九九一）。

成城小学校でも一九三二（昭和七）年当時の学則において、「入学詮衡の方法は、原則として、本園幼稚部修了者、及び現在在学児童の弟妹に優先権を与え、その不足分を出願順によって、心身の発育状態を調査して、普通の発達をしている者を入学させる」ことを明記している（成城学園・一九六七：三三七頁）(3)。昭和五年度の入学選抜考査では、主事の小原自身が考査当日の保護者対象の説明会において「成城ツ子の弟妹で志願した方が十六名、先生の御子さんが七名あり、これは御互に家庭上、教育上からも学校が異ると困りますから……（入学させることにする―引用者）」と縁故入学の可能性を臆せず明らかにしている。これに対して、おそらくすでに兄姉を先に成城学園に入学させた保護者であろうか、ある父親はこの小原の説明を「最も《ママ》なことだと思つた。無理はないと思つた」と納得している（藤井・一九三〇：九四頁）。この年の入学選抜を経て翌一九三一（昭和六）年四月に入学した新入生の約三分の一は成城学園の関係者（教師など学校関係者もしくは在学者や卒業生の弟・妹など）で占められていたという（成城学園・一九三一）。実際のところ、この年の新入生二クラス六三名のうち、在学者のきょうだい一六名および教師の子弟・子女七名（先に引用した小原の説明より）の計二三名が学校関係者であった。その割合（占有率）は三六・五％であり、先に引用した「約三分の一を占めている」という説明に誤りはないと見てよい。

このほか、慶應義塾幼稚舎でも一九二〇（大正九）年に入学選抜考査を導入した当初には、「現在幼稚舎生の弟、及び塾関係者を先にとること」（慶應義塾幼稚舎・一九六五：四三一頁）を学則のなかで明示し、幼稚舎生の弟や慶應関係者など縁故をもつ者の優先入学制度の存在を明らかにしている。

前述のエピソードを実際に傍証する証言を残す幼稚舎の卒業生もいる。これまでにも何度か引用した、加藤謙は「まことしやかな話」と断りつつも、以下のように入学試験に及第（合格）した理由を述べている。

> 私はやはり及落線上を彷徨したが、元気が良かったのと、（幼稚舎の―引用者）四年と三年に在学していた二人の兄が、一人は入学以来首席をつづけ、もう一人も、上位五番前後の成績をとりつづけていたので、「その弟が、こんなに成績が悪いのは、実力とは思えない」「入学させても素質としては大丈夫と思う」というような議論があって、辛うじて合格したということであった（加藤・一九八四：一二頁）。

このほかの縁故入学の存在を暗示するエピソードとして、以下の証言もある。映画監督や作家として知られる羽仁進（一九二八〜）は、祖母・羽仁もと子が学園長を務める自由学園初等部に入学したときの経緯を以下のように記している。

ぼくが入学試験で知能が低すぎると判定され、一度落選に決まったあとは大変な騒ぎだった。「そんなはずはない」といって学園長である祖母は抗議したが……さんざんもめたのち、やっとのことで、まだ六歳だし、「これからの勉強しだいではよくなるだろう」というお情けで、ぼくが自由学園の初等部に入学したのは昭和十年（一九三五）だった（羽仁・一九八四：三七―三八頁）。

在学者の弟妹や教職員の子弟・子女がこの縁故入学制度の恩恵にあずかっていたことを暗示する証言は入学選抜導入以後の入・在学者の出身階層構成に小さくない影響を与えたのではないだろうか。

しかし、縁故入学制度は新たな問題を引き起こしていた。縁故入学や特別枠の存在が学則などで明文化されていたこともあり、一部の家族や親たちは、入学選抜考査で有利になる「縁故」を求めて、学校関係者に様々な働きかけを行うようになってしまったのである。代表例をあげれば、学校関係者への挨拶や贈り物の進呈などである。それ以外にも、入学選抜考査の選抜の方法をめぐって、まことしやかな噂や流言もあったという。縁故入学制度の存在が様々な混乱を招く結果となり、学校側はしばしばそれらの対応に悩まされることになった。

慶應義塾幼稚舎の主任で、労作教育の研究者としても知られた小林澄兄（一八八六〜一九七一）は、一九三四（昭和九）年頃、入学選抜考査が近づいてくる正月頃になると、自宅の表札の下に「入学試験関係の要談の人々は面会しない」という趣旨の断り書きを掲げるまでに至っている（『教育週報』昭和九年三月十日号：六頁）。同記事には、いかなる背景があって「断り書き」を掲げるに至ったのかについての具体的な説明はないものの、おそらく入学選抜考査における子どもの処遇をめぐる懇請で小林邸を訪問する者が少なくなかったのではないかと推察される。あるいは、その種の訪問が入学選抜考査をめぐって誤解や擦れ違いを生んでいた可能性もあるだろう。こうした事例からも、慶應義塾幼稚舎を含めて、昭和初期当時の小学校入試の加熱ぶりを窺うことができる。

また、成蹊小学校では、比較的早い時期（一九一七年）に「是までは兄弟の関係のものは大抵入学を許可するといふことにして置きましたが、これに就いては随分困った経験もありますから、今後は『兄弟だから必ず入学させる』という内規は取りけし、時によつてはたとへ兄姉の方が在学して居つても、その弟妹の方をお断りするかも知れません」と述べている（成蹊小学校・一九一七：三五頁）ように、縁故入学の事実上の廃止を宣言している。それ以上の問題背景等は明らかではないが、縁故入学による混乱があったのか、あるいは在学者の弟を理由に入学させたことで、教育活動上の問題が生じたのかもしれない。いずれにしても、成蹊小学校でも、やはり同様に、入学志願者数の増加を受けて「多数の志願者をお断りせねばならない」状況のなかで縁故入学制度の撤廃が宣言された。

戦後になると、入学選抜考査はさらに加熱したのだろう、私立小学校は改めて縁故入学制度や入学枠そのものを撤廃するに至っている。それを示す一例が、戦後の一九五一（昭和二六年）に吉田小五郎舎長自らが発表した「ゆかりの子弟にも不合格」と題する小論である。同論では、舎長自らが慶應義塾幼稚舎において縁故入学制度や特別入学枠の存在を完全否定した。

近頃、福澤家関係、慶応の教職員、幼稚舎の同窓生の子弟の中に不合格者が増えていくのは、私として誠に心苦しいことですけれども是非もない次第です。慶應に濃厚な関係のある者の子弟は無条件で入学を許可するという明文の規定を設けない限り、私は私の方針で押し通してまいるつもりです。それがいけなければ、私は何日でも城を明け渡す決心です（吉田・一九五一 a＝一九八九 a：九七頁）。

この縁故入学に関わる内規の撤廃は、志願者の増加あるいは志願倍率の上昇と直接関わっているものとおもわれる。

一九五一（昭和二六）年の慶應義塾幼稚舎は志願者数・志願倍率ともに年を追うごとに上昇しており、六〇五名の志願者のうち合格者は一二九名、競争倍率は四・六九倍にものぼった（先掲〔表5・1〕一六一頁）。以下に引用する吉田舎長の回想は当時の縁故入学撤廃の背景として理解できるだろう。

入学試験が近づくと……家ではどんな親しいお友達にも会いませんでした。或る人は藤山愛一郎さん（幼稚舎OBで政治家・実業家―引用者）の紹介状をもってきて、会ってくれという。会わないというと、こんな偉い人の紹介状でも会わないのかとおこりました。又ある人は、私の玄関にお米を一俵とどけました。その頃お米は大切な品で、白米は銀飯などと尊ばれました。お米をとどけた時はお米屋さんに持って帰ってくれといってもききません。それで一計を案じ、お米屋さんにたのんだ人へ速達で手紙を出し、引き取らないと受験資格をなくするといってやると、さっそく引きとってくれました（吉田・一九八四：一二四―一二五頁）。

しかしながら、そうした縁故入学の内規が撤廃されたにも拘わらず、保護者（おそらくは母親）が舎長宛に入学選抜の方法をめぐって苦情・抗議ともおもえる手紙を送っている。以下の引用に見るように、この母親は、慶應義塾幼稚舎を「御受験」しながら、縁故がなかったことや学校関係者に贈物をしなかったことを理由に〈不合格〉にされたと誤認しているようだ。やや長いが以下の通りである。

何分にも多数様の御受験にて本人に入学の資格ございませんでした事と私もあきらめ、親類の者も帰途立寄り申し伝へましたところ同様にあきらめ居りますが、何分に近くの幼稚園で折紙つけられ居りましたよしにて皆様に不思議がられまして、誰方にお願ひ致したのか賜物されたかとたづねられ私方にだけ紹介願ひました事と全く賜物等と申します点には私より吉田先生の御主旨をよくよく伝へてございましたので、それを信じ致しませんでした事を返事致しましたところ、大変笑はれましたよしでございまして、私と致しましても、先生の御言葉のみを信じ居ります。宅の子供達にも信じ居らせました為に何も存じ居りません。自分の全力をつくせば入学させていたゞけるとのみ信じ居りました。幼い子供に罪な事致しました様な心地致しまして幼稚舎は絶対にと信じて居りました自分の気持も割切れなくなつて仕舞ひました。同じ幼稚園から同じく折紙つけられましたもう一方の方も全く実力をみていたゞくつもりでどちらにもお願ひ致しませんでした為に不合格致し、いろいろ手を廻されました他の二方様が御入学になりましたさうでまことにまことにあつかましく存じ上げます言葉でございますが、これから世間様で左様な御噂耳に致しました節は今迄と異つて如何御返事申上げたらよろしいかと一人心迷つて居ります（吉田・一九五一b＝一九八九b：八二―八四頁）。

この手紙の差出人は、その言葉遣いから類推して、新中間層に属する親（おそらくは母親）であるに違いない。幼稚園の教師から幼稚舎合格の「お墨付き」を受けたにも拘わらず、不合格になったという。この母親は、有力者にお願いをしなかったことや学校関係者に贈物を進呈しなかったことを〈不合格〉の原因として認識している。逆に言えば、それが示唆するところは、有力者の口利きや贈物があれば、〈合格〉のはずだという認識をこの親自身がもっていた、ということである。

これはまた、新中間層という「教育する家族」（広田・一九九九b）が我が子に十分な入学準備教育を行ったからといって、〈合格〉できるわけではなくなったことを意味している。第6章で見たように、新中間層の選抜度指数の漸減傾向や新中間層内部での入学選抜競争の成立と大きな関係があるとおもわれる。しかし、入学選抜方法の曖昧さや不透明さゆえに、一部の保護者の間では、学校関係者への贈物を含めた縁故が〈合格〉の鍵として認識されるようになったのであろう。

私立小学校の入学選抜考査は、〈目に見えない〉（invisible）ために、評価基準や合否判定の基準の不透明さや曖昧さは依然として残ったままである。入学選抜考査の〈目に見えない〉特質は「誰を合格者とするか」という点に関して、そもそも客観的に示すことが著しく困難である。そのため、子どもを〈不合格〉とされた保護者から抗議を受けるなど、様々な混乱を招くことになった。

いずれにしても、私立小学校の多くは、入学選考における志願者の増加を受けて、縁故入学制度や特別入学枠の廃止と、入学選抜考査に〈合格〉した者のみを〈入学〉させるという方向に制度上一本化していくことを公言した。入学志願者の増加と競争の激化によって生じた様々な混乱が私立小学校自体に入学選抜考査のあり方を問い直す契機になったことだけは間違いない。

2 〈特殊な〉私立小学校

私立小学校は学校教育制度上、「傍系」として位置づけられていた。ところが、大正末期ともなると、社会においては「特別な学校」として目されるようになっていた。作家・評論家である三宅やす子(一八九〇〜一九三二)は東京の私立小学校を「特別の(小)学校」と称した(三宅・一九二四:一二三頁)。また、志垣寛(一八九〇〜一九三四)は、私立小学校の入学には厳しい考査があることから、「特殊の私立小学校」と呼んだ。彼によれば、入学選抜の結果、私立小学校に入学してくる児童はきわめて同質的であり、「剛毅とか果敢とか忍耐とか、云うような性格を備へた子が少ないから、子供の性格も漸次弱くなりがち」と批判的に論及している。

いずれにせよ、これらの言説が見られた一九二〇年代および三〇年代には、私立小学校の学校数は大きく減少し、その存在自体が次第に〈特別〉かつ〈特殊〉なものになりつつあった。東京市(旧市)だけに限ってみても、一九一五(大正四)年には全児童のうち四・四%が私立小学校の児童であったが、一九三〇(昭和五)年には一・八%、三五(昭和一〇)年には一・六%、四〇(昭和一五)年には一・二%まで減少した。

こうした〈特殊の〉私立小学校は、教育実践の独自性や在学者が一部の社会階層（新中間層）に特化していたという意味でも、〈特殊〉であり〈特別〉でもあった。とりわけ私立小学校は高額な入学料・授業料を設定していたこともあり、それが予備的選抜として機能して、入学を希望する段階で特定の社会階層や地域の者に限定された(4)。私立小学校の入学者の社会的背景のみならず、教育活動もまた「プチブル」ないしは「ブルジョワジー」を対象にしたものであるとして、次第に批判の対象になりつつあったことも注目される。つまり児童中心主義・個性主義の自由教育を実践する私立小学校が社会的な批判の対象になったのである。大正期ないしは戦間期は、大正デモクラシーとその影響を受けた大正新教育運動や私立小学校（新学校）が登場する一方、日本の階級社会の矛盾や葛藤がますます顕在化し、大企業と中小企業、都市と農村、熟練労働者と非熟練労働者との間で賃金・所得格差が拡大していくなど、日本社会の「二重構造」が顕在化した時期であった。新中間層を教育の対象とした〈特殊〉な私立小学校に対する批判は、労働争議や小作争議の数が増加し、マルクス主義に支えられた社会主義運動が活発化した社会事情を背景にしたものであった。

3　入学者の階級的性格と選抜

私立小学校の〈特殊〉または〈特別〉たる所以は、ほぼ共通して、社会階級・社会階層に関わる問題を内包し、学校に対する批判もそれに関連するものであった。

小学校教員として「日本教員組合啓明会」の代表人物の一人であり、農民自治会の農民運動や郷土教育の理論家としても活躍した大西伍一（一八九八〜一九九二）(5)は、当時の成城小学校の教育実践を指して以下のように批判する。当時の農業問題や農民の置かれた立場に詳しい大西による、当時の成城小学校の労作教育の実践に対する批判は実に手厳しい。

広いダリヤ畑で生徒たちが楽しさうに花を採集したり、土を掘つていた。上流の子弟にも労働をさせるといふ説明であつた。……お坊つちやんの気まぐれな土いぢりが何で労作教育であつたり、自然教育であつたりするものか。ブルヂヨワ教育の牙城……ブルヂヨワ人格が完美していけばいく程、新興無産階級の思想と生活から懸け離れて、遂に調和も妥協も不可能な末期的現象を出現するに至ることも亦想像に難くない（大西・一九二八＝一九六六：四三―五一頁。傍点は引用者）。

また、大西は本郷区の関口台町尋常小学校（現・文京区立関口台町小学校）に赴任後、当時の子どもたちの生活実態調査を行っている。児童一人の一学期における学用品にかける費用に関する調査結果によれば、小学校一年生に限って見ると、都心の小学校の児童の場合、ゼロから多くても三五銭止まり、農村の小学校では五銭が上限、これに対して師範学校付属小学校では少なくても一円から多い子で一円八〇銭、そのなかで最も高額だったのが私立小学校に通う子どもの場合で、二円にも上ったという。大西は、この結果を引用し、以下のように述べる。

画一的強迫的な教育の不可を説き、自由自発の教育の必要は喧伝せられ、何人も、その正当なることを信じて疑う者はない。然るにその実現はわづかに付属小学校又は二三の私立学校に止まり、大部分の学校は之に追従せんともがきつつも、経済と制度との為に如何とも為しえない現状である。而も抱負ある教師は争つて私立学校や付属小学校に走り、最も教化を要する大部分の児童は永久に顧みられない現状ではないか（大西・一九二五）。

大西と同様の厳しい論評は教育評論家・上田庄三郎（一八九四〜一九五八）にもみられる。

児童本位主義に於ける自由も亦、政治に於けるそれの如く、「有産児童のための有産児童の教育」であつた。児童本位主義乃至自由教育とは、要するに「教育を大衆の手に」ではなく、官僚主義より資本主義へ戦ひとつただけである。……彼（小原國芳―引用者）は月謝幾円を出す事のできないやうに一般プロレタリア児童禁制の、プチブル的乃至ブルジョア階級のために、成城小学校といふ教育市場を開いて熱心に自由教育を断行した（上田・一九三〇：三五〇頁）。

上田は同年に発表した別の書物『教育戦線――教員組合の結成へ』（自由社、一九三〇年初刊）においても、「従来の児童中心主義の教育は、ひたすらそうした子供の現実生活に目をそむけて純真無垢な童心の美的生活ばかり讃美して来た。即ち彼等がその中心とする児童は、実に現世には存在しない処の仮空《ママ》的児童にすぎなかった」（上田・一九七七：二三三頁）と、やはり厳しく批判している(6)。ちなみに、上田は日本共産党・元副委員長の上田耕一郎（一九二七〜二〇〇八）と同党・前中央委員会議長の不破哲三（一九三〇〜本名：上田健二郎）の実父でもある。

さらに、東京の「貧民窟」（スラム街）において隣保事業を行っていた東京帝国大学セツルメントもまた、東京の私立小学校数校を取材し、同機関誌『児童問題研究』のなかで特集「新学校参観記」の連載を組み、これらの小学校の教育活動を批判的に論じている。

まず、自由学園をさして、以下のように扱き下ろす。

同学園の根本的な意図は、この学校を社会に及して、闘争に燃え、不況に悩む人々の現状を救済することにあるといふ。かかる意図の下に何故に中流階級の上にこの学園を創立することを計算されたのであるが、教育を真に受けることができぬのは貧民である。何故にこれらの人々を対象とするものにはならなかつたのだろうか。……中流階級は寄食の民である。真に生産に参加するものこそ、この導師でなければならぬ。これを除外してまづ手近に中流階級を求めたといふこと階級のお慰めであることを意味しはせぬか？（東京帝大セツルメント児童問題研究所・一九三三a：七九―八一）。

玉川学園に対しても同様に厳しい批判を加えている。

神に祈りつヽ、割合に富裕な家庭の子等といとなむ労作教育、学校に来ては下肥をかつぎ、鍬ふる汗の生活にある児童も家庭にあつては、女中を使ひ何不足なく生活する子供たちである。この家庭と学校とのギヤツプをどう解決するのか？（東京帝大セツルメント児童問題研究所・一九三三b：五二頁）

このほか同誌の一九三三年八月号でも明星学園に関する「新学校訪問記」が掲載されているが、批判の内容は既に見た自由学園や玉川学園の場合とほぼ同様である。

いずれの私立小学校に対する批判も、明らかに、入学・在学している子どもたちの出自（都市新中間層）や日常の家庭での教育・しつけと、通学する私立小学校で実践されている教育内容との不連続や矛盾について、厳しく論難したものばかりである。

たしかに私立小学校の入学者・在学者の出自（主に新中間層）は、高額な入学料・授業料を必要とするため、その段階で選抜されている。くわえて、私立小学校のなかには、エリート主義的ないしは優生学的な社会思想や教育思想が程度の差こそあれ共有されていた。それらは特定の階層・階級の優遇や子ども観・能力観にも反映され、入学選抜の内容・方法・評価に影響を与えたと考えられる。

たとえば、慶應義塾幼稚舎の創設者である福澤諭吉は、その著『学問ノススメ』の有名な一節「天は人の上に人を造らず人の下に人を造らずと言えり」と平等主義を説く一方、慶應義塾を「ミッヅルカラッス」(middle class) すなわち「社会の中等以上の種族」のための学校であると謳っていた（安川・一九七〇）。こうした福澤の社会思想や能力観は、一九三二（昭和七）年当時の慶應義塾幼稚舎の入学案内にも反映されている。

幼稚舎通学の費用が普通小学校より多少余計に要するは冗費でもなく富裕階級に贅沢のイロハを教へる為の教育費でもない。蓋し完全なる設備を設けて理想的の教育を施し心身の発達を遺憾なからしめ将来の有識階級の根幹を養成するには誠に安価の費用なのである。……現に、在舎生の全部が富裕階級の子弟ではなく、学費亦思つたより少額でたりるのである、故に出来る事なら中産階級の子弟はか丶る理想的の教育を施すべきであらう（慶應義塾・一九三二：三七四頁。傍点は引用者）。

成城学園主事を経て玉川学園長を務めた小原國芳は、大正新教育運動において、「貧しい子どもを救ふと共に、この哀れなる富める子弟も救はねばならない」（小原・一九三〇：五三六頁）、あるいは「同じく祖国の人民と生まれて同じく天地間に生を享けて、その天分を伸ばし得ないとは！教育の機会均等をどうして叫ばずにおれましょう！貧少年少女の救済、実にそれは玉川学園の生まれた理由の大きな一つであったのです」（小原・一九四八＝一九六三：一八九頁）などと述べ、経済的に恵まれない家庭の児童・生徒に対して奨学金を給付していた。また、小原は経済的に豊かな家庭の母親に対して「まづ教育を商品視して居る人が多い。高い月謝さへ払えばその教育もよい。高い月謝さへ払えば鉛も黄金になると考へて居るのである」（小原・一九三〇：四三九頁）と厳しく批判することもしている。一見すると、小原はブルジョワ主義批判の教育機会平等論者のように映る。

しかし、小原は自著『修身教授革新論』（一九一三年刊）のなかで一九一八年の米騒動を取り上げて以下のようにも述べる。

我が国民性を考へて見る必要がある。……日比谷の焼打事件、先年の米騒動、ストライキにサボタージュ。……全く理智の指導を欠いて居る。米騒動の如き……(米騒動の当事者たちは―引用者)みなが愚民、殊に富山では漁夫の女房達であつたことは大に注目すべきである。衆愚の理智の力のない結果である。デモクラシーもよいが、衆愚政治になつてはいけない。自律の程度に従つて自由は賦与すべきものである(小原・一九二三：一七六―一七七頁。傍点は引用者)。

さらにまた小原は当時のデモクラシーのあり方を批判しつつ、以下のようにエリート養成の必要を論じている。

デモクラシーも之を指導する人が悪かつたら大に困る。吾々が最も必要とするのは、実に知見ある聡明なる指導者である。英国ではハイエスト・テン即ち「最上の十人」と云ふとを言つて居る。……日本だつて同じだが、殊に目今の吾々の教育にはこの最上の十人を痛切に要求する(小原・一九二三：一一―一二頁。傍点は引用者)。

つまり、成城学園や玉川学園では、このハイエスト・テン(「最上の十人」)の養成に主眼が置かれていたのだろうし、両学園に通う生徒・児童たちは日本社会のハイエスト・テンになることを嘱望されていたに違いない。

このほか、先に論じたように、東京女学館小学部では、有力政治家・財界人・華族らで構成される「女子教育奨励会」なる任意団体による設置・運営によるところが大きいこともあり、同校の入学に当たっては同会の会員の子女を優先的に入学させることが明文化されていた。

あるいは、欧米の進歩主義的な新教育思想に内在する保守的なイデオロギーを受容し、それに倣って創立された私立小学校(日本済美小学校、帝国小学校、成蹊小学校など)においても、入学者や在学者は特定の社会階級・階層(エリート層)を出自とする者に限定されるべきだと明示することも少なくなかった。

これらの私立小学校に強く影響を与えたのがフランスのドモラン（Demolins, J. Edmond., 1852－1907）の教育思想であった。ドモランは、敵国であるイギリスのパブリック・スクールを、アングロサクソン民族に比類なき高い能力を与える学校として位置づけ、祖国のフランスにもこれと同様の「二〇世紀型学校」をエリート層のために設立しなければならず、優秀民族による植民地支配は当然だとする帝国主義的民族論から徳育論を積極的に提唱し、一八九九年には、パリ郊外にロッシュの学校（L'Ecole des Roches）を創立した（Demolins, J. E., 1902）。日本でも、ドモランやリーツ（Lietz, Herman, 1868－1919）らの教育思想や実践（田園教育舎など）に触発されて創立された先の三校の私立小学校では、日本の帝国主義的発展を保証するエリート教育と優れた能力をもつ学生の育成を謳った。

そのうちのひとつである帝国小学校を創立した西山哲治は、同校の設立趣意において以下のように述べる。

> 余輩欧米に於ける教育の実際を学ぶこと数年、常に意を此の点に注げり、昨秋帰来私に感ずる所深し、乃ち先づ東京市内に一私立小学校及幼稚園を創立し、主として中流以上の子弟を教養し、之に健全なる基礎的教育を施し、又勉めて母を学校に招き家庭の教育と相俟ちて将来の我帝国民として恥づるなき小国民の養成に微力を致さんとす（梅根＋海老原＋中野・一九七九：二五八頁。傍点は引用者）。

学校創設者・運営者の教育理念は、社会や時代の制約を受けつつも、学校の能力観や子ども観に大きな影響を及ぼすこともある。その能力観は、優生学やナショナリズムと結び付きながら、入学選抜考査の課題の内容・評価などのあり方にも少なからず影響を及ぼしたとは考えられないだろうか。

そうだとすれば、入学選抜考査は、知能が高く、遊戯やリトミックなどの課題に評価者の意図通り対応できる能力をもつ、将来のエリート予備軍たる「理想の子ども」を選抜する目的で導入されたものと考えられる。また、それが一部の社会階層出身の子どもに有利に働いて、入・在学者の出身階層の構成に大きな影響を及ぼすことになったのではないだろうか。以上の学校関係者の能力観、その反映としての入学選抜考査の課題の内容や評価の方法から見ても、私立小学校は恵まれた社会階層（新中間層）の子どもたちをある程度意図的に選抜していたと考えられるのである。

4　入学選抜考査・縁故入学制度の正当性

かつて、イギリスの社会学者であるヤング（Young, M., 1958＝一九八二訳）は、官吏任用の競争試験が制度化され、初等教育法が成立し義務教育が始まった一八七〇年代を、貴族による支配（aristcracy）や富豪による支配（plutocracy）に代わって、個人の「実力」が支配する社会の登場をメリトクラシー（mericracy）の到来の時期と見定めた。縁故や情実ではなく、実力や能力による人材の登用や選抜、ひいてはそれによる統治・支配は官僚制の誕生に伴う近代社会のひとつの特徴であり、広く共有された理念のひとつでもあった。実力による選抜や競争は、公正な選抜制度として近代以降の日本社会にも広く受け入れられ、「実力主義」や「立身出世」なるスローガンが多くの青年たちの心をとらえて離さなかったことは周知の通りである。その近代社会のメリトクラシーの理念に対して、本章で考察した縁故入学を含む合格者や入学者の選抜は、選抜における「信頼」（Vertrauen）の問題と大きく関わる制度である。ルーマン（Luhman, N., 1973＝一九九〇訳、1984＝一九九三訳）の「信頼」や「不確実性」（Kontingenz）に関する理論、および、それをもとに戦前日本の高等教育卒業者の就職時の選抜の問題について明らかにした福井（二〇〇八）を参考に、入学選抜の正当性の問題について考察を試みよう。

組織成員としての適格性は、本来的には、組織に入った後の彼らの成果から、事後的にしか証明できない事柄である。入試や就職などの事前選抜は、組織成員としての適格性を十分に証明できないにも拘わらず、敢えて選抜を行わなければならない。そうしなければ、組織成員が補充できないからである。ただし、事前選抜には常に別の方法や人員を採用する可能性が残されており、特定の選抜方法は成員資格に対する代理指標にとどまり、他の選抜方法に代替される可能性を常に含んでいる。私立小学校の入学者は、本来であれば、入学選抜考査の成績ではなく、入学後の学習成果などから組織成員（在学者）としての適格性が証明されるべきであるが、現実的にそれは不可能である。実際には、ある特定の選抜方法によって事前選抜されているのが現実である。そこでは選抜方法の「信頼」の問題が発生する。「信頼」には、子ども本人（一部保護者を含む）の入学考査での業績や成績に対する信頼と、その子どもや家庭の紹介者に対する信頼の二通りがある。福井（二〇〇八）は前者を「（非人格的な）制度に対する信頼」、後者を「他者の人格に対する信頼」に分けて、戦前日本の高等教育卒業者の就職時の選抜について論じている。

ルーマンによれば、組織成員を補充・選抜する際の「信頼」の目的は、「自らの将来を現在の尺度で不断に剪定し、複雑性を縮減してい」（Luhman, N., 1973＝一九九〇訳：一九頁）くことにあるという。複雑性とは別様でもありえた可能性の総体ないし可能な出来事の総体をさし（Luhman, 1984＝一九九三訳）、不確実性は複雑性からの選択の結果として現象する。信頼はかかる可能性の総体に対処する代替的な処理方法である。

私立小学校が自発的結社である以上、授業料負担能力など入学者・在学者の家庭背景（特に経済的な資源）に大きく依存せざるを得ない。それのみならず、特定の私立小学校の教育理念や実践の「支持者」であることが望ましい。それは、保護者自身が同校の卒業生、学校関係者（教職員や卒業生など）、有力者の紹介、兄姉が在学生・卒業生などと重なることも少なくない。そうした「縁故のある」子どもを入学させることは、子どもを取り巻く家庭背景・環境をあらかじめ想定することができるばかりか、入学後にともすれば起こりうる退学や問題行動など諸々のリスクを軽減・回避できる可能性があったともいえる。先に引用した「兄の成績がよいから弟も幼稚舎に入学させても大丈夫だろう」というエピソードは「他者の人格に対する信頼」の論理に従ったものであるといえよう。そのほか、有力者であったり、信頼できる者の紹介を信頼することで、将来の組織成員のあり方を予測することもでき、特別枠を設けて入学を許可していたと考えられる。

また、先に第3章で明らかにした、私立小学校の入学を志向した新中間層の保護者（平塚らいてうなど）の優生学思想や〈愚民〉からの卓越化・差異化の志向性は、私立小学校関係者においても同様に共有されていたことを窺わせる。優生学的能力観を媒体にして、都市新中間層の家族は自身の子どもを私立小学校へ入学させることを強く希望し、私立小学校もまた入学選抜考査によって新中間層出身の子どもを数多く入学させていた。つまり、私立小学校と新中間層は、優生学思想を共有し、入学選抜考査を媒体にすることで、学校教育において自らの所属する社会階層以外の者の排除を正当化してしまう共犯関係?にあったと見ることもできるのではないだろうか。

他方、「制度に対する信頼」(子どもや保護者の入学選抜考査時の業績・成績)の根拠についても見ておこう。

これまで見てきたように、私立小学校の入学選抜考査とは、各小学校が入学すべき児童やその家族を合格基準として予め設定し、その基準に照らし合わせて、入学希望者を選別・排除する過程であると言えよう。多かれ少なかれ大正新教育運動の影響を受けていた私立小学校関係者は、自らが構想する理想のカリキュラム、それを備えた理想の学校における「教育」という後天的作用の意義をさかんに強調する反面、被教育者の子どもについては子ども一般に抽象化し、その特性を具体的に論じることはほとんどなかった。本研究の一連の考察を通して浮かび上がってきた私立小学校の求めた被教育者としての〈子ども〉とは、豊かな経済的・文化的な家庭背景・環境に加えて、知能テストや行動観察の課題では出題者の意図通りの回答ができるような知的で、なおかつ、リトミックや遊戯などの〈目に見えない入学選抜考査〉に巧みに対応できる能力を身体化した幼児であった。

当時、私立小学校の多くは、ドルトン・プランやプロジェクト・メソッドに代表されるように、子どもの学習方法に自主性を求める「目に見えない教育方法」ともいうべき実践を展開していた。このような私立小学校の(i)教育内容や教育方法、(ii)入学選抜考査の課題・評価、(iii)入学した児童の内面化した諸能力との三者関係を対応させたときに、一つの合点が見出される。要するに、私立小学校は、各学校で実践していた「目に見えない教育方法」に対応できる子どもたちの選抜を目的に、〈目に見えない入学選抜考査〉を導入していた可能性が高いということである。

各私立小学校の特徴である児童中心主義的な自由教育に対応できる能力とは、入学前の準備教育の段階で身につけた能力と通底する部分が大きい。入学選抜考査を導入していた私立小学校は、入学希望者なら誰でも受け入れたわけではなく、小学校入学後の教育活動や学校運営にふさわしい能力を獲得している子どものみを入学させたということになるのではないだろうか。

他方、私立小学校を志向する家族は、わが子を私立小学校の選抜基準に見合った子どもにするべく、家庭教育や幼稚園など様々な方法で入学準備教育を施した。私立小学校がこの種の入学準備教育を〈非教育的〉であると非難し、入学選抜考査において〈教育的〉を志向したことを踏まえれば、家族の行う入学準備教育は私立小学校側にとっては好ましくない「意図せざる結果」であったように映る。しかし、以上の考察を踏まえれば、「童心主義」と「学歴主義」に代表される新中間層家族の教育意識（沢山・一九九〇）に裏付けされた入学準備教育は、私立小学校側にとっては、むしろ好都合であったとの（機能主義的な）解釈も可能であろう。それというのも、子どもたちを受け入れる小学校側にとっては、入学以前の家庭の準備教育によって、子ども自身が入学後の教育活動で求められる能力や態度の一部を内面化しているからである。そのため、入学選抜考査の導入と競争の激化に伴って、家族が競ってわが子に対して考査に必要な能力を身につけさせようとすればするほど、誰を合格／不合格にするのかという評価と選抜はきわめて困難になるかもしれないが、それでも入学後の教育活動を考えれば、むしろ好都合ではなかったのではないだろうか。

広田（一九九九a）は、一九一〇年代から二〇年代に登場した都市新中間層家族を、「学校の教育方針に従属する家族」であったとする既存の解釈を誤認であると指摘している。広田によると、複数の学校から我が子にもっとも望ましい学校を選択し、授業の内容や子どもの生活ぶりをチェックし、教師に様々な要求を突き付ける新中間層を中心とする「教育する家族」は、学校の教育方針に従属しているとは言えず、むしろ「学校を意図的・自覚的に使いこなす家族」であったという。たしかに本研究の知見と広田の議論を照らし合わせれば、公立小学校を忌避の対象とし、そのオルタナティブとして特定の私立小学校を選択した点から見れば、私立小学校を志向する家族は「学校を意図的・

自覚的に使いこなす家族」のように映る。

ところが、入学選抜考査の導入以降、ある特定の私立小学校を選択・志願する家族のなかには、入学選抜考査に向けて、程度の差こそあれ準備教育を行っていた。それはむしろ「学校の教育方針に従属する家族」の姿そのものであり、入学を希望する私立小学校に対しては従属的にならざるを得なかったのではないだろうか。その理由は以下の通りである。

学校側が行う入学選抜考査の合格基準とは、学校側が求める〈入学者〉として相応しい子ども像の表象と捉えられる。家族は入学選抜考査での〈合格〉をめざして、入学候補者としての〈合格者〉に相応しい子どもにしようと、名前や生年月日が言える程度にしつける付け焼刃のレベルから問題集や家庭教師あるいは塾や予備校を利用するなどして、入学準備教育を行った。入学選抜考査当日には、子どもも保護者も面接では都合の悪いことを隠蔽しながらも、基本的には学校の教育理念に賛同し、入学の意思を積極的にアピールしたに違いない。その結果、希望の私立小学校に合格そして入学できたとすれば、それは学校の教育理念・活動に積極的に従属したことを意味するのではないだろうか。もっとも、受験・合格した子どもや保護者もそして学校も、学校と家族の間の従属関係などを自覚しながら入学対策を行っていたわけではないだろうが。

成城小学校の一教員は、入学選抜考査に際して、「公然と学校の悪口、担任教師の欠点を子供の前で誹る様な不謹慎な親」のいる「学校を意図的・自覚的に使いこなす家族」ではなく、「ほんとに学校を理解し、共鳴せる父兄」をもつ児童の入学を望み、それを入学の条件とすることを述べている（谷口・一九二九：一一六頁）。学校はむしろ「学校を意図的・自覚的に使いこなす家族」の子どもの入学を警戒していたことがわかる。

つまり、学校の教育理念・実践に対して賛同を求める「父兄面接」（保護者面接）は、「学校を意図的・自覚的に使いこなす家族」の子どもの入学を警戒していたからこそ、導入されていたのではないだろうか。縁故入学制度や特別入学枠もおそらくこれと同様の目的で導入されていたものと考えられる。以上の点と関連して、入学選抜考査を導入した多くの私立小学校では学校騒動が起こることなく、比較的安定した学校運営を展開できたという史実も見逃すべきではないだろう(7)。

以上のように、「教育する家族」の中心を担った新中間層家族の対学校関係は、単純に一方の議論に拠って立って論じることはできないし、論じてはならないのである。

私立(小)学校の多くは知識の詰め込み主義や受験体制・学歴社会の問題を痛烈に批判し、その代わりにリベラルな教育をめざした。しかし、入学選抜考査の導入によって、入学準備教育は幼児期にまで低年齢化し、家族によっては子どもに知識の詰め込みを強いることもあっただろう。それが学歴主義の強化につながった側面も否定できない。この点からすれば、私立小学校の入学選抜考査の導入は極めて逆説的な意味をもっていたといわねばならない。それは学校のみならず、低年齢段階の受験競争に参入していった家族や保護者についても同様にあてはまることである。

結　論

1　本書の学問的意義

本書の対象時期である一九二〇年代〜五〇年代の日本の初等教育は、これまでの研究（土方・一九九一、清川・二〇〇七など）によれば、アジア・太平洋戦争という不幸を経験しつつも、国民教育制度としての学校教育があらゆる社会階層・地域社会の子どもたちに広く普及し、その強制力が不動のものになりつつあると捉えられてきた。また、学歴社会の成立を背景に、尋常小学校卒業後の進学機会が社会階層や地域による格差を伴いながら少しずつ拡大した。それは学歴が全国一律に標準化されて、その価値も次第に広範に普及していった。

こうした初等教育の歴史研究の諸動向において、これまでに得られた知見を以下三つの視点から捉えなおして、その学問的意義について論じたい。

1　私立小学校の特質と社会移動

本書は、「私立小学校」という、これまでの教育学研究や教育社会学研究においては、十分に研究の対象にされてこなかったテーマを扱った。これまでも大正新教育運動下において創立された学校を研究対象とする「新学校」研究の系譜において、私立小学校が研究対象にならないわけではなかった。しかし、私立小学校はいわゆる「新学校」と呼ばれる学校以外にも、多様な教育理念のもとで小学校が創立されてきたのであり、その史実は看過されてはならない。

特に戦前期における私立学校は、その存続（自己保存）に艱難辛苦を極めた。なかでも小学校の場合、その存続の要因の一つには、併設上級学校（中等・高等教育機関）の存在とその社会的評価があった。すなわち、併設の私立中・高等教育機関の評価や威信を「借用」することは、私立小学校存続のための重要な要素であった。学歴社会の成立を背景に、私立小学校の入・在学者は、卒業後も併設中等教育機関に進学する傾向を強め、私立学校は初等〜中等もしくは高等教育に至る「一貫校」として制度化された。私立小学校における新しい教育実践や併設上級学校による進学制度が新中間層の教育方針・戦略と矛盾なく合致したからこそ、小学校の入学（希望）者は増加し、学校の存続（自己保存）を可能にした。

この点から言えば、大正新教育運動における児童中心主義の教育実践が保護者（新中間層）の要求する学歴主義との矛盾ゆえに私立小学校の変容や淘汰、もしくは大正新教育運動自体の分裂・挫折に追い込まれたとする指摘（中野・一九六八、中内・一九八五など）は、ある特定の小学校にしか当てはまらない議論であるとも言える。

本書においても繰り返し指摘してきたように、小学校段階から中・高等教育段階まで一貫校として制度化することに成功した学校群は、児童中心主義の教育実践と学歴主義・進学要求との対立・矛盾がほとんど顕在化することはなかったし、むしろ学校の存続や発展にとっては非常に好都合な条件になった。

しかしその一方で、私立小学校の存続・発展の要因となった併設上級学校との連絡関係（一貫校）の完成は、結果として、経済的・文化的に恵まれた都市新中間層の子弟・子女を中心とした私立小学校の児童に、「庇護移動」(sponsored mobility)ルートを提供し、多くの場合は社会階層の再生産に寄与することになった。ターナー(Turner, H. Ralph., 1960＝一九六三訳)は、教育システムと社会移動のモデルを比較するなかで、競争移動(contest mobility)のモデルとしてアメリカの大衆教育社会を、庇護移動(sponsored mobility)のモデルとしてイギリスのエリート社会を、それぞれ理念型として抽出・想定した(1)。

競争移動とは、参加者すべてが平等に競争に参加する機会を保証するシステムである。競争移動の社会においては、エリートの地位は競争に勝利した者のみが獲得できるものであり、その地位の獲得のために競争の参加者たちは努力や様々な戦術を駆使する。その競争移動モデルは、すべての競争の参加者に対してエリートの地位に到達できることを理念上・制度上保証しているために、誰がエリートの地位に到達できるかの予見は建前上不可能である。そのため、特定のエリートを選抜するうえで、すべての社会成員にエリートの地位に到達できるかもしれないという機会開放の幻想を抱かせながら、その一方で、最終的な選抜の結果を可能な限り遅延させることで社会成員全体の努力を促す。しかし、すべての競争の参加者がエリートの地位に到達できるわけではないから、その過程で社会的上昇移動のアスピレーションの加熱(warming-up)と冷却(cooling-out)の必要が生じる。なぜなら、アメリカの社会移動の実態は、ローゼンバウム(Rosenbaum, E. James, 1976)が指摘する「トーナメント移動」だからである。つまり、トーナメント移動の社会では、競争の過程で、参加者に対してエリートの地位に到達できるわけではないと知らしめ、しかもその原因を自分自身の努力不足として納得させることが重要であり、そこに社会的上昇移動アスピレーションの冷却が生じる。

日本においても、この「トーナメント移動」論を敷衍し、比較社会学的アプローチに基づいた論考が一部の研究者によって提出されている。代表的な議論には、日本人の集団性志向をターナーの議論から敷衍し、「代表移動」論を提示した山村賢明(一九七六)、トーナメント移動が日本社会にも当てはまることを示唆した竹内洋(一九八一、一九九一b）や苅谷剛彦（一九九一）、教育と選抜の日本的構造について考察した天野郁夫（一九八二）などがあげられる。

一連の先行研究において指摘されてきた知見をまとめると、近代日本社会における「立身出世主義」に見られる社会的上昇志向は、アメリカ型の競争移動の理念とトーナメント移動の実態に合致する。すなわち、近代日本の学校教育制度下において、初等教育段階の入学（input）時点では将来誰がエリートとして選抜されるのか（output）は制度上不透明である。むしろ、小学校入学後の過程や卒業後の中等・高等教育段階の入学競争において、エリートになるべき者が次第に判明する。競争の参加者は、その過程で、絶えずアスピレーションの加熱もしくは冷却が行われることで、それぞれの社会的地位の配分がなされる（竹内・一九九五）。学制（一八七二年）の理念のもとで構築された近代学校教育制度、なかでも公立小学校から公立中学校、高等学校、帝国大学（いずれも旧制）へ連なる男子正系の進学コースは、その後幾度かの制度改革を経つつも、基本的には立身出世主義という競争移動あるいはトーナメント移動の理念と実態を含んで成立したものである。

他方、庇護移動とは、限定された成員から、あらかじめエリートになるべき人材を初期段階から隔離・育成するシステムである。将来のエリート予備軍は既存のエリートによって選抜され、その地位は特定の外的基準によって授けられる。一度エリートの予備軍ではない集団に属すると、もはやエリートの地位は努力や戦略によっては獲得できない。また、庇護移動のもとでは、早い時期にエリート予備軍として選抜されているために、競争移動のように、あらゆる努力・戦術を用いることは忌避され、エリート予備軍として選抜されてからは、進学や上昇志向のアスピレーションをかき立てたり（加熱させたり）、諦めさせる（冷却させる）必要もない。

私立小学校の早期選抜と併設上級学校への内部入・進学制度は、官立・府立師範学校付属小学校のそれも含めて、庇護移動の理念・実態に当てはまる。この移動のモデルでは、限られた成員をエリートの予備軍として早期に選抜し、小学校のみならず併設の上級学校を通じた一貫教育制度のもとで、選ばれし者《エリート》を育成する。多くの私立小学校は、卒業生を併設上級学校に無試験で優先的に進学できる連絡システムを構築した。そこでは上級学校の受験・進学のために、立身出世モデルや競争移動に見られるように、アスピレーションを過剰に「加熱」(warming-up) あるいは「冷却」(cooling-out) させる必要はない。特に第3章で指摘したように、進学アスピレーションの「保温」(keeping-warm) という機能が重要であった。つまり、適度に努力をしていれば、小学校卒業後は併設の中等教育機関に進学でき、さらに入学した小学校が大学や女専を併設していれば、最終学歴を手中に収めることが可能だった。私学という制度上は「傍系」とはいえ、エリートの地位に辿り着くまでの過程では、厳しい進学競争を経験せずに、「入学難」「試験地獄」あるいは「刻苦勉励」や「立身出世」などの競争移動に付きまとうエートスやメンタリティとはほとんど無縁にその地位が保証されていたのである。

トーナメント表のメタファーを用いれば、私立小学校の入学や併設上級学校の進学は以下のように言い表すこともできる。すなわち、近代日本の教育システムは、すべての競争の参加者が一回戦からトーナメント上の競争に参加し、二回戦、三回戦……と順次競争を経て、その勝敗によって学歴や社会的地位の配分が決定されていたわけではない、ということである。競争の参加者の一部(私立小学校や官立・府立師範学校付属小学校入学者)には、競争の参加時点、すなわち小学校段階での入学選抜競争に勝利すれば、それ以降の競争をほとんど免れることができ、ほぼ確実に学歴エリートの地位が保証されていた。これはトーナメント表上の「不戦勝」と同じである。「不戦勝」とは、組み合わせによって直接相手と競争をせずに、勝利したのと同じ扱いになることを意味する。私立小学校の入学者は下位段階の競争に勝ちさえすれば(しかもその場合は家庭環境による有利不利が如実に現れていた)、それ以降の競争では不戦勝のままトーナメント表の上位段階(中等・高等教育)まで進むことができた。ちなみに、高校野球の地区予選などがそうであるように、不戦勝として選ばれるチームは、ランダムに選ばれるわけではなく、下位段階(一回戦や二回戦)の試合でほぼ勝利が約束されている「強豪」である。それは社会的に有利な者がより有利になるように処遇を受けている点で、私立小学校の入学者と同じではないだろうか。

したがって、近代日本における進学様式・社会移動の二重構造は、特に東京において正系(官公立)と傍系(私立）からなる日本の近代教育システムの特徴として、小学校段階から構築されていたと考えるべきであろう。一九三〇年代に、社会階級・階層を越えてすべての児童が同じ内容をともに学ぶ公立小学校制度の成立（清川・二〇〇七）とほぼ同時期に、もう一方で、それとは別に地域、階級・階層、教育内容などの面で明らかに異なる「私立小学校」という学校システムが一定の存在感を示していた史実を見逃してはならない。ちなみに、同時期の東京市内の、特に都市部のスラムには「特殊尋常小学校」なる初等教育機関も存在していた。特殊尋常小学校もまたカリキュラム（貧民層からの脱出をめざして手工業の技術や勤労・倹約の精神を学ぶことが重視された）や子どもの出自・特徴（貧民層の子どもで、中退者が多い）などの点で、公立小学校とは異なる初等教育機関であったと理解すべきであろう。

以上のように、近代日本の初等教育システム、特に東京という都市部の初等教育システムに関しては、学校教育制度、学校の立地条件（地域）、子どもの出自、教育内容・方法などの「同一性」という視点のみならず、「多様性」という視点から改めて捉えなおす必要がある。

2　入学選抜研究に対する学問的意義——大正新教育運動のパラドックス

師範付属学校あるいは私立小学校を中心とした新教育の実践とは、「自由」「個性」「自主・自立」などの教育価値を理念として標榜・展開したラディカルな試みであった。しかし、教育の対象がおもに都市の特権的な社会階層（都市新中間層）を基盤に成立している（それ以外では成立しなかっただろう）という限界も同時に有した（平沢・一九九三）。既存の先行研究を管見する限り、新学校の特徴は、私立小学校の側の教育理念・教育実践とそれらに賛同して入学を志願する家族の側（都市新中間層家族）の教育要求によって形成されるものと考えられてきた。

当時の新教育に関わった学校創立者・実践家の教育理念や教育実践、あるいはそれらを論じた後世の大正新教育運動に関する諸研究においても、彼らが日常の教育活動の被教育者として関わってきた〈子ども〉像や子どもの特質について具体的に明らかにしたものはそれほど多くない。むしろ、そうした言及があるとしても、子ども一般に抽象化されることで、私立小学校の教育実践がカリキュラム論の視点から言及される傾向が強かったようにおもわれる。

本書は、これまでの先行研究に対して、一九二〇〜一九三〇年代以降、一部の私立小学校において、入学希望者の増加に伴い、入学選抜考査を導入し、そのなかから「入学者」を選抜していた学校側の選抜機能に着目した。それを分析・考察することによって、以下の諸点が明らかになった。

私立小学校の入学選抜考査が五〜六歳時の幼児を対象にするものであることは今も昔も変わりはない。社会化の過程において未だ幼い幼児を対象にするためで、入学選抜考査では文字や数字のようなリテラシーを用いた考査課題は原則的に忌避される。そこで、私立小学校が導入した考査課題は、リトミック、遊戯、発達段階に合わせて作成されたメンタルテストや行動観察、面接などであった。

それらの入学選抜考査の課題の特徴や評価の方法は、バーンスティンの議論に着想を受けて本研究が提起した〈目に見えない入学選抜考査〉であり、新中間層を出身階層とする子どもたちにとっては有利な条件であった。そのほか入学者のなかには、縁故入学制度や特別入学枠を利用して、入学を許可された児童も含まれていた。

私立小学校の教師たちは、入学選抜考査の試験官として当日の入学選抜考査に立ち会い、評価し、合否判定に関わっていた。それは、教師自身が入学後の被教育者として想定した〈子ども〉の選抜にコミットしていたことを意味する。入学選抜考査の課題内容・評価の方法・合否の基準などから推定すると、私立小学校が選抜した〈子ども〉とは、経済的・文化的に恵まれて高額の授業料を負担することができ、入学考査当日のメンタルテストで成績が高く（知能が高く）、リトミックや遊戯など〈目に見えない入学選抜考査〉に巧みに対応できる児童であった。それはまた私立小学校が入学者・在学者としてふさわしいと考えた理想の子ども像であったのではないだろうか。そのため自由教育を実践する私立小学校においては、〈目に見えない入学選抜考査〉ならびに縁故による特別入学枠によって選抜された特定の子どもを教育の対象としていたからこそ、個性・自由・自発などを謳う児童中心主義の教育実践（目に見えない教育方法）が成立していたとも考えられる(2)。

すなわち、入学選抜考査は、入学後の教育活動に十分に対応できる子どもを事前に選抜するという意味で、「クリーム・スキミング」(cream-skimming)機能(3)を備えていた。「牛乳のなかから最も美味しいクリームの部分だけを取り上げる」というその喩えが示すように、自由教育を実践していた私立小学校は入学選抜考査において、〈能力の高い子ども〉だけを予め選抜し、その子どもたちを対象に、ユニークな教育実践を志向していたとは言えないだろうか。入学選抜考査によって、教師たちは学校のめざす自由教育(目に見えない教育方法)の可能な〈能力の高い子ども〉のみを選抜し、教育の対象にしていたのである。だからこそ、教師は、それぞれの子どもに対して、高い学習意欲や自発性あるいは再帰性(省察:リフレクション)を期待でき、子どもを「支援《サポート》」するというソフトな教育関係を成立させることができたのではないだろうか。

また、このようなエリート主義的な私立小学校を成立させた背景のひとつに、学校および家族が「優生学」を前提とした人間観や社会観を共有していたことも見逃してはならない。新中間層の家族は、少産化戦略とパーフェクト・チャイルド(広田・一九九九b)を志向するうえで、優生学思想を信奉することが少なくなかった。おそらく、その種の思想を背景に、他の社会階層からの卓越《ディスタンクシオン》化を図るうえで、子どもたちを私立小学校に入学させたのではないだろうか。他方、私立小学校の関係者(創立者や教員など)の間でも優生学思想を信奉する者は少なくなかった。学校側は優生学的能力観を反映した入学選抜考査を実施した結果、特定の社会階層の子どもが多く入学・在学する〈特別な〉あるいは〈特殊な〉小学校になっていったのではないだろうか。

それは同時に自由主義的・進歩主義的な大正新教育運動の理念および実践上の限界を露呈したともいえる。児童中心主義の教育思想における子ども理解とは、子どもこそが歴史の進歩の担い手であり、未来を託された子どもの成長と発達を社会の進歩に結び付けるユートピア思想を根底に据えたものであった。そのユートピアの実現をめざす社会の改革とは、二〇世紀初頭に出現した設計主義・計画主義の思想を背景にもつとされる(小玉・二〇〇三)。そこでは、「あるべき社会」(ユートピア)や「あるべき子ども像」があらかじめ想定されており、計画主義あるいは設計主義的な実現・達成に向けて、可能性のある社会とその社会を作る人間を選び出すことで、理想的な社会や子どもの実現可能性を高めていくものと考えられた。進歩主義の教育思想が優生学思想とパラレルの関係にあるのもこれとの関連で理解される。

私立小学校の入学選抜考査もまた（ほとんど意図されなかったにせよ）新教育・自由教育思想に随伴するユートピア思想と設計主義・計画主義を前提にしつつ導入されていたのではないだろうか。私立小学校は合格者＝入学者としての〈あるべき子ども像〉を想定し、将来のあるべき社会＝ユートピアを実現する可能性をもった子どもを入学選抜考査で選抜していたようにおもわれる。その子どもたちは一貫教育制度のもとで計画的に「望ましい人間」としての教育を受け、将来は社会の「ハイエスト・テン」（小原國芳）となって、社会改良とユートピア実現の担い手となることが期待されていたのであろう。

ところで、大正新教育運動、そして本研究の対象である私立小学校の教育活動は、「教えない教育」、すなわち教師が権威をもって教材を通して既成の知識内容を「教える」教育ではなく、児童がその生活経験を通して自発的に「学ぶ」ことのできる教育の実現をめざすものであり、たびたび教育学者や教育関係者の間でポジティヴに評価・賞賛されてきた。

そもそも近代学校における「教える教育」（旧教育）の限界とは、学び手の視点に立つと、以下三点があげられるという（山本・二〇〇六）。第一に、学びにおける内発的動機の喪失として、「なぜ学ぶのか」という点に関する内発的な動機を喪失させる。第二に、他者による学びの一元的管理として、「何を学ぶのか」について他者の管理に委ねられてしまう。第三に、学びの自己疎外の問題として、「何のために学ぶのか」が自分自身のためではなく、国家・社会を尺度に図られてしまう。これら三点の限界を近代学校教育の枠内で積極的に克服しようとしたのが「教えない教育」（大正新教育運動や戦後新教育などの「目に見えない教育方法」）であった。少なくとも教育学研究においては「教えない教育」の実践を如上に位置づけることがほぼ定説になっている。

しかし、大正新教育運動も私立小学校における教育実践も、既存の「教える教育」の限界を十分に克服し、乗り越えるものでありえたのだろうか。「教えない教育」が旧教育のそれぞれの「限界」を克服できたのか。本書の知見を援用しつつ、自由教育に代表される「教えない教育」の限界について検討したい。

第一の論点について、私立小学校の児童たちは、就学以前の家庭などで「教える教育」（家庭でのしつけや入学準備教育）を受けていたし、家庭によっては幼稚園などを通じて「教えない教育」の一端にふれていた可能性もある。先に論じたように、私立小学校の教育実践の特質とは、入学後に改めて学習への動機付けや敢えて「教える教育」を必要としない子どもを意図的に選び出して、教育の対象にすることにあった。従って、「教えない教育」が師範学校付属学校や私立学校など一部のエリート校の実践にとどまり、地域や社会階層を超えて全国の公立小学校に十分に普及しなかった理由は、「教えない教育」が高い出身階層とそれを背景にした学習に対する高い動機付けを前提とするカリキュラムであったからではないだろうか。

第二の論点である「他者（教師など）による学びの管理」という点について、大正新教育（自由教育）運動の意義・解釈をめぐっては、様々な評価がある。たとえば、本山（一九九八）によれば、大正新教育（自由教育）運動とは、それまでの画一主義・形式主義・注入主義を廃し、子どもの自発性・能力尊重を重視し、創造能力の開発を図ろうとする教育方法の自由であった。しかし、その能力尊重・開発がエリート主義教育と結び付き、資本主義の発展に寄与したという点では必ずしも民主的な教育目的の自由ではなかったと位置づける。

そこで、自由主義教育で採用された教育方法も完全な自由のもとで実践されたのだろうか。「教えない教育」のもとで、子どもたちは完全に他者（教師）の管理から解放された「自由な主体」になることができたのだろうか。むしろ子どもたちは、学校や教師があらかじめ作成していた授業計画に従い、教師の設定した予測や意図の緩やかな枠内で、学習活動に参加していたに過ぎなかったのではないだろうか。つまり、高い学習意欲・動機をもつ子どもたちであっても、結局のところ、それは他者である教師の計画や意図のなかで、「自発的に学ぶこと」をめざしていたに過ぎないということである。たとえば、ドルトン・プランなどにおいて、子ども自らが学習計画を立てて自己学習に励む様子は、子ども自身の高い学習動機・意欲を前提に、それに従って子ども自身が学習内容を選択し、自発的に学習し、リフレクション（省察）しなければならないという一連のプロセスが想定されている。しかし、注意すべきは、子ども一人ひとりが興味や関心に従って学習内容を選択するにしても、無制限に「自由」が与えられたわけではなかったということである。

ドルトン・プランでは、子どもは教師との間で取り決めた契約（contract）に基づいて学習しなければならなかった。また、学校や教師が予定・準備していた以外の学習内容、あるいは（仮に緩やかな枠であっても）タイム・テーブルという「枠」が決められている以上、それ以外の内容については学ぶ自由はほとんど与えられず、学校や教師と子どもとの間の緩やかな枠内に限って「自由」が担保されていたに過ぎなかった。それはパーカースト自身も認めているように、ドルトン・プランにおける「自由」とは手段であって、与えられた人生の仕事を自由に遂行できるように児童に習慣づけることが重要であると彼女自身が考えていたことと関連する（赤井・一九二四）。手段としての自由は、しばしば、「自由な選択」を強いる「他者からの強制」に転化しやすい。つまり、子どもたちは完全に自由な学びの主体にはなりえず、あたかも「釈迦の手の上の孫悟空」に過ぎなかったのではないだろうか。このように「教える教育」にしろ「教えない教育」にしろ、学校というミクロな権力の糸が張りめぐらされた場において、子どもたちが完全に「自由な主体」としての学習者になることは著しく困難であったようにおもわれる。

第三の「学びの自己疎外」についても、「教えない教育」における子どもの学びが直接一人ひとりの個人の利益につながるような実践になりえたのだろうか。「教えない教育」は生活体験や社会生活を通じて自ら学び考えることに力点がおかれる。しかし、その種の教育活動の限界は、むしろ「学校」という「擬似社会」（quasi-society）で展開された実践であるという点にあった。いみじくも、アリエス（1960＝一九八〇訳）によれば、近代における「子どもの発見」とは子どもの純真無垢＝「無知」の発見であり、それゆえに子どもは俗悪な大人や社会から隔離された環境

〈学校〉のもとで、理性ある人間としての教師によって、「教育」されることで「無知」から脱却しなければならない存在として見なされるようになった。したがって、近代公教育〈学校化社会〉の成立と「子ども」の発見はほぼ同時に生じたものであるという。そのため、「学校」という理性的な場は、原則的に、俗悪な大人や事物、不正・不義・不法は存在してはならないものとして規範化された。その傾向は、児童の出身階層や教員の質などの点から見ても、公立小学校と比べて私立小学校のほうが格段に強かっただろう。しかし、「学校」という理性的な擬似社会における社会体験や生活体験こそが逆に子どもたちから現実の社会や実生活に対するリアリティを喪失させることになってしまったのではないだろうか。第8章で紹介・引用した自由教育実践に対する左派言論界からの批判のなかで、日頃畑仕事に無縁であろう私立小学校児童を対象にした労作教育が厳しく批判されていたことを想起すれば明らかなように、私立小学校に通う裕福な新中間層の子どもこそ、日常生活の諸経験と学校における体験的な学びとが最も乖離した存在、すなわち体験的な学びから最も疎外された立場に置かれていたのではないかと考えられる。

2　今後の課題と展望

本書のテーマに関して、今後は以下のように幅広く展開・発展させたいと考えている。

第一の課題・展望は、私立小学校の歴史研究を継続・発展させた研究として、官立・府立師範学校付属小学校にも導入されていた小学校段階の入学志向と入学選抜考査を扱うことである。管見の限り、官立・府立師範学校付属小学校の歴史的研究については、藤枝静正（一九九六）のまとまった研究業績があるものの、入学選抜考査の問題についての実証的な研究は高橋一郎（二〇〇一、二〇〇二）以外にない。また、本書で提示した併設上級学校と小学校との関係についての分析枠組みが官立・府立師範附属学校にも当てはまるものなのか、つまり本書で提示された作業仮説に対して、さらに事例レベルでの検討を重ねつつ、考察する必要がある。それはまた官立・府立師範学校付属小学校という公的性格を多分に含む設置目的・形態や一般の公立小学校の「模範校」という社会的役割を担う理念的なレベルと、エリート学校化している実態・現実のレベルとの乖離や矛盾を解き明かそうとするものであり、政府・文部省あるいは府県レベルの教育をめぐるアカウンタビリティの問題を含め、今昔を通じて、批判的に考察されなければならない重要なテーマであるようにおもわれる。

第二の課題・展望は、第一の課題・展望を含めたうえで、本書の後を繋ぐ通史的な国立・私立小学校の入学志向・入学選抜研究である。戦後日本社会の変容とそれと対応する教育社会学のパラダイムの転換（藤田・一九九二）のなかで、現代の国立・私立小学校受験の問題を学歴・選抜研究の視点から改めて捉えなおすことにある。その際に、小学校受験のみならず、「お受験」が意味するところに含まれる有名幼稚園志向や入園選抜考査などの問題も、受験の低年齢化問題の具体的な事例として視野に入れ、包括的に研究する必要があるだろう。そのことによって、歴史的な視点から明らかにした本研究の幅と奥深さが出てくるのではないだろうか。

第三の課題・展望は、諸外国との比較研究である。本書が考察した私立学校における無試験等による内部入・進学制度や私学一貫校制度は、アメリカ、イギリス、ドイツなどの各国にも似たような形で存在するという（松浦・二〇〇四）。しかし、本書で明らかにした私立学校の併設上級学校への優先的な内部入・進学制度は諸外国には見られない、むしろ日本独自の進学方式であるという見解もある（天野郁夫・一九九二b）。イギリスの私立学校（independent school）では、公立学校と同様に、上級学校の進学にあっては、GCSE（General Certificate of Secondary Education）やGCE（General Certificate of Education. いわゆるA-Level）などの試験の成績によって決定される。また、私立小学校（プレップ・スクール）からシニア・スクールの進学についても、「共通入学試験」（Common Entrance）と呼ばれる私学向けの全国共通テストが実施される。イギリスのそれは、日本の私立学校のように、入学者の選抜方法を各学校の「私事」に委ねるシステムとは明らかに性格を異にする。諸外国の教育システムとの比較を通じて、学校教育制度上の特徴、入・在学者の社会的背景や教育機会の不平等の問題、そこから浮き彫りになるだろう社会的選抜の公正や公平性の問題を含めて、改めて日本における一貫教育制度と併設上級学校への内部入・進学のシステムを相対化しつつ問い直されなければならない(4)。

このような諸外国との比較は、園田英弘(一九九一)が提唱する「逆欠如理論」の試みを実践しようとするものである。園田によれば、日本のこれまでの知的伝統は「西洋の歴史的体験や社会構造を過度に『普遍的』だと思い込むところに成立」(一七頁)しているが、逆欠如理論とは、この欠如理論を反転させて「日本にあるものは外国にもあるはずだ」という見方に立って外国を観察する方法である。本書の関心や課題にひきつけていえば、他の諸外国にも、私立学校の入学志向や入学選抜考査が初等教育段階から始まっているのではないか――こうした仮説に基づいた実証を試み、社会学理論を再構築していくことが第三の研究課題である。

3　現代日本の教育の示唆と課題――本書の結びに代えて

最後に、本書(歴史研究)から得られた知見から、現代日本の教育に対する課題と展望を述べておきたい。現代における私立小学校志向や入学選抜の問題の詳細は、国立大学(法人)の付属小学校の問題も含めて、小針(二〇〇〇d、二〇〇一a、二〇〇一b、二〇〇二、二〇〇四、二〇〇八)に譲ることとし、本書で明らかになった成果から、現在進行中の日本の教育改革や私立学校志向・入学選抜である「お受験」の問題を改めて論じたい。

一九八〇年代以降、日本の教育改革は、「学校五日制」「学校選択の自由化」「総合的な学習の時間」(教科の枠を超えたカリキュラム)の導入などに見られるように、新自由主義を理念として推進されてきた。特に臨時教育審議会(一九八四年～一九八七年)以降の教育改革の諸動向を見ると、いじめ、不登校、校内暴力、青少年犯罪などの教育・子ども病理、バブル経済崩壊以降のいわゆる「失われた一〇年」と呼ばれる日本社会の閉塞状況を背景にして、文部省・文部科学省は、教育における「個性化」「ゆとり」「私事化」「市場化」「国際化」「情報化」などの価値を標榜し、それに合わせた改革を推進してきた。

その教育改革の諸動向を批判する藤田英典（一九九七、二〇〇〇）は、前記の教育理念や価値のもとで進められる教育改革や改革論議が「全体主義的傾向」（藤田・一九九七：一七三頁）を帯びているとし、学校選択の自由化やカリキュラムの弾力化に関わる問題が早期選抜や学力格差など社会的不平等などの重大かつ深刻な問題に発展するものとして、批判的に受け止める必要があると論じている。他方、黒崎（二〇〇〇）もまた一連の教育改革の諸動向にふれつつ、「公立学校の衰退について危機感を抱かざるをえないのは、質の良い公立学校制度の存在こそ、戦後日本社会を形成してきたものであり、日本社会における国民意識の開放性を支え、あえていえば戦後民主主義の精神を育成してきたものであるともいえる」（八一頁）と、改革によって戦後日本の公立学校の直面する危機を批判的に述べている。

現在進行中の新自由主義の教育改革の理念・価値あるいはそれに基づいて行われている日常の学校教育の実践（たとえば総合的な学習の時間）は、これまで考察してきたように、大正期の私立小学校において先行的に導入されており、それぞれの学校で長い年月をかけて継承・発展されてきた教育理念や実践ときわめて類似している(5)。一連の私立小学校の歴史的展開を踏まえつつ、現在進行している教育改革を歴史的に相対化するならば、昨今の公立学校の教育活動の再編は、「公立学校の私学化（私立学校化）」という用語によって解釈することができるのではないだろうか。

そして、この「公立学校の私学化」には非常に大きな問題が含まれていることを忘れてはならない。

私立小学校の場合には、今昔を問わず、基本的に経済的・文化的に恵まれた都市新中間層の保護者をもつ子どもたちを多く選抜し、入学させてきた。事実、現在の首都圏の国立・私立小学校の入学を志向する家族は上層ホワイトカラー層（新中間層）である。父・母ともに学歴が高く（父親の八六・〇%、母親の四七・〇%は四大卒以上）、世帯収入も高く（一〇〇〇万円以上が五六・八%を占める）、専門・技術職あるいは管理職といった上層ホワイトカラー層でその多く（六九・四%）が占められている。また、母親については、その七六・五%が専業主婦で、以下、専門・技術職が一一・七％、管理職が一・八％、事務三・二％といったホワイトカラー職が続く（小針・二〇〇四）。現在の私立小学校も、恵まれた家庭環境のもとで育った子どもを教育の対象にしている。したがって、基礎学力の保障は言うまでもなく、進路についても併設上級学校との連絡関係を構築することで、今日まで存続・発展してきた歴史的な背景がある。

ところが、現在の日本の初等教育機関の九八・八％を占める公立小学校は、私立小学校とは異なり、様々な背景をもつ児童で構成されている。両者の差異を斟酌しながら、その問題点を論じよう。

たとえば、教科の枠が柔軟で、教師のコントロールも弱く、子どもの自主的・具体的な学びが重視される「目に見えない教育方法」としての「総合的な学習の時間」（新学力）は、基礎学力（旧学力）の高いものほど、学習意欲が高くなるという実証研究の成果もある（苅谷＋志水＋清水＋諸田・二〇〇二）。また、教育バウチャーや公立校・通学区制度の弾力化に代表される「学校選択の自由化」は、①都市部における国立・私立学校への流出を食い止める効果はない、②保護者の属する社会階層によって意識や構えの格差が大きく早期段階での教育機会の不平等をもたらす、③学区＝地域コミュニティの崩壊につながる、など数多くの問題点を指摘することができる（小針・二〇〇八）。すなわち、一連の教育改革は、早期段階での社会的不平等の拡大や子どもたちの学習意欲の格差（インセンティブ・ディバイド）とともに、子どもたちにとっての学区＝地域社会での社会化環境を著しく脆弱にさせる危険性をもつのである。

しかも、こうした一連の教育改革・政策は十分なアセスメント（事前・事後評価）が行われないまま導入されてきた。本書の成果から、私学での教育実践例（特に成功例）が必ずしも公立学校で効を奏するわけではないことは改めて指摘するまでもないだろう。

いずれにしても、現行の教育改革は、私立学校を先行事例に公立小学校の教育活動を再編しようとするものであり、社会階層間の教育機会や学習意欲の格差・不平等の拡大、または学校を核とした地域コミュニティの崩壊につながるなど、様々な問題と危険を含んでいるのである。

一連の教育改革の問題を歴史的に見直すと、公立学校の私学化も、私学志向や受験競争の問題も、近代以降の教育行政における私学政策のあり方に端を発するものであることも忘れてはならない。

戦前の私立学校は、それまでの公教育にはなかった新しいカリキュラムを積極的に導入し、小学校からの一貫教育システムを確立させることで、学校の存続を図ってきた。しかし、現代に至り、「詰め込み教育」や受験競争批判、「ゆとり教育」導入による学力低下批判の諸問題に対応して、公立学校のカリキュラムの硬直化や弾力化が批判の対象となり、私立学校の進歩主義的な教育実践や一貫教育システムが見直されるようになった。ところがそれが保護者の進学要求やコンサマトリーな価値と共鳴（シンクロナイズ）するとき、やはり戦前以来の教育政策（特に私学政策）の特徴と問題が浮かび上がってくるのである。

戦前の教育行政における私学政策は、私学の教育実践や制度に対する一時的な弾圧こそあれ、「積極的な自由」というよりもむしろ「消極的な放任」を認める立場であった。それは私学に対してまったくと言ってよいほど財政的な支援をせず、その代わりに比較的自由な試みを容認してきた経緯がある。その結果として、師範付属学校や私立学校において、ユニークな教育実践が様々に展開され、大正新教育（自由教育）運動として結実した。しかし、放任主義は財政面の支援をしないことであり、それに対する自己防衛策として、私立学校は自己保存（存続）を目的に一貫教育システムを構築した。私立学校のユニークな学校制度や教育実践はすでに戦前から新中間層を中心とする教育意識の高い保護者に注目された。それは戦後でも同様に、高度経済成長期における高校進学率の大衆化を背景にした入試制度改革（総合選抜制度や学校群制度などの導入）や七〇年代以降の「ゆとり教育」などの教育改革とあいまって、公立不信や公立学校忌避意識を却って強化し、私立小学校・中学校志向がにわかに高まり、受験の低年齢化や早期受験教育、教育機会の格差や不平等の拡大などの諸問題として顕在化するようになった。したがって、現代の私学志向は単純に「いま・ここ」において生起している問題としてのみならず、近代学校制度発足以来の政策・制度・実践全般にさかのぼったうえで、特に当時の私学政策である「消極的な自由」の皮肉な帰結として批判的・反省的に受け止めるべき問題なのではないだろうか。

そして二一世紀の到来を迎えたいま、少子化にも拘わらず（あるいは、少子化だからこそ）激戦止まない「お受験」競争の一方で、私立小学校にとって新たな危機が訪れようとしている。それは二〇〇二年三月に制定された「小学校設置基準」を契機とした問題である。同基準はそれまでの私立小学校の設置基準を大幅に緩和し、私立小学校の設置を容易にしたと言われる。それを受けて、都市部を中心に私立小学校が相次いで設置されている。しかし、この小学校設置基準の緩和もまた教育行政による二一世紀版「消極的な自由」を認める政策のように見えてならない。これは事前規制を弾力化する昨今の規制緩和の流れにそって導入されたものである。ところがその規制が不十分なあまり、理念や実践レベルで不十分な私立小学校の設置を認めることになり、一定期間を過ぎて、再び淘汰の時代が訪れることにならないか。また、受験や選抜の低年齢化と格差・不平等問題というこれまで見てきた問題をさらに拡大することにならないか、私立小学校研究をライフワークにしてきた研究者としては懸念を覚えずにはいられない。

本書は戦前期を中心に一九五〇年代までの私立小学校の入学志向と入学選抜考査の問題について検討した。限られた時期と対象ではあるけれども、「私立小学校」というフィルターから同時期の社会や教育を見通すことで、現在生起している公立小学校の問題点を含めた公教育全体の歪み、政治主導の教育改革の問題点や課題、幼稚園・小学校「お受験」に翻弄される親のしつけの問題や子どもたちの実態など、多様な問題点や課題を明らかにした。

こうした問題の解決や改善、課題の克服は必ずしも容易とはいえない。しかし、歴史から反省的・再帰的に学び、現代社会をよりよく創造し、その社会を未来に橋渡しする人間の叡智・感性・創造力を信じ、本書を閉じることにしたい。

註

序論

1　大正「新教育」運動か、あるいは、大正「自由教育」運動か。この呼称については研究者の間でも必ずしも統一されていない（中野・一九六八）。本書では、特に断り書きのない限り、前者の呼称で統一する。
2　私立小学校に関する法・制度に関する本研究の記述は、倉沢（一九六五）、東京都（一九七〇、一九七一）、片山（一九八四）、長峰（一九八五）、佐藤（一九八七）、竹村（一九八九）、菅原（一九九五）、土方編（二〇〇八）などを参考にした。
3　もちろん均質的な国民教育としての初等教育が法制度上整備されたということであり、その実態は必ずしも均質的であったというわけではない。たとえば、研究対象である私立新学校や学習院初等科のような貴族的初等教育機関、あるいは地域によっては貧民小学校などのような簡易小学校も存在していた（佐藤秀夫・一九七四）。また、義務教育に関する歴史的な諸論点を理論的に検討しているものとして、花井（一九九〇）があげられる。
4　私立学校の歴史を顧みた場合、一九四九（昭和二四）年の私立学校法の制定、一九五二（昭和二七）年の私立学校振興法によって、私立学校は政府・文部省より初めてその地位を保障され、それ以後の安定的な学校経営につながっているとポジティヴに評価する議論がある（片山・一九八四、長峰・一九八五など）。その一方で、それに対する批判的な見方もある。佐藤学によれば、戦前との制度的な連続性ゆえに、私立学校の設置基準を厳格化して、公立学校と同様の教育課程を強制する制度が戦後の国民教育制度に引き継がれており、戦後において大正期の新学校のような自由な実験学校が成立しないという（佐藤学・一九九七）。

5　第二期は一九六〇年代〜八〇年代までの「円熟期」ともいうべき時期に当たる。すなわち、この時期の小学校受験は受験対策用の受験塾が都内各地に現れるなど、受験対策が商業化（commercialization）していく過程として捉えられる。また、小学校受験の様子を「異様な光景」として報道するマスコミも増えてくる。さらに、一九九〇年以降の「お受験期」（第三期）になると、一九九四年に放送されたテレビドラマにおける「お受験」という言葉の誕生を嚆矢として、その批判と非難の度合いがより過激さを増していく。そのピークが一九九九（平成一一）年一一月に東京都文京区音羽地区で起きた幼児殺傷事件をめぐる加熱した報道であったようにおもわれる。なお、以上の時代区分は、それぞれの時期によってその特徴が明確に区別されるという性格のものではなく、むしろ積層的な時代区分にすぎない。

6　二〇〇八（平成二〇）年度の『学校基本調査』によると、私立小学校は全国に二〇六校（うち東京都内に五三校）あり、全小学校数の〇・九二％（在学者は七六、九〇四名でその割合は一・〇八％）に過ぎない。初等教育段階は、他の学校段階（短期大学九二・六％、四年制大学七七・〇％、幼稚園の六〇・七％、高等学校二五・二％、中学校六・七％、高等専門学校四・七％）と比べて、私立学校の占める割合が最も小さい。

7　それは単に研究方法論や問題関心の変化を含めて、大正新教育運動や新学校のカリキュラムに注目する「社会化」研究から、出身階層や卒業後の進路に注目する「選抜・配分」研究へのパラダイムの転換であったといえるだろう。

8　以下ではミッション・スクールを「プロテスタント系・カトリック系を問わず、キリスト教系の教会・教派・修道会を母体として設立され、主として非キリスト教地域において、何らかの宗教的使命に基づいて一般信者および非信者を対象に教育活動を行う」（北川・二〇〇〇：八六―八七頁）学校または大学の意味で使用する。

9　日本済美小学校と帝国小学校の事例については中野（一九八五）に詳しい。

10　東京府『東京府統計書』（昭和九年度）によると、一九三四年の府内の私立小学校は三六校とされている。東京府統計書には具体的な小学校の名称が列挙されているわけではないので、詳細は不明である。したがって、ここでは、各学校の名前・学校長名・所在地等が記載されている教育週報社（一九三四）『教育週報』（昭和九年十一月三日、第四百九十四号）に拠った。

11　たとえばこの点に関して、親日家のドーア（Dore, P. Ronald., 1925〜）は、かつて、日本における近代化の「後発効果」が生んだ学歴（偏重）主義がトップ・ダウン式に下位段階の学校教育にまで影響を及ぼすことを以下のように指摘している。「『一流高校』――一流大学入学率の最も高い学校――受験勉強に忙殺される中学校への影響。私立中学校入試を通じての小学校への影響――これは順に遡って……二歳児をテストする適当な方法が考えられず、代わりに母親をテストすることにしたという、幼稚園の予備校の予備校にまで余波を及ぼす」（Dore, R. P., 1976＝一九七八訳：七一頁）。

12 学校名については、時代時代に応じて様々な変化が見られた。本書ではそれぞれの時期の学校名をそのまま用いる。たとえば、現在の東洋英和女学院小学部は戦前・戦中・戦後を経て何度か校名の変更を行っている。一八八九（明治二二）年〜東洋英和女学校幼稚科、一九〇二（明治三五）年〜東洋英和女学校予科、一九〇九（明治四二）年〜東洋英和女学校小学科、一九四一（昭和一六）年〜東洋永和女学校附属初等学校（「永和」となった理由については本章で示した通り）、一九四五（昭和二〇）年〜東洋永和初等学校、一九四七（昭和二二）年〜東洋英和女学院小学部（東洋英和女学院・一九五四）。

第1章　私立小学校の誕生と存続条件

1 一連の教育政策を支えたものは、森（一九九三）が指摘するように、国家レベルでの初等教育機関の近代化に向けたプロジェクト、すなわち、「公立小学校」という〈近代〉教育を範とすることによって、モダンのディスクール（言説）を通して、モダンのアパレイユ（appareil：装置）やプラティック（pratique：実践・慣習行動）を実現しようとする認識である。なお、明治近代以降の東京市赤阪（坂）区の私塾・家塾・私立小学校を論じたものに藤田薫（一九九九）があげられる。

2 学政統一とは、それまでそれぞれの区（学区）が行ってきた小学校の設置・維持を市に委譲し、学事行政を東京市が統一して行う動きをさす。

3 データは東京市旧一五区を対象としたものであり、東京府（各年度）『東京府統計書』、小木（一九八〇）、土方（二〇〇二）を参照にした。

4 （小学）私塾と家塾とは私宅において教授する点では同じである。しかし、前者は教師が「小学教科ノ免状アルモノ」、後者は免状のない場合をそれぞれさす（竹村・一九八九）。

5 雙葉学園は高等仏和女学校（一八八八年）、女子語学校（一八九六年）、私立女子語学校（一八九九年に私立学校令により「各種学校」として認可を受ける）、私立新栄女子学院（一九〇六年）を経て、一九〇八年に雙葉高等女学校、一九一〇（明治四三）年に雙葉小学校を設立している。なお、孤児院としての同学校の性格は一九〇七（明治四〇）年まで継続されたが、雙葉小学校の設立を機に、孤児たちは「横浜の菫」（現在の横浜雙葉学園）に移されたという（雙葉学園・一九八九）。

6　新教育運動は日本のみならず同時代的に世界各国で起きたが、その共通点は一九二一年に発足した「国際新教育連盟」の七カ条の綱領に見ることができる（長尾・一九八八）。小玉亮子（一九九六）によれば、この綱領は「子どもから」というスローガンのもと、内容は生活・個性・興味・自治・協力・男女平等・人権という七つのキーワードに集約されるという。

7　一八八三（明治一六）年に「基督教会共立立教小学校」を名乗る立教学院と同系列の米国監督教会が経営主体の初等教育機関の存在が確認された。しかし、それと現在の立教小学校との関係は不明のままである（東京都・一九七〇）。なお、現在の立教小学校は戦後（一九四八年）の創立である。

8　これら自発的結社としての私立小学校以外にも、東京水上尋常小学校のような社会事業的性格をもつ私立小学校のほか、現在ではその学校の形跡すら確認できない私立小学校も数校ほど存在する。水上学校については石井（二〇〇四）に詳しい。

9　以下三点の引用は、日本リサーチ総合研究所（研究代表者・門脇厚司）（一九八八）からの孫引きである。ただし、引用にあたっては、原資料に当たるなどして、該当部分を確認し、誤植等の修正を行ったうえで掲載した。

10　新中間層は、これら以外にも、「俸給生活者」（権田保之助「新東京市に於ける少額俸給生活者の一模様」一九二四年、小池四郎『俸給生活者論』一九二九年）、「サラリーマン（サラリマン）」（前田一『サラリマン物語』一九二八年、青野季吉『サラリーマン恐怖時代』一九三〇年）、「知識階級」（向坂逸郎『知識階級論』一九三五年）、「白襟労働者」、「小ブルジョワ」（もしくは「プチブルジョワジー」）など様々な言葉で呼ばれた（寺出・一九九四）。

11　これら五郡は、一九三二（昭和七）年の「大東京市」（三五区）の成立にともない、以下のように東京市に編入された。荏原郡は品川区・荏原区・蒲田区・大森区・世田谷区の一部に、豊多摩郡は渋谷区・中野区・杉並区に、北豊島郡は豊島区・瀧野川区・王子区・荒川区・板橋区に、南足立郡は足立区に、南葛飾郡は葛飾区・江戸川区として、それぞれ組み入れられた。詳細は本書巻末の資料一（二九五頁）を参照。

12　一九三〇（昭和五）年当時の東京市三五区は、日本六大都市（東京・京都・大阪・横浜・神戸・名古屋）はおろか、ロンドン（四三九・七万人）、ベルリン（四三三・三万人）、パリ（二八七・一万人）など世界の大都市を抜いて、世界第一位の人口（四九七・一万人）を抱える大都市に発展した。また、一万坪当たりの人口密度はパリが最も高く一一〇二人で、ついで東京市旧市域の八一九人であった（新市域は二九七人）。

13　慶應義塾幼稚舎が現在の所在地（渋谷区恵比寿）に移転するのは一九三六年〜三七年のことである。それまでは芝区三田（現在の慶應義塾大学三田キャンパス内）にあった。

14　大門（二〇〇〇）は、同校の保護者の職業に関して、会社員（二二・八％）、官公吏（六・八％）、教育家（三・九％）、医師（二・四％）を合計して新中間層を三五・九％と推計している。この推計値に軍人（二・六％）や宗教家（〇・七％）を加えると三九・二％となる。

15　一九三四（昭和九）年時点での東京府内の私立小学校三九校（〔表1・13〕六七頁参照）のうち二一校が中等もしくは高等教育機関を併設していた。この二一校のうち一五校は、中等・高等教育機関の設置後に併設された小学校である。私立の中等・高等教育機関の経営が軌道に乗った後に、小学校を併設したと見ることも可能ではないだろうか。

16　一九一九（大正八）年一月に「財団法人　成蹊学園」として発足した当時の出資額は、「私有財産ヲ寄付」した人物をそれぞれ見ていくと、今村繁三―土地四、五九七坪、時価六万円、岩崎久弥、中村春二―建物一四棟五三二坪、時価二七、一八五円、岩崎小弥太―一二万円となっている。「財団法人成蹊学園設立具申書」（成蹊大学所蔵）および「成蹊高等学校設置関係書類」（国立公文書館所蔵）を参照。

17　大森義太郎については、竹内（二〇〇一：第三章）に詳しい。大森は東京帝大を辞した後、『中央公論』などの総合雑誌に積極的に論考を発表した。特に一九三三（昭和八）年には『唯物辨證法讀本』を刊行し、莫大な印税収入（一二、〇〇〇円）を手にするなど、ジャーナリズムとの関わりを深めていった。

18　保護者による成城学園の学校拡大要求について、学校長・澤柳政太郎によれば、「小学校は私共の発意で創めたが、中学校・高等学校・女学校は、全く親たちの熱意によつて、親たちの力によつて設けられたもので、ただ私どもはその教育を引き受けたといふに外ならない」（成城学園・一九七七：一四四頁）と述べている通りである。しかしながら、澤柳にとっての成城小学校とは飽くまで「新教育の実験校」であり、主事・小原國芳らが中心となって進められた上級学校の併設は、澤柳の意図するところではなかったとされる。

19　佐藤瑞彦は、羽仁夫妻の雑誌収益額の七〇万円（一九二一年当時）を「現在のに換算すれば三五億ほどになろう」と許している（佐藤瑞彦・一九七〇：三五五頁）。

20　一九二九（昭和四）年一二月の学期末報告会において、羽仁もと子は厳しい財政状況を打ち明けたが、その後開催された緊急父母会において、学校の経済的負担を緩和する目的で「学園協力会」が誕生した。一九三六（昭和一一）年以降は校債返済のための協力が卒業生に対しても提起され、協力会会員は教師・卒業生とその関係者にまで拡大した（西川・二〇〇一）。

21 東京府『東京府統計書』（昭和九年度）によると、一九三四（昭和九）年段階の東京府内の私立小学校数は三六校となっている。『東京府統計書』には小学校名が列挙されているわけではないので、その詳細は不明である。従って、ここでは、各学校の名前・学校長名・所在地等が記載されている教育週報社（一九三四）『教育週報』（昭和九年十一月三日・第四百九十四号）の信頼性が高いと判断し、三九校存在していたという説を採用した。

22 「新教育」の実践校として追加した六校とは、和光学園小学校、清明学園小学校、武蔵野学園小学校、自由が丘学園小学校、日本済美小学校、啓明学園小学校である。

23 理論的サンプリング（theoretical sampling）とは、研究者の感受概念をもとに、ある一つのことと何かを比較するために新しい調査の現場やケースを選ぶ過程をさす。この方法は一般性を組み立てることと調査対象の理解を深めることを同時に行うことができるという点で、有力な研究方法である（Glaser, B. G. & Strauss, A. L., 1967＝一九九六訳）。

第2章　私立中・高等教育機関の動向と併設の小学校への影響

1 一九〇〇年代当時の高等教育機関受験生の志望校選択は、「第一志望＝一高、第二志望＝東京高商または東京高工。いずれも不合格になると水産講習所というコース。第一志望＝東京高工、第二志望＝水産講習所、第三志望＝農科大学実科というコース。第一志望＝兵学校、第二志望＝機関学校あるいは商船。さらに一高浪人生たちが諦めて『落ちて行く先』は外語、商船学校、慶応、早稲田だった」（竹内・一九九一：七九頁）という。

2 一八九〇年設置の大学部は当初、文学・理財（経済）・法律の三学科で定員三〇〇名のところ一〇〇名足らずの学生しか集められなかったという。その当時、定員を充足できず赤字経営の続いた大学部の廃止をめぐって慶應ＯＢ（塾員）と大学当局が対立した。また同時期には福澤自身が老齢で病床に臥すようになるなど（一九〇一年死亡）、慶應義塾内部で学校経営をめぐって混乱が続いた。一八九八年の一貫校化（幼稚舎～普通部～大学部への連絡・接続関係の構築）はそうした混乱を背景にして成立したものである。

3 ここであげた諸データは、文部省普通学務局『全国中学校ニ関スル諸調査（全国公立私立中学校ニ関スル諸調査）』（各年度版）を用いて明らかにされたものである。

4　日本基督教女子教育会によるキリスト教連合女子大学運動と東京女子大学の誕生にいたる一連のプロセス、そして東京女子大学創立に伴う高等科・専門科の廃止をめぐる各校のジレンマについては、大森（二〇〇三）に詳しい。

5　戦前期の東洋英和女学校小学科には、岩倉、西郷、伊達、陸奥、本野、仁礼等の子女、木戸、後藤、斉藤、寺内夫人等が前後して在学していたという。また、バザーの際には、皇后陛下も来学したという（東京私立初等学校協会・一九七六）。

6　和田は、和歌山藩出身の士族で、福澤諭吉をして「性質極めて温和、大勢の幼稚生を実子のように優しく取り扱い、生徒もまた舎長夫婦を実の父母のように思うというほどの人物」（福澤・一八九九＝一九七八：一三〇頁）と評される人物であった。

7　一八九八年の学制改革以前の慶應義塾幼稚舎は、在学者の就学年齢も多岐にわたり、慶應義塾以外の上級学校に進学する者が英語を学ぶ目的で在学する学校、すなわち「予備校」のような役割を担っていた時期もあった（吉田・一九五六）。

8　慶應義塾幼稚舎入学者の大学部卒業生については、一八九〇年度、一九〇〇年度の入学者については以下の資料を用いて、対応・算出された（慶應義塾・一九二六、慶應義塾福澤センター・一九八四）。また一九一〇年度と一九二〇年度の入学生についても以下の資料を用いて同様の手続きを経て算出された（慶應義塾幼稚舎・一九一〇、一九二〇、慶應義塾・一九四〇）。

9　戦前（一九三三年〜一九四三年）の東洋英和女学校では、海外帰国子女のために特別指導を行う「別科」（スペシャル・クラス）を設けるなど、便宜を図っていた。別科では一二〜一三歳から二〇歳前後までの様々な年齢・学力・背景をもった子女を収容し、個別指導を行った。その後、それぞれの学力に応じて小学科の五・六年次もしくは女学校の三・四年次に編入されたという（東洋英和女学院・一九五四）。なお、東洋英和女学院の「別科」に在学した児童・生徒の様子については、原（一九九〇、一九九三）に詳しい。

第3章　私立小学校・入学家族の教育戦略

1　なお、広田（一九九九b）は、都市在住の新中間層の教育方針として、「童心主義」と「学歴主義」という従来の説に加えて、「厳格主義」ともいうべき要素の存在を指摘し、この三つの要素は〈子どもらしさ〉の肯定／否定という軸と人格中

〔図3・4〕新中間層の相矛盾する教育方針
（童心主義・厳格主義・学歴主義）

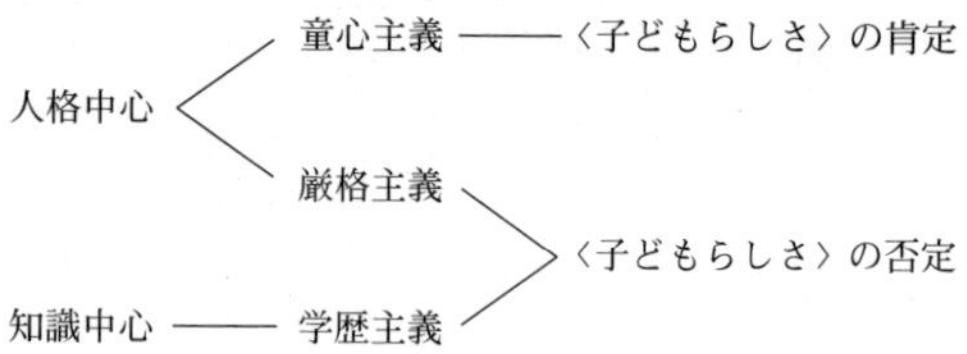

〔出典〕広田照幸（1999）『日本人のしつけは衰退したか』講談社現代新書、58頁。

心／知識中心という軸において、それぞれ相互に対立・矛盾している〔図3・4〕。ただし、「厳格主義」なるものが近代以降の都市新中間層特有の教育意識といえるのかどうかについては一定の留保が必要であるようにおもわれる。

2　平塚らいてうの経歴などについては、神田（一九七五）、小林（一九八三）、影山（二〇〇二）、米田（二〇〇二）を参考にした。

3　一八九〇年以前の出生コーホートの出生児数別有配偶女子割合を見ると、無子一一・八％、一人六・八％、二人六・六％、三人八・〇％、四人以上六六・八％となっている（阿藤・二〇〇〇／データの出所は『国勢調査』昭和二五年度調査による）。一九五〇年の調査時点において、既に六〇歳以上の年齢層に属する出生コーホートの出生児数は「完結出生児数」と見なして差し支えないだろう。

4　大岡昇平（きき手・小林登美枝）「ある自由な家庭の雰囲気」『平塚らいてう著作集・月報一』一九八三年六月第一巻付録一―四頁。なお引用は影山（二〇〇一）に拠った。

5　らいてうの二人の子どもが成城小学校に入学した一九二三（大正一二）年頃、成城小学校では子どもの能力本位と自学自習に基づくドルトン・プランを採用した。

6　なお、この「母性主義」は、女性と育児天職論を結び付けた、「産む性」「育児を担う性」に関する固定化した性別役割分業論として解され易い。しかし、ここでは、小林（二〇〇二：第四章）の議論を参照に、「産む」「産まない」「産みたくない」というそれぞれの選択の自由を前提としたうえで、「産む」選択をした結果、母となった女性が家庭内の育児に専念するにとどまらず、生命の尊厳と人権意識に基づいて、男女間の一切の不平等の廃絶を求めようとする民主主義思想のひとつとして捉えることにしたい。

7　成城小学校では一九二三（大正一二）年頃から、自学自習、とりわけパーカースト（Parkhurst, Helen, 1887～1973）の発案したドルトン・プラン（Dalton Plan）による経験主義・個別主義に基づく教育実践を採用している。それ以前にも自学自習の実践は導入されていたが、ドルトン・プランによって『私立成城小学校創設趣意』で述べられた教育理念がさらに具体化・明確化された形で実践されることになったとおもわれる。

8　一連の産児調整運動の主張、産児制限・産児調節が社会運動から政府の政策（一九三〇年末の生殖管理政策としての国民優生法や戦後の優生保護法）につながっていく過程を詳しく明らかにした研究として石井幸夫（二〇〇一）を参照。

9　ブルデューの「戦略」（strategie）概念は、熟慮検討の結果練り上げられた一連の自覚的な生活の組み立て方を示すと同時に、ハビトゥスの無自覚的な計算（実践感覚）によって慣習行動を方向付けていく暗黙の行動原理を意味する（石井洋二郎・一九九三）。

10　学校が立地していた郊外住宅地としての成城学園街は、新中間層など経済的に恵まれた層を対象とした、豊かなコミュニティであった。一九二四（大正一三）年当時、第一期分譲として一区画四〇〇坪（坪単価一四円）で分譲した文化住宅街には学者、教育者、会社役員、高級官僚などのアッパー・ミドルクラスが居住していたという（酒井・一九八七）。

11　なお、野上の童心主義的子ども観や教育観については、熊坂（一九七五）および山住（一九八四）において詳しく論じられている。

12　一九三五（昭和一〇）年度の東京市のデータに限ると、中学校進学率については東京市全体で一八・四％（旧市部一九・三％、新市部一七・九％）に対して、赤坂区四三・六％、麹町区四一・〇％、本郷区三七・三％であった。高女についても、東京市全体で二八・四％（旧市部三二・三％、新市部二六・三％）に対して、麹町区五八・三％、赤坂区五八・〇％、本郷区四六・五％であった（東京市役所・一九三七）。なお、これらの東京市三五区別統計は、卒業児童の居住区別ではなく、出身小学校の立地する地域別に算出された進学率であり、他区市出身の越境入学者や私立小学校の卒業生については考慮されていない。

13　本郷区立（現・文京区立）誠之小学校の事例研究については、所澤+木村（一九八八）や誠之学友会（一九八八）を参照。

第4章　淘汰された私立小学校

1　データは東京府（各年度）『東京府統計書』による。

2　このほかにも座談会参加予定の小学校に、成蹊小学校、雙葉小学校（支障により欠席）や慶應義塾幼稚舎、日本女子大学校附属豊明小学校、自由学園初等部（出欠の返事なし）があった。

3　このほかにも同様の趣旨・目的の団体として一九三〇（昭和一五）年発足の「私学振興同盟」なる団体の存在も確認された。私学振興同盟は、公立学校との対比で、「官公私立差別観念の撤廃」のほか、「私学助成金問題」「インチキ私学の駆逐」などに向けて意見交換を行っている（教育週報社『教育週報』第七百八十二号、昭和一五年五月一日）。しかし、その後運動を展開するなどの実績は確認されなかった。

4　これは中野光の分類とは異なる。中野（一九八五）は「出席者のうちで為藤と二階をのぞく一二名のうち六名は成城学園や明星学園のように小学校から発足して中学校や女学校を付設した学園の教師たちであり、他の六名は帝国小学校や啓明学園のように上級学校をもたない小学校だけの学校の教師たちであった」（二七頁）と記している。

5　自由が丘学園廃校後、小林（金子）宗作が同学園の土地・建物の一部を引き継ぐ形で「トモエ学園」を開校・運営し、リトミックを中心とした自由教育を実践した（同学園の教育実践については、黒柳徹子『窓際のトットちゃん』講談社、一九八一年刊で一躍有名になった）。しかしながら、このトモエ学園も東京大空襲による被害で廃校になった。

第5章　入学選抜考査の導入

1　このほか東洋英和女学校小学科の入学選抜考査の様相を明らかにする記述には以下のようなものがある。たとえば、ある卒業生（一九三二年四月入学～一九三八年三月卒業）もまた「私の小学科」と題する小論のなかで、入学選抜考査について以下のように回顧している。「入学試験は雪がべしょべしょの日だった。先生が『ランドセルの中に筆箱と鉛筆と消しゴムを入れていらっしゃい』と仰云ったので、ランドセルを背負って行ったら入れてくださった」（東洋英和女学院『小学科・小学部の記録』東洋英和女学院史料室蔵参照）。

2　入学選抜考査における入学意志の確認は、子ども本人に対する面接考査においても行われていた。たとえば、一九五二（昭和二七）年に慶應義塾幼稚舎に入学したある女子児童は、併願した雙葉小学校の面接の様子を、「『双葉（ママ）の他にどこを受けましたか』と聞かれたので『慶応と学芸大学です』と云ったら『三つうかったらどれを選びますか』と、又聞かれた」と述べている（慶應義塾幼稚舎・一九五七：六六頁）。

3　このほか、竹本（二〇〇〇）の明らかにしたところによると、成城小学校では入学が決定すると、入学者の保護者に対して、三二カ条にわたる「御尋ね」という調査票が配布され、入学式当日に提出することが求められた。この「御尋ね」にあげられた三二項目は、大別すると、児童（性格・身体・これまでの経歴・生活習慣など）と親（族籍・職業・年齢・教育観など）、家族（数・兄弟・父母）にまとめることができる。これは入学選抜考査とは直接関係ないが、小学校側が入学の決定した子どもとその家族について大きな関心を示し、その家庭環境も含めて綿密に調査・把握していたことがわかる。

第6章 〈目に見えない入学選抜考査〉における能力と評価

1 そもそもビネやシモンのメンタルテストは、当初「正常児《ママ》」と「遅滞児（劣等児）《ママ》」を発見する目的で作成されたが、日本に輸入・翻訳されると、「優秀児《ママ》」「普通児《ママ》」「劣等児《ママ》」という三つのカテゴリーを設定できるよう、応用・改良された（佐藤・一九九七：第三章・第四章）。

2 新教育論者の優生学的主張については、高木（一九九二）に詳しい。

3 いうまでもなく、摂取する栄養と知能指数との関係は社会階層（によるしつけ）を「第三の変数」とした「擬似相関」である。たとえば社会階層の高い子どもは、家庭での行き届いたしつけゆえに、学力や知能指数が高く、栄養価の高い食事を与えられることも多い。

4 一九二七（昭和二）年の東京市教育委員会は、家庭における就学前教育について、「遊ぶ間に自然に接する数や文字に親しませて行くのはよい」が、「下手な詰め込み暗誦教育は百害あっても一理なし」とその見解を明らかにしている（東京市教育委員会・一九二七）。

5 木村元（二〇〇〇）は、一九三〇年代以降、東京のみならず全国にも「受験体制」が確立し、その結果として、小学校教育が変容、「学び」が入試に従属していくプロセスについて詳細に描いている。

6 具体的に選抜方法としてのメンタルテストへの関心および導入については、以下の著作に詳しい。福富一郎『メンタルテストの原理と方法』（一九二二年）、岡部弥太郎『教育測定』（一九二三年）、楢崎浅太郎『一般素質検定法の試み』（一九二三年）、楢崎浅太郎『選抜法概論』（一九二四年）、田中寛一『教育測定学』（一九二六年）、田中寛一『選抜考査法』（一九三一年）、大伴茂『個性調査と教育指導』『教育測定の原理と方法』（一九三一年）。このほか、久保良英らによる児童心理学研究所の創設と同研究所刊行の紀要『児童心理学研究』や一九二四（大正一三）年に淡路円太郎・青木誠四郎・岡部弥太郎らによって「テスト研究会」が発足、同研究会は雑誌『テスト研究』を刊行するなど、心理学の専門家集団による研究が進んだ。彼らは、メンタルテストの科学的分析を行うのみならず、旧制中学校・高等女学校の入学試験におけるメンタルテスト導入の機運を高めた中心人物であった。しかし、いずれの著作・雑誌を管見しても、小学校の入学選抜考査のメンタルテストについて言及した箇所は見当たらない。

7　しかしながら、メンタルテストが完全に先験的な能力を測る純粋な「知能テスト」であったかといえば、そうではなく、むしろ従来の学力試験と折衷して開発・導入されていたというほうが正確である。また、メンタルテストの導入によって、受験生の入試対策や入学準備教育を除去できたわけではなかった（才津・一九九〇）。結局のところは、学力試験対策に代わって、メンタルテスト対策が行われたようである。

8　中村春二は一九二一（大正一〇）年に一般社会教育運動として「かながきひろめ会」の運動を企図していることからもわかるように、仮名文字教育推進論者であった。中村は、その機関誌『つぼみ』創刊号（かながきひろめ会編集、成蹊学園出版部）において、「いまわ　をりあいの　ときで　なく、　くにぐにの　ひとびとが　たがいに　その　くに　どくとくの　こころもちと　ちからを　あらわすとき」（「まえことば」なかむらはるじあむ（一九二二）『かながきのすすめ』成蹊学園出版部所収）という理由で、「かながき」を広める活動・運動の展開している。翌二三年からは成蹊小学校で、中村作成による独自の「かながき」による教科書（国定教科書を「かながき」にしたもの）を使って授業を行い、文部省の注意勧告を受けることになった（中内・一九七〇＝一九九八）。

9　ここでは、史資料の制限から、同一年度の入学選抜考査における〈合格者〉および〈不合格者〉の社会階層は明らかではない。従って、本書においては、新中間層が入学選抜考査において有利な立場にあったとする仮説を完全に実証したわけではない。その限界を認識しつつ、「私立小学校在学者の階層構成比率は入学選抜の導入後も変化はない」とする帰無仮説を設定、入学選抜前・後にわたって在学者中に占める各階層の比率の変化について有意性検定を行った。その結果、新中間層と旧中間層の両階層について、帰無仮説を棄却できる結果を導き得たことから、入学選抜の導入以降、新中間層出身者がより有利な立場にたち、旧中間層出身者が不利な立場に追い込まれたとする結論を導出した。

10　旧中間層の選抜度指数も新中間層同様に逓減していることもあわせて記しておきたい（第Ⅰ期〇・三四三→第Ⅱ期〇・三一九→第Ⅲ期〇・二八九）。

11　学校名が判明しないように、学校名はもちろん、史料のタイトルも大きく変更した。

12　№3のように、三四点というボーダーライン以上の成績を収めながら、「オヅオヅスル　堅クナル」というネガティヴな評価がなされ、「補欠」になっている場合もある。

13　それが旧中間層を意図的に選別・排除するものであったかどうかは不明である。むしろ、入学選抜考査の課題の内容と評価の方法が結果として旧中間層を排除する形になったと考えるほうが妥当ではないだろうか。

14 ヴェーバー（Weber, M., 1922＝一九七二訳）によれば、権力（Macht）とは、「或る社会的関係の内部で抵抗を排してまで自己の意志を貫徹するすべての可能性」（訳書：八六頁）をさす。この定義においては、他者の明白な抵抗や他者への強制がないときでも、権力は発生し得るということであり、フーコーによる一連の権力論にもつながる重要な論点である。

15 キングは、幼児教育におけるバーンスティンの「目に見えない教育方法」の批判として、イギリスの幼児学校（Infant School）における観察を通じて、幼児学校の教師の教室統制は子どもにとっては明らかに「見える」ものであり、むしろ「見えない」ものは子どもには明らかにされない類型化の構造と評価の私的な要素であると指摘している（King, 1978＝一九八四訳）。本書との関連で言えば、入学選抜考査において試験官が子どもに課題を提示し、行動を促す点は「統制」として「見える」要素ではあるが、類型化の構造と評価の根拠については曖昧なままで、決して子どもには「見えない」ままなのである。

第7章 入学選抜考査と家族・子ども

1 一九三三（昭和八）年東京生まれのエッセイスト・本間千枝子（一九八九）は、「山の手というのは、教育する父がいたところだった。多くの父親は夕方には帰宅したので、家にいる時間は今よりずっと長かった。私たちが子どもの頃は、家庭教師などを雇わないで、子どもの漢文、数学、物理、英語などの勉強を見ていた父親がかなりいたと思う」（九三―九四頁）と述懐している。

2 東京・郊外住宅地に、高崎能樹（一八八四〜一九五八）が設立した阿佐ヶ谷幼稚園でも、高崎の教育理念（「三つ子の魂百まで」「筍の親まさり」など）に惹かれて入園し、卒園後は受験を経て明星学園、成蹊学園、成城学園、武蔵野学園などの私立小学校への入学を志向する家族が後を絶たなかったという（福元・二〇〇〇）。

3 ただし、小学校受験用の家庭教師等の存在が完全になかったというわけではない。戦前（一九二五〜一九四一）の東京女子高等師範附属小学校の教員は、当時の入学準備教育について、「塾とは名乗ってなかったが、どんな試験になりそうだなど、付属に入る方法を教える女性の方がいらっしゃった」という（読売新聞「にっぽん人の記憶二〇世紀　第八七回／学校一〇〇歳の証言④」二〇〇〇年五月二七日朝刊による）。

4　武政太郎（一八八七～一九六五）については、古澤（一九八七）に詳しい。
5　なお、講談社児童相談所は一九九一（平成三）年一二月に閉所している。
6　一九一〇年代以前、農村で高等女学校・師範学校に進学したのは、中・上層の有産階級や資産名望家層の子女のみであったが、日露戦争後、地域によってはさらに下の層まで拡大したという（永原・一九九〇）。
7　妻・母としての三宅やす子については、沢山（二〇〇三）に詳しい。それによれば、三宅やす子も平塚らいてう同様、新中間層第二世代であった。三宅やす子は、一八九〇（明治二三）年京都師範学校校長の洋学者・加藤正矩の娘として生まれ、京都師範付属小学校に入学、東京に転居してからは番町小学校に転校・卒業を経てお茶の水高等女学校を卒業した。伯父は東大総長や枢密顧問官などを歴任した加藤弘之（一八三六～一九一六）であり、父・正矩の死後、弘之の庇護を受けて上級学校に進学できたと言われる。

第8章　入学選抜考査の陰謀？

1　ここで縁故入学制度を導入していると論じられた私立小学校が現在においてもそれを導入しているとは限らない。
2　もっとも先に引用した天野（一九八二）もまた近代の試験の「限界」として以下のように述べている。「（近代中国における官僚の選抜において―引用者）行政組織のなかには試験によらず、縁故や情実によって採用される多数の下級官僚がいたし、また科挙の合格者たちの場合にも、どのような官職につき、どこまで昇進できるかは、多分に上級者や皇帝の恣意的な判断にゆだねられていた。『業績主義』も『普遍主義』も、さらには『感情中立性』も、その意味では著しく制約された形で実現されていたにすぎなかった」（天野・一九八二：三二頁）。
3　この縁故入学に関する内規は、『成城小学校・附成城第二中学校』（一九二三年・初版）と題する学校参観者と保護者のために編まれた雑誌のなかに明記されている。なお、同書は一九三二（昭和七）年まで改訂五版を重ねた。
4　一九〇〇（明治三三）年の小学校令改正で、義務教育段階の無償化が謳われたにも拘わらず、東京市立尋常小学校の授業料は一九〇一（明治三四）年に一九・七銭、一九〇八（明治四一）年度から一九一七（大正六）年度の間で二〇銭であった（いずれも月額）。授業料を徴収する公立小学校は東京府が最も多く、一九三一（昭和六）年にはいくつかの区で授業料撤廃が実現したものの、この問題は一九四一（昭和一六）年の国民学校令に至るまで東京の初等教育における懸案のひとつであった（東京都立教育研究所・一九九四a、一九九四b）。

5　大西伍一の人と業績については、小林（一九八三）や西村俊一東京学芸大学助教授（当時）による大西本人へのインタビュー記録に詳しい（西村・一九九二）。

6　上田庄三郎による児童中心主義的な教育実践に対する一連の批判については、浅井（二〇〇一＝二〇〇八：第五章）に詳しい。

7　学校分裂騒動にまで発展した成城事件（一九三三年五月）の原因は、主事・小原國芳の成城・玉川両学園の兼務があげられる。成城学園の保護者は玉川学園と兼務する小原國芳や成城学園の学校運営に対して不信感を抱いたのであり、成城学園の教育方針や教育内容あるいは進学問題そのものに対しては必ずしも大きな不信感を抱いたわけではないようである（成城学園・一九七七）。なお、小原退任を容認する一派（教職員・保護者などで構成）は、このときの騒動の様子を、『成城學園に於ける昭和八年五月十七日事件の眞相』と題する小冊子のなかで描いている。他方、小原支持派たちは小原が校長を務める玉川学園あるいは和光学園に転校した。

結論

1　確かに、ターナー（1960＝一九六三訳）は、理念型として競争移動と庇護移動とを区別し、主として移動の規範について議論している。しかし、実のところターナーが仄めかすところによれば、同論文へのハルゼー（Halsey, A. H.）の批評に対するリプライ（Turner, R. H., 1961）において、アメリカ社会の現実の社会移動を念頭におきつつ、「競争移動」を論じていたようである。

2　アメリカにおいて、「目に見えない教育方法」としての進歩主義的・経験主義的な教育思想の実践を展開したシカゴ大学付属の実験学校（一八九六～一九〇四）の生徒は、全員白人で、裕福な専門職の親をもつ子どもたちであった（Ravitch, D., 2000）。また、現在のアメリカで、ほぼ唯一、ドルトン・プランを実践しているドルトン・スクール（Dalton School）も勤勉で知られるユダヤ系アメリカ人の子どもたちが七～八割を占めているという（松木・二〇〇三）。

3　クリーム・スキミング（cream-skimming）とはもともと経済学の用語で、昨今では規制緩和の流れを批判する際にしばしば用いられる用語である。たとえば、規制緩和によって、新規参入した事業者が高い収益の出る分野にのみ集中的に資本やサービスを投下し、そうではない分野は等閑にするという「いいとこ取り」を意味する。

4 今日の私立学校における併設上級学校への優先入学（内部進学）については、併設上級学校の進学受け入れ可否の問題をめぐって、様々な訴訟問題にまで発生している。詳細は坂田（二〇〇一）を参照。

5 但し、岩木（二〇〇四）によれば、戦後新教育の目標は、戦前の教育体制への批判から日常生活経験のフィールドワークやコア・カリキュラムといった新しい教育方法・内容を通じて、「社会や生活の成り立ち」を子どもたちに主体的・科学的に認識させることを目標としていた。大正新教育運動もこれとほぼ同じ志向性を共有するものであった。それに対して、昨今の「新しい学力観」に基づく問題解決型・体験型学習としての総合的な学習の時間は、同じように日常生活経験のフィールドワークや合科的な教育内容や方法を志向するものではあっても、最終的にめざされるのは「自分自身による自分自身の新たな心の発見（自己実現）」であるという。つまり、教育目標や学習のターゲットが自己の外側＝社会（戦後新教育）から、自己の内面＝心理・こころ（総合的な学習の時間）へと大きく転換することになった。戦後新教育では当時新設の「社会科」という体験的・合科的な教育活動を通して、民主主義的な社会における生き方を「社会人」または「生活者」として主体的に学習することに主眼が置かれていた。他方、今回導入された総合的な学習の時間は、たとえば「フィードバック」あるいは「リフレクション」などと呼ばれる自己反省（ふりかえり）が絶えず要求される。こうした自己反省は、各自が学習した内容の履歴のみならず、同時に学習活動に関わってきた自分自身の内面（こころ）の有り様を学習者個々人が絶えず確認する作業であり、「社会」という中間集団の視点が欠如した、極めて個人化した心理主義的な営みである。

〔資料1〕 昭和初期における東京市内の旧市域と新市域

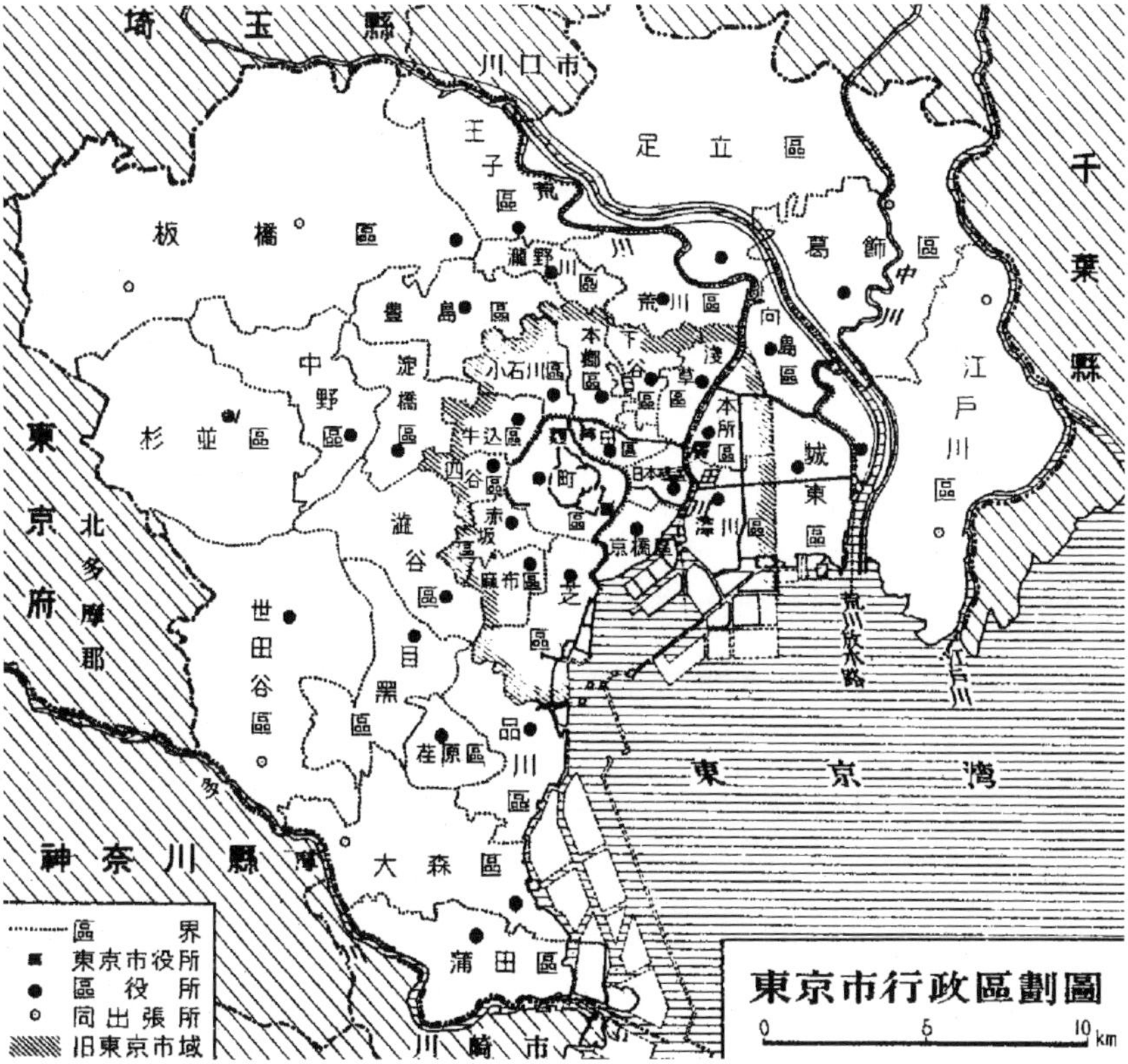

〔出典〕平凡社刊（1933）『大百科事典』18巻、418頁。

〔資料２〕 東京市（1947年～東京都）の区制の変化

旧東京市15区及び５郡82町村名＋昭和11年東京市編入の１郡２村	35区	23区
1889（明治22）年～	1932（昭和７）年～	1947（昭和22）年～
麹町区	麹町区	千代田区
神田区	神田区	
日本橋区	日本橋区	中央区
京橋区	京橋区	
芝区	芝区	港区
麻布区	麻布区	
赤坂区	赤坂区	
四谷区	四谷区	新宿区
牛込区	牛込区	
豊多摩郡（大久保町・戸塚町・落合町・淀橋町）	淀橋区	
小石川区	小石川区	文京区
本郷区	本郷区	
下谷区	下谷区	台東区
浅草区	浅草区	
本所区	本所区	墨田区
南葛飾郡（吾嬬町・隅田町・寺島町）	向島区	
深川区	深川区	江東区
南葛飾郡（亀戸町・大島町・砂町）	城東区	
荏原郡（品川町・大崎町・大井町）	品川区	品川区
荏原郡（荏原町）	荏原区	
荏原郡（目黒町・碑衾町）	目黒区	目黒区
荏原郡（馬込町・東調布町・池上町・入新井町・大森町）	大森区	大田区
荏原郡（矢口町・蒲田町・六郷町・羽田町）	蒲田区	
荏原郡（世田ヶ谷町・松沢村・玉川村・駒沢町）	世田谷区	世田谷区
北多摩郡（千歳村・砧村）〔1936年に編入〕		
豊多摩郡（渋谷町・代々幡町・千駄ヶ谷町）	渋谷区	渋谷区
豊多摩郡（中野町・野方町）	中野区	中野区
豊多摩郡（和田堀町・杉並町・井荻町・高井戸町）	杉並区	杉並区
北豊島郡（巣鴨町・西巣鴨町・高田町・長崎町）	豊島区	豊島区

北豊島郡（滝野川町）	滝野川区	北区
北豊島郡（王子町・岩淵町）	王子区	
北豊島郡（南千住町・三河島町・尾久町・日暮里町）	荒川区	荒川区
北豊島郡（志村・板橋町・中新井町・上板橋村・赤塚村）	板橋区	板橋区
北豊島郡（石神井村・大泉村・練馬町・上練馬村）		練馬区
南足立郡（千住町・西新井町・江北村・舎人村・梅島村・綾瀬村・東淵江村・花畑村・淵江村・伊興村）	足立区	足立区
南葛飾郡（金町・水元村・新宿町・奥戸町・本田町・亀青村・南綾瀬町）	葛飾区	葛飾区
南葛飾郡（小松川町・松江町・葛西村・瑞江村・鹿本村・篠崎村・小岩町）	江戸川区	江戸川区

〔注〕**ゴシック体の区**は東京市旧15区を示す。

〔資料3〕　私立小学校関係史年表（一八六七年〜一九五〇年）

年	政治・経済・社会・文化	教育史・私立学校関係史
一八六七（慶應　三）年	大政奉還 王政復古の大号令	
一八六八（慶應　四）年 （明治　一）年	版籍奉還 明治と改元	福沢諭吉が一八五八（安政五）年に設立した蘭学塾を「慶應義塾」と改称
一八七二（明治　五）年	新橋―横浜間に鉄道開業 太陽暦採用	学制頒布
一八七四（明治　七）年		慶應義塾幼稚舎、芝区三田に開校　初代舎長・和田義郎
一八八四（明治一七）年	華族令公布	カナダの女性宣教師のマーサ・J・カートメル、麻布区鳥居坂町に東洋英和女学校を開校
一八八六（明治一九）年		諸学校令（帝国大学令・師範学校令・中学校令・小学校令）公布 小学校令（第一次）、尋常・高等の二等に区分し、尋常小学校四ヵ年を義務化（簡易科は三ヵ年）
一八八八（明治二一）年	市制町村制公布 枢密院設置	マリア会（フランス系カトリック修道会）、京橋区築地に暁星学校を創立
一八八九（明治二二）年	大日本帝国憲法発布 東海道本線開通 東京府の中心部一五区で「東京市」誕生	東洋英和女学校高等科開校
一八九〇（明治二三）年	府県制・群制公布 第一回帝国議会開会	教育ニ関スル勅語（教育勅語）下付 小学校令（第二次）、私立小学校をもって「代用小学校」とすることを認める 慶應義塾、大学部設置 暁星学校、暁星小学校（単級四年制）の設置認可を受ける
一八九二（明治二五）年		東洋英和女学校小学科開校

一八九四（明治二七）年	日清戦争（～九五）	高等学校令（第一次）公布
一八九八（明治三一）年		慶應義塾、小学校（幼稚舎）から大学部に至る連絡関係（一貫教育制度）の整備・完成
一八九九（明治三二）年	外国人の内地雑居が認められる	高等女学校令公布 私立学校令により、私立学校の統制強化および宗教教育の禁止 暁星中学校、設置認可を受ける
一九〇〇（明治三三）年	治安警察法 立憲政友会結成	小学校令（第三次）により、尋常小学校四ヵ年統一（簡易科廃止）、義務教育、無償教育
一九〇一（明治三四）年	八幡製鉄所操業開始 金融恐慌	成瀬仁蔵、日本女子大学校を創立
一九〇三（明治三六）年		専門学校令公布 小学校の教科書国定化
一九〇四（明治三七）年	日露戦争（～〇五）	
一九〇六（明治三九）年	日本社会党結成	日本女子大学校附属豊明小学校・幼稚園（共学）創立
一九〇七（明治四〇）年	ハーグ密使事件 第三次日韓協約、第一次日露協約	小学校令（第三次）改正し、尋常小学校六ヵ年を統一の義務教育へ 今井恒郎、杉並に「田園教育舎」（日本済美学校）創立
一九〇八（明治四一）年		聖心会修道女、広尾に聖心女子学院を設立認可（同年に白金三光町へ移転）初代校長マザー・ブリジットヘイドン
一九〇九（明治四二）年	伊藤博文、暗殺	雙葉高等女学校開校、初代校長メール・セン・テレーズ 日本済美学校、日本済美小学校を併設・開校
一九一〇（明治四三）年	大逆事件 韓国併合（～四五）	雙葉高等女学校、女子尋常小学校および同付属幼稚園を併設・開校 仏英和高等女学校、附属小学校（現・白百合学園小学校）を併設・開校 聖心女子学院、高等女学校・小学校・附属幼稚園を併設・開校 森村市左衛門、南高輪尋常小学校（現・森村学園初等部）を開校
一九一一（明治四四）年	日米新通商航海条約（関税自主権回復）	朝鮮教育令 工場法制定により児童労働の禁止と就学義務の強化

	平塚らいてう、青鞜社を結成し、『青鞜』刊行	
一九一二（大正　一）年	友愛会結成	西山哲次、巣鴨に帝国小学校を創立 中村春二、池袋に成蹊実務学校を創立
一九一四（大正　三）年	第一次世界大戦（〜一八）	成蹊中学校、併設・開校
一九一五（大正　四）年	対華二十一カ条の条約	聖心女子学院高等専門学校、設置認可 成蹊小学校、併設・開校
一九一七（大正　六）年	金輸出禁止 石井・ランシング協約	沢柳政太郎、成城小学校を牛込に開校 成蹊小学校、入学選抜考査を導入・実施 成蹊女学校、併設・開校
一九一八（大正　七）年	シベリア出兵 米騒動	大学令および高等学校令（第二次）公布 ミッション系六女学校合同で「東京女子大学」（女専）創立 日本女子大学校附属豊明小学校、入学者を女子のみに制限する 鈴木三重吉ら『赤い鳥』刊行（〜一九三六年）
一九二〇（大正　九）年	新婦人協会結成 日本社会主義同盟結成 第一回国勢調査実施 第一回メーデー	慶應義塾大学、「大学令」によって最初の私立大学として認可を受ける 慶應義塾幼稚舎、入学選抜考査を導入 成城小学校、『教育問題研究』（後継『全人』『教育問題・全人』）刊行（〜一九三三年）
一九二一（大正一〇）年	ワシントン会議（日・英・米・仏による四カ国条約に調印）	羽仁もと子、目白に自由学園を創立 八大教育主張講演会、東京高等師範学校附属小学校講堂にて開催
一九二二（大正一一）年	軍縮条約、九カ国条約調印 全国水平社・日本農民組合・日本共産党結成	成城第二中学校、砧に併設・開校
一九二三（大正一二）年	関東大震災 虎の門事件	教育の世紀社より、雑誌『教育の世紀』刊行（〜一九二八年）
一九二四（大正一三）年		赤井米吉ら、杉並に明星学園を創立 野口援太郎ら、池袋児童の村小学校を創立

		成蹊学園、池袋から吉祥寺へ移転 佐藤藤太郎ら、武蔵野村西窪（現・武蔵野市西久保）に武蔵野学園小学校を開校 川村文子、目白に川村女学院を開校 岡田良平文相、教育改造運動に干渉・抑圧
一九二五（大正一四）年	日ソ基本条約 治安維持法公布 普通選挙法公布（二五歳以上の男子に選挙権） ラジオ放送開始	成蹊高等学校（七年制高等学校）開校 成城第二中学校を砧村喜多見に移転 成城玉川小学校、成城幼稚園を併設・開校 東洋英和女学校小学科、入学選抜考査の導入
一九二六（大正一五）年 （昭和　一）年	大正天皇死去、皇太子裕仁（昭和天皇）即位	幼稚園令公布 成城高等学校（七年制高等学校）開校 国立学園小学校、谷保村に開校
一九二七（昭和　二）年	金融恐慌	成城高等女学校（五年制）開校 中学校令施行規則改正で、中等学校の入試のあり方に関する訓令
一九二八（昭和　三）年	共産党員大検挙 張作霖爆殺 三・一五事件	自由学園初等部、目白に開校 牛込の成城小学校、祖師谷地区に移転し成城玉川小学校と併合 自由ヶ丘学園小学校、荏原郡碑衾（現・目黒区自由が丘）に創立
一九二九（昭和　四）年		小原國芳、玉川学園（幼稚園・小学校・中学校・玉川塾）を創立 成城小学校、入学選抜考査の導入 東京女学館小学科（翌年、小学部へと改称）、渋谷・羽沢に開校 文部省、各府県に小学校での入試準備教育・模擬試験の禁止を通達
一九三〇（昭和　五）年	昭和恐慌	濱野重郎、南雪谷に清明学園小学校を開校 私立東京水上小学校（全寮制）、月島に開校 自由学園、南沢（東久留米）に移転 日本女子大学校附属豊明小学校、入学選抜考査の導入
一九三一（昭和　六）年	満州事変	立教女学院尋常小学校、杉並・久我山に開校
一九三二（昭和　七）年	上海事件 五・一五事件	土井竹治、池袋児童の村小学校から分離・独立して啓明学園を開校 川村女学院、初等部を併設・開校

	満州国建国宣言 東京市、近隣八二町村を編入三五区へ	
一九三三（昭和　八）年	国際連盟脱退	成城事件 吉田慶助ら、世田谷区経堂に和光学園開校
一九三四（昭和　九）年		和光学園小学校開校 私立小学校座談会、教育週報社にて開催
一九三五（昭和一〇）年	天皇機関説（美濃部達吉）問題化 小作争議多発	青年学校令
一九三六（昭和一一）年	二・二六　事件 千歳村・砧村（北多摩郡）を世田谷区に編入	池袋児童の村小学校廃校 東京児童の村小学校（目白学園）開校 慶應義塾幼稚舎、三田から恵比寿（現校地）へ新築移転
一九三七（昭和一二）年	盧溝橋事件（日中戦争） 日独伊三国同盟	自由が丘学園小学校廃校（跡地に、小林宗作がトモエ学園創立へ）
一九三八（昭和一三）年	国家総動員法	啓明学園廃校
一九三九（昭和一四）年	第二次世界大戦（～四五）	
一九四一（昭和一六）年	真珠湾攻撃、アジア・太平洋戦争開戦	国民学校令公布により、国民学校尋常科・高等科の計八ヵ年を義務化（敗戦により完成をみず）
		私立小学校は「初等学校」等へ名称変更
一九四五（昭和二〇）年	ポツダム宣言 敗戦	
一九四六（昭和二一）年	天皇人間宣言 日本国憲法公布 農地改革開始（一次・二次）	講談社、婦人倶楽部児童相談所を設置（～一九九一年）
一九四七（昭和二二）年	日本国憲法施行 労働基本法制定	教育基本法制定 学習院、官制廃止され財団法人・学習院として私立学校として運営

一九四八（昭和二三）年		教育委員会法公布 衆参両議院にて教育勅語失効決議
一九四九（昭和二四）年	ドッジ＝ライン 単一為替レート決定 湯川秀樹、ノーベル物理学賞受賞	私立学校法の制定により、私立学校は学校法人の運営とする（第三条）
一九五〇（昭和二五）年	総評結成 警察予備隊設置 レッドパージ	第二次アメリカ教育使節団来日 逆コースとして、文部省の日の丸・君が代の実施勧告通達や天野貞祐文相の修身科復活発言

引用・参考文献一覧（アルファベット順）

【A】

阿部重孝（一九三〇）『学校教室論』教育研究会。

赤川学（二〇〇一）「言説分析と構築主義」上野千鶴子・編『構築主義とは何か』勁草書房、六三―八三頁。

赤井米吉（一九二三）『成城小学校附第二中学校』成城小学校出版部。

――（一九二四）『ダルトン案と我國の教育』集成社。

天野郁夫（一九九七）「初等義務教育の制度化――ウェステージの視点から――」天野『教育と近代化　日本の経験』玉川大学出版部、七―九〇頁。初出は天野（一九六七）「近代日本の初等義務教育における WASTAGE の研究」阿部宗光・天野郁夫『国立教育研究所紀要開発段階におけるアジア諸国における初等教育の WASTAGE』第五六集、国立教育研究所、一五―八七頁。

――（一九七一）「日本の高等教育と私学の財政危機（上）」『大学時報』九八号、日本私立大学連盟、二一―一〇頁。

――（一九八二）『教育と選抜（教育学大全集五）』第一法規出版。

――（一九八三 a）『試験の社会史　近代日本の試験・教育・社会』東京大学出版会。

――（一九八三 b）「教育の地位表示機能について」日本教育社会学会編『教育社会学研究』第三八集、東洋館出版社、四四―四九頁。

――（一九八九）『近代日本高等教育研究』玉川大学出版部。

―――編（一九九一）『学歴主義の社会史　丹波篠山にみる近代教育と生活世界』有信堂高文社。

―――（一九九二a）『学歴の社会史　教育と日本の近代』新潮選書。

―――（一九九二b）『教育のいまを読む』有信堂。

―――（一九九三）『旧制専門学校論』玉川大学出版部。

天野正子（一九八五）「学歴の社会的機能に関する一考察――学歴エリートの妻の学歴を実例として――」『大学論集』一四集、広島大学大学教育研究センター、二一―四〇頁。

―――編（一九八六）『女子高等教育の座標』垣内出版。

天野正輝（一九九三）『教育評価史研究――教育実践における評価論の系譜――』東信堂。

Ariès, Ph., 1948., **"L'enfant dans la famille"**, *Histoire des populations françaises et de leurs attitudes devant la vie depuis le18e siècle*, **Editions Self.**（森田伸子、一九九二訳「家族の中の子ども」中内敏夫・森田伸子編訳『「教育」の誕生』藤原書店、八一―一一四頁）

―――1960, *L'enfants et la vie familiale sous l'Ancien Régime.*（杉山光信・杉山恵美子、一九八〇訳『「子供」の誕生：アンシャンレジーム期の子供と家族生活』みすず書房）

浅井幸子（二〇〇一）「上田庄三郎による子どもの個の発見と教育のユートピア――雲雀ヶ岡学園の夢とその挫折――」『東京大学大学院教育学研究科紀要』第四〇巻、東京大学大学院教育学研究科、一七一―一七九頁。

―――（二〇〇八）『教師の語りと新教育　「児童の村」の一九二〇年代』東京大学出版会。

麻生誠（一九六七）『エリートと教育』福村出版。

―――（一九七〇）『大学と人材養成　近代化に果たす役割』中公新書。

―――（一九九一）『日本の学歴エリート』玉川大学出版部。

阿藤誠（二〇〇〇）『現代人口学　少子高齢社会の基礎知識』日本評論社。

【B】

Bernstein, B., 1971, *Class, codes and control vol. 1 : Theoretical Studies towards a Sociology of Language*, Routledge & Kegan Paul.（萩原元昭、一九八一編訳『言語社会化論』明治図書出版）

———1972, "A sociolinguistic approach to socialization, with some reference to educability" pp.465–497, John Gumperz and Dell Hymes eds., *Directions in Sociolinguistics : the ethnography of communication*, Holt, Rinehart and Winston.

———1975, "Class and Pedagogies : Visible and Invisible", in Karabel, J & Halsey, A. Heds, 1977, *Power and Ideology in Education*, Oxford University Press.（佐藤智美、一九八〇訳「階級と教育方法――目に見える教育方法と目に見えない教育方法」Ｊ・カラベル＆Ａ・Ｈ・ハルゼー編『教育と社会変動　上　教育社会学のパラダイム展開』潮木・天野・藤田編訳、東京大学出版会、二二七―二六〇頁）

———1977, *Class, codes and control vol.3 : Towards a theory of educational transmissions 2nd ed.*, Routledge & Kegan Paul.（萩原元昭、一九八五編訳『教育伝達の社会学　開かれた学校とは』明治図書出版）

———1996, *PEDAGOGY, SYMBOLIC CONTROL AND IDENTITY : Theory, Research and Critique*, London: Taylor & Francis Ltd.（久冨・長谷川・山﨑・小玉・小澤、二〇〇〇訳『〈教育〉の社会学理論　象徴統制、〈教育〉の言説、アイデンティティ』法政大学出版局）

Bohrstedt, G. & Knoke, D., 1982, *Statistics for Social Data Analysis*, F. E. Peacock Publisher, Inc.（海野道郎・中村隆、一九九二監訳『社会統計学　社会調査のためのデータ分析入門』学生版、ハーベスト社）

Bourdieu, P., 1979, *La Distinction: critique sociale du jugement*, Edition de Minuit.（石井洋二郎、一九九〇訳『ディスタンクシオン　社会的判断力批判Ⅰ・Ⅱ』藤原書店）

———1980, "La Capital social : notes provisoires", *Actes du la recherché en sciences socials*, n° 31.（福井憲彦、一九八六訳「社会資本とは何か」『actes』No.1. 日本エディタースクール出版部、三〇―三六頁）

Bowls, S., 1971, "Unequal Education and the Reproduction of the Social Division of Labor", in Karabel, J & Halsey, A. H. eds., 1977, *Power and Ideology in Education*, Oxford University Press.（早川操、一九八〇訳「教育の不平等と社会的分業の再生産」Ｊ・カラベル＆Ａ・Ｈ・ハルゼー編『教育と社会変動　上　教育社会学のパラダイム展開』潮木・天野・藤田編訳、東京大学出版会、一六一―一八三頁）

【C】

Clark, Burton, R., 1960, "The 'Cooling-out' Function in Higher Education", *American Journal of Sociology*, Vol. 65, pp.569–576.

【D】

Demolins〔ヅモラン〕、Edmond（一九〇二）『大國民獨立自營』慶應義塾訳、金港堂。

Dore, R. P., 1960, *The diploma disease : education, qualification and development.*（松居弘道、一九七八訳『学歴社会　新しい文明病』岩波現代選書）

【F】

Felson, M. et. al., 1974, "Social Status and Married Women", *Journal of Marriage and the Family*, Vol. 36, No.3, pp.516–521.

藤枝静正（一九九六）『国立大学附属学校の研究――制度史的考察による「再生」への展望――』風間書房。

藤井眞透（一九三〇）「成城に入りて一ヶ年」成城学園編『教育問題研究全人』第三十七号、九三―一〇〇頁。

藤村正司（一九九五）『マイヤー教育社会学の研究』風間書房。

藤野敦（二〇〇二）『東京都の誕生』吉川弘文館。

藤田英典（一九九二）「教育社会学研究の半世紀」日本教育社会学会編『教育社会学研究』第五〇集、東洋館出版社、七―二九頁。

――――（一九九七）『教育改革　共生時代の学校つくり』岩波新書。

――――（二〇〇〇）『市民社会と教育　新時代の教育改革・私案』世織書房。

藤田薫（一九九九）「江戸・東京赤坂における寺子屋・家塾・私立小学校の系譜」地方教育史学会編『地方教育史研究』第二〇号　二〇―四〇頁。

深谷昌志（一九六六）『良妻賢母主義の教育』黎明書房。

――――（一九六九）『学歴主義の系譜』黎明書房。

福井康貴（二〇〇八）「就職の誕生――戦前日本の高等教育卒業者を事例として――」日本社会学会編『社会学評論』第五九巻第一号、有斐閣、一九八―二一五頁。

福元真由美（二〇〇〇）「高崎能樹による阿佐ヶ谷幼稚園の設立とその意義――郊外における母親教育と子どもの保育」日本乳幼児教育学会編『乳幼児教育学研究』第九号、三一―四〇頁。

福澤諭吉（一八九九＝一九七八）『新訂福翁自伝』富田正文・校訂、岩波文庫。

船越源一（一九三五）『小学校教育行政法規精義』東京書籍。

雙葉学園（一九八九）『雙葉学園八〇年の歩み』。


【G】


Glaser, B. G. & Strauss, A. L., 1967, *The discovery of grounded theory : strategies for qualitative research*, Aldine Pub. Co.（後藤隆・大出春江・水野節夫、一九九六訳『データ対話型理論の発見　調査からいかに理論をうみだすか』新曜社）

後藤総一郎（一九七七）「近代日本の教育とその精神風土」門脇厚司編『現代のエスプリ　立身出世』No.118. 至文堂、一五八―一六七頁。なお初出は後藤総一郎（一九七二）『柳田国男論序説』伝統と現代社。

暁星学校（一九一八―一九四一）『暁星』第一一號～四七號。

――（一九一八）『暁星』一一號。

――（一九二六）『暁星』二六號。

暁星学園（一九八九）『暁星百年史』。


【H】


H子《ママ》（一九三五）「小学科の思出」東洋英和女学校小学科小羊会編『小羊』第一号、六三―八一頁。

花井信（一九九〇）「日本義務教育制度成立史」牧柾名編『公教育の史的形成』梓出版社、二五―六二頁。

羽仁進（一九八四）『自由学園物語』講談社。

原和子（一九九〇）「『海外・帰国児童生徒教育』の一考察――第二次世界大戦下の（帰国子女学級）東洋英和女学院『別科』の事例――」『教育研究』三二、国際基督教大学教育研究所、一三五―一五九頁。

――（一九九三）「異文化体験のライフコース分析――『かつての帰国子女』の追跡調査第一部報告――」『教育研究』三五、国際基督教大学教育研究所、一五五―一七二頁。

速水融・小嶋美代子（二〇〇四）『大正デモグラフィ　歴史人口学で見た狭間の時代』文春新書。

日田権一・山本猛（一九三六）『学校教育の実際と学校選択の問題』叢文閣。

樋口長市他（一九二二）『八大教育主張』大日本学術協会。

土方苑子（一九八七）「『文部省年報』就学率の再検討――学齢児童はどれくらいいたか――」日本教育学会編『教育学研究』第五四巻第四号、一―一〇頁（通頁三六一―三七〇頁）。

――（一九九六）「戦前日本の私立小学校　貧民学校から新学校の転換」森田尚人・藤田英典・黒崎勲・片桐芳雄・佐藤学編『教育学年報五　教育と市場』世織書房、三一一―三三八頁。

――（一九九七）「都市教育史試論」藤田英典・黒崎勲・片桐芳雄・佐藤学編『教育学年報六　教育史像の再構築』世織書房、一七三―一九八頁。

――（二〇〇二）『東京の近代小学校　「国民」教育制度の成立過程』東京大学出版会。

――編（二〇〇八）『各種学校の歴史的研究　明治東京・私立学校の原風景』東京大学出版会。

平塚らいてう（一九一七）「避妊の可否を論ず」『日本評論』一九一七年九月号、第二巻・第九号、日本評論社、九一―九八頁。

――（一九二〇ａ＝一九八三）「花柳病男子結婚制限法制定に関する請願運動」『女性同盟』創刊号、平塚らいてう著作集編集委員会編（一九八三）『平塚らいてう著作集』第三巻、大月書店、一七二―一八六頁。

――（一九二〇ｂ＝一九八三）「社会改造に対する婦人の使命」『女性同盟』創刊号、平塚らいてう著作集編集委員会編（一九八三）『平塚らいてう著作集』第三巻、大月書店、一五九―一七一頁。

――（一九二六）「子供を成城小学に入れたことについて」『婦人之友』一九二六年三月号、小林登美枝・米田佐代子編（一九八七）『平塚らいてう評論集』岩波文庫、二一二―二一五頁。

広田照幸（一九九〇ａ）「〈教育的〉の誕生――戦前期の雑誌分析から――」『アカデミア　人文・社会科学編』第五二号、南山大学、四三―七二頁。

――（一九九〇ｂ）「教育社会学における歴史的・社会史的研究の反省と展望」日本教育社会学会編『教育社会学研究』第四七集、東洋館出版社、七六―八八頁。

――（一九九二）「戦前期の教育と〈教育的〉なるもの」『思想』No.812. 岩波書店、二五三―二七二頁。

――（一九九七）『陸軍将校の教育社会史――立身出世と天皇制』世織書房。

――（一九九八ａ）「学校像の変容と〈教育問題〉」佐伯胖他編『岩波講座　現代の教育第二巻　学校像の模索』岩波書店、一四七―一六九頁。

――（一九九八ｂ）「『家庭のしつけ』衰退論を疑う」『中央公論』一九九八年七月号、中央公論社、一九六―一九九頁。

――（一九九八ｃ）「〈子どもの現在〉をどう見るか」日本教育社会学会編『教育社会学研究』第六三集、東洋館出版社五―二三頁。

――（一九九九ａ）「家族と学校の関係史――葛藤論的な視点から」渡辺秀樹編『変容する家族と子ども』（シリーズ子どもと教育の社会学三）教育出版、二四―四四頁。

――（一九九九ｂ）『日本人のしつけは衰退したか「教育する家族」のゆくえ』講談社現代新書。

――編（二〇〇一）『近代化過程における中等教育の機能変容に関する地域間比較研究』平成一〇～一二年度文部省科学研究費補助金・研究成果報告書。

久木幸男（一九七三／一九七四／一九七六）「訓令一二号の思想と現実⑴・⑵・⑶」『横浜国立大学教育紀要』一三・一四・一六集、横浜国立大学教育学部。

Hochschild, A・R., 1983, *The Managed Heart : commercialization of human feeling*, University of California Press.（石川准・室伏亜希、二〇〇〇訳『管理される心　感情が商品になるとき』世界思想社）

本間千枝子（一九八九）「回想の山の手」岩渕潤子・ハイライフ研究所山の手文化研究会編『東京山の手大研究』都市出版。

堀七蔵（一九三二）「小学校に於ける入学検定」日本幼稚園協会『幼児の教育』第三十一巻第二号、東京女子高等師範学校、一七―二七頁。なお、本研究では復刻版（一九八〇年刊）を用いた。


【I】


井門富二夫（一九五四）「我国プロテスタントに於ける信徒構造の変遷――基督教主義教育を通してみた一試論――」日本宗教学会編『宗教研究』第一三九号、一―三五頁（通頁一一七―一五一頁）。

今田絵里香（二〇〇七）『「少女」の社会史』勁草書房。

今田高俊（一九八七）『モダンの脱構築』中公新書。

――（一九八九）『社会階層と政治』東京大学出版会。

石田雄（一九八九）『日本の政治と言葉（上）「自由」と「福祉」』東京大学出版会。

石井信二（一九五〇）「新教育行脚」成城学園初等学校編『研究集録・人間と教育』第六号。

石井昭示（二〇〇四）『水上学校の昭和史　船で暮らす子どもたち』隅田川文庫。

石井洋二郎（一九九三）『差異と欲望――ブルデュー『ディスタンクシオン』を読む』藤原書店。

石井幸夫（二〇〇一）「産児調整運動の言説について」武蔵大学社会学会編『ソシオロジスト』武蔵大学社会学部、第三号、六九―一一九頁。

伊藤彰浩（一九九五）「〝教育の歴史社会学〟研究の現段階――主要文献（一九九〇―一九九五年）の解題――」日本教育社会学会編『教育社会学研究』第五七集、東洋館出版社、四一―五四頁。

――（一九九九）『戦間期日本の高等教育』玉川大学出版部。

岩木秀夫（二〇〇四）『ゆとり教育から個性浪費社会へ』ちくま新書。


【K】


加田哲二（一九三三）「中間階級問題の一考察」『三田学会雑誌』第二七巻第七号、慶應義塾経済学会、一―四〇頁。

門脇厚司（一九八一）「私立池袋児童の村小学校と教師たち」石戸谷哲夫・門脇厚司編『日本教員社会史研究』亜紀書房、二六七―三八二頁。

門脇厚司・北村久美子（一九九〇）「大正期新学校支持層の社会的特性――成城学園入学者父兄の特性分析をもとに――」『筑波大学教育学系論集』第一四巻第二号、筑波大学教育学系、七三―一〇五頁。

影山昇（二〇〇一）「平塚らいてうと奥村博史――愛の共同生活と成城教育――」『成城文藝』第一七四号、成城大学文芸学部、一―四七頁。

柿崎純（一九一二）「私立学校は生彩を失つたか」日本児童社会学会編『児童』第一巻第六号、刀江書院、八六―八八頁。

上笙一郎編著（一九七七）『日本子どもの歴史六　激動期の子ども』第一法規。

上飯坂好実（一九五二）「新入学児童の取扱い」東京教育大学内児童研究会編『児童問題新書（一四）新入学児童』金子書房、一〇三―一九九頁。

上村哲彌（一九三七）『親たるの道　科学的・進歩的な愛児の導き方』日本両親再教育協会。

神田道子（一九七五）「主体性の形成と家族――平塚らいてうの場合から――」『東洋大学文学部紀要教育学科編Ⅰ』第二九集、東洋大学文学部教育学研究室、一―二二頁。

苅谷剛彦（一九九一）『学校・職業・選抜の社会学　高卒就職の日本的メカニズム』東京大学出版会。

苅谷剛彦・志水宏吉・清水睦美・諸田裕子編著（二〇〇二）『調査報告「学力低下」の実態』岩波書店（岩波ブックレット）。

糟谷啓介（二〇〇三）「言説と権力」宮島喬・石井洋二郎編『文化の権力　反射するブルデュー』藤原書店、一三九―一六一頁。

片岡栄美（二〇〇〇）「文化的寛容性と象徴的境界　現代の文化資本と階層再生産」今田高俊編『日本の階層システム五　社会階層のポストモダン』東京大学出版会、一八一―二二〇頁。

片山清一（一九八四）『私学行政と建学精神』高陵社書店。

加藤謙（一九八四）『回想の慶應義塾』原生林。

河野誠哉（一九九五）「〈表簿の実践〉としての教育評価史試論――明治期小学校における学業成績表形式の変容をめぐって――」日本教育社会学会編『教育社会学研究』第五六集、東洋館出版社、四五―六四頁。

Key, Ellen., 1900, *Barnets arhundrade.*（原田實、一九一三訳『兒童の世紀』同文館）

慶應義塾（一九二六）『慶應義塾塾員名簿　大正十五年版』出版元不明、慶應義塾大学所蔵。

――――（一九三二）『慶應義塾案内』丸善株式会社三田出張所。

――――（一九四〇）『塾員名簿　昭和十五年版』出版元不明、慶應義塾大学所蔵。

――――（一九五一）『塾友』創刊号、昭和二六年一〇月号。

――――（一九五八）『慶應義塾百年史　中巻（前）』慶應通信。

――――（一九六九）『慶應義塾年表』出版元不明、慶應義塾大学所蔵。

――――（一九九六）「慶應義塾の一貫教育」『三田評論』一九九六年一〇月号、慶應義塾大学出版会、四―一五頁。

慶應義塾福澤センター（一九八四）『慶應義塾入社帳　第五巻』。

慶應義塾幼稚舎（一九一〇／一九二〇）『慶應義塾入舎帳』慶應義塾幼稚舎所蔵。

――――（一九二五）『慶應義塾幼稚舎入舎帳　大正十四年度』慶應義塾幼稚舎所蔵。

――――（一九五八）『仔馬』第九巻第六集、通巻五四号。

――――（一九六〇）『仔馬』第一一巻第六集、通巻六六号。

――――（一九六四）『幼稚舎　一九六三年』出版社等不明。

――――（一九六五）『稿本　慶應義塾幼稚舎史』明文社。

研究社（一九二五）『受験と学生』第八巻第一〇号、同社刊。

城戸幡太郎・編輯者代表（一九三七）『教育学事典　第二巻』岩波書店。

菊池城司（一九六七）「近代日本における中等教育機会」日本教育社会学会編『教育社会学研究』第二二集、東洋館出版社、一二六―一四七頁。

――――（一九九二）「学歴・階層・職業」日本教育社会学会編『教育社会学研究』第五〇集、東洋館出版社、八七―一〇六頁。

――――（二〇〇三）『近代日本の教育機会と社会階層』東京大学出版会。

木村元（一九九三）「『受験知』の生成と浸透」寺崎昌男編集委員会『近代日本における知の配分と国民統合』第一法規、二五八―二七一頁。

――――編（一九九九）『戦前の初等教育の変容と中等学校入試改革に関する実証的研究――戦時下「総合判定法」の検討を中心として――』文部省科学研究費補助金・基盤研究(c)(2)研究成果報告書。

――――（二〇〇〇）「一九三〇―四〇年代初頭日本義務制初等学校の動向と再編の課題――初等教育の変容と中等学校入試改革の動向に着目して――」『一橋大学研究年報社会学研究』三八巻、一橋大学社会学部、二一一―二五六頁。

木村元・吉村敏之（一九九九）「奈良女子高等師範学校附属小学校における実践構造の変遷と中等学校進学――一九二〇―三〇年代――」木村編『戦前の初等教育の変容と中等学校入試改革に関する実証的研究――戦時下「総合判定法」の検討を中心として――』文部省科学研究費補助金・基盤研究(c)(2)研究成果報告書、一五―三九頁。

木村涼子（一九八九）「女性にとっての「立身出世主義」に関する一考察――大衆婦人雑誌『主婦之友』（一九一七～一九四〇）にみる――」『大阪大学教育社会学・教育計画論研究集録』第七号、大阪大学人間科学部教育社会学・教育計画論研究室、六七―七七頁。

――――（二〇〇〇）「ジェンダーと教育の歴史　身を立てる男と駆り立てる女」苅谷剛彦・濱名陽子・木村涼子・酒井朗『教育の社会学』有斐閣、一五七―一七〇頁。

King, R., 1978, *All Things Bright and Beautiful? A Sociological study of infants' classrooms*, Willy.（森楙・大塚忠剛監訳、一九八四訳『幼児教育の理想と現実　学級社会の〝新〟教育社会学』北大路書房）

Kinmonth, E. H., 1981, *The Self-Made Man in Meiji Japanese Thought from Samurai to Salary Man.*（広田照幸代表、一九九五訳『立身出世の社会史　サムライからサラリーマンへ』玉川大学出版部）

桐原葆見（一九四七）「社会階級と知能の発達」児童心理研究会編『児童心理』昭和二二年六月号、金子書房、一—七頁。

北川直利（二〇〇〇）『ミッション・スクールとは何か——教会と学校の間——』岩田書院。

北村久美子（一九八七）『大正・昭和初期新教育の支持層に関する実証的研究——成城学園入学児童の父兄特性の分析を通して——』上智大学大学院文学研究科修士論文（未刊行）。

清川郁子（一九九一）「リテラシーの普及と『壮丁教育調査』——リテラシーの普及と社会調査(1)——」川合隆男編『近代日本社会調査史（Ⅱ）』慶應通信（慶應義塾大学出版会）、三—四二頁。

——（一九九二）「『壮丁教育調査』にみる義務制就学の普及——近代日本におけるリテラシーと公教育制度の成立——」日本教育社会学会編『教育社会学研究』第五一集、東洋館出版社、一一一—一三五頁。

——（一九九三）「近代日本の農村部における義務制就学の普及——公教育制度の成立と社会構造」森田尚人・藤田英典・黒崎勲・片桐芳雄・佐藤学編『教育学年報二　学校＝規範と文化』世織書房、二三七—二七〇頁。

——（二〇〇七）『近代公教育の成立と社会構造』世織書房。

小針　誠（二〇〇〇a）「私立小学校入学父兄の教育戦略：一九二〇年代—一九五〇年代」『東京大学大学院教育学研究科紀要』第三九巻、東京大学大学院教育学研究科、一九五—二〇二頁。

——（二〇〇〇b）「私立小学校の入学選抜メカニズムに関する歴史社会学的研究」日本教育社会学会編『教育社会学研究』第六七集、東洋館出版社、二二五—四三頁。

——（二〇〇〇c）「戦前期における私立小学校の存廃条件に関する歴史社会学的研究——私学一貫校としての制度化と併設初等教育機関の入・在学者数に着目して——」日本教育学会編『教育学研究』第六七巻第四号、五四—六五頁（通頁四五〇—四六一頁）。

——（二〇〇〇d）『国私立小学校の入学志向に関する実態調査報告書』（日本科学協会・笹川科学研究助成による調査報告書）私家版。

——（二〇〇一a）「小学校受験を目指すご両親へ——ブランド志向はほとんどありません。お母さん方は冷静に受験に取り組んでいます」（インタビュー談話）『平成一四年度版　お入学の本　首都圏版』蔵書房、一二一—一二一頁。

――（二〇〇一b）「小学校受験の準備教育と幼児の発達――その実態および影響について――」日本乳幼児教育学会編『乳幼児教育学研究』第一〇号、一―九頁。

――（二〇〇二）「首都圏における国立・私立小学校の入学動機・志願理由に関する研究――有名小学校『お受験』志向の実証的検討――」『東京大学大学院教育学研究科紀要』第四一巻、東京大学大学院教育学研究科、二〇一―二一〇頁。

――（二〇〇四）「階層問題としての小学校受験志向――家族の経済的・人口的・文化的背景に着目して――」日本教育学会編『教育学研究』第七一巻第四号、四二一―五四頁（通頁四二一―四三四頁）。

――（二〇〇五）「戦前期における幼稚園の普及と就園率に関する基礎的研究――幼稚園の普及をめぐる地域間格差に注目して――」日本乳幼児教育学会編『乳幼児教育学研究』第一四号、七九―八九頁。

――（二〇〇六）「幼児に対する〈客観的〉評価を巡る困難と逆説――私立小学校の入学選抜考査に関する学校所蔵史料をもとに――」日本子ども社会学会編『子ども社会研究』第一二号、ハーベスト社、一五―二九頁。

――（二〇〇七）『教育と子どもの社会史』梓出版社。

――（二〇〇八）「公立学校不信の構造――国立・私立小学校の選択行動に見る公立学校の「脱出」(exit) と「意見表明」(voice) ――」『同志社女子大学学術研究年報』第五九巻、同志社女子大学教育・研究推進センター、一〇七―一一八頁。

小林千枝子（一九八三）「大西伍一の思想と実践」日本教育学会編『教育学研究』第五〇巻第四号、三一―四九頁（通頁三六三―三七二頁）。

小林登美枝（一九八三）『(人と思想七二) 平塚らいてう』清水書院。

小林宗作（一九三八）「幼な子の為のリズムと教育」霜田静志編『幼児教育全集第七巻　幼児の詩・音楽・舞踊』刀江書院。

小玉亮子（一九九六）「『子どもの視点』による社会学は可能か」井上・上野・大澤・見田・吉見編『岩波講座　現代社会学一二　こどもと教育の社会学』岩波書店、一九一―二〇八頁。

小玉重夫（二〇〇三）『シティズンシップの教育思想』白澤社。

小島勝（一九七五）「大正自由教育の分析視角――その実践的限界――」『京都大学教育学部紀要』第二一号、京都大学教育学部、一五四―一六〇頁。

小久保明浩（二〇〇四）『塾の水脈』武蔵野美術大学出版局。

小柴三郎（一九三七）「幼稚舎入学志望の家庭へ」三田新聞学会『慶應義塾案内』丸善株式会社、五一―五六頁。

講談社児童相談所（一九九三）『講談社児童相談所四十五年の歩み』講談社。

高等女学校研究会編（一九九四）『高等女学校の研究』大空社。

小山静子（一九九九）『家庭の生成と女性の国民化』勁草書房。

――（二〇〇二）『子どもたちの近代　学校教育と家庭教育』吉川弘文館。

熊沢敦子（一九七五）「大正期の女流作家・野上弥生子」日本女子大学女子教育研究所編『大正の女子教育』国土社、二八九―三〇三頁。

倉沢剛（一九六五）『小学校の歴史Ⅱ』ジャパンライブラリービューロー。

黒崎勲（二〇〇〇）『教育の政治経済学　市場原理と教育改革』東京都立大学出版会。

教育史編纂会（一九三八＝一九九七）『明治以降教育制度発達史』教育資料調査会、四巻。

教育週報社（一九三四ａ）「私立小学校座談会記録」（其一）『教育週報』第四百九十一号、教育週報社（一九八六年大空社より復刻版）四頁。

――（一九三四ｂ）「私立小学校座談会記録」（其二）『教育週報』第四百九十二号、教育週報社（一九八六年大空社より復刻版）四頁。


【L】

Luhmann, Niklas, 1973, *Vertrauen : Ein Mechanismus der Reduktion sozialer Komplexität*, 2 Bde.（大庭健・正村俊之、一九九〇訳『信頼――社会的な複雑性の縮減メカニズム』勁草書房）
――1984, *Soziale Systeme : Gurundriss einer allgemeinen Theorie.*（佐藤勉、一九九三・一九九五監訳『社会システム理論上・下』恒星社厚生閣）

【M】


真橋美智子（二〇〇二）『「子育て」の教育論――日本の家庭における女性役割の変化を問う――』ドメス出版。

松井晴子（一九八七）「学園都市の理想像を求めて――箱根土地の大泉・小平・国立の郊外住宅地開発」山口廣編『郊外住宅

地の系譜』鹿島出版会、二二二―二三六頁。

松木久子（二〇〇三）「ドルトン・プラン――『契約仕事（contract job）』にみる経験概念の特徴――」市村尚久・早川操・松浦良充・広石英記編著『経験の意味世界をひらく――教育にとって経験とは何か――』東信堂、二一三―二三〇頁。

松本浩記（一九二七）『低学年の学級経営（低学年叢書第五編）』文化書房出版。

松成義衛・泉谷甫・田沼肇・野田正穂（一九五七）『日本のサラリーマン』青木書店。

松浦鎮次郎（一九一二）『教育行政法』東京出版社。

松浦良充（二〇〇四）「比較教育システム論から見た一貫教育――日本的独自性」『三田評論』二〇〇四年七月号、慶應義塾大学出版会、二四―二九頁。

Meadmore, D., 1993, “The Production of Indivisuality through Examination”, *British Journal of Sociology of Education*, vol.14, No.1, pp.59–73.

Meyer, J., 1970, “The charter: condition of diffuse socialization in schools”, Scott, W. R. ed., *Social Processes and Social Structures*, Holt Rinehart and Winston, Inc., pp.564–578.

————1972, “The effect of the Institutionalization of College in Society”, Feldman, K., ed., *College and Student*, 1972, Pergamon Press, pp.109–126.

南博・社会心理研究所（一九六五）『大正文化一九〇五―一九二七』勁草書房。

民間教育史料研究会〔中内敏夫・田嶋一・橋本紀子編〕（一九八四）『教育の世紀社の総合的研究』一光社。

三宅やす子（一九二四）『母の教育』婦女界社、石川松太郎監修（一九九七）『「子どもと家庭」文献叢書第六巻』（復刻版）所収。

宮坂靖子（一九九〇）「『お産』の社会史」中内敏夫他編『〈教育〉――誕生と終焉』藤原書店、八二―一〇七頁。

三輪田元道（一九一六）「優秀児ト劣等児」『児童研究』第一九巻一二号、大正五年七月号、四〇〇―四〇八頁。

文部省大学学術局（一九五六）『専門学校資料上』。

文部省普通学務局（一九〇三―一九三八）『全国中学校ニ関スル諸調査（全国公立私立中学校ニ関スル諸調査）』。なお本研究では一九八八年に刊行された復刻版（大空社）を用いた。

文部省普通学務局（一九三二―三六）『全国高等女学校実科高等女学校ニ関スル諸調査』。なお本研究では一九八九～一九九〇年に刊行された復刻版（大空社）を用いた。

文部大臣官房体育課（一九三〇）「家庭に於ける学習時間に関する調査」『教育思潮研究』第四巻第二集、東京帝国大学文学部教育学研究室教育思潮研究会、目黒書店、五〇一—五〇六頁。

森重雄（一九九三）『モダンのアンスタンス　教育のアルケオロジー』ハーベスト社。

森岡清美（一九七〇）『日本の近代社会とキリスト教』評論社。

——（一九八八）「都市下層と新中間層」『週刊朝日百科　日本の歴史』通巻一一二号、朝日新聞社、六〇—六四頁。

森田伸子（一九九七）「戦後の終わりとティーンエージャーの創出——子ども史の一九五〇年代——」『日本女子大学紀要（人間社会学部）』第八号、日本女子大学人間社会学部、二三九—二五三頁。

本山幸彦（一九九八）『明治国家の教育思想』思文閣出版。

無藤隆（一九九八）『早期教育を考える』日本放送出版協会（ＮＨＫブックス）。


【Ｎ】


永原和子（一九九〇）「民俗の転換と女性の役割」女性史総合研究会編『日本女性生活史　第四巻　近代』東京大学出版会、五一—八八頁。

永井逸男（一九三二）「学校企業の裏表」『中央公論』第五百三十三号（昭和七年六月号）、中央公論社、三一二—三一八頁。

長峰毅（一九八五）『学校法人と私立学校』日本評論社。

中江泰子・井上美子（一九九六）『私たちの成城物語』河出書房新社。

中川清（一九八五）『日本の都市下層』勁草書房。

中村春二（一九二〇）「寂しき心」成蹊教育会編『新教育』第六巻第三号、成蹊学園出版部、一—五頁。

——（一九二一）「小学一学年生の入学をどうゆうふうにして許可するか」成蹊教育会編『母と子』第七巻第十一号、成蹊学園出版部、二一—六頁。

——（一九二三）『此の道のために』成蹊学園出版部。

なかむらはる《（ママ）》じ（中村春二）（一九二二）「メンタルテストについて」（全文かな文字表記による）成蹊教育会編『母と子』第八巻第三号、成蹊学園出版部、二一—六頁。

中村牧子（二〇〇〇）「新中間層の誕生」原純輔編『日本の階層システム一　近代化と社会階層』東京大学出版会、四七―六三頁。

中村隆英・尾高煌之助編（一九八九）『日本経済史六　二重構造』岩波書店。

中野光（一九六八）『大正自由教育の研究』黎明書房。

――（一九七六＝一九九一）『教育改革者の群像』国土社。

――（一九八五）「一九三〇年代における私立新学校の崩壊と変質」『立教大学教育学科研究年報』第二八号、立教大学文学部教育学科研究室、一七―三一頁。

――（一九八八）「自由ヶ丘学園の教育（Ⅱ）」『立教大学教育学科研究年報』第三一号、立教大学文学部教育学科研究室、一七―二六頁。

中野光・高橋源治・川口幸宏（一九八〇）『児童の村小学校』黎明書房。

長尾十三二（一九八八）「新教育運動の教育史的位置　総説――一九〇〇年の世界――」長尾・編『新教育運動の歴史的考察』明治図書、一四八―一六一頁。

中内敏夫（一九七〇＝一九九八）「成蹊教育会と教師　芦田恵之助の誕生」『中内敏夫著作集Ⅳ　教育の民衆心性』藤原書店、一三九―二一七頁。

――（一九八五）「『新学校』の社会史」「産育と教育の社会史」編集委員会編『叢書　産育と教育の社会史五　国家の教師民衆の教師』新評社、七三―一三九頁。

――（一九八七）『新しい教育史　制度史から社会史への試み』新評論。

日本児童社会学会編（一九一二）『児童』第一巻第六号、刀江書院。

日本女子大学（二〇〇一）『日本女子大学学園事典――創立一〇〇年の軌跡』ドメス出版。

日本女子大学附属豊明小学校（一九六七）『日本女子大学附属豊明小学校沿革史』。

日本女子大学附属豊明小学校八十年史編纂委員会（一九八八）『日本女子大学附属豊明小学校八十年史』。

日本女子大学女子教育研究所（一九七五）『大正の女子教育』国土社。

日本女子大学校（一九一二）『日本女子大学校の過去現在及び将来』出版社等不明。

日本女子大学校櫻楓會（一九三〇）『家庭週報』一〇一一号。

日本経済新聞社（一九八四）『私の履歴書』（文化人一四）。

日本教育科学研究所編（一九七二）『近代日本の私学――その建設の人と理想』有信堂。

日本リサーチ総合研究所〔研究代表者・門脇厚司〕（一九八八）『生活水準の歴史的分析』総合研究開発機構。

日本私学団体総連合会（一九五二）『私学年鑑』自由教育図書協会。

西川澄子（二〇〇一）「一九二〇―三〇年代新中間層の『新学校』支持に関する考察――自由学園に見るもう一つの家族像――」『〈教育と社会〉研究』第一一号、一橋大学〈教育と社会〉研究会、五五―六三頁。

西村俊一（一九九二）「日本のエコロジズムと教育（五）大西伍一氏へのインタビュー記録」『国際教育研究』第一二号、東京学芸大学海外子女教育センター・国際教育研究室、六二―八五頁。

西野入徳（一九三六）「東京婦人の出産力」尾高邦雄編『年報社会学四』岩波書店、三四八―三五二頁。

野上彌生子（一九三三）『入学試験お伴の記』小山書店。

――（一九一六＝一九八〇）「小さい兄弟」『野上彌生子全集　第三巻』岩波書店、八七―一九二頁。

野口茂夫（一九五一）「A子の記」後藤彦十郎編『魂あいふれて　二十四人の教師の記録』百合出版、二三〇―二四七頁。

野村正實（二〇〇七）『日本的雇用慣行』ミネルヴァ書房。

野村芳兵衛（一九七四）『私の歩んだ教育の道』野村芳兵衛著作集第八巻、黎明書房。


【O】


落合恵美子（一九九七）『二一世紀家族へ〔新版〕』有斐閣選書。

小田急電鉄株式会社（一九八〇）『小田急五十年史』。

小木新造（一九八〇）『東京時代　江戸と東京の間で』日本放送出版協会。

小原國芳（一九二三）『修身教授革新論』集成社。

――（一九二七）「学校を廣がつたワケ」玉川学園『イデア』第五十六号、イデア書院、一―七頁。

――（一九三〇）『日本の新学校』玉川学園出版部。

――（一九四八＝一九六三）『小原國芳全集　玉川塾の教育他』玉川大学出版部。

――（一九六三）『小原國芳全集　小原國芳自伝(2)』玉川大学出版部。

岡部弥太郎（一九二八）「本年我国に於ける入学生選抜の状況」『教育思潮研究』第二巻第一集、東京帝国大学文学部教育学研究室、教育思潮研究会、目黒書店、五五―一八〇頁。

岡堂哲雄（一九九四）『心理テスト　人間性の謎への挑戦』講談社現代新書。

大井令雄（一九八四）『日本の「新教育」思想　野口援太郎を中心に』勁草書房。

大門正克（二〇〇〇）『民衆の教育経験　農村と都市の子ども』青木書店。

大河内一男（一九六〇）『日本的中産階級』文藝春秋新社。

大森秀子（二〇〇三）「基督教女子教育会とキリスト教連合女子大学運動」キリスト教学校教育同盟百年史編纂委員会編『キリスト教学校教育同盟百年史紀要』創刊号、一―三三頁。

大森義太郎（一九三〇）「学校騒動裏表」『中央公論』第五百十一号（昭和五年八月号）中央公論社、二一三―二二〇頁。

大西伍一（一九二五）『大衆児童の生活』啓明パンフ、第五号。

――――（一九二八）「成城学園は何所へ行く」日本教育学会『教育新潮』（昭和三年四月号）四〇―五一頁。なお引用は、「新興教育」複製版刊行委員会・一九六六年版に拠った。

大西健夫・堤清二（二〇〇七）『国立の小学校』校倉書房。

大内裕和（一九九九）「戦後教育学の歴史社会学に向けて」『松山大学論集』第一一巻第四号、松山大学学術研究会、三二九―三四九頁。


【P】

Parsons, T., 1951, *The Social System*, Free Press.（佐藤勉、一九七四訳『社会体系論』青木書店）
――――1959, “The School Class as a Social System：Some of its Functions in American Society,” *Harvard Educational Review*, Vol. 29, No.4, pp.297–318.

【R】

Ravitch, D., 2000, *Left Back : A Century of Failed School Reforms*, Simons & Schuster.
Rosenbaum, J. E., 1976, *Making Inequality : The Hidden Curriculum of High School Tracking*, Wiley.

【S】

斉藤利彦（一九九五ａ）『競争と管理の学校史　明治後期中学校教育の展開』東京大学出版会。

――（一九九五ｂ）『試験と競争の学校史』平凡社。

才津芳昭（一九九〇）「知能テストは何を測ろうとしたか――大正末期における知能テスト社会学的考察――」日本臨床心理学会編『臨床心理学研究』第二八巻・第二号、七一―八四頁。

酒井憲一（一九八七）「成城・玉川学園住宅地」山口廣編『郊外住宅地の系譜』鹿島出版会、二三七―二六〇頁。

坂元忠芳（一九八二）『教育の人民的発想』青木書店。

坂田仰（二〇〇一）「私学一貫教育の法的性格――上級校への進学受け入れ拒否をめぐって――」『月刊高校教育』二〇〇一年八月号、学事出版、八四―九一頁。

桜井哲夫（一九八五）『ことばを失った若者たち』講談社現代新書。

佐々木啓子（二〇〇二）『戦前期女子高等教育の量的拡大　政府・生徒・学校のダイナミクス』東京大学出版会。

佐藤秀夫（一九七二）「戦後における日本教育史研究の成果と課題」教育史学会編『日本の教育史学』第一五集、文生書院、一四〇―一四八頁。

――（一九七四）「初等教育制度の整備」国立教育研究所編『日本近代教育百年史　学校教育四』八五七―九二四頁。

――（一九八七）『学校ことはじめ事典』小学館。

佐藤学（一九九五）「「個性化」幻想の成立　国民国家の教育言説」森田尚人・藤田英典・黒崎勲・片桐芳雄・佐藤学編『教育学年報四　個性という幻想』世織書房、一一五―五一頁。

――（一九九七）「教育史像の脱構築へ『近代教育史』の批判的検討」藤田英典・黒崎勲・片桐芳雄・佐藤学編『教育学年報六　教育史像の再構築』世織書房、一一七―一四一頁。

佐藤瑞彦（一九七〇）「自由学園」小原國芳編『日本新教育百年史　第二巻　総説（学校）』玉川大学出版部、三五三―三六七頁。

佐藤達哉（一九九七）『知能指数』講談社現代新書。

佐藤八寿子（二〇〇六）『ミッション・スクール　あこがれの園』中公新書。

沢山美果子（一九八六）「近代日本の家族と子育ての思想（その一）――新中間層における教育家族の誕生と〈童心〉主義子ども観――」『順正短期大学研究紀要』第一五号、八一―九二頁。

――（一九九〇）「教育家族の成立」中内敏夫他編『〈教育〉――誕生と終焉』藤原書店、一〇八―一三一頁。

――（二〇〇三）「『家庭』という生活世界」大門正克・安田常雄・天野正子編『近代社会を生きる』吉川弘文館、二三四―二四九頁。

澤柳政太郎（一九〇七）『退耕録』丙午出版。

――（一九二〇＝一九七九）「新入児童のとり方」成城学園沢柳政太郎全集刊行会編（一九七九）『沢柳政太郎全集四　初等教育の改造』国土社、二〇六―二〇七頁。

Schutz, A., 1962, *Collected Papers 1 : The Problem of Social Reality*, edited and Introduced by Natanson, M, The Hague.（渡部光・那須壽・西原和久、一九八三訳『アルフレッド・シュッツ著作集　第一巻　社会的現実の問題［Ⅱ］』マルジュ社）

Seidensticker, E., 1983, *Low city, high city : Tokyo from Edo to the earthquake*, Allen Lane: London.（安西徹雄、一九九二訳『東京　下町山の手』ちくま学芸文庫）

成城学園（一九三二）『教育問題研究』第五十七号。

――（一九六七）『成城学園五十年』。

――（一九七七）『成城学園六十年』。

成蹊学園（一九七三）『成蹊学園六十年史』。

成蹊学園教育研究所（一九六二）『所報』第四号。

成蹊小学校（一九一七）「本校入学志願者の家庭へ」新教育社『新教育』第三巻第三号、三四―三六頁。

成蹊小学校の教育編集委員会（一九七六）『成蹊小学校の教育　創立六十周年を迎えて』ぎょうせい。

成蹊小学校記念誌編集委員会（一九九五）『こみちのあゆみ――創立八〇周年記念誌――』。

誠之学友会編・寺﨑昌男監修（一九八八）『誠之が語る近現代教育史』第一法規出版。

世田谷区教育委員会（一九九〇）『世田谷区教育史資料編三』。

柴野昌山（一九八九）「幼児教育のイデオロギーと相互作用」柴野・編『しつけの社会学　社会化と社会統制』世界思想社、三三二―六六頁。

志垣寛（一九三四）『家庭教育の知識』非凡社。引用は石川松太郎監修（一九九七）『「子どもと家庭」文献叢書第七巻』（復刻版）を用いた。

Sills, D. L., 1968, 'Voluntary Association', *International Encyclopedia of Social Science*, pp.362-363.

園田英弘（一九九一）「逆欠如理論」日本教育社会学会編『教育社会学研究』第四九集、東洋館出版社、九―二三頁。

園田英弘・濱名篤・廣田照幸（一九九五）『士族の歴史社会学的研究――武士の近代――』名古屋大学出版会。

園田茂人（一九九七）「インタビュー」苅谷剛彦・編『比較社会・入門　グローバル時代の〈教養〉』有斐閣選書、一六六―一六八頁。

総理府（一九九八）『国民生活に関する世論調査　平成九年五月調査』。

Spector, M. & Kitsuse, J., 1977, *Constructing Social Problems*, Menlo Park CA: Cummings.（村上・中河・鮎川・森、一九九二訳『社会問題の構築――ラベリング理論をこえて』マルジュ社）

菅原亮芳（一九九五）『私立学校の歩み（中その二）――形成期における私立小学校――』日本私学教育研究所。

鈴木智道（二〇〇一）「個票型データのカテゴリー化をめぐる諸問題――『保護者職業』および『本人勤務先』」広田照幸編『近代化過程における中等教育の機能変容に関する地域間比較研究』平成一〇～一二年度文部省科学研究費補助金・研究成果報告書、一九一―二〇三頁。

小学受験研究会編（一九三二）『メンタルテスト問題集　師範附属入学案内』受験指導社。

所澤潤・木村元（一九八八）「日本の近代小学校と中等学校進学――東京市公立進学有名小学校の変化の事例に即して――」『東京大学教育学部紀要』第二七巻、東京大学教育学部、三三一―三五一頁。


【T】


高木雅史（一九九二）「『大正デモクラシー』と優生学――『自由教育』論者の能力観の一側面――」森田尚人・藤田英典・黒崎勲・片桐芳雄・佐藤学編『教育学年報一　教育研究の現在』世織書房、三〇三―三三〇頁。

高橋一郎（一九九七）「教育と選抜」筒井清忠編『歴史社会学のフロンティア』人文書院、一八四―一九一頁。

――――（二〇〇一）「都市新中間層の学校利用――大阪府池田師範付属小学校を事例として――」広田照幸編『近代化過程における中等教育の機能変容に関する地域間比較研究』平成一〇～一二年度文部省科学研究費補助金・研究成果報告書、一五一—一六六頁。

――（二〇〇二）「新中間層と教育」竹内洋編『学校システム論　子ども・学校・社会』放送大学教育振興会、二一—三二頁。

高橋準（一九九三）「新中間層の教育戦略」日本社会学会編『社会学評論』第四三巻第四号、有斐閣、一一—一五頁。

竹本英代（二〇〇〇）「成城小学校における初等カリキュラム改革の理論」日本カリキュラム学会編『カリキュラム研究』第九号、二一—三四頁。

竹村英樹（一九八九）「明治期東京の教育調査――『維新前東京市私立小学校教育法及維持法取締書』をめぐる社会調査史的考察――」川合隆男編『近代日本社会調査史（I）』慶應通信、八七—一一一頁。

――（一九九〇）「大正期都市教員層の生活構造」『年報』第四号、慶應義塾大学教職課程センター、三五—五九頁。

竹内洋（一九七八）『日本人の出世観』学文社。

――（一九八一）『競争の社会学　学歴と昇進』世界思想社。

――（一九八二）「現代社会の移動パターン――トーナメント移動をめぐって――」『関西大学社会学部紀要』第一三巻第二号、関西大学社会学部、七九—一〇四頁。

――（一九八八）『選抜社会　試験・昇進をめぐる「加熱」と「冷却」』メディアファクトリー。

――（一九九一 a）『立志・苦学・出世　受験生の社会史』講談社現代新書。

――（一九九一 b）「日本型選抜の探求――御破算型選抜規範――」日本教育社会学会編『教育社会学研究』第四九集、東洋館出版社、三四—五六頁。

――（一九九五）『日本のメリトクラシー　構造と心性』東京大学出版会。

――（一九九七）『立身出世主義　近代日本のロマンと欲望』NHKライブラリー。

――（二〇〇一）『大学という病　東大紛擾と教授群像』中公叢書。

玉川学園（一九三〇）『学園日記』九号、玉川学園出版部。

田村明（一九九二）『江戸東京まちづくり物語』時事通信社。

谷口泉（一九二九）「新一年生の入学考査を了えて」成城学園『教育問題研究・全人』（昭和四年三月号）第三二号、一二五—一二七頁。

寺出浩司（一九九四）『生活文化論への招待』弘文堂。

戸田貞三（一九三七＝一九七〇）『家族構成』新泉社。

Todd, E., 1990, *L' Invention de l'Europe*, Edition du Seuil.（石崎晴己・東松秀雄、一九九二・一九九三訳『新ヨーロッパ大全Ⅰ・Ⅱ』藤原書店）

德久恭子（二〇〇八）『日本型教育システムの誕生』木鐸社。

東京府（一九三五）『東京府統計書　昭和八年』。

東京府内務部社会課（一九二二）『東京市及近接町村中等階級生計費調査』。

東京女学館百年史編集室（一九八六）『東京女学館資料第六集』。

東京女学館百年史編集室（一九九一）『東京女学館百年史』。

東京私立初等学校協会（一九七六）『東京の私立小学校』梧桐書院。

東京市教育委員会（一九二七）『学校と家庭我が子の教育　尋常一年』学習社。

東京市役所（一九三七）『第三十三回　東京市統計年表　昭和十年』。

東京帝大セツルメント児童問題研究所（一九三三a）『児童問題研究』七月創刊号。

――（一九三三b）『児童問題研究』十月号。

東京都（一九七〇）『都市紀要十九　東京の初等教育』。

東京都（一九七一）『都市紀要二十　続・東京の初等教育』。

東京都文京区教育委員会（一九八三）『文京区教育史　学制百十年の歩み』。

東京都立教育研究所（一九九四a）『東京都教育史　通史編二』。

――（一九九四b）『東京都教育史　通史編三』。

戸坂潤（一九三六）「入学受験準備教育の問題は解決できるか」『教育』第四巻第二号、八五―八六頁。

東洋英和女学校（一九三四）『東洋英和女学校　昭和九年　創立五十周年記念』。

東洋英和女学校小学科（一九三七）『東洋英和女学校小学科（昭和十二年八月改正）』東洋英和女学院史料室蔵。

東洋英和女学校小学科小羊会（一九三四―一九三八）『小羊』第一号～第四号。

東洋英和女学院（一九五四）『東洋英和女学院七十年誌』。

――（一九八四）『東洋英和女学院百年史』。
Turner, R. H., 1960, "Sponsored and Contest Mobility and the Social System", *American Sociological Review*, Vol.25, No.6, pp.855–867.（潮木守一、一九六三訳「教育における階層移動の形態」ハルゼイ・A・H他編、清水義弘監訳『経済発展と教育』東京大学出版会、六三―九一頁）
――1961, "REPLY TO HALSEY", *American Sociological Review*, Vol.26, No.3, pp.455–456.

【U】

上田庄三郎（一九三〇）「児童本位主義の幻滅」教育学術研究会『小学校』昭和五年九月号、同文館、三四八―三五一頁。
――（一九七七）『上田庄三郎著作集第二巻　教育のための戦い』国土社。
梅根悟・海老原治善・中野光（一九七九）『資料　日本教育実践史一』三省堂。
牛田匡（二〇〇二）「日本における新教育《Alternative School》の系譜」『教育学科研究年報』第二八号、関西学院大学文学部教育学科、五七―六六頁。
牛島千尋（二〇〇一）「戦間期の東京における新中間層と『女中』」日本社会学会編『社会学評論』第五二巻第二号、有斐閣、八八―一〇四頁（通頁二六六―二八二頁）。

【W】

Weber, M., 1922, "Soziologische grundbegriffe", *Wirtschaft und gesellschaft*, Tübingen, J. C. B. Mohr.（清水幾太郎訳、一九七二『社会学の根本概念』岩波文庫）

【X】

XYZ《（ママ）》（一九三四）「受験準備教育の行方　本郷誠之小学校の場合」『児童』昭和九年九月号、第一巻第五号、一〇〇―一〇四頁。なお、この「XYZ」とは匿名である。

【Y】

山口廣（一九八七）「東京の郊外住宅地」山口編『郊外住宅地の系譜』鹿島出版会、六―四二頁。

山桝儀重（一九三〇）「今の教員かたぎ」帝国教育会『帝国教育』第五七三号、六九―七四頁。

山本正身（二〇〇六）「『教えない教育』を考える――教育の進化論的基盤の意味」田中克佳編著『「教育」を問う教育学』慶應義塾大学出版会、七七―九七頁。

山村賢明（一九七六）「日本における社会移動の様式と学校」石戸谷哲夫編『変動する社会の教育』第一法規、一二七―一四四頁。

山内乾史（一九九五）『文芸エリートの研究　その社会的構成と高等教育』有精堂出版。

山崎博敏・島田博司・浦田広朗・藤村正司・菊井隆雄（一九八三）「学歴研究の動向」日本教育社会学会編『教育社会学研究』第三八集、東洋館出版社、九四―一〇九頁。

山住正己（一九八四）「野上弥生子の子ども観・教育観」『教育科学研究』第三号、東京都立大学教育学研究室、一―九頁。

安川寿之輔（一九七〇）『日本近代教育の思想構造　福沢諭吉の教育思想研究』新評論。

米田佐代子（二〇〇二）『平塚らいてう　近代日本のデモクラシーとジェンダー』吉川弘文館。

米田庄太郎（一九二一）『現代社会問題の社会学的考察』弘文堂書房。

米村佳樹（一九九六）「二〇世紀初頭のわが国における幼稚園観――幼稚園の可否論争を通して――」日本保育学会編『保育学研究』第三四巻第二号、六五―七二頁。

吉田小五郎（一九五一a＝一九八九a）「幼稚舎雑記　ゆかりの子弟にも不合格」「幼稚舎家族」刊行委員会『幼稚舎家族』非売品、九七頁。初出は慶應義塾（一九五一）『塾友』創刊号、昭和二六年一〇月所収。

――（一九五一b＝一九八九b）「無題　十二」「幼稚舎家族」刊行委員会『幼稚舎家族』非売品、八二―八四頁。なお初出は慶應義塾幼稚舎（一九五一）『仔馬』昭和二六年一〇月所収。

――（一九五六）「草創期の幼稚舎」『史学』第二四巻第二・三号、三田史学会、一二〇―一五八頁。

――（一九八四）『幼稚舎の歴史』非売品。

吉見俊哉（一九九四）『メディア時代の文化社会学』新曜社。

Young, Michael, 1958, *The Rise of Meritocracy 1870–2033 : an essay on education and equality*, Penguin Books.（窪田鎮夫・山元卯

一郎、一九八二訳『メリトクラシー』至誠堂選書）
湯川次義（二〇〇三）『近代日本の女性と大学教育　教育機会開放をめぐる歴史』不二出版。
結城恵（一九九八）『幼稚園で子どもはどう育つか　集団教育のエスノグラフィ』有信堂。

あとがき

本書は、博士論文『東京・私立小学校における入学志向と入学選抜メカニズムに関する歴史社会学的研究』（東京大学大学院教育学研究科提出／二〇〇五年三月二日に博士〈教育学〉の学位授与）に大幅な加筆修正や新たな議論を付け加え、再構成のうえ、刊行したものである。

東京における小学校受験（お受験）の幕開けをテーマにした本書はやや特異な存在であるかもしれない。本書は私立小学校の入学志向や選抜の問題を扱ううえで、繰り返し私立一貫校の問題を取り上げ、その歴史的経緯を解明することにこだわった。自身の創立した学校を存続・発展させようと、小学校段階から児童を受け入れ、中等・高等教育まで在学させる一貫教育システムが学歴社会を背景にした新中間層の保護者（特に母親たち）の関心を引くところになると、どうなるのか。過去については本書で示したとおりであるし、現在についてはお受験ファミリーの教育熱心さを見れば改めて指摘するまでもないだろう。戦前の私立学校において導入された一貫教育システム——かつては一貫教育の理念の実現と学校存続の窮余の策として導入されたものの、現在では受験競争批判や公立学校不信を受けて、支持を集めている。また、自由主義や進歩主義を謳って誕生した私立（小）学校は受験・進学に特化した教育や知識の詰め込みを批判してきたがそのような小学校に限って、小学校入試の倍率は高く、入学競争と入試対策の激化、受験・選抜の低年齢化の一因にさえなっている。まさに歴史の皮肉を物語っているとはいえないだろうか。

こうした問題に関心をもって修士一年の一九九七年の年末に始めた本書のテーマは、九九年に提出した修士論文で荒削りながらひとつの形にまとめられた。博士課程進学後は、学会誌や紀要に論文を投稿・発表しながら（匿名査読者の先生方から頂いた査読コメントという名の「論文指導」は大変ありがたいものだった）、少しずつ本書に関連する研究業績を積み重ねていった。幸い日本学術振興会特別研究員（ＰＤ）に採用され、経済的・心理的なゆとりを得るなかで博士論文にとりかかることができた。二〇〇四年春には同志社女子大学に就職し、職務を遂行しつつ博士論文を完成させ、それが今日ようやく日の目を見ることになった。

＊

今日に至るまでには実に数多くの方々にお世話になった。

東京大学大学院時代の指導教官であった苅谷剛彦先生は、ずっと好き勝手ばかりやっていた私を決して見捨てることはなかった。師弟制度という大学院に未だ残る旧来の人間関係を忌み嫌う先生は、上下関係のなかで理論枠組みや手法を押し付けるような「指導」ではなく、対等な関係のなかで私のアイディアをよりよい形で引き出し、発展させる「対話」や「ヒント」を通じて、研究論文や博士論文を完成に導いてくださった。また、先生には〈後人は先人の研究を批判し、乗り越えていくべきである〉という至極当たり前のことを陰に陽に教えて頂いた。本書でも、自分なりのスタイルでその教えに挑戦したつもりではあるが、それがどこまで成功しているかは読者諸賢の判断や評価に委ねるほかはない。

お忙しいなか、大部の論文の審査に加わってくださった副査の汐見稔幸先生、秋田喜代美先生、広田照幸先生、恒吉僚子先生にも深謝申し上げたい。それぞれの先生のご専門の立場からのコメントやご批判は大変有益かつ参考になった。

藤田英典先生（国際基督教大学・東京大学名誉教授）には修士課程のときに特にご指導を頂く機会が多く、今回の出版の労をとってくださった。藤田先生の温厚かつ紳士的な人柄と、教育・研究そして社会活動にかける情熱や誠実な姿勢はめざすべき大学人のモデルであるようにおもう。

本テーマの基礎ともいうべき日本教育史を学部段階で初めて教えて頂いたのは、慶應義塾大学の山本正身先生である。山本先生には、学問の基礎の手ほどきのみならず、誠実な人柄を通じて、学問の愉しさと厳しさを学ぶことができた。大学院進学後以降、現在にいたるまで継続的にご指導頂くなど、大変お世話になっている。

そして、修士論文を書いた当初より本書のテーマに注目してくださった門脇厚司先生（筑波大学名誉教授）、教育社会学における地域研究の重要性と醍醐味を存分に教えてくださった岡崎友典先生（放送大学）、史料の紹介とその橋渡しをしてくださった佐々木啓子先生（創造学園大学）、大学院入学以来今日至るまで学問的なことを含め様々な形でご指導頂く機会が多いのは武内清先生（上智大学）、加藤隆雄先生（南山大学）や鈴木智道先生（法政大学）をはじめとする優れた諸先生・先輩方である。

大学院入学以来互いに刺激しあい、励ましあってきた同世代の畏友には、青木栄一さん（国立教育政策研究所）、両角亜希子さん（東京大学）、中澤渉さん（東洋大学）、今田絵里香さん（京都大学）などがいる。彼らはそれぞれの専門領域で、自分自身の確固たる研究テーマと的確な方法論をもち、優れた著作や論文をコンスタントに発表し続けている。彼らの存在や仕事の内容は、いつもサボることばかり考えている私の研究意欲を絶えず喚起してくれているようにおもう。

縁あって現在の職場となった同志社女子大学現代社会学部の教職員の皆様にも、博士論文の完成や本書の刊行に向けて叱咤激励を頂いた。いまの私は同志社のリベラルな雰囲気のなかで、居心地のよい環境を与えられている。そして「京都」という地は、それまで約一〇年近く生活し、本書のテーマが展開された舞台である「東京」を相対化する視点を与えてくれる。

ここにはお名前をあげることができないけれども、貴重な史資料を閲覧させて頂いた私立小学校の教職員の皆さまやインタビューに答えてくださった卒業生の皆さまをはじめ、お世話になった方は数限りない。そうした方々にお会いし、ご協力が得られなければ、本書も「いまの私」も存在しなかったと断言できる。

本書は、教育学・社会学・教育社会学の数多くの名著を刊行してきた世織書房より出版することができた。伊藤晶宣さんは本書の刊行を快く引き受けてくださり、手取り足取り刊行まで導いてくださった。

最後に、「どうせ普通の会社員は勤まらないだろうし……」と私の大学院進学に理解を示し、長期間にわたる下宿付の学生生活を物心両面から支え続けてくれた父・喬と母・邦子、そして弟の聡には、素直に「ありがとう」と感謝の言葉を述べたいとおもう。

なお、本書は同志社女子大学教育研究推進センターの出版補助金の交付を受けて刊行された。

二〇〇八年一一月三〇日

小針　誠

人名索引

■ハ行

■マ行

■ヤ行

■ラ行

事項索引

■サ行

■タ行

■ナ行

■ハ行

■マ行

■ヤ行

■ラ行

■ワ行

〈著者紹介〉
小針　誠（こばり・まこと）
1973年、福島県生まれ（栃木県育ち）
1997年、慶應義塾大学文学部卒業（教育学専攻）
2003年、日本学術振興会特別研究員（PD）
2005年、東京大学大学院教育学研究科博士課程修了（教育社会学専攻）
博士（教育学）
現在、同志社女子大学現代社会学部現代こども学科准教授
著書に『教育と子どもの社会史』（梓出版社、2007年）。論文に「階層問題としての小学校受験志向」（日本教育学会『教育学研究』第71巻第4号、2004年）。「公立学校不信の構造」（『同志社女子大学学術研究年報』第59巻、2008年）などがある

〈お受験〉の社会史——都市新中間層と私立小学校

2009年3月30日　第1刷発行©

著　者　小針　誠
装幀者　M. 冠着
発行者　伊藤晶宣
発行所　(株)世織書房
印　刷　三協印刷(株)
製本所　協栄製本(株)

〒224-0042　神奈川県横浜市西区戸部町7丁目240番地　文教堂ビル
電話045(317)3176　振替00250-2-18694

落丁本・乱丁本はお取替いたします　Printed in Japan
ISBN978-4-902163-42-1